Sich selbst erfüllende Prophezeiungen im Alltagsleben

Sich selbst erfüllende Prophezeiungen im Alltagsleben

Theorie und empirische Basis
von Erwartungseffekten und Konsequenzen
für die Pädagogik, insbesondere für die Gerontagogik

von

Peter H. Ludwig

Geleitwort von
Robert Rosenthal

Verlag für Angewandte Psychologie
Stuttgart

Peter H. Ludwig, Dr. phil., Dipl.-Päd., geb. 1957, Studium der Erziehungswissenschaft, Psychologie, Soziologie und Musik in Augsburg. Seit 1986 Wissenschaftlicher Mitarbeiter bzw. Wissenschaftlicher Assistent am Lehrstuhl für Pädagogik unter besonderer Berücksichtigung der empirischen pädagogischen Forschung der Philosophischen Fakultät I der Universität Augsburg. 1987 Abschluß der GwG-Ausbildung in Klientenzentrierter Gesprächsführung. 1991 Visiting Professor an der University of Connecticut, USA über ein DFG-Forschungsstipendium.
Forschungsschwerpunkte: die Anwendung psychologischer Grundlagenforschung in pädagogischen (insbes. gerontagogischen) Praxisfeldern.

© by Verlag für Angewandte Psychologie, Stuttgart 1991
Verlagsgruppe Hogrefe

Gesamtherstellung: Dieterichsche Universitätsbuchdruckerei
W. Fr. Kaestner GmbH & Co. KG, D-3400 Göttingen-Rosdorf
Printed in Germany
Auf säurefreiem Papier gedruckt
ISBN 3-87844-032-4

INHALT

GELEITWORT

Das Konzept der sich selbst erfüllenden Prophezeiung entspricht einer alten Idee. Sie ist weit älter als jeder der Autoren, auf die das vorliegende Buch verweist, und älter als jeder seiner Leser. Dieser alte und einfache Grundgedanke besagt, daß die Erwartungen einer Person bezüglich des Verhaltens einer anderen Person das Verhalten der anderen wirksam beeinflussen können; und zwar in der Weise, daß die Prophezeiung mit größerer Wahrscheinlichkeit eben deshalb in Erfüllung geht, *weil* sie bestanden hat. Obwohl die Idee, welche der sich selbst erfüllenden Prophezeiung zugrunde liegt, nicht neu ist, blieb die Einführung dieses Konzepts in die gegenwärtige sozialwissenschaftliche Literatur wahrscheinlich erst dem Jahr 1948 vorbehalten. In jenem Jahr erschien ein brillanter Artikel mit dem Titel "The Self-Fulfilling Prophecy" im *Antioch Review*; verfaßt von Robert K. Merton, einer herausragenden Persönlichkeit der amerikanischen Soziologie: Über die Jahre hinweg sollte Professor Merton sein Interesse an diesem Konzept beibehalten, was von uns allen, die wir von seiner Arbeit inspiriert sind, sehr begrüßt wurde.

Der Thematik der self-fulfilling prophecy wende ich mich nun schon seit ungefähr 35 Jahren zu. Ich würde gerne berichten können, daß mein Interesse an diesem Thema von einer wissenschaftlichen Arbeit meines Faches herrührt, einem Beitrag, der verdeutlicht, daß dieser Forschungsbereich unter all den anderen in den Sozial- bzw. Verhaltenswissenschaften am dringlichsten einer Weiterentwicklung bedarf. Doch das war es nicht, was mich von meinen geliebten Rorschachs, TATs und von meinen psychotherapeutischen Lehrstunden wegzog. Was mich tatsächlich von meiner klinischen Arbeit abbrachte, war meine Dissertation, die ein eigenartiges und anscheinend unverständliches Resultat zu Tage förderte. Eine vielleicht dem Zweck der Arbeit unangemessen detaillierte statistische Auswertung erbrachte ein Ergebnis, das am besten so erklärt werden konnte, daß ich meine Versuchspersonen ungewollt beeinflußte, in Richtung meiner Hypothese zu reagieren. Es schien, als ob ich die Resultate meines Experiments durch meine Überzeugung, meine Erwartung oder meine Prophezeiung hinsichtlich des Ausgangs des Experiments "verzerrt" hätte. Aber wie war das möglich? Allen Probanden wurden dieselben standardisierten Instruktionen vorgelesen. Vielleicht hat etwas in der Art, wie ich die Instruktionen vorlas, oder etwas in meiner Stimme, Gestik und Mimik den Versuchspersonen verraten, wie sie reagieren "sollten", um mir eine Gefälligkeit zu erweisen und somit zu einem "günstigen" Ergebnis des Forschungsprojekts beizutragen.

Wenn es tatsächlich so ein Phänomen der Ergebnisbeeinflussung durch die Experimentatoren in Richtung ihrer Hypothesen gäbe, müßte es möglich sein, es auch im Labor einzufangen. Man könnte eine große Gruppe von Versuchsleitern nehmen, ihnen verschiedene Hypothesen oder Erwartungen liefern, jedem eine große Gruppe von Versuchspersonen zuweisen und dann überprüfen, ob die Resultate überzufällig oft die Hypothesen der Versuchsleiter bestätigen. Genau das taten wir und genau das fanden wir vor: Experimentatoren können die Befunde ihrer Forschungstätigkeit in Richtung ihrer Hypothesen steuern. Skeptische Kritiker dieser frühen Experimente glaubten, daß unsere Versuchsleiter ihre Daten gefälscht hätten. Aber es gab nie einen Beleg für diese Interpretation. Wenn man diese Möglichkeit für unsere Studien in Betracht ziehen würde, müßte man sie mit gleichem Recht jeder beliebigen anderen verhaltenswissenschaftlichen Studie auch unterstellen, einschließlich der eigenen Untersuchungen jener Kritiker!

In dieser Anfangszeit wurde nicht nur der Standpunkt vertreten, unsere Experimentatoren hätten mit Täuschungen gearbeitet. Auch diejenigen meldeten sich zu Wort, die annahmen, wann immer Forschung menschliche Versuchsobjekte einbeziehe, könnten Versuchsleiter zu oft erhalten, was sie erwartet haben, weil die Versuchspersonen gefällig sein wollen. Deshalb, so argumentierten einige von ihnen, arbeiteten sie selbst mit Versuchstieren. Das war eine Herausforderung! Könnten die Erwartungen der Experimentatoren auch die Ergebnisse von Experimenten über das Diskriminationslernen von Tieren im Labyrinth oder in einer Skinner-Box beeinträchtigen? Entsprechende Experimente wurden durchgeführt und die Antwort war in beiden Fällen ja. Vielleicht konnten die Versuchsleiter ihre Erwartungen den Ratten dadurch vermitteln, daß sie diese im Labyrinth-Experiment entsprechend unterschiedlich behandelten bzw. die Reaktionen der Tiere in der Skinner-Box-Studie unterschiedlich rasch verstärkten.

Wenn Ratten aufgrund der Erwartungen ihrer Trainer besser lernen konnten, dann würde es möglicherweise nicht unvernünftig sein, anzunehmen, daß auch Schüler besser lernen könnten, wenn das ihre Lehrer erwarten. Diese Ansicht hatten Bildungstheoretiker wie Kenneth B. Clark ohnehin bereits vertreten; und nun ergaben sich Gelegenheiten für ihre experimentelle Überprüfung. Jene Gelegenheiten forderten es geradezu heraus, jetzt mit richtigen Lehrern und Schülern zu experimentieren. Aber das Experiment wäre vielleicht trotzdem nicht durchgeführt worden, hätte ich nicht einen Brief von einer Direktorin einer Grundschule in Kalifornien erhalten, einer Direktorin mit der seltsamen Angewohnheit, den *American Scientist* zu lesen. Ein Artikel von mir in dieser Zeitschrift endete mit der auf unseren Labor-Studien basierenden Spekulation, auch die Lehrer-Erwartungen in bezug auf die kognitive Entwicklung von Schülern könnten als self-fulfilling prophecies fungieren. Dieser Brief deutete an, es wäre höchste Zeit, einen entsprechenden Versuch zu starten; und das war es auch. Innerhalb einiger Wochen arbeiteten diese Direktorin,

Lenore Jacobson, und ich die Details für ein Experiment über "Pygmalion im Unterricht" aus.

Das Pygmalion-Experiment zeigte, daß die Lehrer-Erwartungen die kognitiven Leistungen der Schüler tatsächlich lenken können, was angesichts der verfügbaren vorangegangenen Forschung nicht mehr allzu überraschend war. Eine aufgeregte kontroverse Debatte brach aus. Das Pygmalion-Experiment wurde aus statistischen Gründen kritisiert. Aber eine dreijährige Reanalyse der Daten durch engagierteste Kritiker erbrachte lediglich eine noch signifikantere Stützung der Hypothese. Die Kontroverse war bald unter einer Lawine von Hunderten von Studien begraben (einschließlich Studien von professionellen Lehrern, Beratern etc.), die einen überwältigenden Anteil an signifikanten Ergebnissen enthielt, welche die Pygmalion-Hypothese bekräftigen.

Na und? Was bedeutet das alles? Welche Schlußfolgerungen lassen sich aus dieser Forschung über Lehrer-Erwartungen ableiten? Es mag etwas zu früh sein, sich aller politischen Konsequenzen oder sogar aller Implikationen für die zukünftige Forschung genau bewußt zu sein, die sich aus den Studien über "pygmalionartige" Effekte ergeben. Allerdings gibt es auch einige Punkte, die sicherlich *nicht* ableitbar sind. Diese Forschung belegt nicht, daß Gene irrelevant für kognitive Leistungen sind, oder daß IQ-Tests per se und von vorne herein für Kinder von Nachteil sind. Ebensowenig wird gezeigt, daß alle Schüler identische intellektuelle Leistungen aufwiesen, wenn ein Lehrer von allen dasselbe erwarten würde. Aber dieser Forschungszweig zeigt, daß Lehrer-Erwartungen die kognitiven Leistungen der Schüler durchschnittlich zumindest in einem moderaten Ausmaß verändern können.

Eine politische Implikation der Pygmalion-Forschung, welche sich schon jetzt abzeichnet, hat mit dem Einsatz von Lehrern zu tun. Es scheint kein unvernünftiger Gedanke zu sein, Lehrer keinesfalls zu veranlassen (oder ihnen zu gestatten), Schüler zu unterrichten, die sie für lernunfähig halten.

Es ist dringend notwendig, Pygmalion-Effekte weiter zu erforschen. Wir müssen mehr über die Faktoren erfahren, die daran beteiligt sind, die Auswirkungen von Lehrer-Erwartungen zu steigern oder abzuschwächen. Im besonderen ist es erforderlich, mehr über die Art und Weise in Erfahrung zu bringen, in der Lehrer konkret ihre Erwartungen mittels verbaler und nonverbaler Kanäle kommunizieren. Einige Erkenntnisse sind in diesem Bereich bereits vorhanden und es ist eine einsetzbare 4-Faktoren-"Theorie" über die Vermittlung von Lehrer-Erwartungen aufgestellt worden. Diese "Theorie" nimmt an, daß Lehrer Schüler, über die sie vorteilhaftere Erwartungen hegen, dadurch begünstigen, daß die Lehrer (1) ein wärmeres sozio-emotionales Klima für diese erzeugen, (2) ihnen ein differenzierteres Feedback geben, (3) ihnen mehr Informationen anbieten und (4) ihnen öfter Gelegenheiten einräumen, zu antworten und sich zu melden.

Zumindest ein gewisser Teil der Vermittlung von interpersonalen Erwartungen scheint über solche nonverbale Kanäle wie Stimmklang, Körperbewegungen und Gesichtsausdruck zu geschehen. In unseren Forschungsprojekten haben wir ein Meßinstrument zur Einschätzung der Sensitivität gegenüber verschiedenen Kanälen der nonverbalen Kommunikation entwickelt. Dieser Test, der PONS (Profile of Nonverbal Sensitivity), könnte uns eines Tages Erkenntnisse darüber liefern, welche Kinder höchstwahrscheinlich von den Hinweisen beeinflußt werden, die unterschiedliche Lehrer-Typen mit unterschiedlichen Erwartungen über Schüler-Leistungen auf verschiedenen Kanälen senden. Aber das bedeutet, daß man künftig im Zusammenhang mit Lernprozessen alles über die Natur der self-fulfilling prophecy wissen sollte. Gegenwärtig gelingt es langsam und kontinuierlich, die "weißen Flecken auf der Landkarte" dieses Gebiets allmählich schrittweise zu reduzieren.

Zu diesem anhaltenden Prozeß der Erkenntnisgewinnung steuert die vorliegende wissenschaftliche Arbeit von Dr. Peter Ludwig bei. Wir sind dem Autor verbunden für seinen umfassenden, den neuesten Forschungsstand berücksichtigenden Beitrag und für die Klärung vieler theoretischer und begrifflicher Fragen, die sich aus seiner gründlichen Analyse dieses Forschungsgebiets ergeben. Es erscheint in der Tat wahrscheinlich, daß dieser bedeutsame Beitrag zur Literatur dieses Bereichs die Überlegungen zu den behandelten Konzepten und Phänomenen auf ein höheres analytisches und konzeptionelles Niveau anheben wird und damit auch auf ein höheres Niveau empirischen Forschens.

Oktober 1990
Cambridge, Mass.   *Robert Rosenthal*

VORWORT

Durch in der wissenschaftlichen Literatur verstreute Hinweise wurde mein
Interesse schon vor längerer Zeit auf ein >merkwürdiges< Phänomen gelenkt,
welches mit "sich selbst erfüllende Prophezeiung" umschrieben wird. Dadurch
sensibilisiert begann ich in persönlichen Lebenszusammenhängen auf Möglichkeiten solcher Erwartungseffekte zu achten und gewann dabei den Eindruck,
daß dieses Phänomen in der Realität eine weit unterschätzte Bedeutung haben
könnte. Der Stellenwert, den die allgemeine Literatur den Erwartungseffekten
zuweist, entspricht diesem Eindruck nicht; und so begann ich neugierig, mich
mit der Primärliteratur zu dem Forschungsgebiet der "self fulfilling prophecy"
zu beschäftigen. Dabei fiel mir auf, daß es kaum einen Gesamtüberblick ver-
schaffende Werke zum Vorkommen dieses Phänomens gibt, welche den Ein-
stieg in dieses Thema erleichtern würden, und daß bisher kaum Überlegungen
zur theoretischen Fundierung und vor allem zur Anwendung angestellt worden
sind. Die vorliegende Arbeit möchte dazu einen Beitrag liefern.

Die Möglichkeit, diesen Beitrag realisieren zu können, verdanke ich in erster
Linie Herrn Prof. Dr. Erich Weber (Universität Augsburg), der die Arbeit, insbesondere in ihrer letzten Phase, zeitintensiv betreut hat und dessen Ver-
trauensvorschuß und Zuversicht unterstützend (sicher auch im Sinne des bear-
beiteten Themas) gewirkt hat, und Herrn Dr. Siegmund Gehlert (Universität
Augsburg), dessen wohlwollende Kritik und Skepsis mir vielfach die notwendige Gelegenheit bot, meine eigenen Überlegungen zu hinterfragen und damit
voranzutreiben. Außerdem wäre es ohne seine Hilfe unmöglich gewesen, den
Kampf des Menschen mit der elektronischen Textverarbeitung zugunsten des
Menschen zu entscheiden.

Desweiteren danke ich für die freundliche Unterstützung meines Vorhabens
Herrn Prof. Dr. Robert Rosenthal (Harvard University; Center for Advanced
Study in the Behavioral Sciences, Stanford), Herrn Dr. Lee A. Learman (Har-
vard University) und Herrn Dr. Dov Eden (Tel Aviv University). Für den Ge-
dankenaustausch mit Anregungen aus der pädagogischen Praxis bin ich Frau
Studienrätin Alice Herberger (Anna-Essinger-Gymnasium, Ulm) und Frau
Dipl.-Pädagogin Ruth Berens (Erziehungsberatungsstelle Ulm) verbunden.
Alle Kolleginnen, Kollegen, studentischen Mitarbeiterinnen und Mitarbeiter
am Lehrstuhl unterstützten mich in einem Ausmaß, welches das Selbstverständ-
liche weit übersteigt.

Die Durchführung einer solchen Arbeit ist nicht nur auf fachliche Hilfe anderer, sondern auch auf die >energetische< Unterstützung des Autors angewiesen. Hierfür danke ich stellvertretend David Ludwig, Heidi Bichler, Albert
Uderzo, >Suzanne Vega< sowie Woody Allen.

P.H.L.

EINFÜHRUNG

EINFÜHRUNG IN DAS PROBLEMFELD

Menschen erwerben im Lauf ihres Lebens vielfältige Erfahrungen, welche ihre Zukunftserwartungen hinsichtlich bevorstehender Lebensereignisse prägen. Solche Erwartungen sind in der Regel nützlich und hilfreich. Denn sie ermöglichen es, daß man sich auf kommende Situationen, die den bereits erfahrenen ähnlich sind, einzustellen und vorzubereiten vermag. Allerdings können sich solche Erwartungen, bisweilen sogar drastisch, auch hinderlich >verselbständigen< und zu einem Faktor werden, der ihre eigene Erfüllung bewirkt. Das geschieht wohl öfter als man gemeinhin annimmt.

Der Begriff "Sich-selbst-erfüllende-Prophezeiung" bezeichnet das Phänomen, daß Ereignisse nur deshalb tatsächlich in vorausgesagter Weise geschehen, weil eine entsprechende Prognose gestellt oder eine Erwartung hinsichtlich dieses Ereignisses gehegt wurde. Der Begriff bringt also eine Ursache für eine durch nachfolgende Ereignisse bestätigte Prophezeiung zum Ausdruck. "Wenn wir zu der Erwartung veranlaßt werden, gleich einen liebenswürdigen Menschen kennenzulernen, kann unsere Behandlung beim ersten Treffen ihn tatsächlich zu einem liebenswürdigeren Menschen machen. Wenn wir zu der Erwartung veranlaßt werden, eine unangenehme Person zu treffen, nähern wir uns ihr vielleicht so voll Abwehr, daß wir sie zu einer unangenehmen Person machen" (Rosenthal/Jacobson 1971,3).

Das Phänomen der sich selbst erfüllenden Prophezeiung läßt sich durch folgende Aphorismen andeuten:
- "Man bekommt, was man erwartet" (Casady 1973).
- "Glaube erzeugt (soziale) Realität" (Snyder/Swann 1978,148,161).
- "Es ist nicht nur so, daß unsere Bilder der sozialen Welt eine Reflexion der Ereignisse in der sozialen Welt sind, sondern auch die Ereignisse in der sozialen Welt können ihrerseits Reflexionen und Produkte unserer Bilder sein" (a.a.O.,160).

Der Kürze halber wird im folgenden für "sich selbst erfüllende Prophezeiung" auch die Original-Bezeichnung "self fulfilling prophecy" verwendet oder die gebräuchliche Abkürzung "SFP" (Plural: SFPs)(vgl. Barkey 1971).

(1.) Entwicklung und gegenwärtiger Stand der SFP-Forschung

In der **Soziologie**: Der Begriff "self fulfilling prophecy" wurde von Merton (1948) geprägt. Er führte dieses theoretisch begründete Konstrukt in die Soziologie ein. Die dahinterstehende Idee ist allerdings schon älter als der

Begriff selbst und läßt sich bis Ebbinghaus 1885 zurückverfolgen (Rosenthal 1985,40).

In der **Psychologie**: Später wurde diese Formel von der (sozial)psychologischen, empirischen Grundlagen-Forschung aufgenommen. "Psychologen haben begonnen, Mertons Konzept der self fulfilling prophecy zu verwenden, um eine breite Vielzahl von sozialen Phänomenen und Problemen zu erklären" (Darley/Fazio 1980,867).

Zur Entwicklung in den USA: In den späten 50er Jahren begann die psychologische SFP-Erforschung in den Vereinigten Staaten zuerst selbstreflexiv unter einer forschungsinternen, methodologischen Fragestellung. Es wurde untersucht, inwieweit sich die Voreingenommenheit von Versuchsleiter und Interviewer, z.B. ihre Erwartung bzgl. des Ausgangs eines Experiments, auf das Resultat einer Untersuchung auswirkt. Seit den 60er Jahren wurde in größerem Umfang versucht, die Existenz von SFPs auch in der Schule nachzuweisen. Mit der inzwischen >klassischen< Studie "Pygmalion im Unterricht" von Rosenthal und Jacobson (1968; dt. 1971) rückte diese Forschungsrichtung in das Rampenlicht sowohl der Fachwissenschaft als auch der breiten Öffentlichkeit. Damals "begann Amerika über die neueste Entdeckung der Psychologie zu sprechen" (Casady 1973), die "Erwartungseffekte". Inzwischen ist das SFP-Phänomen zu einem "Hauptforschungsgebiet der Sozial-, Persönlichkeits-, Entwicklungspsychologie und der pädagogischen Psychologie" (Jussim 1986,429) avanciert. Es gibt eine umfangreiche empirische Forschungsliteratur, die dieses Phänomen dokumentiert (Darley/Fazio 1980,868; Jussim 1986,429). Die psychologische SFP-Forschung beschäftigt sich hauptsächlich mit den schon genannten Bereichen der Forschungsmethodologie und der Schule (Darley/Fazio 1980, 867). Daneben werden auch Bereiche wie z.B. die Psychotherapie, das Berufsleben oder gesellschaftliche Stereotypen beleuchtet.

Auch in den 80er Jahren stellen die SFPs ein durchaus aktives Forschungsgebiet dar (Cooper/Good 1983,3,4). Es erschienen etliche Monographien zu den SFPs in der Schule, z.B. von Dusek (1985), die Arbeit von Cooper und Good (1983) mit dem bezeichnenden Titel "Pygmalion grows up" oder im deutschsprachigen Raum die von Krug (1985). Auch wurden weitere SFP-Studien in der Schule durchgeführt (z.B. Harris/Rosenthal/Snodgrass 1986; Srivastava 1986; Weinstein 1987; Jamieson/Zanna 1987).

Zur Entwicklung in der BRD: Mit der Veröffentlichung der Rosenthal/Jacobson-Studie begann auch die bundesdeutsche Psychologie sich in den 70er Jahren mit diesem Phänomen auseinanderzusetzen. Im Gegensatz zu den USA wird hierzulande derzeit das Thema SFP als eigener Forschungsgegenstand kaum noch bearbeitet.

In der **Pädagogik**: An Bekundungen, welche die Bedeutung der SFPs für die Erziehung und Bildung abstrakt unterstreichen, fehlt es nicht (z.B. Rosenthal 1981,183). "Die theoretische und empirische Analyse des Wirkungsgefüges von Erwartungen ist nicht nur von wissenschaftlichem (Grundlagen-, P.L.) Inter-

16

esse, sondern auch für die pädagogische Praxis von Bedeutung" (Hanke/Mandl 1975,726). "Der Bildungssektor ist einer der gesellschaftlich wichtigsten Gebiete des Alltags, in denen Erwartungseffekte als zentral betrachtet werden" (Rosenthal 1976,130). Trotz dieser prinzipiellen Anerkennung der Bedeutung für Erziehungs- und Bildungsprozesse hat das Phänomen der Selbsterfüllung von Prophezeiungen bisher keine wissenschaftliche Vertiefung in anwendungs-orientierten Theorien der Pädagogik in einem Umfang erfahren, der seiner (abschätzbaren) realen Bedeutung adäquat wäre.

(2.) Zur praktischen Relevanz von SFPs im Alltag

Die "unbestreitbare Faszination" (Honolka 1976,15), die von diesem "aufsehen-erregenden Effekt" (Rheinberg u.a. 1986,332) ausgeht, scheint sich bisher auf die angewandte Forschung im allgemeinen - also auch außerhalb der Pädagogik - kaum ausgewirkt zu haben, obwohl die praktische Bedeutung der SFPs ab-strakt vielfach betont wurde (z.B. Darley/Fazio 1980,867f; Harris/Rosenthal 1985,363).

"In den letzten 20 Jahren ist eine Unmenge von empirischer und theoretischer Forschung zu SFPs durchgeführt worden. Das anhaltende Interesse auf diesem Gebiet bezeugt seine theoretische und praktische Bedeutung" (Jussim 1986, 429). Darley und Fazio halten diese Forschungsaktivität ebenfalls für ein "Zeugnis der Bedeutsamkeit des Konstrukts", das sie für viele Anwendungs-gebiete des psychologischen Wissens in der Realität als "zentral" einschätzen (1980,867). "Die Bedeutung (der Ergebnisse der SFP-Forschung, P.L.) für die Erziehung, die Dynamik des Familienlebens und anderer menschlicher Bezie-hungen, besonders für die Psychotherapie, ist noch nicht abzusehen" (Watzla-wick u.a. 1985,65). "Niedrige Erwartungen sind ein Fluch für viele Menschen, die ihr Potential nicht voll ausschöpfen. (...) Der negative Erwartungseffekt ist ohne Zweifel weitverbreitet und kostenintensiv in Bezug auf die Vergeudung menschlichen Potentials" (Eden 1988,246; vgl. auch Smale 1983,54; Darley /Fazio 1980,879). SFPs haben "wichtige praktische Wirkung" und "große soziale Bedeutung", z.B. in bezug auf das "Lebensschicksal" von Menschen (Darley /Fazio 1980,879). Sie "können das Leben der betroffenen Personen bedeutend beeinflussen - vielleicht zum besseren, aber auch, wie viele Forscher befürch-ten, oft zum schlechteren" (a.a.O.).

(3.) Zur Rezeption des Konzepts der SFP

Rezeption in der breiten Öffentlichkeit: Forschungsergebnisse weisen die Idee der SFP als alltagsrelevant aus. Das gilt für die Verbreitung dieses Phänomens, was sowohl die Häufigkeit seines Auftretens als auch sein Erscheinen in den ver-schiedensten Lebenszusammenhängen betrifft. Dieses Konzept wird der Öf-fentlichkeit nicht nur durch populärwissenschaftliches Schrifttum nahegebracht (z.B. Degen 1986; 1988), sondern auch durch das Theater (z.B. G.B. Shaws Schauspiel "Pygmalion" (1913); Max Frischs Schauspiel "Andorra" (1973);

Loewes Musical "My Fair Lady" (1956)) oder durch die bildende Kunst (Überblick bei Blühm 1988).

Trotzdem scheint die SFP als kausale Interpretationsmöglichkeit von Ereignisfolgen im Alltagsdenken kaum verankert zu sein. Das kann auf folgende Gründe zurückgeführt werden:

- Der Ansatz setzt ein hohes Maß an Reflexionsbereitschaft im Sinne des Gewahrwerdens von eigenen Erwartungen voraus.
- Das Auftreten eines selbsterfüllten Ereignisses erfolgt erwartungsgemäß (wenn die Ursache dafür auch meist falsch interpretiert wird). Es entsteht deshalb kein Erklärungsbedarf, welcher ein Entdecken der >wahren< Ursache ermöglichen könnte.
- Das SFP-Konstrukt ist >wertneutral<. Es schließt sowohl *konstruktive* SFPs ein (Eden nennt sie "produktive" SFPs; 1988,244), die für die Beteiligten erwünschte, günstige, positive Auswirkungen haben, als auch *destruktive* SFPs, die Negatives bewirken. SFPs werden bisher allerdings vor allem als "destruktive Kraft" begriffen (vgl. Eden 1986,2,4f). Das negative >Image<, das die SFP damit in der Öffentlichkeit bekam, könnte eher Ablehnung und >Verdrängung< erzeugt haben. So wird etwa die "verderbliche Macht einer self fulfilling prophecy" (Die Zeit, Nr.19, 6.5.1988, S.90) gefürchtet oder der "Effekt sich selbst erfüllender Vorhersagen" in Zusammenhang mit negativen wirtschaftlichen Abläufen gebracht, die "weniger *logischen* als psycho-*logischen* Gesetzmäßigkeiten gehorchen" (Schmid: "Ein Hauch von Panik". In: Die Zeit, Nr.53, 25.12.1987, S.17).
- Die "bahnbrechenden Forschungsergebnisse" (Watzlawick u.a. 1985,64) der SFP-Studien werden als "geradezu beunruhigend" eingeschätzt, weil sie zeigen wie subtil, jedoch trotzdem höchst wirkungsvoll, das Verhalten von Menschen unbewußt beeinflußt werden kann (a.a.O.). Damit ist die Annahme der Existenz von SFPs ein (weiterer) Angriff auf die immer noch sehr populäre (Alltags-)These, der Mensch wäre ein nur seinem Intellekt gehorchendes Wesen. Die "Illusion der ausschließlichen Rationalität des menschlichen Verhaltens" liegt implizit vielen sozialen, wirtschaftlichen und politischen Modellen zugrunde (Schirm/Schoemen u.a. 1983,21f). Das Ignorieren von unbewußten Steuerungsmechanismen (wie z.B. SFPs) kann negative Folgen nach sich ziehen. Denn "wenn ... (der Mensch, P.L.) die 'niederen' Antriebe als unbequem wegleugnet, wird er umso sicherer zu ihrem Spielball" (a.a.O.).

Rezeption in den Wissenschaften: Das SFP-Phänomen erscheint in den human- und sozialwissenschaftlichen Publikationen, die diese Thematik nicht als zentralen Gegenstand erwählt haben, als methodologisches und inhaltliches Problem.

Als *methodologisches* Problem: In der empirischen Forschung kann das Phänomen der SFP im Sinne eines methodologischen Problems als etabliert gelten. Es ist bereits zum festen Inventar der Wörter- und Lehrbücher zur empirischen

Forschung geworden (z.B. Krapp/Prell 1975,72; Bortz 1984,59-63; 1985,17). Viele empirische Studien tragen diesem Phänomen methodisch Rechnung, indem sie z.B. nach dem Blind-, bzw. Doppelblindverfahren vorgehen. D.h.: die Versuchspersonen bzw. die Versuchsleiter kennen die zu überprüfenden Hypothesen der Forscher nicht bzw. werden nicht darüber in Kenntnis gesetzt, wann und wie die unabhängige Variable manipuliert wird. SFPs werden auch als Möglichkeit diskutiert, in Form von "Interviewer- und Beobachter-Erwartungseffekten" die Forschungsresultate beeinflußt zu haben (z.B. Schneider 1986,128; Krug 1983,338f). Insbesondere in der medizinisch-pharmakologischen Forschungspraxis (Placebo-Kontrolle) und in der Parapsychologie gilt die Berücksichtigung der Möglichkeit von SFPs in den Forschungsdesigns inzwischen als Standard-Voraussetzung dafür, die Resultate eindeutig interpretieren zu können (z.B. Bauer u.a. 1988,521).

Als *inhaltliches* Problem (im Objektbereich der Forschung): Außerhalb der Arbeiten, welche die SFP zum zentralen Thema haben, wird in der verhaltenswissenschaftlichen Literatur häufig auf die SFP eingegangen, allerdings meist nur mehr oder weniger beiläufig. Der Hinweis, daß es sich bei einer Erscheinung um eine SFP handeln könnte, hat nach Smale (1983,8) i.d.R. bestenfalls den Rang einer Fußnote, meist eher den einer Anekdote, selten aber den Stellenwert eines Gesichtspunktes, der als solcher eingehende Überlegungen bzw. Schlußfolgerungen verdient (z.B. Kratochwil 1988,180; Epstein 1979,16; weitere Beispiele aus der gerontologischen Literatur im Abschnitt 2.13.2 und 3.4.1.3). Meistens taucht das >Stichwort SFP< als "ex-post-Interpretation" (Barkey 1971,264) auf, als >a posteriori< kausalerklärende, interpretierende Vermutung einer Ereignisfolge. Mitunter wird die Erscheinung der Selbsterfüllung von Prophezeiungen auch beschrieben, ohne sie als solche explizit zu benennen (in der Schulpädagogik z.B. Breslauer 1989,109; Einsiedler 1989,106; weitere Beispiele aus der gerontologischen Literatur im Abschnitt 2.13.2 und 3.4.1.3).

Die relativ geringe Rezeption der SFP in den Wissenschaften hat vermutlich mehrere Gründe:
- Auch in den Wissenschaften wird die SFP vor allem in ihrer *negativen* Version als "unkalkulierbare Störgröße" (Honolka 1976,15) erwähnt. Damit werden die SFPs als erschwerendes, belastendes Moment reflektiert. Die empirische Forschung wird in ihren Designs und Auswertungsverfahren komplizierter, wenn sie den Versuchsleitererwartungseffekt neutralisieren oder zumindest berücksichtigen will (Interrater-Korrelationskoeffizienten, Datenauswertung im Blindverfahren etc.). Die schulische Selektionsfunktion wird in letzter Konsequenz ad absurdum geführt, falls die Leistung der Schüler tatsächlich weitgehend bloß ein Spiegel der Lehrervorurteile sein sollte. Auch in der Schule werden die Erwartungen und ihre Effekte deshalb als "Störvariable" betrachtet (z.B. Ulich 1976,XIII). Brophy und Good unterstellen beispielsweise, daß "erfolgreiche, gute Lehrer keine (oder nur minimale) Erwartungseffekte zeigen" würden (1976,170). Diese Unterstellung ist in

ihrer Einseitigkeit weder theoretisch noch empirisch begründbar, unterstützt aber bei den Lehrern die Haltung: "Mir passiert so etwas nicht, vielleicht den anderen."

- Selbst wenn in einem Lebenszusammenhang SFPs vermutet bzw. entdeckt werden, ist damit noch keineswegs die z.T. nicht unproblematische "Interventionsfrage" geklärt.

- Das Wort "Prophezeiung" wird sonst meist in weltanschaulich-metaphysischen Zusammenhängen benützt und weckt deshalb Assoziationen wie "Spekulation", "wirklichkeitsferne Metapher" (vgl. Bertaux 1963,13f; Bandler /Grinder 1985,44) oder zumindest "außerordentliche (seltene) Begebenheit" (Eden 1988,236). Wahren nennt sie im ökonomischen Zusammenhang eine "wirtschaftssoziologische *Parabel*" (1987,19).

- Die Gemeinsamkeiten mit und die Abgrenzung von anderen verwandten Begriffen und Phänomenen wird selten klar aufgezeigt. Dadurch drängt sich der Verdacht auf, es handele sich bei der SFP um einen vagen und konfusen Begriff ohne eigene Identität, der im Grunde durch andere theoretisch besser untermauerte und präziser gefaßte Termini, wie z.B. die Kausalattribution, den Labeling- und Placebo-Effekt, ersetzbar ist. Diese Meinung könnte nach Honolka (1976,15) gegenüber der SFP "eine gewisse Berührungsscheu" auslösen.

(4.) Zur Bedeutung der Beschäftigung und Auseinandersetzung mit SFPs

Folgende Gründe sprechen dafür, das Phänomen der SFP nicht aus dem Blickfeld des systematischen Nachdenkens zu verlieren:

- Die Aufmerksamkeit auf eine Denkfigur bzw. auf ein Kausalerklärungsmuster zu lenken, ist besonders bei einem Konstrukt lohnenswert, das dem "common sense" fern liegt (vgl. Abschnitt 1.3.1.1).

- Eine Sensibilisierung für SFPs (z.B. durch Aufklärung über sie) ist eine Voraussetzung, um sie in konkreten Situationen zu entdecken. Denn daß die sich aus SFPs ergebenden Probleme selbst erzeugt wurden, bleibt tückischerweise meist unbemerkt, da man eher bei unvorhergesehenen, überraschenden, kontraintuitiven Ereignissen bewußt nach (neuen) Erklärungsmustern und Veränderungsmöglichkeiten sucht, als beim Eintreffen eines Ereignisses, das ohnehin schon "vorausgesehen wurde" ("Das habe ich mir gleich gedacht!", Glötzl 1979). "Der Prophet (als Auslöser von SFPs, P.L.) nimmt den aktuellen Lauf der Dinge als Beweis, daß er richtig lag, von Anfang an" (Merton 1957,423 zit. nach Darley/Fazio 1980,868).

- Plausibilitätsbelege und die empirische Basis lassen begründet vermuten, daß SFPs nicht als skurrile Randerscheinungen einzuschätzen sind, sondern als Phänomene, die den Lebensalltag vergleichsweise stark mitprägen (z.B. Rosenthal/Jacobson 1971,17).

- Die Idee der SFP wird von populären, nicht-wissenschaftlichen Lehren auflagenstark z.T. unter dem Schlagwort >Positives Denken< verbreitet und "vermarktet". Ihr spirituell-esoterischer, simplifizierend-verzerrender

>Touch< leistet allerdings eher einer extremen *Ver*klärung als einer *Auf*klärung Vorschub (vgl. Abschnitt 2.12.1). Diese Lehren sind einer wissenschaftlichen Überprüfung und gegebenenfalls einer relativierenden Korrektur zu unterziehen. Anliegen muß es deshalb auch sein, die SFPs als "normales" soziales Phänomen zu "entmystifizieren".

EINFÜHRUNG IN DAS VORGEHEN

(1.) Zugrundeliegendes Wissenschaftsverständnis

Die vorliegende Arbeit beruht auf einem Wissenschaftsverständnis, das in wissenschaftlichem Erkenntnisstreben eine Basis für eine kognitive Weltorientierung und letztlich für das praktische Handeln sieht. Um eine solche Basis (allgemeinverbindlich) entfalten zu können, muß man sich möglichst nahe an dem orientieren, was intersubjektiv als "Realität" (an)erkennbar ist. Wissenschaftliche Aussagen können dann auf eine solche Anerkennung hoffen, wenn sie mindestens durch eine der drei folgenden >Wahrheitsinstanzen< abgesichert und begründet sind: durch *Rationalität* (Vernunft bzw. Logik), durch *Erfahrung* oder durch den *Konsens* der am Erkenntnisgewinn Beteiligten. (Ausgeschlossen werden Bestätigungsverfahren, die lediglich auf persönlicher, nicht näher belegbarer und nachvollziehbarer Intuition beruhen.) In den Wissenschaften, die ihren Gegenstand nicht mit Logik allein ergründen können (wie es etwa die Mathematik weitgehend kann), ist m.E. in der Erfahrung mit den Untersuchungsgegenständen die entscheidende Instanz im Begründungszusammenhang von Hypothesen zu sehen. Forschung im Sinne eines solchen Wissenschaftsverständnisses stützt sich, so weit als möglich, auf die Empirie, muß sich aber in ihr keineswegs erschöpfen. Die Erfahrung bildet prinzipiell ein "Korrektiv gegenüber praxisfernen theoretischen Spekulationen" (Eirmbter 1979,119) und ein "Widerstandspotential gegenüber wildgewordener Theorie" (Adorno 1969,184). Die Grenzen des empirischen Argumentierens verweisen jedoch auch auf die Notwendigkeit, andere wissenschaftliche Methoden anzuwenden. Die Grenzen empirischer Forschung werden definiert durch die Unvollkommenheit des jeweiligen aktuellen empirischen Erkenntnisstands sowie durch Fragestellungen, die sich prinzipiell nicht empirisch entscheiden lassen.

(2.) Zielsetzung und Aufbau der Arbeit

In der vorliegenden Arbeit wird versucht, drei bisher noch kaum umfassend bearbeitete Felder in der SFP-Forschung zu behandeln. Ihnen entsprechen die drei Hauptteile der Arbeit.

Zu Beginn der Beschäftigung mit dem Phänomen der SFP fiel mir auf, daß die Vorstellungsinhalte der zentralen Begriffe, die den Forschungshypothesen der einschlägigen empirischen Forschung zugrundeliegen, verwirrenderweise und weitgehend unreflektiert von Studie zu Studie differieren. Es werden die gleichen Termini verwendet, z.T. ohne dasselbe damit zu meinen. Beispielsweise enthalten die Studien kaum eine Definition des Erwartungsbegriffs. Anscheinend wird davon ausgegangen, daß der alltagssprachliche Erwartungsbegriff bereits in übereinstimmender Weise verwendet wird, was weder im Englischen noch im Deutschen der Fall ist. Auch die Frage, wie eng oder weit der SFP-Begriff zu fassen ist, ist weitgehend offen und unreflektiert. Das hat zur Folge, daß die Frage, welche Studien zur SFP-Forschung gehören und welche nicht, durchaus unterschiedlich beantwortbar ist. Der **erste Teil** der vorliegenden Arbeit beschäftigt sich deshalb ausführlich mit der Klärung der Grundbegriffe. Im Laufe des Literatur-Studiums zu dieser Arbeit zeigte es sich auch, daß für diese Klärung der grundlegenden Begriffe kaum auf umfassende, systematische *theoretische* Vorarbeiten außerhalb der *empirischen* SFP-Forschung zurückgegriffen werden konnte. Mein Vorhaben bestand deshalb darin, die wenigen bereits bestehenden, >weit verstreuten< einzelnen Aussagen zur Terminologie der SFP zu sammeln, sie systematisch zueinander in Beziehung zu setzen, mit eigenen Überlegungen zu ergänzen und zu einem möglichst geschlossenen Gesamt-Bild zusammenzustellen. Bei den dabei angefallenen definitorischen Entscheidungen (die explizit gemacht werden), wurde versucht, phänomenologisch am >Wesen< der Begriffe zu bleiben.

In der SFP-Forschung wird das darzustellende Phänomen häufig sehr vage mit anderen verhaltenswissenschaftlichen Konstrukten in Beziehung gesetzt oder sogar gleichgesetzt. Bei genauerem Hinsehen stellte sich heraus, daß die Verwandtschaft dieser Konstrukte zu der SFP dabei z.T. sehr unklar bleibt. Mit einbezogen in die begriffliche Klärung des ersten Teils ist deshalb auch ein Versuch, die Gemeinsamkeiten und Unterschiede derartiger verwandtschaftlicher Relationen festzulegen. Dabei wurde auch darauf abgezielt, das Phänomen der SFP in Abhebung zu anderen verwandten Tatbeständen so zu beschreiben, daß die Berechtigung und Notwendigkeit eines eigenständigen Konzepts "SFP" deutlich wird.

Mit der terminologisch-kategorialen Fundierung eines Konstrukts ist allerdings noch nicht geklärt, inwieweit es in der Lage ist, >Wirklichkeit< zu beschreiben. Diese Frage löste speziell in der wissenschaftlichen Auseinandersetzung mit SFPs drastische Dispute aus. Der **zweite Teil** beschäftigt sich deshalb mit der Übertragung des theoretischen Konstrukts "SFP" in die >Welt der realen Phänomene<. Das geschieht in Form eines Überblicks über die (empirische) SFP-Forschung, soweit sie sich mit der Existenzfrage in einzelnen Lebensbereichen befaßt. Dadurch soll auch die Breite des Vorkommens von SFPs im *Alltagsleben* im allgemeinen - nicht nur im Berufsleben von Forschern und Lehrern - angedeutet und damit ihre Bedeutung als *alltägliche* Phänomene unterstrichen werden. Insbesondere stützt sich die Argumentation auf die durchgeführten "Meta-Analysen", welche die Resultate der einzelnen Studien quantitativ-statistisch in übergreifenden Parametern zusammenfassen.

Im Sinne des oben kurz umrissenen Wissenschaftsverständnisses erschöpft sich Wissenschaft nicht in der Deskription von Wirklichkeit. Insbesondere aus dem Blickwinkel der Pädagogik bemißt sich die Bedeutung der psychologischen Grundlagenforschung vor allem an den Konsequenzen, die daraus für die Lebenspraxis eröffnet werden. Ausgangspunkt der Anwendung des SFP-Gedankens ist: Wenn SFPs ohne Absicht der Beteiligten in der Lage sind, das Verhalten und u.U. den Lebensverlauf von Menschen sowohl fördernd als auch behindernd mitzubestimmen, dann wird dieses Veränderungspotential auch pädagogisch absichtlich genutzt werden können. Im Kontext der Konsequenzen für die Praxis zeigt die vorhandene SFP-Literatur eine auffallende Diskrepanz zwischen der oft gestellten Forderung nach anwendungsbezogenen Untersuchungen und den tatsächlich eher spärlichen Unternehmungen, in diese Richtung vorzustoßen. Im **dritten Teil** geht es deshalb darum, die Frage nach der pädagogischen Anwendbarkeit zu stellen und (versuchsweise) zu beantworten. Dazu werden die vorhandenen, meist sehr bereichsspezifischen Konzepte in abstrahierender Form zusammengestellt und durch eigene Überlegungen ergänzt. Besonderes Interesse gilt dabei den Menschen in der dritten Lebensphase und ihrer Bildung (Gerontagogik) sowie den Möglichkeiten der Gerontagogen hier mit Hilfe des Ansatzes der SFPs helfend einzugreifen.

Die Disziplin-Bezeichnungen "Pädagogik" bzw. "Gerontagogik" sind terminologisch in der Literatur nicht übereinstimmend geklärt. Z.T. werden sie als übergeordnete Begriffe für die Theorie *und* Praxis der Erziehungs- und Bildungsprozesse aufgefaßt. (In diesem Sinn ist ihre Verwendung im Titel dieser Arbeit zu verstehen.) Z.T. werden sie i.e.S. nur für die Theorie verwendet, wobei die Begriffe "Erziehung/Bildung" und "Altenbildung" dann die entsprechende Praxis bezeichnen. Soweit diese Differenzierung handhabbar erschien, werden die Begriffe in dieser Arbeit im genannten engeren Sinn gebraucht. (Die Personifizierungen "Pädagoge" und "Gerontagoge" wiederum bezeichnen mangels besserer begrifflicher Alternativen die Praktiker.)

Die drei Teile der Arbeit bauen begrifflich und sachlogisch aufeinander auf. Der erste Teil bildet die begriffliche Grundlage für die folgenden beiden. Der dritte zieht praktische Konsequenzen aus den beiden vorausgehenden Teilen. Alle Teile können als drei >Fäden< aufgenommen und quasi zu einem >Netz< verknüpft werden. Die Verbundenheit der Teile, das gemeinsame >Netz<, *explizit* und detailliert aufscheinen zu lassen, war innerhalb des gesteckten Rahmens und des zu begrenzenden Umfangs dieser Arbeit jedoch nur ansatzweise zu leisten. Daher sollen die Hauptteile der Arbeit zunächst als relativ unabhängig voneinander und für sich (relativ) eigenständig und eigenwertig betrachtet werden.

(3.) Redaktionelle Hinweise

Abkürzungen: Die folgende Übersicht der verwendeten Abkürzungen ist als Nachschlagemöglichkeit gedacht. Diese Abkürzungen werden, soweit sie nicht allgemein gebräuchlich sind, jeweils an der ersten Erscheinungsstelle im Text erläutert.

a.a.O.	am angegebenen Ort (identisch mit vorausgehender Quellenangabe)
EG	Experimentalgruppe
ES	Effektstärke

KG	Kontrollgruppe
H_0	Null-Hypothese
H_1	(Alternativ-) Hypothese
N	Anzahl (der Versuchspersonen, der Studien etc.)
o.J.	ohne Jahresangabe
o.O.	ohne Ortsangabe
p	Irrtumswahrscheinlichkeit
RJ	Studie von Rosenthal und Jacobson (1971)
SD	Standardabweichung, Streuung
SFP	self fulfilling prophecy
SFPs	self fulfilling prophecies
Vp	Versuchsperson, Proband
Vpn	Versuchspersonen, Probanden

Quellenangaben: Sie erfolgen in nachstehender Weise:

- Die Quellenangabe mit Nennung des Autorennamens, des Erscheinungsjahres und der Seitenzahl *ohne* den Hinweis "vgl.", z.B. "(Name 1988,88)", bezieht sich auf Textpassagen in der vorliegenden Arbeit, die wörtlich zitiert oder sinngemäß vom genannten Autor übernommen wurden bzw. von ihm inhaltlich identisch dargestellt werden.

- Wenn derartige Quellenverweise mit dem Hinweis "vgl." versehen sind, z.B. "(vgl. Name 1988,88)" weisen diese darauf hin, daß beim genannten Autor weitere, ergänzende Ausführungen zum angesprochenen Fragenkreis zu finden sind.

Querverweise: Alle Hinweise, die das Wort *"Abschnitt"* oder *"Teil"* beinhalten, z.B. "(vgl. Abschnitt 7.7.7)" beziehen sich auf entsprechende Passagen innerhalb der vorliegenden Arbeit und nicht etwa auf Passagen der im Kontext eines solchen Hinweises zitierten Literatur.

Übersetzungen: Die Übersetzung der Zitate und Begriffe aus dem Amerikanischen wurde, soweit nicht anders vermerkt, von mir vorgenommen. Die englischsprachigen Ausdrücke sind dann zusätzlich im Original angegeben, wenn (mir) eine präzise, knappe Übertragung in das Deutsche nicht möglich war oder wenn eine Übersetzung des Original-Terminus in das Deutsche meines Wissens bisher noch nicht vorgenommen wurde. Dadurch soll es dem Leser erleichtert werden, sich in den Quellen zu orientieren und Bezüge herzustellen.

Kleindruck: Zusätzliche Hinweise, vertiefende Ausführungen oder Beispiele, welche für das Gesamtverständnis nicht unbedingt notwendig sind, erscheinen im Kleindruck.

Diagramme: Es wurden mehrfach pfadanalytische Diagramme (Rosenthal 1981,185f) verwendet, die als >optische Anker< die Ausführungen veranschaulichen und graphisch zusammenfassen sollen. Die Pfeile dieser mit "Diagramm" bezeichneten Schaubilder sind als Kausalverbindungen im Sinne der subjektiven Pfadanalyse zu verstehen (z.B. Wahl u.a. 1981,60; Ludwig 1983,5).

24

1. TEIL: THEORETISCHE GRUNDLAGEN ZUR SELF FULFILLING PROPHECY

Die folgende terminologische und kategoriale Klärung der grundlegenden Termini der SFP-Forschung dient dem Aufbau eines Begriffsapparats, der zum Verständnis des zweiten und dritten Teils der vorliegenden Arbeit notwendig ist.

1.1 EXPLIKATION DES ERWARTUNGSBEGRIFFS

Der Begriff Explikation beschreibt in Anlehnung an Brezinka (1975,29ff) die Methode, einen Terminus zu bestimmen, indem zunächst die begrifflichen Bestandteile der Definition erläutert, und diese anschließend zu einer Definition zusammengefügt werden.

1.1.1 DEFIZITÄRER STAND DER ERWARTUNGSTHEORIE

Der wichtigste Terminus im Forschungsfeld der SFP ist der Begriff "Erwartung". Deshalb soll hier zunächst eine Begriffsanalyse von "Erwartung" unternommen werden. Später (Abschnitt 1.3 und 1.4) wird die Beziehung zwischen "Erwartung" und "SFP" erläutert.

Der Erwartungsbegriff und ihm verwandte Begriffe wie Vorstellung, Überzeugung, Glaube, Antizipation, Einstellung, Hoffnung werden in der Alltagssprache häufig sehr undifferenziert (z.T. als Synonyme) verwendet. Gleiches gilt auch für das wissenschaftliche Schrifttum, wo zwar der Begriff "Erwartung" gebräuchlich, aber kaum als abgegrenzter Fachterminus eingeführt ist (Krug 1985,80).

"Erstaunlicherweise ist das psychologische Konstrukt Erwartung wie Kopp (1980) überzeugend nachweist, ... theoretisch nie befriedigend expliziert worden und damit über den Status eines plausiblen Alltagsbegriffes nicht hinausgekommen" (Wahl 1981,52). "Die a-theoretisch plausible und z.T. naive Verwendung des Erwartungsbegriffes ... ist typisch für viele einschlägige (empirische, P.L.) Studien" (Weinert u.a. 1981, 159). Weinert und Mitarbeiter weisen in diesem Zusammenhang auf die "vielfältigen und ungeklärten Beziehungen zu anderen Konzepten (hin); z.B. zu Einstellung, Aspiration, Hoffnung, Befürchtung" (1981,159). Sie betonen die "theoretische Ungeklärtheit und mangelnde Abgegrenztheit" des Begriffs (a.a.O.,160).

Beispiele für die unspezifische Verwendung von Begriffen dieser Art:
- Jones setzt "Prophezeiung" mit "Erwartung" in seiner Definition von SFP implizit gleich (1977,166). Dasselbe gilt für Casparis (1980), worauf Westhoff und Berka (1980) in ihrer Kritik an Casparis hinweisen.
- Einige Experimente zu SFPs, die vorgeben, Erwartungen hervorzurufen, erzeugen eventuell nur Vorstellungen (vgl. Rosenthal/Jacobson 1971,37f,52).

- Plattner macht darauf aufmerksam, daß "Erwartung" und "Hoffnung" gleichgesetzt wird (1987,1,7).
- Zum Teil werden Erwartungs-Subkategorien gebildet und definiert ohne vorher den Hauptbegriff "Erwartung" selbst abgeklärt zu haben bzw. es wird "Erwartung" vorschnell operational definiert ohne den vorausgehenden Schritt getan zu haben, nämlich den zugrundeliegenden Alltagsbegriff zu explizieren (z.B. Cooper 1985, 136f).

Trotzdem wird die Bedeutung der Kategorie "Erwartung" durchaus anerkannt. Westhoff etwa bezeichnet den Terminus Erwartung als einen "der zentralen Begriffe der (kognitiven) Psychologie" (1985,10). Rosenthal stellt die zentrale Bedeutung des Erwartungskonzepts für viele psychologische Theorien heraus (1976,407). Weinert und Mitarbeiter weisen darauf hin, daß "Erwartungen ... in vielen theoretischen Modellen eine wesentliche Rolle für die Orientierung des Handelns und der kognitiven Kontrolle der Umwelt (spielen)" (1981,168). Hanke und Mandl betonen ihre Bedeutung für die Erziehungswissenschaft (1975,735).

Im folgenden wird versucht, die zur Erwartungskategorie verwandten Begriffe in ihrer Relation zueinander zu bestimmen und zu ordnen, was zur Klärung des SFP-Begriffs notwendig ist. Dabei wird methodisch ein phänomenologischer Zugang angestrebt, um eine Explikation des Konstruktes Erwartung zu erhalten, die sich möglichst eng an dem alltagssprachlichen Vorstellungsinhalt orientiert.

Eine solche eigene Begriffsklärung beseitigt zwar das "Chaos" der Begriffsverwendung außerhalb der vorliegenden Arbeit nicht, aber die angestrebte differenzierte eigene Sichtweise gibt ein Raster vor für die Interpretation der Bedeutungsinhalte dieser Begriffe im einschlägigen Schrifttum und ermöglicht bzw. erleichtert die Entschlüsselung des nur implizit angedeuteten Begriffsverständnisses der jeweiligen Autoren. Allerdings ist im zweiten und dritten Teil der Arbeit zu berücksichtigen, daß dort zitierte Autoren, welche die hier zu explizierenden Begriffe ebenfalls verwenden, unter Umständen mit diesen Begriffen einen abweichenden Vorstellungsinhalt verbinden. (Bei auffallender Diskrepanz zwischen dem Begriffsverständnis des jeweils zitierten Autors und meiner Festlegung wird darauf hingewiesen). In eindeutigen Fällen habe ich bei sinngemäßen Zitaten die Begriffe ausgetauscht, so daß sie dem hier festzulegenden Vorstellungsinhalt entsprechen. Der (zitierte) Begriff "Einstellung" kann beispielsweise oft mit dem hier festgelegten Begriff "Erwartung" gleichgesetzt werden.

1.1.2 DEDUKTIVE DEFINITION DES ERWARTUNGSBEGRIFFS

In diesem Abschnitt wird der Erwartungsbegriff in Beziehung zu anderen Begriffen gesetzt, um durch die Abgrenzung zu ihnen eine definitorische Präzisierung des alltagssprachlichen Wortes "Erwartung" zu erhalten. Die Explikation soll hier in Form einer Deduktion erfolgen. Deduktion bedeutet, den Begriff aus seinem semantischen, übergeordneten Kontext heraus abzuleiten und dadurch Gemeinsamkeiten und Unterschiede des Begriffs zu anderen innerhalb seines semantischen Kontexts deutlich werden zu lassen.

Kognitive Begriffe, wie etwa der Erwartungsbegriff, sind lediglich als "Konstrukte" beschreibbar (Wahl 1981,52,55).

26

Konstrukte sind Begriffe, die empirisch nicht direkt zugänglich sind (vgl. Ulich/Mertens 1973,103). Mit dem Begriff "Konstrukt" signalisiert man, daß man zwar beabsichtigt, ein reales Phänomen zu beschreiben, man dabei aber bedenkt, daß es sich zunächst um eine - begründete - gedankliche Konstruktion handelt, von der man hofft, daß sie in der Lage ist, Wirklichkeit adäquat zu erklären und vorherzusagen. Der Begriff Konstrukt macht deutlich, daß man lediglich ein Modell, eine >Landkarte< der Wirklichkeit geschaffen hat. Eine Landkarte ist zwar nicht identisch mit dem abgebildeten Gebiet selbst (Grinder/Bandler 1982,12); sich auf eine Landkarte zu berufen, ist aber, wenn das Gebiet (die Realität) selbst nicht überschaubar ist, die bestmögliche Hilfslösung.

Als oberste Kategorien des dem Erwartungsbegriff übergeordneten Begriffssystems dienen die bereits als Fachtermini eingeführten und ausreichend geklärten (und deshalb hier nur knapp dargestellten) Begriffe "Verhalten" und "Kognition".

(1.) Verhalten

Verhalten ist "der" Gegenstand der Verhaltenswissenschaften und die umfassendste begriffliche Kategorie für menschliche "Lebensäußerungen". Nach Watzlawick (u.a.1985,51) ist es sogar unmöglich kein Verhalten zu zeigen. Man kann sich nicht n i c h t verhalten.

Hier wird der Verhaltensbegriff in seinem weitesten Sinn verwendet. Das bedeutet:
- Als Verhalten gilt nicht nur eine Reaktion auf einen Stimulus, wie es dem "behavioralen Subjektmodell" des Behaviorismus entspricht (Groeben 1981,18ff), sondern jede Form des Agierens und Reagierens (Hehlmann 1974,577).
- Verhalten läßt sich in zwei Subkategorien einteilen: in das sichtbare, äußere Verhalten und das nicht direkt beobachtbare mentale (interne) Verhalten. Ursprünglich (im klassischen Behaviorismus) galt nur das äußere Verhalten im Sinne einer "physischen Aktivität" (Dorsch 1987,727) als Verhalten. Nach neuerer Auffassung zählt auch die Gedankentätigkeit zum Verhalten (Brezinka 1976,154; Reimann/Giesen u.a. 1979a,99f,245; Zimbardo/Ruch 1978, 25; Hehlmann 1974,577). (Dabei muß getrennt werden zwischen der Definition des Verhaltens und dem, was in der erweiterten behavioristischen Auffasssung als Untersuchungsgegenstand gilt.)
- Handeln gilt als ein "Spezialfall von 'Verhalten'", wenn man den erweiterten Verhaltensbegriff zugrundelegt (Kratochwil 1988,173,176; Hess-Kohler 1982,41; Groeben 1981,20; Brezinka 1976,152,154; Hehlmann 1974,577; Dorsch 1987,270; Wilson 1981,55; Übersicht bei Groeben 1986,71). Handeln ist dann zielgerichtetes, beabsichtigtes, reflexives Verhalten.

Im Sinne dieses Verhaltensbegriffs wird der Begriff Verhaltenswissenschaften in der vorliegenden Arbeit als Oberbegriff für Pädagogik, Psychologie, Soziologie, Teile der Anthropologie u.a. verwendet (Zimbardo/Ruch 1978,24f; Wellenreuther 1982,20; Krapp 1979; Brezinka 1978,67f; Dorsch 1987,729) und so wissenschaftstheoretisch positionsübergreifend verwendet. Damit umfaßt der

Begriff Verhaltenswissenschaft nicht nur das behavioristische Paradigma, sondern auch kognitive Ansätze (Rosenthal/Rosnow 1984,5).

(2.) Kognition

Eine Teilmenge des Verhaltens sind Kognitionen. Sie entsprechen dem mentalen Verhalten (Wahl 1981,49). Der Begriff Kognition meint Erkenntnistätigkeit. Er ist der Sammelname für alle Vorgänge und Strukturen, die mit dem Gewahrwerden und Erkennen, also mit dem Erwerb, der Speicherung und dem Gebrauch von Wissen zusammenhängen (Dorsch 1987,339). Vereinfacht ausgedrückt entspricht dem Kognitionsbegriff (cogitare, lat. denken) der "Gedanken"-Begriff des Alltags (Tönnies 1988; Zimbardo/Ruch 1983,235). Beispiele für Kognitionen sind Erinnerungen, Vorstellungen, Vermutungen, Interpretationen, Ideen, Erwartungen, Pläne und auch Teile der Wahrnehmung (Dorsch 1987,339).

Kognitionen lassen sich grob in zwei Subkategorien einteilen:
- in die **Wahrnehmung**, als geistige Tätigkeit, welche die Aufnahme des gegenwärtigen Reizflusses ermöglicht, also durch die reale Umwelt ausgelöst wird (sinnliche Anschauung, Sinnesinformation) und
- in die **Vorstellung**, bei der der kognitiv repräsentierte Gegenstand nicht in der Außenwelt gegenwärtig ist, sondern lediglich ein Produkt freier geistiger Tätigkeit ist (Schönpflug/Schönpflug 1983,112; Dorsch 1987).

Hier wird "Wahrnehmung" i.w.S. aufgefaßt. Sie bezeichnet dabei nicht nur die Reizaufnahme der Sinnesorgane, sondern auch die Verarbeitung dieser Sinneseindrücke im Bewußtsein oder Unterbewußtsein (vgl. Zimbardo/Ruch 1983,589). Damit beinhaltet die Wahrnehmung auch gedankliche Prozesse. Bei "Wahrnehmung" denkt man hauptsächlich an die visuelle Wahrnehmung. Auch die Wahrnehmungspsychologie setzt sich vor allem mit diesem Sinneskanal auseinander (Schönpflug/Schönpflug 1983,113). Die dort auffindbaren Reizverarbeitungsmuster lassen sich allerdings auch auf andere Kanäle, etwa den auditiven, übertragen (z.B. Ludwig 1981,10f,57ff,63).

(3.) Vorstellung

Teilmenge der Kognitionen sind Vorstellungen. Eine Vorstellung ist ein geistiges "Bild", eine gedankliche Vergegenwärtigung von realen oder irrealen Objekten und Bewußtseinsinhalten, die im Augenblick nicht sinnlich wahrnehmbar sind, also frei sind von physikalischen, derzeitigen Reizeinwirkungen (Der Große Brockhaus Bd.11, 1977,742). Beispiele für Vorstellungen sind Selbstkonzepte, Kausalattributionen, Überlegungen, Ziele, Überzeugungen, Ansichten, Meinungen oder Stereotypen.

Zwei Aspekte können bei Vorstellungen unterschieden werden:

- der *Vorstellungsgegenstand* als der Gegenstand, der durch die Vorstellung abgebildet wird, und
- der *Vorstellungsinhalt* als das Bewußtseinsbild des Vorstellungsgegenstandes (Leibold 1986,23).

Zwei Arten von Subkategorien gibt es bei Vorstellungen (z.B. Dorsch 1987):
- **Erinnerungsvorstellungen** beziehen sich auf reale Erfahrungen in der Vergangenheit im Sinne einer geistigen "Wiederherstellung einer Wahrnehmung" (Adler 1971,55).
- **Phantasievorstellungen** sind zeitlich ungerichtet (nicht zwangsläufig an der Vergangenheit orientiert) und beziehen sich nicht nur direkt auf bereits Erfahrenes. Phantasie sieht Adler als eine Form des Voraussehens an (1971, 61).

(4.) Antizipation

Antizipationen sind eine Teilmenge von Phantasievorstellungen; und zwar diejenigen, die einen zukunftsbezogenen Vorstellungsinhalt haben. Eine Antizipation ist eine gedankliche Vorwegnahme von potentiellen Zukunftsereignissen (Kugelmann 1986). Zwei grundsätzliche Arten von Antizipationen sind zu unterscheiden:
- Real mögliche Antizipationen sind solche, die als Vorwegnahme von potentiellen, späteren Ereignisabläufen betrachtet werden.
- Irreale Utopien sind prinzipiell ohne Realitätsanspruch. Mit ihrem späteren Eintreffen wird nicht gerechnet (z.B. unrealistische Wünsche, Tagträumereien, Hirngespinste).

Antizipationen müssen sich also nicht unbedingt innerhalb des subjektiven "Horizonts des Real-Möglichen" (Plattner 1987,7) befinden. Die Antizipation "Hoffen" z.B. ist nur innerhalb dieses Horizonts denkbar, während die Antizipation "Wünschen" auch das beinhalten kann, was vom Wünschenden im Grunde für unmöglich gehalten wird (a.a.O.).

Antizipationen lassen sich nach ihrer unterschiedlichen Bewertung einteilen in:
- positiv (angenehm) bewertete Antizipationen (z.B. Ziel, Wunsch, Hoffnung, Zuversicht, Vertrauen, Zutrauen),
- negativ bewertete Antizipationen (z.B. Angst, Befürchtung, Sorge, Bedrohung),
- wertneutrale bzw. begrifflich nicht eindeutig in der Wertungsrichtung festgelegte Antizipationen (z.B. Prognose, Erwartung, Normen, Präskriptionen).

(5.) Voraussage

Voraussagen bilden diejenige Teilmenge der Klasse der Antizipationen, die mit einem grundsätzlichen Realitätsanspruch verbunden ist. Irreale Wunschträume von zukünftigen Entwicklungen, die als solche auch kenntlich gemacht sind, werden nicht als Voraussagen bezeichnet. "Grundsätzlicher" Realitätsanspruch meint, daß Voraussagen durchaus mit einem mehr oder weniger großen subjektiven Unsicherheitsfaktor bzgl. des späteren Eintretens des Vorausgesagten belegt sein können. Voraussagen sind damit probabilistische Aussagen.

Es ist ein objektiver von einem subjektiven Unsicherheitsfaktor zu unterscheiden. Alle Antizipationen, die den Anspruch erheben, Realität vorwegzunehmen, sind, objektiv gesehen, mit einem gewissen Unsicherheitsfaktor bzgl. ihrer a-posteriori-Bestätigung durch die nachfolgende, vorhergesehene, faktische Ereignisentwicklung behaftet. Objektiv gesehen läßt sich Zukunft nur behelfsmäßig als Verlängerung vergangener Erfahrung einschätzen, unter der Annahme, daß ähnliche Bedingungen auch in der Zukunft auftreten. Es ist nicht möglich, Zukunft direkt vorherzu-"sehen" (ein alter >Menschheitstraum<, von dem z.B. die Astrologie und andere esoterische Lehren >leben<). Auch wenn eine Voraussage auf einem großen Erfahrungswissen basiert, garantiert das nicht, daß sich Ereignisse in der Zukunft beim nächsten ähnlich gelagerten Fall genauso entwickeln werden.

Voraussagen sind auch mit einem subjektiven Unsicherheitsfaktor belegt, der alle möglichen Stufen der individuellen Einschätzung zwischen "äußerst unwahrscheinlich" und "einer Eintreffenswahrscheinlichkeit, die an Sicherheit grenzt" einnehmen kann. Z.B. ist der subjektive Unsicherheitsfaktor bei "Erwartung" kleiner als bei "Hoffnung" (Plattner 1987,7).

Synonyme und Sub-Kategorien zur Voraussage sind Vorhersagen, Prophezeiungen, Weissagungen, Prädiktionen, Präkognitionen, Prognosen und die Voraussicht (Zimbardo/Ruch 1978,227).

Der Prognose-Begriff bezeichnet vor allem sachlich-objektiv begründbare Voraussagen, welche meist auf quantitativer Information beruhen (z.B. Bertaux 1963,14ff; vgl. Krapp 1979,35,39). In der Futurologie (Zukunftsforschung) unterscheidet man die Prognostik als die wahrscheinlichste Zukunftsperspektive, bei der Trends der Vergangenheit unter der Annahme ihrer überraschungsfreien Weiterentwicklung in die Zukunft hinein extrapoliert werden, von den futurologischen Programmen (Planungsentwürfen), die neben den reinen Prognosen auch konstruktive Elemente im Sinne der Entwicklung von Wünschenswertem und normative Entscheidungen enthalten (Weber 1978a,60f; vgl. Flechtheim 1986,168). Prognosen sind deshalb Voraussagen, während futurologische Programme durch ihren Ziel- und Wunsch-Charakter nicht zwangsläufig Voraussagen sein müssen.

Aussagen über die Zukunft, die absichtlich "falsch" zu Täuschungszwecken gemacht werden, fallen auch unter den Voraussage-Begriff. Denn auch solche Aussagen sind mit einem Realitätsanspruch versehen. Der Prognostiker muß nicht unbedingt selbst an seine Prognose glauben. Ein Meteorologe kann beispielsweise aufgrund seines Datenmaterials schönes Wetter prognostizieren und trotzdem, subjektiv zweifelnd, seine Meßstation mit dem Regenschirm verlassen, ohne daß seine Aussage dadurch ihren Prognosecharakter verliert.

(6.) Erwartung

Die Kategorie Erwartung ist diejenige Teilmenge der Voraussagen, bei denen der Voraussagende (hier der Erwartende) davon überzeugt ist, daß die Voraussage in Erfüllung geht. Erwartung ist mit Glauben verbunden ("belief statement"; Cooper/Good 1983,4). Erwartungen sind damit antizipatorische Überzeugungen: Während "Glaube" und "Überzeugung" zunächst nicht zeitbezogen sind, also nicht zwangsläufig ein "Zeitelement" enthalten (Nies /Munnichs 1986,55), ist das bei der Erwartungskategorie der Fall. Insofern sind Erwartungen eine Teilmenge von Überzeugungen, und zwar diejenige der zukunftsbezogenen Überzeugungen.

An eine Voraussage muß der Voraussagende selbst nicht unbedingt glauben. Eine Erwartung jedoch ist nur dann eine, wenn der *Erwartende* selbst von ihrer a posteriori-Bestätigung überzeugt ist. Eine absichtlich als "Erwartung" getarnte und geäußerte Voraussage, von der der Sprecher selbst nicht überzeugt ist, fällt nicht unter den Erwartungsbegriff.

Es gibt zwei Möglichkeiten, den Erwartungsbegriff hinsichtlich der subjektiven Wahrscheinlichkeit von seiten des Erwartenden, daß sich die Erwartung erfüllen wird, festzulegen:
- Nach dem **deterministischen** Erwartungsbegriff geht der Erwartende subjektiv davon aus, daß seine Voraussage mit Sicherheit in Erfüllung geht.
- Nach dem **probabilistischen** Erwartungsbegriff geht der Erwartende subjektiv davon aus, daß seine Voraussage mit einer gewissen Wahrscheinlichkeit später bestätigt wird.

Glaube und Überzeugung sind ebenfalls deterministische Begriffe. Glauben bedeutet nicht, unverbindlich meinen, sondern, mit verbindlicher Gewißheit daran festzuhalten, die Wahrheit zu "wissen" (Arnold/Eysenck u.a. 1980,784). Einige Erwartungsdefinitionen lassen die Wahrscheinlichkeitsfrage offen (Arnold/Eysenck u.a. 1980,507; Dorsch 1987,188f,339). Einige Autoren beziehen sich in ihrer Erwartungsdefinition auf die probabilistische Möglichkeit (Weinert u.a. 1981,160; Schönpflug/Schönpflug 1983,318; Jones 1977; Gregory/Burroughs u.a. 1985,436,438). Andere Definitionen gehen von dem deterministischen Erwartungsbegriff aus. Beispielsweise ist nach Schiefele (1974,453,362) Erwartung mit Gewißheit und Überzeugung verbunden. Es sei gerade die subjektive "Richtigkeit" des eigenen Urteils, welche die Erwartung von Wünschen, Hoffnungen, Annahmen und Bestrebungen unterscheidet.

In der vorliegenden Arbeit wird "Erwartung" deterministisch definiert, da dies der ursprünglichen Verwendung des Erwartungsbegriffs in der Umgangssprache entspricht (vgl. Abschnitt 1.1.4). Inwieweit auch an Erwartungen im deterministischen Sinn (rational) gezweifelt werden darf, wird noch unten geklärt werden.

Spezifische Formen des allgemeinen Erwartungsbegriffs sind beispielsweise das zwischenmenschliche Vertrauen, das Selbstvertrauen- bzw. das Urvertrauen (vgl. Breslauer 1989,108; Mielke 1984,48).

(7.) Graphische Übersicht zum übergeordneten Begriffssystem von "Erwartung"

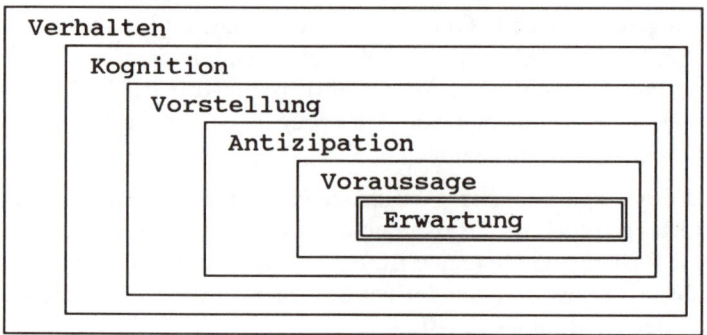

Die jeweils größere, im Text vorausgehend genannte Kategorie schließt die folgenden mit ein. Um der sprachlichen Einfachheit willen wird allerdings in den folgenden Überlegungen so verfahren: Werden mehrere dieser Kategorien in einer Aufzählung in Beziehung zueinander gesetzt, so sind die jeweils größeren Kategorien im Sinne des Ausschlusses der jeweils kleineren zu verstehen. Wenn also beispielsweise von "Vorstellung *und* Antizipation" die Rede ist, so meint "Vorstellung" jede Art von Vorstellungen ausschließlich der antizipativen Vorstellungen.

Erwartungen werden also den **Kognitionen** zugerechnet (z.B. Weinert u.a. 1981,158f; Dorsch 1987,339; Schiefele/Prenzel 1983,232; Westhoff 1985,10). Brophy und Good sprechen davon, daß Erwartungen "in erster Linie kognitive Phänomene " seien (1976,183). Das bedeutet nicht, daß die Emotionen, die mit Erwartungen verbunden sein können, geringgeschätzt werden. Lediglich der eigentliche Kern des Erwartungsbegriffs wird analytisch gesehen als kognitiv eingeschätzt. "'Kognition' und 'Emotion' bezeichnen streng genommen keine eigenständigen Klassen psychischer Phänomene, sondern lediglich Aspekte eines einheitlichen Geschehens, aus dem man für bestimmte Zwecke Teilkomponenten abstrahierend herauslösen kann" (Ulich 1989,2).

1.1.3 BESTIMMUNGSMERKMALE VON ERWARTUNGEN

Die konstitutiven Bestimmungsmerkmale von "Erwartung" können folgendermaßen zusammengefaßt werden:

Erwartungen sind realitätsbezogene Vorstellungen, die auf die Zukunft gerichtet sind und von denen der Erwartende überzeugt ist, daß sie durch die nachfolgende Ereignisentwicklung bestätigt werden.

(1.) Zum Zukunftsbezug

Zukunftsbezug bezeichnet hier die Zeitdimension des Erwartungsinhalts, nicht die Zeitdimension der Wirkung der Erwartung. Der Inhalt der Erwartung ist ein zukünftiges Ereignis. Trotzdem können Erwartungen sehr wohl deutlich das Gegenwartserleben des Erwartenden beeinflussen. Erwartet jemand beispielsweise ein ihn beängstigendes Ereignis, so bestimmt das die gegenwärtige Befindlichkeit des Erwartenden.

Fast alle Sprachen haben für die Zeitdimension "Zukunft" eine eigene grammatikalische Form, in der auch Erwartungen verbalisiert werden können. In der Umgangssprache werden allerdings viele Erwartungen im Präsens formuliert (Westhoff 1985,83). Beispielsweise wird statt "Ich werde nach München fahren" gesagt "Ich fahre nach München". Oft sind auch in gegenwartsbezogenen Aussagen Erwartungen impliziert (z.B. in Selbstkonzepten)(Honolka 1976,14).

(2.) Zur subjektiven Überzeugung

Erwartung bedeutet nach der vorausgegangenen Festlegung nicht eine Wahrscheinlichkeitsannahme, sondern eine subjektive "Gewißheitsannahme" einer zukünftigen Entwicklung. Die spätere Verwirklichung des Erwartungsinhalts stellt also für den Erwartenden keine nur denkbare bzw. eher wahrscheinliche Ereignisentwicklung dar, wie das etwa bei Hoffnungen oder Vermutungen der Fall ist. Er ist vielmehr von dieser Entwicklung überzeugt. Erwartungen sind gewiß im Sinne des Popperschen Gewißheitsbegriffs. Gewißheit besteht demzufolge dann, wenn etwas als hinreichend sicher für die entsprechenden "praktischen Zwecke" angenommen wird, wobei sich das Sicherheitsniveau (eine Art intuitives "Signifikanzniveau"), also die Bereitschaft etwas mit Gewißheit anzunehmen, an den jeweiligen Konsequenzen, die ein Irrtum hätte, bemißt (Popper 1974,11,92,352).

Das konstitutive Merkmal "Gewißheit" bedarf einer näheren Erläuterung. Denn hier entsteht zunächst ein Widerspruch zwischen der Unmöglichkeit einer objektiven Sicherheit in bezug auf Zukunftsaussagen und der subjektiven, "unvernünftigen" Sicherheit bei Erwartungen. Es mag sich also die kritische Frage aufdrängen, ob es überhaupt oft möglich ist, eine subjektive Sicherheit in der Voraussage aufzubringen. Zur Beantwortung dieser Frage müssen zwei Ebenen unterschieden werden, auf denen sich die Bildung der Überzeugung von Gewißheit bewegt:
- Es existiert eine *spontane*, oft nicht voll bewußte, *intuitive* Ebene, auf der sich Erwartungen unkontrolliert einstellen. D.h. das erste spontane, in der Vorstellung erscheinende Bild des konkreten Ausgangs eines bevorstehenden Ereignisses wird zur unreflektierten Erwartung.
- Eine *reflektiert-rationale* Ebene kann durch Überlegung und Abwägen eingenommen werden. Auf dieser Ebene sind meist durchaus alternative Ereignisse vorstellbar, zumindest sind sie nicht rational ablehnbar.

Durch einen kritischen Nachfrager ("Bist Du wirklich überzeugt davon?"; "Woher weißt Du das?") kann die zweite Ebene erreicht werden. Bewirken kritische Fragen eine Unsicherheit, so kann aus der Erwartung eine bloße Antizipation werden. D.h. die Zukunftsvorstellung verliert an Eindeutigkeit.

Das Bestimmungsmerkmal "Gewißheit" von Erwartungen bezieht sich in erster Linie auf die spontane, intuitive Ebene. Beide Ebenen können kongruent oder inkongruent sein. Bei Kongruenz besteht auf der spontanen und auf der rationalen Ebene die Überzeugung das "Richtige" vorauszusehen. Inkongruenz ist aber durchaus auch möglich (und dürfte fast den Normalfall darstellen). Der Erwartende kann in einer rationalen Überprüfung eine alternative Ereignis-entwicklung nicht ausschließen, bleibt aber trotzdem bei seiner Erwartung im Sinne von subjektiver Gewißheit.

Bsp.: Die Möglichkeit, daß im nächsten Augenblick der Boden zu wanken beginnt, wird niemand, der über die Bewegungen der Erdkruste informiert ist, mit absoluter Sicherheit ausschließen können. Trotzdem (wenn man nicht gerade aus einem Erdbebengebiet kommt) wird diese Vorstellung kaum ernsthaft das subjektive Sicherheitgefühl erschüttern können.

Die Erschütterung der eigenen (intuitiven) Erwartung durch rationales Abwägen der Eintrittswahrscheinlichkeit des erwarteten Ereignisses dürfte genausowenig zwangsläufig sein wie das Gelingen des Versuchs, jemand von seiner Angst vor dem Fliegen zu befreien, mit dem rationalen Argument, Fliegen sei viermal sicherer als das Reisen zu Lande. Die Fähigkeit zur "Ambiguitätstoleranz" bei Inkongruenz der intuitiven und rationalen Ebene scheint eine bedeutende entlastende Funktion zu erfüllen. Spontane "naive" Erwartungen sind in einer von Bedrohungen erfüllten Welt notwendig.

1.1.4 DESKRIPTIVE UND NORMATIVE ERWARTUNGEN

Erwartungen im oben beschriebenen und im alltagssprachlich ursprünglichen Sinn sind deskriptiv. Sie versuchen die Zukunft vorwegnehmend zu beschreiben (vgl. Hanke/Mandl 1975,727; Krug 1985,79f). Der Erwartungsbegriff wird allerdings in der Alltagssprache auch metaphorisch verwendet. In diesem übertragenen Sinn dient er der Äußerung eines Ideal-Soll-Zustands, der lediglich rhetorisch als Erwartung ausgegeben wird, z.B. um der Rigidität eines Appells mehr Ausdruck zu verleihen. Dadurch erhält ein Wunsch eine realitätsvorgreifende >Krone<. Die Betonung des Inhaltsaspekts einer Antizipation liegt dabei mehr auf der Norm (Ziel, Wunsch) als auf der Überzeugung des tatsächlichen Eintreffens des Ereignisses. Dieser Erwartungsbegriff kann der "normative" genannt werden. Beispiele für den normativen Erwartungsbegriff sind Begriffe wie "Muß-, Soll- und Kannerwartung" (z.B. Reimann/Giesen u.a. 1979b,167,174f; vgl. Giesecke 1987,55).

Bsp.: Die Mutter, die zum Kind sagt "Ich erwarte künftig besseres Benehmen", drückt damit eher einen verbindlichen Wunsch als eine Deskription der Zukunft aus.

Bisweilen ist aus dem Kontext nicht ersichtlich, ob der Begriff "Erwartung" deskriptiv oder normativ zu verstehen ist. Z.T. sind wohl auch beide Anteile gleichzeitig angesprochen; so etwa im Begriff "Rollenerwartung" (vgl. z.B. Bühler 1962,254,256; Schiefele 1974,185ff; Wilson 1981,55). Es empfiehlt sich daher im Zweifelsfall mit den Attributen "deskriptiv/normativ" zu arbeiten, wie das einige Autoren bereits tun (z.B. Jones 1977,240; Weber 1977,53). Das englische Wort "expectation" weist dieselbe semantische Unklarheit auf, weshalb Tracey und Dundon vorschlagen, statt von "expectation" von "anticipation" und von "preference" zu sprechen, was der deskriptiven und normativen Erwartung entspricht (1988,4; vgl. Tinsley u.a. 1988,100).

In einem Vorgriff auf die nächsten Abschnitte soll die Notwendigkeit der Differenzierung zwischen deskriptiven und normativen Erwartungen demonstriert werden. Eine Untersuchung von Zanna und Pack (1975) beinhaltet im Titel den Begriff "self-fulfilling nature". Die Studie operiert allerdings mit dem normativen Erwartungsbegriff im Sinne eines Wunsches ("die ideale Frau *sollte* ..."). Dadurch gerät die Studie in Gefahr, unter den SFP-Begriff eine Trivialität mit zu subsumieren, nämlich, daß man die Wünsche eines anderen absichtlich erfüllt, wenn es im eigenen Interesse liegt (vgl. unten).
Man unterliegt der gleichen Gefahr, wenn man die offensichtlich absichtliche Erfüllung der normativen Erwartung eines Personalchefs durch eine Anstellungsbewerberin in der Untersuchung von Baeyer und Mitarbeitern (1978) als SFP einstuft (z.B. Snyder 1981,196).

Das folgende Schaubild bietet eine Übersicht über die verschiedenen, vorausgehend behandelten Erwartungsbegriffe, die in der Alltagssprache mit "Erwartung" bezeichnet werden. Der in dieser Arbeit mit "Erwartung" bezeichnete Begriff ist in Großbuchstaben geschrieben.

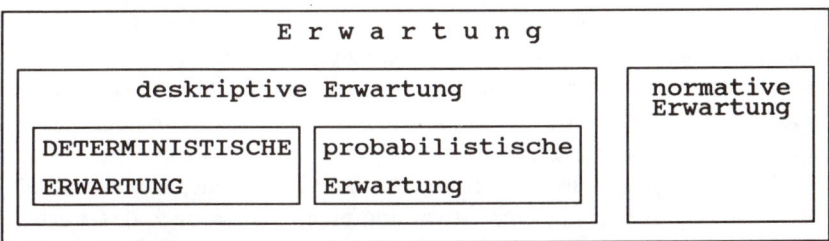

Neben diesen vom deterministischen Erwartungsbegriff abweichenden Bedeutungsvarianten gibt es noch weitere in der Umgangssprache übliche, die aber für die vorliegende Fragestellung unerheblich sind und als übertragene Ableitung des deskriptiven Begriffs gelten können (z.B. "erwarten" im Sinne von "warten auf").

1.2 CHARAKTERISIERUNG VON ERWARTUNGEN

1.2.1 ELEMENTE VON ERWARTUNGEN

Drei Elemente sind im Zusammenhang mit "Erwartung" auseinanderzuhalten:
- das **Erwartungssubjekt** als erwartende Person (die/der Erwartende).
- das **Erwartungsobjekt** als der Erwartungsgegenstand bzw. -inhalt. Das Objekt ist das "Ereignis", das erwartet wird. Das Objekt kann eine Sache, ein Sachverhalt, eine Situation, eine Begebenheit, eine Person oder ein Verhalten einer Person sein. Das Objekt kann ein subjektiv oder objektiv feststellbares Ereignis sein.
- der **Erwartungsausgang** als die tatsächliche, spätere Ereignisentwicklung. Er gehört im engeren Sinne nicht mehr direkt zu den Elementen der Erwartung selbst. Grob vereinfacht gibt es zwei Möglichkeiten: Erfüllt sich die Erwartung, dann sind Erwartungsobjekt und Erwartungsausgang identisch miteinander. Erfüllt sie sich nicht, dann besteht keine Identität.

Rosenthal (z.B. 1981,186) unterscheidet begrifflich den "expecter" (Erwartungssubjekt) von dem "expectee" (Erwartungsobjekt). Snyder (1981) spricht vom "perceiver" (Subjekt) und dem "target" (Objekt).

1.2.2 ERWARTUNGSTYPOLOGIE AUS FORMALER SICHT

Erwartungen werden üblicherweise in bezug auf das Erwartungsobjekt folgendermaßen eingeteilt:
- Eine **personale Erwartung** ist eine Erwartung bzgl. des Verhaltens einer Person. (Da auch >animalische< Erwartungen, also bzgl. des Verhaltens von Tieren, untersucht werden, sprechen Rosenthal und Rubin (1978a,377) auch von "organismischen" Erwartungen als dem Oberbegriff von personalen und animalischen Erwartungen.)
  - Eine **interpersonale Erwartung** (soziale Erwartung, interpersonal expectation) bezeichnet eine Erwartung einer Person bzgl. des Verhaltens einer *anderen* Person.
  - Eine **intrapersonale Erwartung** (intrapersonal expectation, z.B. Jones 1977,3-5; self-expectation, z.B. Entwisle/Webster 1978,258; Mitman /Snow 1985,118; Selbsterwartung, Hanke/Mandl 1975,737) bezeichnet eine Erwartung, die auf das Erwartungssubjekt selbst, also auf die *eigene* Person gerichtet ist. Erwartungssubjekt und -objekt beziehen sich auf dieselbe Person. Schiefele spricht analog von Fremd- und Selbsterwartung (1974,361).
- Eine **non-personale Erwartung** (situative Erwartung) bezieht sich auf Dinge und Situationen (z.B. Erwartung bzgl. des Wetters, der Pensionierung). Sie steht oft in enger Verbindung mit personalen Erwartungen.

1.2.3 KENNZEICHEN VON ERWARTUNGEN

1.2.3.1 Erwartung als Spontan-Phänomen

Spontan-Phänomene sind solche, die nicht unmittelbar und direkt dem eigenen Willen des Betroffenen unterworfen sind (vgl. Abschnitt 1.6.5). Spontan-Phänomene sind beispielsweise Emotionen, Überzeugungen, Wünsche und Hoffnungen. Man kann zwar aus "Vernunftgründen" aktive Versuche unterlassen, einen Wunsch zu verwirklichen, etwa, wenn sich das rational als sinnlos erweisen sollte. Der Wunsch als solcher bleibt davon unberührt. Als Teilmenge der Überzeugungen sind auch Erwartungen spontan. Im Unterschied zu allgemeinen Vorstellungen und Antizipationen, die sich von den Betroffen meist willentlich hervorrufen oder verändern lassen, sind Erwartungen spontan. Deshalb stellt ihre absichtliche Veränderung, auch für den Erwartenden selbst, eine gewisse Schwierigkeit dar. Wenn beispielsweise jemand gebeten wird, sich selbst als Astronaut auf der Oberfläche des Mondes vorzustellen, und er es versucht, wird das meist gelingen. Wenn hingegen jemand aufgefordert wird, zu erwarten, er würde bald dieses Monderlebnis tatsächlich haben, dürfte das kaum erfolgreich sein.

1.2.3.2 Häufigkeit von Erwartungen im Alltag

Erwartungen sind Vorstellungen, die sehr häufig im Alltag auftreten, also >die Regel< und nicht etwa die >Ausnahme< darstellen. Sie sind "gewöhnliche", alltägliche Erscheinungen (Brophy/Good 1976,53). Es liegt zunächst nahe, die Häufigkeit von Erwartungen zu unterschätzen, da nur ein Bruchteil aller Erwartungen dem Erwartungssubjekt bewußt sind.

Personen bilden, aufgrund von Einzelerfahrungen wohl weitaus unkritischer als es "vernünftig" erscheint, (implizite) "Theorien" aus. Bei der Anerkennung von "Hypothesen" als "wahr" ist man im Alltag bereit, eine weit größere Irrtumswahrscheinlichkeit in Kauf zu nehmen als es dem konventionell festgelegten, wissenschaftlichen Standard von höchstens 5% entspricht (vgl. Bortz 1985,151). Auch in sehr schwachen Korrelationen wird bereits ein Beweis für einen systematischen Zusammenhang oder sogar eines Kausalverhältnisses zwischen zwei Variablen gesehen. Erschwerend kommt hinzu, daß im Unterschied zum wissenschaftlichen Vorgehen der Entdeckungs- und Begründungszusammenhang nicht unterschieden wird (vgl. Krapp/Pell 1975,30). Man ist also im Alltag bereit, bei einem schon sehr geringen Grad an Sicherheit, einer Aussage oder einem Zusammenhang "Wahrheitsgehalt" zu bescheinigen. Solche Aussagen und Zusammenhänge enthalten meist auch eine Zukunftsdimension. Aufgrund der Unterstellung eines Zusammenhangs zwischen zwei Ereignissen werden in Situationen, die den bereits erlebten Situationen ähnlich sind, entsprechende Ereignisfolgen erwartet.

Der Fluß der Ereignisse, in den Menschen täglich eingebunden sind, kann als eine endlose Sequenz von Entscheidungen und Wahlprozessen gesehen werden. Im Vorgang des Wählens ist die Antizipation mit enthalten. Jede Wahl bedeutet Antizipieren der Folgen dieser Wahl und damit die Implikation von Erwartungen (Jones 1977,126).

Erwartungen scheinen so stark verbreitet zu sein, daß geradezu von der Unvermeidbarkeit von Erwartungen gesprochen werden kann. Analog der "axiomatischen These" von Watzlawick bzgl. der Unvermeidbarkeit von Kommunikation (1985,50), ließe sich die These formulieren: >Man kann nicht nichts erwarten<. In diesem Sinn konstatieren Brophy und Good die Vergeblichkeit der Anstrengung, die Herausbildung von Erwartungen durch das Erwartungssubjekt zu vermeiden (1976,56). Analog der "Erklärungsbedürftigkeit" von vergangenen Ereignissen, die in der Attributionstheorie beschrieben wird (Hofer/Dobrick 1981,118) und dem Bedürfnis nach Nachvollziehbarkeit, Erklärbarkeit und Sicherheit entgegenkommt, könnte man auf zukünftige Ereignisse bezogen von einer >Antizipationsbedürftigkeit< bzw. einer >Vorhersagbarkeitsbedürftigkeit< sprechen. Erwartungen entsprechen diesem Bedürfnis.

Dieses Erwartungsaxiom bezieht sich auf die Fälle, bei denen ein formalabstrakt antizipierbares Ereignis bevorsteht, welches in seinen konkreten Details nicht bekannt ist. Das trifft mehr oder weniger stark auf alle bevorstehenden Ereignisse zu (vgl. Brophy/Good 1976,56). Dabei tritt der Effekt ein, daß dem bevorstehenden Ereignis relativ konkrete Erwartungen entgegengebracht werden. Es wird also inhaltlich relativ detailliert antizipierend ausgefüllt.

Die Ausbildung von Erwartungen in einer Situation geschieht, meist nicht bewußt, unter Rückgriff auf Erfahrungen in ähnlichen Situationen. Liegen keine solchen Erfahrungen vor, werden andere Erfahrungen herangezogen, die wenigstens grob auf die derzeitige Situation übertragen werden können. Je weniger konkrete Anhaltspunkte wir haben, um so mehr wird fehlende Information durch Phantasie ersetzt. Erwartungen werden den Erwartungssubjekten meist erst dann bewußt, wenn etwas überraschend oder enttäuschend anders, eben nicht erwartungskonform verläuft. Dies wurde in verschiedenen sozialpsychologischen Experimenten anschaulich demonstriert, die später z.B. unter dem Titel "candid camera" (im deutschen Fernsehen z.B. die Sendung "Vorsicht Kamera") in Unterhaltungsprogramme aufgenommen wurden (vgl. Funt/Zimbardo 1985).

Der anthropologische Grund dieses Antizipationsbedürfnisses ist wohl darin zu sehen, über das Ordnen und Strukturieren durch den Versuch des Gegenwartsvorgriffs in die (zukünftige) Welt, Sicherheit, Regulation, Kontinuität und Orientierung zu erhalten (Weinert u.a. 1981,184; Snyder 1981,183; Rosenthal/Jacobson 1971,19ff; Zimbardo/Ruch 1983,303f). Erwartungen lösen die Spannung, immer auf alles gefaßt sein zu müssen. Denn die Haltung, ständig alles für möglich zu halten, würde das Bewußtsein >überstrapazieren<.

Erwartungen sind vereinfachende Formeln, die es überhaupt erst ermöglichen, die Flut von Umwelteindrücken zu verarbeiten (vgl. Haeberlin/Sarges 1980, 141).

In Situationen, deren Entwicklungen äußerst schwer abzuschätzen sind, läßt sich die Unvermeidbarkeit von Erwartungen besonders gut beobachten. Starke Erwartungsunsicherheit tritt auf, wenn eine Situation objektiv zwei mögliche Zukunftsentwicklungen erlaubt, die rational beide als gleich wahrscheinlich erscheinen (z.B. Ausgang einer lebensbedrohlichen Erkrankung). In so einem Fall ist bisweilen die Unsicherheit schwieriger zu ertragen als die subjektive Gewißheit des negativen Ausgangs eines zukünftigen Ereignisses. Dabei tritt ein Analogon zum "Kippbildereffekt" (z.B. Legewie/Ehlers 1972,69; Zimbardo/Ruch 1979,222ff) auf: Man schwankt ständig zwischen der einen bzw. der anderen Erwartungsmöglichkeit hin und her. Es scheint nicht bzw. schwer möglich zu sein, langfristig in einem indifferenten >Erwartungsvakuum< zu verharren.

1.2.3.3 Die Frage der "Richtigkeit" von Erwartungen

In der Umgangssprache ist von "richtigen" bzw. "falschen" Erwartungen im Sinne einer a priori-Entscheidung des Zutreffens von Erwartungen die Rede. A priori bezeichnet hier die "Erkenntnis", die noch vor jeder Erfahrung in bezug auf die tatsächliche Entwicklung des erwarteten Ereignisses liegt. A posteriori meint hingegen die "Erkenntnis" nach der Erfahrung, im Wissen um den Erwartungsausgang.

Wenn man die These akzeptiert, daß es keine objektiv sichere Möglichkeit gibt, Zukunft vorherzusagen (vgl. Abschnitt 1.1.2), so ist auch keine objektive a priori-Entscheidung darüber möglich, ob eine Erwartung richtig oder falsch ist. Es gibt nur sich a posteriori als zutreffend oder nicht zutreffend erweisende Erwartungen. Eine strenge Trennung zwischen >durch objektive Gegebenheiten begründbare, auf "vernünftigen und logischen Schlüssen" beruhende Erwartungen< einerseits (Brophy/Good 1976,53) und lediglich >nicht näher sachlich begründbare, intuitiv-subjektive Erwartungen< andererseits, ändert nichts an der grundsätzlichen Unmöglichkeit einer objektiven a priori-Entscheidung. Denn es besteht dann "die Schwierigkeit, valide Kriterien für begründete und unbegründete Erwartungen zu finden" (Hanke/Mandl 1975,729).

Der These der Unmöglichkeit einer objektiven a priori-Entscheidung widerspricht es allerdings nicht, daß es auch Erwartungen aufgrund von objektiven Falschinformationen oder falscher Interpretation von zutreffenden Informationen gibt. Erwartungen aufgrund solcher unzutreffender Informationen sind wohl auch häufig gemeint, wenn von der "Richtigkeit" von Erwartungen gesprochen wird. Selbst solche Erwartungen müssen nicht "falsch" sein, denn auch solche Erwartungen, die sich auf Falschinformationen gründen, können sich erfüllen.

Bsp.: Erwartet jemand, daß im Theater an einem bestimmten Tag ein bestimmtes Schauspiel aufgeführt wird, so kann diese Erwartung auf einer Falschinformation beruhen, da er sich z.B. bei der Durchsicht der Programmzeitschrift um einen Tag geirrt hat. Trotzdem kann sich die Erwartung nachträglich bestätigen, etwa weil der Spielplan kurzfristig geändert wurde.

Auch die Weltuntergangsprophezeiungen, die von weltanschaulich geprägten Gruppen von Zeit zu Zeit gemacht werden (vgl. Mann 1972,186ff; Wiesendanger 1988,40), sind nicht a priori "falsch", auch wenn sie von der Bevölkerungsmehrheit nicht getragen werden (und sich *bisher* a posteriori als nicht zutreffend erwiesen haben).

1.2.4 ENTSTEHUNG UND VERÄNDERUNG VON ERWARTUNGEN

Die Entstehung vorher nicht vorhandener bzw. die Veränderung bestehender Erwartungen wird auch unter die Begriffe Erwartungsbildung, -ausbildung, -entwicklung, -formung und Determinanten von Erwartungen gefaßt.

Antizipationen können als "Extrapolation" von Entwicklungslinien aus der Vergangenheit und Gegenwart in die Zukunft aufgefaßt werden (Kugelmann 1986,256). "Schon im Alltagsverständnis bedeuten Erwartungen geistige Brücken zwischen Vergangenheit und Zukunft" (Weinert u.a. 1981,183). Die Vergangenheit kann hier mit erlebten Erfahrungen gleichgesetzt werden. Damit werden Erwartungen aufgrund von eigenen oder mitgeteilten Erfahrungen gebildet (z.B. Rosenthal 1976,407; Jones 1977,127-144).

Der psychische "Mechanismus", mit dem eine Erfahrung zur Erwartung wird, nennen Bandler und Grinder "Generalisierung" (1981,35-37,209). Das ist der "Prozeß, durch den eine spezifische Erfahrung zur Repräsentation der gesamten Kategorie, von der sie ein Glied ist, gelangt" (a.a.O.). Die "Fähigkeit zu generalisieren ist wesentlich, um mit der Welt fertigwerden zu können" (a.a.O.,35). Aus dieser durch Induktionsschluß gewonnenen, generalisierten "Kategorie" werden wiederum einzelne, spezifische Erwartungen abgeleitet (vgl. a.a.O.,37). Solche erwartungsgenerierenden Erfahrungen können hervorgerufen werden durch das "Erkennen" von Gesetzmäßigkeiten (Jussim 1986,432), durch Informationen, Beobachtungen (Brophy/Good 1976,52f; Jussim 1986,431) und das Anstellen von sozialen Vergleichen (Jones 1977,127-144).

1.2.5 STRUKTURMERKMALE VON ERWARTUNGEN

Strukturmerkmale von Erwartungen sind keine Bestimmungsmerkmale, die festlegen, ob es sich bei einer Kognition um eine Erwartung handelt oder nicht, sondern Merkmale, durch deren graduelle Abstufungen einzelne Erwartungen miteinander verglichen und unterschieden werden können (Westhoff 1985,12). Die Darstellung erfolgt in grober Anlehnung an die Auflistung von Strukturmerkmalen ("Facetten") nach Westhoff (1985,12-43). Diese Merkmale werden im folgenden nur soweit beschrieben als sie eine Bedeutung für die SFPs haben.

(1.) Strukturmerkmal Erwartungsrichtung

Wenn man sich alle prinzipiell denkbaren Möglichkeiten der Ereignisentwicklung eines bevorstehenden Ereignisses auf einer Skala mit zwei alternativen Polen vorstellt (z.B. best- und schlechtestmögliche Schulnote), so gibt die Erwartungsrichtung die Tendenz einer bestimmten Erwartung in eine der beiden Richtungen an; z.B. die Erwartung einer eher unteren oder oberen Notenstufe, die Erwartung von eher sonnigem oder regnerischem Wetter. Dieses Strukturmerkmal trifft nur auf Erwartungen zu, deren prinzipiell denkbare Erwartungsausgänge abgestuft vorstellbar sind.

Eine detailliertere Angabe (als die bloße Richtungstendenz) bietet das Sub-Strukturmerkmal "Ausprägung". Die Erwartungsausprägung beschreibt den Grad auf der Skala, mit der eine Erwartung in eine bestimmte Erwartungsrichtung tendiert. Das wird häufig mit "hoher" bzw. "geringer" Erwartung oder mit "Ausmaß" der Erwartung umschrieben (z.B. Smale 1983,95). Die Ausprägung ist festgelegt, wenn nicht nur eine warme oder kalte Temperatur erwartet wird (Erwartungsrichtung), sondern eine mehr oder weniger präzise Celsiusangabe.

(2.) Strukturmerkmal Bewertung

Die Bewertung (Wert, Valenz, valence) ist eine Einstufung des erwarteten Ereignisses (vgl. Westhoff 1985,17ff). Die Bewertung ist nicht objektiv gegeben (wenn das auch individuell z.T. so empfunden werden kann), sondern wird vom Erwartungssubjekt in bezug auf das Erwartungsobjekt vorgenommen. Die Erwartung eines bestimmten Wetters mit der Erwartungsrichtung "Regen" mag vom Gartenbesitzer positiv bewertet und vom Touristen negativ bewertet werden. Mit einer bestimmten Erwartungsrichtung kann, muß aber keine Bewertung verbunden sein.

Bewertungen sind oft mit Affekten verbunden. Das bedeutet: Auch der Intensitätsgrad der Gefühle, die mit der Erwartung eines Ereignisses verbunden sind, kann sehr unterschiedlich sein (Westhoff 1985,30-32). Das Gefühl kann zwischen einer neutralen Gleichgültigkeit bis zu einer intensiven Betroffenheit variieren.

(3.) Strukturmerkmal Zeitlicher Abstand

Das Strukturmerkmal "zeitlicher Abstand" bezieht sich auf den Zeitraum zwischen dem Zeitpunkt der jeweiligen Gegenwart, in der eine Erwartung gehegt wird und dem Zeitpunkt des Eintreffens des erwarteten Ereignisses (vgl. Westhoff 1985,27ff). Dieser zeitliche Abstand kann wenige Augenblicke lang sein (z.B. beim Auspacken eines Geschenks) oder fast die gesamte Lebenszeit

41

eines Menschen ausmachen (z.B. Erwartungen gegenüber der dritten Lebensphase).

(4.) Strukturmerkmal Generalisiertheit

Eine Erwartung kann sich auf eine spezifische Situation oder auf viele verschiedene mehr oder weniger ähnliche Situationen beziehen (Westhoff 1985,37-39). Das Strukturmerkmal Generalisiertheit bezieht sich auf das Ausmaß der Konkretheit des Erwartungsobjekts einer Erwartung. Stark generalisierte Erwartungen sind z.B. Kontrollüberzeugungen oder generalisierte Erfolgserwartungen (Fibel/Hale 1978) als allgemeiner Lebensoptimismus.

(5.) Strukturmerkmal Differenziertheit

Erwartungsobjekte können global oder differenziert sein. Differenzierte Erwartungen sind sehr detailliert mit konkretem Inhalt gefüllt. Während das Strukturmerkmal Generalisiertheit die Unterschiedlichkeit der Situationen beschreibt, auf die sich ein und dieselbe Erwartung beziehen kann, beschreibt das Strukturmerkmal Differenziertheit das Ausmaß der Details des Erwartungsobjekts, die in einer Erwartung berücksichtigt sind, also wie präzise ein Ereignis antizipiert wird.

(6.) Strukturmerkmal Bedeutsamkeit

Unterschiedlich kann auch die persönliche Bedeutung sein, die das erwartete Ereignis für das Erwartungssubjekt hat. Das Ereignis kann zentral oder peripher sein. Dieses Strukturmerkmal hängt eng zusammen mit dem Strukturmerkmal Bewertung.

1.3 EXPLIKATION DES BEGRIFFS SELF FULFILLING PROPHECY

1.3.1 DEDUKTION DES BEGRIFFS SELF FULFILLING PROPHECY

Bisher fehlt eine umfassende Theorie zum Phänomen der SFP. "Was die Integration" der Ansätze, die sich mit Erwartungen beschäftigen, "zu einem übergreifenden Bezugsrahmen für eine 'Theorie der Erwartungseffekte' so schwierig macht, sind die verschiedenen Ebenen, auf denen die Modelle ansetzen ..." (Hanke/Mandl 1975,736). Im folgenden wird ein Versuch unternommen, einen Beitrag zur Theorie der SFP zu liefern, welcher es ermöglicht, das SFP-Konstrukt auch mit anderen erwartungsbezogenen Konzepten in Beziehung zu setzen. Um der terminologischen Klarheit willen, soll der Begriff "SFP" zunächst von zwei ihn bestimmenden und ihm übergeordneten Dimensionen abgeleitet werden:

42

- Zum einen von der Zugangsdimension "Verhaltenswirksamkeit von Kognitionen" (Voraussagen als unabhängige Variable/Erwartungseffekte)(Abschnitt 1.3.1.1).
- Zum anderen von der Zugangsdimension "Erfüllung von Voraussagen" (Abschnitt 1.3.1.2).

1.3.1.1 Deduktion aus der Verhaltenswirksamkeit

(1.) Erwartungen als verhaltenssteuernde Kognitionen

Ein psychologisches Konstrukt, wie z.B. das der Erwartung, wird für das tägliche Leben dann relevant und in systematischer Weise anwendbar, wenn sich ein "Bezug zu beobachtbarem Verhalten" nachweisen läßt (Wahl 1981,52f).

Sollen Erwartungen in einen funktionalen Zusammenhang gestellt werden, ergeben sich zwei grundsätzliche Blickrichtungen:
- Erwartungen als abhängige Variable zu betrachten, bedeutet, danach zu fragen, was Erwartungen bestimmt (input, Erwartungsentstehung).
- Erwartungen als unabhängige Variable zu betrachten, bedeutet, danach zu fragen, was durch Erwartungen bestimmt wird (output, Erwartungseffekte).
Diese zwei Blickrichtungen sind theoretisch klar unterscheidbar. Forschungstechnisch ist diese Trennung im konkreten Fall jedoch oft schwierig. Steht z.B. eine Erwartung bzgl. eines Sachverhalts im Zusammenhang mit eben diesem Sachverhalt, ist damit noch nichts über die Kausalrichtung dieses Zusammenhangs ausgesagt (Ursache-Wirkungs-Problematik). Dahinter steht die "alte Frage nach der Priorität von Henne oder Ei. Resultieren Erwartungen aus Verhalten oder bedingen sie es? Soviel wir heute wissen, müssen wir von komplexen Wechselwirkungen ausgehen ..." (Hanke/Mandl 1975,729; vgl. Tracey u.a. 1988,3). Die Annahme einer Wechselwirkung ist häufig durchaus plausibel und nicht nur ein Kompromiß in Ermangelung genaueren Wissens. Das Kausalmodell, das der SFP zugrunde liegt, steht dem common sense eher fern. Dem Alltagsdenken entspricht, daß "Erwartungen gewöhnlich aus beobachteter Leistung (resultieren) und sie nicht (verursachen)" (Brophy/Good 1976,55).

Diagramm zum Kausalmodell des common sense:

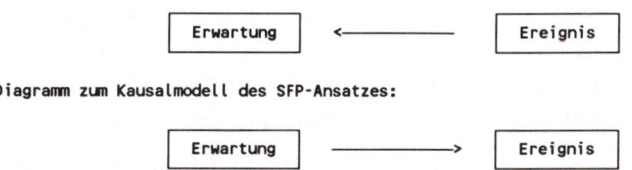

Auf eine Kurz-Formel gebracht entspricht dem Kausalmodell des common sense die Aussage: "Was sich ereignet, das erwartet man wieder", während das Kausalmodell der SFP lautet: "Was man erwartet, das ereignet sich."

Die Betrachtung von Erwartungen als unabhängige Variable spricht ihnen eine "Eigendynamik" zu. Der Begriff "Eigendynamik" wird von Honolka (1976) als Synonym für "SFP" verwendet. Der eigentlichen Wortbedeutung von "Eigendynamik" (eine eigene Kraft besitzend, zur Ursache werdend) dürfte es allerdings eher entsprechen, den Begriff als der SFP übergeordnet, im Sinne eines >allgemeinen Erwartungseffekts< (vgl. unten), zu verwenden. Merton (1971) verwendet den Begriff "Eigendynamik" ebenfalls. Er bezeichnet die SFP als ein Phänomen, das er den "*dynamischen* sozialen Mechanismen" unterordnet (1948, zit. nach Barkey 1971,264).

In folgenden Attributen kommt die Eigendynamik (i.w.S.) von Erwartungen zum Ausdruck: Sie werden den "verhaltenswirksamen" (Erlemeier 1973,539), "verhaltenslenkenden" (Westhoff 1985,15), "handlungssteuernden, -leitenden bzw. -relevanten" Kognitionen (Wahl 1981,51; Schiefele 1974,453) zugerechnet. Andere derartige, verhaltenswirksame Kognitionen sind z.B. Einstellungen, Kausalattributionen oder implizite Persönlichkeitstheorien (z.B. Haeberlin/Sarges 1980,138,140; Wahl 1981).

Die Bedeutung der Verhaltenswirksamkeit wird von Kelly unterstrichen, der einen Großteil des menschlichen Verhaltens durch Erwartungen determiniert sieht (1955, zit. nach Smale 1983,22). Wahl stellt fest, daß Erwartungen "zu den zentralen handlungssteuernden Kognitionen gezählt" (1981,51) werden.

Erwartungen wirken sich nicht nur auf internes Verhalten aus (etwa Traurigkeit bei enttäuschten Erwartungen oder Vorfreude bei angenehmen Erwartungen), sondern sie lenken auch bewußt oder unbewußt das äußere Verhalten (z.B. Entscheidungen aufgrund der Erwartung bestimmter Konsequenzen).

(2.) Erwartungseffekt-Typen

Die ursprünglich semantisch sehr allgemeinen Begriffe "Verhaltenswirksamkeit von Erwartungen" bzw. "Erwartungseffekt" (expectancy effect) werden z.T. sehr spezifisch eingeengt verwendet (vgl. Hanke/Mandl 1975,728f): nämlich als Synonym für das Phänomen der SFP. Da es aber auch Erwartungseffekte allgemeinerer Art gibt, schlage ich folgende Unterscheidung vor:

(a.) Allgemeiner Erwartungseffekt (Effekt i.w.S.)

Beim **allgemeinen Erwartungseffekt** wirkt sich zwar die Erwartung auf einen bestimmten Sachverhalt aus, allerdings nicht unbedingt auf das Erwartungsobjekt. D.h. das Erwartungsobjekt deckt sich nicht mit diesem Sachverhalt. Der allgemeine Effekt hat also nichts mit der Erfüllung der Erwartung zu tun.

Bsp.: Eine Person erwartet Regen (Erwartungsinhalt) und nimmt deshalb einen Schirm mit (Effekt der Erwartung). Regen und das Verhalten, einen Schirm mitzunehmen, sind nicht identisch. Ob es später tatsächlich regnet oder nicht, berührt das gezeigte Verhalten nicht.

Im Sinne des allgemeinen Erwartungseffekts wird etwa global festgestellt, daß Erwartungen das *Verhalten* (z.B. Weinert u.a. 1981,163; Miller u.a. 1988; Tracey u.a. 1988,3) bzw. das *Handeln* steuern (z.B. Schiefele 1974,357; Schönpflug u.a. 1983,315). Als konkrete Beispiele solcher allgemeinen Erwartungseffekte findet man in der Literatur die Nennung der Auswirkung auf die Wahrnehmung (Schiefele 1974,358,362; Brophy/Good 1976,58; Zimbardo/Ruch 1979,5; 1983,338), auf die sozialen Beziehungen (Perrez u.a. 1986,409), die Intelligenz (Kruse 1987b,353), die Entscheidungen (Westhoff 1985,112ff; Jones 1977,126ff; Mielke 1984,98), das Selbstkonzept (Schiefele 1974,366), die Gesundheit (Jaffe 1983,85ff), die Zufriedenheit (Bubolz-Lutz 1984,77f), auf Entwicklungsverläufe (Rosenthal 1975,79), die Verarbeitung wichtiger Lebensereignisse (Nies/Munnichs 1986,55) und auf das Lebensschicksal (Schiefele 1974,365).

Allgemeine Erwartungseffekte wurden bisher z.B. in der Psychotherapie (Tinsley u.a. 1988,99) und in der Organisationspsychologie empirisch untersucht. Es gibt einige empirische Anzeichen dafür, daß die Erwartung, eine streßbesetzte Situation kontrollieren zu können, die Krankheitsanfälligkeit verringert (Jones 1977,228-234). Es gibt etliche Theorien, die den allgemeinen Erwartungseffekt beinhalten: die "expectancy theory" in der Organisations-, Betriebs- und Wirtschaftspsychologie (z.B. Miller u.a. 1988; Biberman u.a. 1986), Wert-Erwartungs-Theorien (Übersicht Kirsch 1985; Jessor 1954; Westhoff 1985,45-57), Theorie der Selbst-Wirksamkeits-Erwartungen nach Bandura (Überblick Mielke 1984), die Vroom'sche Erwartungstheorie (zit. nach Lehr 1984,322) oder Erwartungen im erweiterten kognitiven Motivationsmodell nach Heckhausen (1981,289).)

(b.) Spezifischer Erwartungseffekt (Effekt i.e.S.)

Beim **spezifischen Erwartungseffekt** nimmt das Erwartungsobjekt Einfluß auf sich selbst, also auf das, was erwartet wird. Damit deckt sich der Effekt im spezifischen Sinn mit dem Objekt der Erwartung. Der spezifische Effekt beinhaltet immer einen vorausgehenden allgemeinen Erwartungseffekt als Zwischenstufe.

Bsp.: Eine Person erwartet am Morgen einen angenehmen Tag (Erwartungsobjekt) und ist deshalb gut gelaunt (allgemeiner Effekt der Erwartung als Zwischenstufe). Dadurch begegnen ihr auch die Mitmenschen freundlich, so daß der Tag dadurch tatsächlich einige erfreuliche Ereignisse enthält (spezifischer Effekt).

Der spezifische Erwartungseffekt kann zwei verschiedene Auswirkungsrichtungen annehmen:
- Beim **Selbsterfüllungseffekt** (sich selbst erfüllende Erwartung/self fulfilling prophecy) steuert die Erwartung den Verlauf des erwarteten Ereignisses in Richtung der Erwartung. Die Erwartung selbst führt zu ihrer eigenen *Verifikation.*
- Beim **Anti-Selbsterfüllungseffekt** (sich reziprok erfüllende Voraussage) steuert die Erwartung den Verlauf des erwarteten Ereignisses in Gegenrichtung der Erwartung. Das Gegenteil dessen, was erwartet wurde, erfüllt sich aufgrund der Erwartung. Die Erwartung selbst führt zu ihrer eigenen *Falsifikation.*

Synonyme für den Anti-Selbsterfüllungseffekt sind "antiself-fulfilling prophecy" (Rosenthal/Jacobson 1971,18), "self-destroying prophecy", "self-defeating prophecy" (Honolka 1976,7f; Hanke/Mandl 1975,729).

Bsp. einer Anti-SFP: Ein Arzt hat die Erwartung, daß er einem Patienten nicht mehr helfen kann. Er bringt ihm deshalb besonderes Mitgefühl entgegen. Dieses Mitgefühl aber gibt dem Patienten neue Widerstandskraft, so daß er gesundet.

Der Anti-Selbsterfüllungseffekt ist nicht zu verwechseln mit dem destruktiven Selbsterfüllungseffekt, der negative ungünstige Ereignisse bewirkt. Der Anti-Selbsterfüllungseffekt ist keinesfalls auf Voraussagen negativer Ereignisse eingeschränkt, wie dies etwa in Meyers Enzyklopädischem Lexikon suggeriert wird (Bd.21, 1971,559). Ein Diagramm soll das demonstrieren:

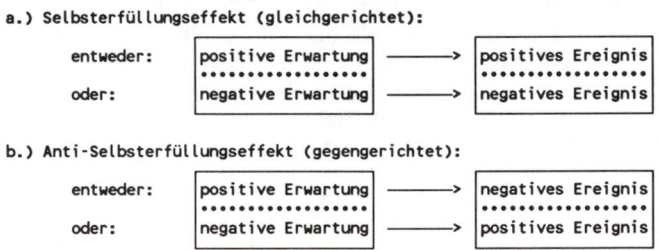

"Beide (der Selbst- und Anti-Selbsterfüllungseffekt, P.L.) besitzen Plausibilität. Es fehlen aber Angaben darüber, unter welchen Bedingungen der eine und unter welchen der andere zu 'erwarten' ist" (Hanke/Mandl 1975,729). Der Anti-Selbsterfüllungseffekt ist bisher in Experimenten über alle Lebensbereiche hinweg kaum nachgewiesen worden (vgl. "reverse effects" bei Rosenthal 1968a,50; vgl. Abschnitt 2.11.2). Das ist ein ernstzunehmendes Indiz für die Begrenztheit seines Vorkommens im Vergleich zum gleichgerichteten Selbsterfüllungseffekt. Das dürfte auch kein Artefakt (bedingt durch die Wahl der Forschungsfrage) sein, obwohl eher nach dem gleichgerichteten als dem gegengerichteten Antieffekt gesucht wurde. Denn bei jeder empirischen SFP-Überprüfung wird implizit auch die Anti-SFP-These überprüft. Letztere hat somit die gleiche Chance als jeweils umgekehrter (meist negativer) Korrelationskoeffizient manifest zu werden.

1.3.1.2 Deduktion aus sich erfüllenden Erwartungen

Im folgenden wird bei den (allgemeineren) sich erfüllenden Erwartungen angesetzt, um daraus die (spezifischeren) sich *selbst* erfüllenden Erwartungen abzuleiten.

Erwartungen sind als Antizipationen immer mit einer, wenn auch noch so kleinen Unsicherheit in bezug auf ihre Bestätigung behaftet: deshalb erfüllen sich einige und einige nicht. Ereignisse können also "erwartungskonform" oder "erwartungswidrig" sein (Hofer/Dobrick 1981,118). Unerfüllte Erwartungen können sich erst a posteriori als *Täuschung* erweisen. Man wird daraufhin durch die Realität ent-*täuscht*.

46

Erfüllung von Erwartungen bedeutet die Übereinstimmung des Erwartungs-objekts mit dem späteren faktischen Ereignis, das erwartet wurde, dem Erwartungsausgang. Sich erfüllende Erwartungen sind also Erwartungen, die durch die nachfolgende Ereignisentwicklung bestätigt werden (Erwartungs-konformität der faktischen Entwicklung). Die Tatsache, daß sich eine Erwar-tung erfüllt hat ("erfüllte Prophezeiung") besagt jedoch noch nicht, daß sie sich auch *selbst* erfüllt hat.

Rosenthal und Jacobson sind der Ansicht, daß sich (interpersonale) Erwar-tungen in großem Maße als richtig erweisen (1971,3). Dies sei von nicht zu unterschätzender Bedeutung, weil Menschen ein Minimum an Vorhersagbar-keit und damit an Ordnung und Verläßlichkeit zur Orientierung in der Welt benötigen (Rosenthal/Jacobson 1971,21). Erfüllte Erwartungen kommen einem menschlichen Urbedürfnis nach Geborgenheit und nach einer vertrauten Welt entgegen (Brezinka 1978,20). Menschen verhalten sich häufiger erwartungskonform als nicht erwartungskonform (Rosenthal/Jacobson 1971,3; Brophy/Good 1976,54). Daran läßt sich erahnen, wie stark das theoretisch nahezu unbegrenzte menschliche Verhaltenspotential durch Werte, Normen, soziale Rollenmuster und durch eigene individuelle Vorstellungen und Motive eingeschränkt ist. Verhaltensvoraussagen bzgl. anderer Personen sind um so genauer und zuverlässiger, je besser man diese Personen kennt. Aber auch das Verhalten von nicht näher bekannten Personen, zumindest soweit sie dem-selben Kulturkreis wie der Vorhersagende angehören, ist meist noch recht zu-treffend vorauszusagen. Gründe dafür sind:
- Der schlichte ZUFALL ist im Spiel.
- Eine das Erwartungsobjekt steuernde SYSTEMATIK wird richtig erkannt (z.B. systematische Gesetzmäßigkeiten und Zusammenhänge, etwa Wetter-prognosen).
- Der Prognostiker führt selbst eine MANIPULATION durch, die zur Erfül-lung beiträgt (z.B. Trickkünstler; jede vorher angekündigte Alltags-handlung).
- Die Voraussage kann auch im Sinne einer SELBSTERFÜLLUNG zur eige-nen Bestätigung beitragen. Eine wesentliche Bedingung für den erwar-tungskonformen Ausgang des Ereignisses ist die Erwartung selbst, unabhän-gig davon, was subjektiv als Grund der Erfüllung von dem Erwar-tungssubjekt angesehen wird.

Die verschiedenen Möglichkeiten, die zur Erfüllung von Voraussagen beitragen können, lassen sich begrifflich folgendermaßen unterscheiden:
- Die Erfüllung einer Voraussage, welche durch die Existenz der Voraussage zustandekam, kann als **Selbsterfüllung** (z.B. Honolka 1976) bezeichnet wer-den ("Auto-Realisation" bei Rosenthal/Jacobson 1971,42). Der Begriff Selbsterfüllung stammt aus dem Begriff "sich *selbst erfüllende* Prophezeiung" (genauere begriffliche Einordnung folgt unten). Er ist nicht zu verwechseln mit der gleichlautenden Kategorie "Selbsterfüllung" (self-fulfillment), wie sie

z.B. in der gerontologischen Literatur verwendet wird, im Sinne der Bedeutungsvariante einer Zielvorgabe in Richtung Selbstverwirklichung, Persönlichkeitsentwicklung etc. (z.B. Fluck 1977,59,62).
- Eine Erfüllung, die unabhängig von der Voraussage eingetroffen ist bzw. auch ohne die Voraussage eingetroffen wäre, kann als eine **Fremderfüllung** bezeichnet werden (Hetero-Realisation)(1.-3. Punkt der vorausgegangenen Zusammenstellung der Gründe für Erfüllungen).

Die Begriffe "Selbst/Fremd" beziehen sich dabei auf die Voraussage, und nicht etwa auf den Voraussagenden. Mit Selbsterfüllung ist nicht gemeint, daß der Voraussagende die Voraussage *selbst* erfüllt, sondern die Vorhersage erfüllt *sich selbst*. Deshalb zählt die Manipulation (3. Punkt) nicht zur Selbsterfüllung, obwohl der Prophet "selbst" eingreift.

1.3.2 ZUR BESTIMMUNG DES BEGRIFFS SELF FULFILLING PROPHECY

1.3.2.1 Begriffschaos

Wie bei "Erwartung" sind auch im Zusammenhang mit der Selbsterfüllung unterschiedliche, aber selten klar unterschiedene Bezeichnungen im Gebrauch. Das beginnt bereits bei den "wenig operationalisierten" Begriffen von Merton (Barkey 1971,264). In der SFP-Literatur ist meist mit Erwartungseffekt (expectation-, expectancy-effect) nicht der allgemeine Erwartungseffekt, sondern der spezielle Effekt der Selbsterfüllung gemeint (z.B. dt.: Schiefele 1974,357; Hanke/Mandl 1975,726; engl.: Rosenthal alle Titel). Im folgenden werden die gebräuchlichen Synonyme für den Selbsterfüllungseffekt aufgelistet (um Konfusionen beim Quellenstudium zu vermeiden):
- "Andorra-Effekt" (Schiefele 1974,357; Wahren 1987,19) benannt nach dem gleichnamigen Schauspiel von Max Frisch (1973)
- "sich selbst erfüllende Voraussage" (Brophy/Good 1976). Auch in der Schreibweise gebräuchlich, die dem Amerikanischen am nähesten kommt: "selbsterfüllende Prophezeiung" (Watzlawick u.a. 1985, 95, 238; Rosenthal /Jacobson 1971,215; Dorsch 1987) bzw. "sich selbsterfüllende Prophezeiung" (Barkey 1971,272)
- "self-confirming prophecy" (Darley/Fazio 1980,874)
- "self verifying prophecy" (Honolka 1976,7f)
- "self reinforcing prophecy" (Honolka 1976,7f)
- "behavioral confirmation effect" (Darley/Gross 1983,20)
- "sich selbst bestätigende Aussage/Vorhersage" (vgl. Wahren 1987,21)

Zum Teil werden Begriffe von einigen Autoren als Synonyme für "SFP" verwendet, die bei anderen wiederum Subkategorien zum übergeordneten SFP-Begriff bezeichnen:

48

- "Pygmalion-Effekt" (Schiefele 1974,357; Perrez u.a.1986,408; Dorsch 1987), benannt nach dem antiken Pygmalion-Mythos nach Ovid (Metamorphosen, Buch X)(vgl. Rosenthal 1975,18; Hermann 1981)
- "Placebo-Effekt"
- "Rosenthal-Effekt" (Bronfenbrenner 1976,132; Legewie/Ehlers 1972,10ff; Dorsch 1987; Arnold/Eysenck 1980)
- "Eigendynamik von Antizipationen" (Honolka 1976)
- "self-perpetuating prophecy" (Eden/Shani 1982,198)

Ein Beispiel für eine unpräzise Begriffsverwendung gibt Casparis ab, der die Ausdrücke "Pygmalion-Effekt", "Erwartungseffekt" und "sich selbst erfüllende Voraussage" ausdrücklich als Begriffe unterschiedlicher Bedeutung bezeichnet ohne sie aber voneinander abzugrenzen (Casparis 1980; vgl. auch Kritik von Westhoff/Berka 1980 an Casparis).

Im weiteren Umfeld der Selbsterfüllung als quasi-synonym werden Begriffe verwendet wie:
- "erwartungskonformes Verhalten" (Weinert 1981,165)
- "Erwartungshypothese" (Elashoff/Snow 1972,18)
- "Selbstrealisierung der Prophezeiung" (Rosenthal/Jacobson 1971,42)
- "self-perpetuating nature of expectancies" (Snyder 1981)
- "self-confirmatory-system" (Rothbart 1981,175)
- "reality-constructing function" (Snyder /Swann 1978,149)
- "self fulfilling prophecy effect" (Darley/Fazio 1980,867)
- "behavioral confirmation" im Sinne eines interpersonalen Erwartungeffekts (Snyder u.a. 1977; vgl. Rosenthal 1985,59)

Weitere allerdings weitgehend ungebräuchliche Synonyme sind bei Honolka zu finden (1976,7f).

1.3.2.2 Kritik an bisherigen Definitionen

(1.) Unnötige Begrenzung des Begriffsumfangs auf bestimmte Erwartungstypen

In vielen Studien wird, ohne das explizit anzugeben, der SFP-Begriff so definiert, daß er ihrem jeweiligen engumgrenzten Forschungsgegenstand entspricht: z.B. Jussims Definition, die nur interpersonale Erwartungen umfaßt (1986).

(2.) Mertons "falsche" Erwartungen

Merton hat die SFP definiert als eine Erwartung oder Vorhersage, die "ursprünglich falsch" ist und eine Reihe von Ereignissen in Gang setzt, die die Erwartung schließlich doch wahr werden läßt (Brophy/Good 1976,57f; Smale 1983,31). Etliche Autoren schließen sich wörtlich oder sinngemäß dieser Definition an: Eine SFP beruhe auf einer (a priori) unzutreffenden Erwartung (Brophy/Good 1976,55-57,61,64-66; vgl. Hanke/Mandl 1975,726,728) bzw.

einer irrtümlichen Annahme oder Vermutung, die "keine real-objektive Basis hat" (Barkey 1971,264; vgl. Darley/Fazio 1980,868; Schiefele 1974,365).

Dieser Definition, die nur den "falschen", "unzutreffenden" Voraussagen die Möglichkeit zur Selbsterfüllung zuspricht, ist entgegenzuhalten:
Erstens: "Es ist erst möglich, die Richtigkeit (einer) Voraussage zu beurteilen, wenn eine gewisse Zeit vergangen ist" (Smale 1983,31). Die Problematik, eine Voraussage a priori als objektiv "falsch" zu bezeichnen, wie es in Mertons Definition erfolgt, wurde bereits erörtert (vgl. Abschnitt 1.2.3.3).
Zweitens: Selbst wenn man "falsche Erwartung" mit "als intersubjektiv unzutreffend eingeschätzte Erwartung" bzw. "kaum rational begründbare Erwartung" bzw. "auf falscher Hintergrundinformation beruhende Erwartung" übersetzt, frägt sich, warum das Selbsterfüllungsphänomen darauf definitorisch eingeengt werden soll, wo es durchaus auch "richtige" Voraussagen gibt, welche sich selbsterfüllend auswirken. Diese auf "Richtigkeit" beruhenden Selbsterfüllungen unterscheiden sich ansonsten prinzipiell nicht von den "falschen". "Erwartungen haben Konsequenzen, weil sie existieren, ohne Rücksicht darauf, ob sie richtig sind oder nicht" (Jones 1977,58). Selbst der "Wahrheitsgehalt" der Information, die zur SFP beiträgt, ist "unbedeutend", solange er den informierten Personen plausibel erscheint (Casparis 1980,127).

Bsp.: Wenn ein Lehrer das Verbesserungspotential eines Schülers durchaus "richtig" als hoch eingeschätzt hat und sich diese Lehrer-Erwartung (zusätzlich zu der "natürlichen" Leistungsentwicklung des Schülers) selbsterfüllend auf seine Leistungen auswirkt, wäre das nach Merton keine SFP (vgl. Cooper 1985,138).

Watzlawick ist der Meinung, daß eine Annahme zur SFP werden kann. Ob eine solche Annahme "faktisch begründet oder grundlos ist, spielt keine Rolle" (Watzlawick 1983,58f). Dem auf "Falschheit" eingeengten Verständnis der Selbsterfüllung widersprechen auch Salomon (1981,1452) und Krishna (1971, zit. nach Salomon 1981,1452): Sie sagen, daß nicht nur "falsche" Erwartungen selbsterfüllend sein können. Um aber an der eingeengten Definition von Merton festhalten zu können, müssen sie zur Bezeichnung der anderen Selbsterfüllungseffekte, die auf "richtigen" Erwartungen gründen, einen Hilfsausdruck ("self-sustaining effects") bemühen (Cooper/Good 1983,5f) und verlieren damit eine übergeordnete Bezeichnung für beide Selbsterfüllungsarten.

Ich schlage vor, den Begriff "SFP" als übergeordneten Terminus für "richtige" und "falsche" Voraussagen zu verwenden, da er bereits allgemein so eingeführt ist und auch semantisch diesen übergeordneten Bedeutungsinhalt abdecken kann. Mit diesem Begriffsverständnis gewinnt der SFP-Ansatz einen zusätzlichen bemerkenswerten Aspekt. Im Alltagsdenken sind wir gewohnt, bei subjektiven Größen wie Glauben, Überzeugung und Erwartung die Wahrheits-/Unwahrheitsdimension in den Vordergrund zu stellen, also nach der "Richtigkeit" dieser Kognitionen zu fragen. Diese Dimension berührt jedoch das Funktionieren von SFPs nicht.

1.3.2.3 Definition: sich selbst erfüllende Voraussage

Das "entscheidende Wesensmerkmal" (Smale 1983,31) einer sich selbst erfüllenden Voraussage ist, daß das vorausgesagte Ereignis ohne die Voraussage nicht oder nicht in der eingetretenen Form zustande gekommen wäre. Es läßt sich also festlegen:

> Eine sich selbst erfüllende Voraussage ist eine Voraussage, die ihre eigene Erfüllung selbst bedingt.

Der Begriff "self fulfilling prophecy" bzw. "sich selbst erfüllende Prophezeiung" wird hier als ein Synonym von "sich selbst erfüllende Voraussage" aufgefaßt.

Bei einer SFP ist die Voraussage *eine* Bedingung für ihre Erfüllung. Diese Bedingung ist für die Entstehung einer SFP notwendig, aber nicht unbedingt hinreichend (vgl. Eden 1986,6). Kausalanalytische Überlegungen reduzieren die Komplexität der Wirklichkeit immer nur auf einen Teil der komplexen, bedingenden Realität, der für das Hervorbringen eines Ereignisses verantwortlich ist. Vorhergesagte *reale* Ereignisse - im Unterschied zu *modellhaften* Abstraktionen, die beliebig reduziert gedacht werden können - stehen immer in einem multikausalen Beziehungsgeflecht. Jedes beliebige Ereignis wird durch eine Unzahl von Ursachen hervorgebracht. Das läßt sich leicht demonstrieren, wenn man ein Stück weit dem infinitiven Kausalregreß folgt, den neugierige Kinder gerne mit der berühmten Kette der Warum-Fragen eröffnen, in dem sie an jede erhaltene Antwort erneut ein "warum?" knüpfen. (Der Erklärungsgehalt wissenschaftlicher Theorien ist oft nach überraschend wenigen solcher Warum-Runden erschöpfend ausgelotet.) Aufgrund dieses kausalen Beziehungsgeflechts ist zu unterstellen, daß die Selbsterfüllung von Voraussagen nur *eine* neben anderen Determinanten für die Erzeugung von Ereignissen ist. Modelle der SFP, die ausdrücklich auch weitere Bedingungen, die nichts mit Voraussagen zu tun haben, mit berücksichtigen, stammen von Eden (1986,6) und Smale (1983,8). Die Überlegung der Selbsterfüllung als partielle Ursache ihrer Erfüllung läßt sich auch als quantitativer Faktor vorstellen.

Bsp.: Ein gutes Testergebnis, welches durch die Erwartung eines solchen Ergebnisses mit bestimmt wurde, wurde auch z.B. durch die Kompetenz, die Tagesverfassung, die günstigen Umweltbedingungen oder den Einsatz der Testperson verursacht. Ohne den stützenden Einfluß der positiven Erwartung wäre z.B. "nur" ein geringfügig über dem Durchschnitt liegendes Ergebnis erzielt worden, mit dieser Erwartung aber ein ausgezeichnetes.

Selbsterfüllung setzt logisch Erfüllung voraus. Erfüllung bezeichnet die Identität von Voraussageobjekt und Voraussageausgang (vgl. Abschnitt 1.2.1). Der theoretisch beschreibbare Idealtypus von "Identität" als perfekte Übereinstimmung ist zumindest bei relativ detaillierten Voraussagen in der Realität kaum wiederzufinden bzw. schwer überprüfbar. Es ist deshalb erforderlich, diese Identität als vorhanden zu betrachten, wenn bereits eine deutliche >Tendenz<

des Voraussageausgangs in Richtung der Voraussage vorliegt. In diesem Sinn wird auch der Begriff SFP bei Dorsch als Theorie definiert, wonach Erwartungen "tendenziell" entsprechende Realisierungen bedingen (1987,577).

Bsp.: Ein Sportler erwartet im Weitsprung 6 Meter zu schaffen. Unterstützt ihn diese positive Erwartung dabei, statt 5 Meter die 5,5 Meter-Marke zu überwinden, so liegt eine Selbsterfüllung vor, obwohl sich seine Erwartung nicht exakt erfüllt hat.

Diese Festlegung des Erfüllungsverständnisses kann folgendermaßen begründet werden:

- Auch im Fall der *tendenziellen* Übereinstimmung von Voraussageobjekt und -ausgang wirken prinzipiell die SFP-typischen Prozesse mit. Idealtypen (exakte Identität) sind ohnehin real nur scheinbar bei ausreichend unreliablen Beobachtungsinstrumenten zu erreichen.
- Bei "qualitativen" Erwartungen, welche die bloße Richtung prognostizieren (z.B. "Es wird besser werden"; vgl. Strukturmerkmal "Erwartungsrichtung", Abschnitt 1.2.5), ist das Vorliegen der Erfüllung meist ohnehin nicht exakt kontrollierbar (vgl. Honolka 1976,83).
- Chiang unterscheidet bei der Erfüllung von Prognosen zwischen solchen im "numerischen" (quantitativen) und solchen im "direktionalen" (tendenziellen) Sinn (1963,730). Durch eine Transformation einer numerischen Voraussage ("Ich werde 6 Meter springen") auf das niedrigere "Skalenniveau" (Bortz 1984,44f) einer direktionalen Voraussage ("Ich werde sehr weit springen") kann gedanklich eine bessere Übereinstimmung erreicht werden, da der Informationsgehalt der Voraussage herabgesetzt wird (vgl. Honolka 1976,83).

(1.) Selbsterfüllung als übergeordnete Kategorie

Als >Selbsterfüllung< wird hier generell der Effekt einer Kognition (z.B. Erwartung, Voraussage) bezeichnet, ihre eigene Realisation mit zu bedingen. Der Begriff Selbsterfüllung wird hier als eine dem Begriff der "SFP" übergeordnete Kategorie verstanden. Im Unterschied zur SFP ist "Selbsterfüllung" zeitungerichtet. "Selbsterfüllung" bezieht sich also nicht nur auf die zukunftsgerichteten Kognitionen (Antizipationen), sondern umfaßt auch gegenwartsbezogene bzw. zeitlich ungerichtete Kognitionen (z.B. Vorstellungen; vgl. Begriffsfestlegung in Abschnitt 1.1.2). Das Phänomen der Selbsterfüllung ist also keineswegs nur an Voraussagen gebunden. Beispielsweise kann auch ein Selbstkonzept oder ein Wunsch selbsterfüllend wirken. Auch eine Vorstellung kann selbsterfüllend sein, wie das schon aus dem 19. Jahrhundert stammende "Pendelexperiment" zeigt (z.B. Lehmann 1969,484,488; Legewie/Ehlers 1972, 129f; Dorsch 1987,476; Schweighardt 1986,55,114):

Eine Schnur, an der ein kleines Gewicht befestigt ist, wird von einer Hand gehalten mit dem Auftrag, erstens, die Hand nicht zu bewegen und zweitens, sich eine bestimmte Bewegung des Gewichts vorzustellen (z.B. kreisförmig in der Horizontalen). Nach einiger Zeit bewegt sich das Gewicht tatsächlich in der vorgestellten Weise.

52

Es gibt noch einen weiteren feinen semantischen Unterschied zwischen den beiden kategorialen Ausdrücken, der sich allerdings nur in der sprachlichen Handhabung bemerkbar macht. Der Ausdruck "sich selbst erfüllende Voraussage/Prophezeiung" kennzeichnet eine Kognition näher. Hier wird also der *Ausgangspunkt* des Prozesses, die Voraussage, betont. Der Ausdruck "Selbsterfüllung" hingegen rückt die Erfüllung, also das *Endergebnis* in den Mittelpunkt der Betrachtung.

Mit dem Begriff "Selbsterfüllungsansatz" ist im folgenden das Ensemble der verschiedenen Formen der Selbsterfüllung gemeint (sich selbst erfüllende Erwartung, sich selbst erfüllende Voraussage, sich selbst erfüllende Vorstellung etc.). Unter "Selbsterfüllungsansatz" werden alle Überlegungen zusammengefaßt, die sich mit dem Ansatz auseinandersetzen, daß Kognitionen ihre eigene Realisation bedingen (deskriptiver Aspekt des Selbsterfüllungsansatzes) bzw. die sich mit Fragen der Konsequenzen und der Anwendung dieses Ansatzes in der Lebenspraxis beschäftigen (technischer Aspekt des Selbsterfüllungsansatzes bzw. angewandter Selbsterfüllungsansatz).

(2.) Sich selbst erfüllende Erwartung als untergeordnete Kategorie

Im Vorausgegangenen wurde noch nicht explizit zwischen "sich selbst erfüllenden *Prophezeiungen*" und "sich selbst erfüllenden *Erwartungen*" unterschieden, da die bisher angestellten Überlegungen für beide Kategorien gleichermaßen gelten.

Erwartungen sind nach der Festlegung in Abschnitt 1.1.2 als Subkategorie der Voraussagen aufzufassen. Analog dazu stellen "sich selbst erfüllende Erwartungen" eine Teilmenge von "sich selbst erfüllenden Voraussagen" ("SFPs") dar. Demnach gilt:

Eine sich selbst erfüllende Erwartung ist eine Erwartung, die ihre eigene Erfüllung selbst bedingt.

Bei einer SFP muß der Vorhersagende einer anderen Person die Prophezeiung explizit mitteilen (Interpersonalität). Bei einer sich selbst erfüllenden interpersonalen Erwartung ist das nicht notwendig. Es ist nicht einmal erforderlich, daß dem Erwartungsobjekt die Erwartung des Subjekts überhaupt bekannt ist.

(3.) Übersicht: Voraussagen und funktionaler Zusammenhang

Das folgende Schaubild stellt die Kategorien zusammen, die Voraussagen in einen funktionalen Zusammenhang stellen. Exemplarisch wurden diese Kategorien vorausgehend bei der Kognition "Erwartung" dargestellt. Analog sind die Kategorien bei der Kognition "Voraussage" zu verstehen. (z.B. 'allgemeiner Voraussageeffekt' analog zu 'allgemeiner Erwartungseffekt'; vgl. Abschnitt 1.2).

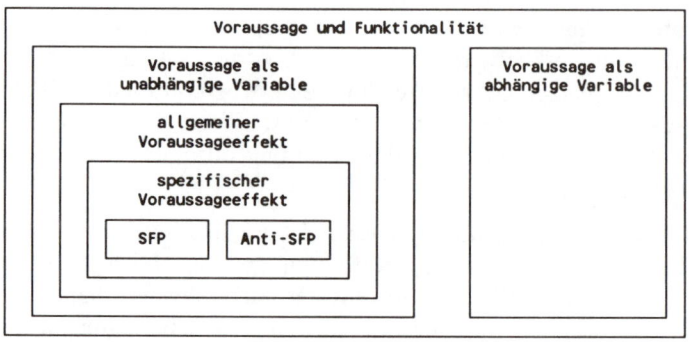

(4.) Übersicht: SFP mit über- und untergeordneten Kategorien

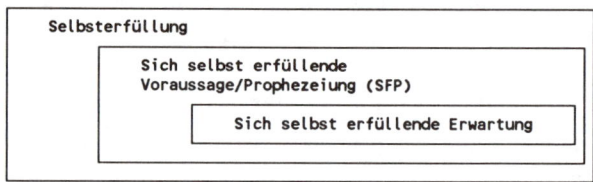

1.3.3 OBJEKTIVE UND SUBJEKTIVE SELBSTERFÜLLUNG

Hinsichtlich des Modus, nach dem festgestellt wird, ob eine Voraussage in Erfüllung gegangen ist, lassen sich bei der SFP zwei grundsätzliche Selbsterfüllungstypen unterscheiden. Der Erwartungsausgang kann objektiv überprüfbar sein bzw. > nur < subjektiv im Bewußtsein des Betroffenen stattfinden.

- Bei der **objektiven Selbsterfüllung** trifft das vorausgesagte Ereignis für alle potentiellen Beobachter gleichermaßen in der *Außenwelt* feststellbar ein. Darley und Fazio (1980,875) sprechen auch von der "objective confirmation".

  Bsp.I: Ein Interviewer verhält sich so, daß der Interviewte tatsächlich entsprechend den Erwartungen des Interviewers antwortet.
  Bsp.II: Die Erwartung des Lehrers beeinflußt die kognitive Entwicklung seines Schülers.

- Bei der **subjektiven Selbsterfüllung** trifft das vorausgesagte Ereignis nach der Ansicht des Voraussagenden nur in dessen *Innenwelt* ein.

  Bsp.I: Ein Interviewer interpretiert die Antworten seines Gesprächspartners tendenziell erwartungsgemäß, obwohl die Äußerungen des Interviewten nicht von der Erwartung beeinflußt wird.
  Bsp.II: Die Erwartung des Lehrers über die Leistungen seines Schülers beeinflußt seinen Eindruck von den Schülerleistungen, nicht die Leistungen selbst.

54

Rosenthal verwendet für diese Unterscheidung der Objektivität bzw. Subjektivität der Selbsterfüllung (eingeschränkt auf interpersonale Erwartungen) die Begriffe "interaktional" (objektiv) bzw. "nicht-interaktional" (subjektiv) (1968b,16; Rosenthal /Jacobson 1968,19). Bei der objektiven Selbsterfüllung muß eine erwartungsbeeinflußte Interaktion zwischen dem Erwartungssubjekt und -objekt stattfinden, in der das Erwartungssubjekt das Erwartungsobjekt zu erwartungsgemäßem Verhalten veranlaßt. Bei der subjektiven Selbsterfüllung ist keine Interaktion notwendig. Diese Unterscheidung wird auch von Darley und Gross aufgegriffen (1983,20). Sie sprechen von zwei Prozessen, die zur Bestätigung führen. Den ersten nennen sie nach Snyder und Swann (1978a) "behavioral confirmation effect" (objektive Selbsterfüllung). Den zweiten nennen sie "cognitive confirmation effect" (subjektive Selbsterfüllung). Snyder (1981,184,193) beschreibt dieselbe Unterscheidung, wenn er von **behavioral** confirmation" und von **cognitive** bolstering" spricht.

Die Ansicht, daß die objektive Selbsterfüllung mit dem Terminus "SFP" abgedeckt sein soll, trifft auf allgemeinen Konsens. Bezüglich der subjektiven Selbsterfüllung gehen die Meinungen auseinander:
- Darley und Gross sehen den "behavioral confirmation effect" (objektive Selbsterfüllung) als inhaltlich übereinstimmend mit Mertons Formel "SFP". Den "cognitive confirmation effect" grenzen sie aus. Damit wird die SFP von ihnen auf die objektive Selbsterfüllung eingeengt (1983,20).
- Bei Darley und Fazio (1980,869,879) findet sich diese Unterscheidung sinngemäß im Kontext mit der Definition der SFP nach Merton. Sie fassen die beiden Prozesse als zwei Möglichkeiten auf, die SFP zu definieren, weisen aber darauf hin, daß Merton wohl eher an ersteres gedacht hat. So gesehen beinhaltet die objektive Selbsterfüllung die "traditionelle Bedeutung des Begriffs SFP" (a.a.O.,879).
- Honolka grenzt die subjektive Selbsterfüllung nicht aus (1976,13).
In der vorliegenden Arbeit wird die Auffassung vertreten, daß auch die subjektive Selbsterfüllung mit unter den Begriff der SFP zu fassen ist. Das kann folgendermaßen begründet werden:
- Bei manchen Erwartungen ist das erwartete Ereignis nur schwer objektiv feststellbar, weil der Erwartungsinhalt selbst ein subjektiver Zustand ist. Beispiele dafür sind intrapersonale Erwartungen gegenüber der eigenen Befindlichkeit oder den eigenen Gefühlen ("Mir wird es besser gehen") oder interpersonale Erwartungen als wertendes Urteil gegenüber einer anderen Person ("Ich erwarte, daß er umgänglich ist").
- Eine eindeutige Zuordnung zur subjektiven oder objektiven Selbsterfüllung ist bei einigen SFPs oft erschwert.
  Bsp.: Geht die Schülerleistung, operationalisiert in Form der Schulnoten, in eine Untersuchung ein, so liegt zwar ein objektives, für alle Beobachter gleichermaßen feststellbares numerisches Maß - die Zensur - vor. Dieses objektive Maß kann jedoch bereits selbst Ausdruck der subjektiven Selbsterfüllung der Lehrererwartung sein.
- Die subjektive Realität des Individuums wird z.T. als "nur eingebildete", unechte Scheinwirklichkeit abqualifiziert. Dabei wird nicht beachtet, daß diese Art der Realität oft bedeutsamer ist als die sogenannte objektive. Snyder

spricht von der "cognitive reality" und der "subjective reality" (1981, 193). Darley und Fazio weisen auf die wichtigen praktischen Auswirkungen hin, welche die subjektiven Selbsterfüllungen auf das Lebensschicksal haben können (1980,879; vgl. Darley/Gross 1983).
- Außerhalb der SFP-Forschung ist die Anwendung des Begriffs "SFP" im Sinne der subjektiven Selbsterfüllung implizit ohnehin üblich (z.B. Wiesendanger 1988,43-45; Keßler/Hoellen 1982,94; Bandler/Grinder 1981,37f; Wahren 1987,19).
- Es bestehen z.T. fließende Übergänge zwischen beiden Selbsterfüllungstypen. Aus einer subjektiven Selbsterfüllung kann langfristig eine objektive werden (Darley/Fazio 1980,879; Snyder 1981,193).

Die subjektive Selbsterfüllung ist ein Beleg für die "Illusion der Objektivität menschlicher Wahrnehmung" (Schirm/Schoemen u.a. 1983,22). "Die Sprache selbst ist da wieder klüger als wir, denn sie spricht von *wahr*nehmen, d.h. wir müssen etwas 'für *wahr* nehmen'. Was die Wahrheit ist, werden wir wohl nie erfahren" (Schirm/Schoemen u.a. 1983,22).

1.4 CHARAKTERISIERUNG DES PHÄNOMENS DER SELF FULFILLING PROPHECY

1.4.1 STRUKTURMERKMALE

Strukturmerkmale von SFPs sind keine definitorischen Bestimmungsmerkmale, sondern Variablen, durch die sich die einzelnen SFPs unterscheiden.
- Die **Einflußstärke** ist die Stärke, mit der eine SFP ein Ereignis, neben den anderen ursächlich beteiligten Einflüssen, steuert.
- **Art des Ereignisses** (Voraussageobjekt): Das vorausgesagte Ereignis, das aufgrund der Selbsterfüllung eintritt, hängt zwar immer mit menschlichem Verhalten zusammen, muß aber selbst kein menschliches Verhalten sein. Es kann sich auch um eine Situation oder einen Sachverhalt handeln. Je nachdem, ob es sich (bei auf Personen bezogenen SFPs) um die eigene Person oder andere Personen handelt, spricht man von intrapersonalen bzw. interpersonalen SFPs (Rosenthal 1976,407; 1985,59).
- Der **zeitliche Abstand** (vgl. Abschnitt 1.2.5) zwischen Voraussage und dem Eintritt des vorausgesagten Ereignisses kann unterschiedlich lang sein. Langfristige Effekte bedeuten eine Ausweitung des SFP-Begriffs, wie er ursprünglich von Merton geprägt wurde, der eher kurzfristige Effekte als "SFP" bezeichnete (Darley/Fazio 1980,879).

1.4.2 PROZESS-MODELLE DER SELBSTERFÜLLUNG

Es wurden bisher verschiedene "deskriptive Modelle" (Jussim 1986,429) zur SFP entworfen (Überblick: Jussim 1986,429). Viele dieser Modelle beziehen sich jedoch nicht auf die SFP im allgemeinen, sondern sind bereichsspezifisch ausgelegt: etwa Modelle zu SFPs bei Lehrern (z.B. das integrative Modell von Jussim 1986,430ff; Heckhausen 1973), in der Organisationsentwicklung (Eden 1986,5-8) oder bzgl. der Leistung am Arbeitsplatz (Eden 1984,67ff). Andere Modelle berücksichtigen nur einen bestimmten Typ von SFPs, z.B. interpersonale (z.B. das >Zehn Pfeile-Modell< nach Rosenthal 1981,185-189; 1985, 54f).

All diesen Modellen ist eine Grundstruktur gemeinsam, die sich in einem elementaren Prozeß-Modell beschreiben läßt, welches auf alle SFPs übertragbar ist. Dieses elementare Prozeßmodell (Sequenzmodell) mit seinen drei allgemeinen >Stufen< liegt quasi den anderen spezifischen und elaborierten Modellen zugrunde (z.B. Jussim 1986,429f). Es liegt in der Natur der Sache, daß ein so hoch abstraktes Modell nicht in der Lage ist, einen detaillierten Informationsgewinn zu bieten. Dafür ist es heuristisch äußerst hilfreich. Dieses elementare Modell wird im folgenden in Anlehnung an die Elementar-Modelle von Smale (1983,31-33) bzw. Rosenthal (1981,189) dargestellt: Zu einer SFP gehört eine Voraussage oder Erwartung (Stufe 1), die ein bestimmtes Ereignis provoziert, welches sich mit dem Voraussageobjekt deckt (Stufe 3). Zwischen der Voraussage und dem Ereignis kann immer ein vermittelnder Mechanismus angenommen werden, der >**Wirkmechanismus**< (Stufe 2), der die Kognition bzw. die Voraussage erst nach außen hin wirksam werden läßt. Dieser Wirkmechanismus beinhaltet immer irgendeine Form von Verhalten. Diese drei Stufen sind in jeder SFP vorhanden. Die vorausgehende Stufe bedingt jeweils die nachfolgende.

Diagramm: dreistufiges SFP-Prozeßmodell

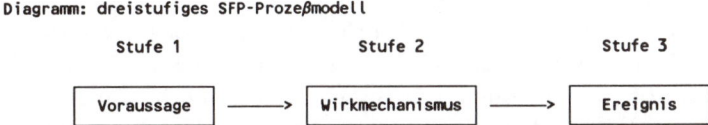

Smale bezeichnet Stufe 2 mit "Verhalten" und Stufe 3 mit "Konsequenz" (1983,33). Rosenthal bezeichnet in einem analogen Modell, das eine vereinfachte Version seines 10-Pfeile-Modells darstellt, die Stufen 1-3 mit "expectancy-mediating-outcome" (1981,189).

1.4.3 WIRKMECHANISMUS

Voraussagen und Erwartungen sind Kognitionen und können als >geistige Gebilde< nicht unvermittelt in die Außenwelt eingreifen. Sie benötigen ein >Sprachrohr<, ein >Transportmittel<, das eine Verbindung zwischen Erwartung und Auswirkung bewerkstelligen kann. Eine solche intervenierende Variable besteht in jedem Fall aus einer Form von Verhalten. Der "Wirkmechanismus" einer SFP (Brophy/Good 1976,62f) beinhaltet ein solches Verhalten, das zwischen der Voraussage und dem vorausgesagten Ereignis vermittelt. Es kann aus einem einzelnen Verhaltensmoment oder einer ganzen Kette von Verhaltensschritten bestehen.

Gebräuchliche Synonyme für den Wirkmechanismus bei SFPs sind: Vermittlung /mediation/transmission (Harris/Rosenthal 1985), Medium (Rosenthal/Jacobson 1971,185), Vermittlungszusammenhang (Ulich 1976,IX), vermittelnde Prozesse (Erlemeier 1973,539), Mechanismus/mechanism (Perrez u.a. 1986,408; Brophy/Good 1970,365,373; Kirsch 1985;1986), intervenierender Prozeß (Brophy/Good 1970,365), Erklärung für den Erwartungseffekt (Rosenthal 1975,76), expectancy confirmation process (Darley/Fazio 1980), communication of expectancy (Jones 1977,104).

SFP-Wirkmechanismen können für die Betroffenen bzw. die Außenstehenden offen einsichtig und erkennbar oder verdeckt sein. Die Wirkmechanismen erweisen sich als so schwer aufdeckbar, daß sie z.T. in magischen, esoterischen Zusammenhängen diskutiert wurden (Erlemeier 1973,539; Brophy/Good 1976,51,62f; Brophy/Good 1970,365; Hanke/Mandl 1975,726; Rosenthal 1976,282; Rosenthal/Jacobson 1971,38,47; Smale 1983,64). Im Zuge der weiteren Ausdifferenzierung der Erwartungsforschung wurde zunehmend versucht, die Frage des Wirkmechanismus empirisch und theoretisch zu klären. Vor allem im Schulbereich begann mit der "kognitiven Wende" eine "eifrige empirische Suche" nach den Wirkmechanismen (Rheinberg u.a. 1986,332). Eine Übersicht der Ergebnisse ist bei Brophy und Good (1976) zu finden. Allerdings weist der Forschungsbereich der Wirkmechanismen innerhalb der SFP-Forschung die meisten >weißen Flecken< auf. "Zur Zeit kennen wir weder die spezifischen Signale, mit denen sich Menschen gegenseitig unabsichtlich beeinflussen, noch die dabei beteiligten Kommunikationskanäle" (Rosenthal 1976,403; vgl. 1975,79; 1968a,50; Barkey 1971,265). Die Tatsache, daß sich die Wirkmechanismen bisher z.T. (trotz großer Forschungsanstrengung und trotz deutlicher Effekte in Richtung SFP) als resistent gegenüber ihrer wissenschaftlichen Aufdeckung erwiesen haben (z.B. Rosenthal/Jacobson 1971,43-45), läßt erahnen, daß SFPs bereits durch höchst subtile Wirkmechanismen ausgelöst werden können. Das Verhalten, mit dem interpersonale Erwartungen unabsichtlich mitgeteilt werden, ist wohl vielschichtig und reicht von kleinen Verhaltensäußerungen bis zu großen dramatischen interpersonalen Konfrontationen (Jones 1977,5,120). Die Untersuchung der Wirkmechanismen ist für die SFP-Forschung hoch bedeutsam, weil durch ihre Kenntnis das SFP-Phänomen als "normale", sozialwissenschaftlich faßbare Erscheinung erkennbar und damit "entmystifiziert" wird (Cooper/Good 1983,xi; Eden 1986,7; Brophy/Good 1976,317; Smale 1983,40). Außerdem ist die Kenntnis über die Wirkmechanismen ein weiterer Plausibilitätsbeleg für die Existenz von SFPs. Denn bei manchen beschriebenen Wirkmechanismen erscheint es geradezu als zwingend, daß sie als Folge von bestimmten Erwartungen auftreten bzw. ihrerseits eine Selbsterfüllung bewirken.

Die Frage des Wirkmechanismus ist nicht prinzipiell, sondern nur bereichs-spezifisch (von Fall zu Fall) zu klären. Denn es ist zu unterstellen, daß bei SFPs in den verschiedenen Lebenszusammenhängen auch unterschiedliche Mecha-nismen wirksam sind. Somit wird die Frage der Wirkmechanismen über alle Bereiche hinweg nicht völlig aufzuklären sein. Bei der objektiven Selbsterfül-lung von interpersonalen SFPs besteht der Wirkmechanismus zumindest teil-weise aus externem Verhalten. Ein externes Verhalten, etwa als Interaktion zwischen dem Erwartungssubjekt und -objekt, ist bei der subjektiven, "interpre-tativen" Selbsterfüllung nicht notwendig.

Bei SFPs in einzelnen Lebensbereichen wurden bereits die unterschiedlichsten Wirkmechanismen gefunden (z.B. Harris/Rosenthal 1985,378). Beispielsweise werden interpersonale SFPs vermutlich vermittelt über die Art der verbalen Kommunikation, über die Verstärkung des erwartungskonformen Verhaltens des Erwartungsobjekts oder über das Modell-Lernen (das Erwartungsobjekt übernimmt die positive interpersonale Erwartung des Erwartungssubjekts, des Modells, als intrapersonale sich selbst erfüllende Erwartung) (vgl. Smale 1983,72f,74,77,85). Bei positiven sich selbst erfüllenden Leistungserwartungen nimmt Jones folgende Wirkmechanismen an (1977,168): hohes Interesse und hohe Aufmerksamkeit gegenüber einer gestellten Aufgabe und ein schnelles Arbeiten. Bei Mißerfolgserwartung geht er von der Angst des Erwartungs-subjekts als Wirkmechanismus aus.

Die Abwesenheit von "Lernkurven" spricht in einigen Experimenten gegen die Annahme, daß das operante Konditionieren zumindest in bestimmten Situa-tionen als Wirkmechanismus fungiert: Der Faktor "Zeit", der bei der Verhal-tensformung nach dem Prinzip "Lernen am Erfolg" wesentlich ist, müßte sich in den Experimenten so niederschlagen, daß sich das (bestätigende) Verhalten des Erwartungsobjekts erst mit der Zeit stärker den Verhaltenserwartungen des Erwartungssubjekts anpaßt. Solche Lernkurven wurden für die Erwartungs-objekte nicht gefunden. Allerdings zeigten sich solche Kurven z.T. bei den Erwartungssubjekten. Ihnen gelang es von Versuch zu Versuch besser, daß die Erwartungsobjekte ihre Erwartungen erfüllten (Rosenthal 1968a,50f; Rosenthal /Jacobson 1971,44f,50).

Eine umfangreichere Arbeit, die sich der Frage der Wirkmechanismen metaanalytisch widmet, ist die von Harris und Rosenthal (1985). Wirkmechanistische Modelle finden sich bei Brophy und Good (1970,365f; 1976,63-65), Cooper und Good (1983,10ff) (Schule), Darley und Fazio (1980), Eden (1984,67ff; 1986,5-8), Heymans und Mitarbeitern (1989), Hanke und Mandl (1975,734), Harris und Rosenthal (1985), Heckhausen (1973), Jussim (1986,435ff), Jones (1977,104-112), Rosenthal (1975,76-79; 1981,185,183-197) und Ulich (1976,IX). Eine Übersicht mehrerer Modelle zum Erwartungskommunikationsprozeß in der Schule bietet Cooper 1985.

1.4.4 BEDINGUNGEN FÜR DIE SELBSTERFÜLLUNG

Da nicht alle Voraussagen zu SFPs werden, stellt sich die Frage, wann und unter welchen Bedingungen sich Voraussagen selbst erfüllen. Die Beantwortung dieser Frage (so groß ihr Erkenntnisgewinn auch wäre) ist nach dem derzeitigen Forschungsstand kaum möglich. Die Bedingungen, unter denen Erwartungen sich selbst erfüllen, sind zumindest empirisch "noch weitgehend ungeklärt" (Hanke/Mandl 1975,736,729). Im Einzelfall, bei dem sich kein statistischer Gruppenvergleich durchführen läßt, ist meist nicht einmal nachträglich sicherzustellen, ob ein Ereignis sich deshalb eingestellt hat, weil eine Selbsterfüllung im Spiel war. Es lassen sich aber zumindest einige abstrakte notwendige Voraussetzungen bzw. Bedingungen aufzählen, die das Auftreten von SFPs tendenziell wahrscheinlicher machen. Einige dieser im folgenden genannten Bedingungen sind lediglich als plausible Vermutungen zu verstehen, die als noch ungesichertes Provisorium betrachtet werden sollten.

(1.) Bedingung der Erfüllbarkeit

Voraussagen müssen prinzipiell in Erfüllung gehen können, um zu SFPs werden zu können. Deshalb ist vor der Induktion von Erwartungen mit dem Ziel, eine SFP absichtlich auszulösen, zu fragen, ob das erwünschte Ziel überhaupt im Bereich des Möglichen liegt. Das könnte zum Beispiel im pädagogischen Bereich relevant sein, wenn Lernziele jenseits von individuellen Machbarkeitsgrenzen des Lernenden liegen (vgl. Dollase 1984).

(2.) Bedingung der objektiven Kontrollierbarkeit

Die Betroffenen (das Voraussagesubjekt bzw. das Voraussageobjekt) müssen das erwartete Ereignis (als conditio sine qua non) zumindest im geringen Umfang objektiv kontrollieren können. Dabei ist es ohne Bedeutung, wie die Betroffenen subjektiv ihre Kontrollmöglichkeiten einschätzen (subjektive Kontrollüberzeugung) und ob sie sie bewußt zu nutzen versuchen. So ist bei der Erwartung guten Wetters eine objektive Kontrollierbarkeit des Erwartungsobjekts, das Wetter, auszuschließen.

Die Kontrollbedingung läßt sich auch dynamisch formulieren. Je mehr das antizipierte Ereignis unter der Kontrolle der an der Voraussage beteiligten Personen steht, um so wahrscheinlicher ist ein Selbsterfüllungseffekt. Aus diesem Grund dürften intrapersonale Erwartungen in der Regel stärker und häufiger dem Selbsterfüllungseffekt unterliegen als interpersonale, da eigenes Verhalten kontrollierbarer ist als das anderer Personen.

Ein Modell, das die Kontrollierbarkeit einer (Leistungs-)Situation veranschaulicht, ist das der Kompetenz und Performanz. Kompetenz bedeutet die grundsätzliche Befähigung für ein bestimmtes Verhalten zu besitzen. Sie ist eine Mindestvoraussetzung, um ein bestimmtes Verhalten zeigen, also kontrollieren zu können. Mit Performanz wird das tatsächlich gezeigte Verhalten bezeichnet, das mehr oder weniger stark von der Kompetenz abweicht. Die Differenz zwischen der (prinzipiellen) Kompetenz und der (faktischen) Performanz läßt sich auf sogenannte "Performanzvariablen" zurückführen (Kruse/Lehr 1989,331). Bei Intelligenz-Tests sind das beispielsweise "nicht-kognitive" Einflußfaktoren, wie etwa die Angst vor Fehlern, die Freude an der Herausforderung oder die persönliche Bedeutung des Tests für die Testperson (Kruse 1987b,353f). Beide, die Kompetenz und die Performanzvariablen, kontrollieren die Performanz. Die Performanzvariablen können auch von subjektiven Faktoren, wie Einstellungen und Erwartungen abhängig sein. Damit können die Performanzvariablen im Zusammenhang mit SFPs auftreten. Beispielsweise erhöht die Erwartung, eine Situation zu meistern, die Performanzvariable "Sicherheitsgefühl in einer Situation", die wiederum die Performanz in der Situation erhöht. Bei den verschiedensten Verhaltensweisen differiert die Größe des Einflusses der Performanzvariablen. Je größer dieser Einfluß ist, um so wahrscheinlicher sind Selbsterfüllungseinflüsse. Je geringer ein zukünftiges Ereignis durch objektive Gegebenheiten bestimmt wird, um so wahrscheinlicher wird der Einfluß subjektiver Kontroll-Faktoren. Damit werden auch SFPs wahrscheinlicher (vgl. Trotter 1987,37).

Bsp.: Je standardisierter und strukturierter ein Test in seiner Auswertung ist, um so weniger wird der Testauswerter die Performanz "Testergebnis" durch die Performanzvariable "Erwartung gegenüber dem Testergebnis" beeinflussen können. Für die Testauswertung sind dann zunehmend lediglich seine Kompetenzen ausschlaggebend (z.B. Fähigkeit des Lesens, des Verstehens des Verfahrens zur Testauswertung).

(3.) Bedingung des zeitlichen Abstands

Die Chancen des Eintretens einer Selbsterfüllung erhöhen sich vermutlich auch mit der Zunahme des Zeitraums, der noch zwischen der Voraussage und dem Voraussageausgang liegt (vgl. Abschnitt 1.4.1)(vgl. Schiefele 1974,357). Vergehen bis zum Eintritt des erwarteten Ereignisses noch mehrere Jahre, wie es z.B. bei Erwartungen gegenüber bestimmten voraussehbaren Lebensereignissen der Fall ist, so haben die Verhaltensweisen, die zunächst Folge von den Erwartungen im Sinne der allgemeinen Erwartungseffekte sind, mehr Gelegenheit auch wirkmechanisch im Sinne des spezifischen Erwartungseffekts zu fungieren, als bei nur kurzfristig bestehenden Erwartungen.

(4.) Bedingung der Involviertheit

Je stärker das persönliche Interesse, der Grad der emotionalen Involviertheit bzw. der Betroffenheit des Erwartungssubjekts gegenüber einem erwartungsgemäßen Ereignis ist, desto wahrscheinlicher werden vermutlich SFPs auftreten. Begegnet der Erwartende dem Ereignis nicht mit Gleichgültigkeit, sondern verspürt er eine deutliche Präferenz für eine bestimmte Form der Ereignisentwicklung, so wird er sich (so weit er kann) eher auch nicht-bewußt tendenziell erwartungsobjektstützend verhalten.

In diesem Sinn ist vielleicht auch die vorsichtig geäußerte Vermutung Rosenthals zu verstehen, die aus der Sichtung des einschlägigen empirischen Materials entstand, wonach erfahrene, professionelle Forscher eher Erwartungseffekte bzgl. ihrer Forschungsergebnisse produzieren als unerfahrene, lediglich im Auftrag handelnde studentische Kräfte. Bei Ersteren ist ein stärkeres persönliches Interesse zu unterstellen, die Forschungshypothesen bestätigt zu sehen (1976,307).

1.4.5 SUBKATEGORIEN DER SELF FULFILLING PROPHECY

Folgende Begriffe, welche bereichs- oder formalspezifische Varianten der SFP darstellen, sind gebräuchlich.

- Der **Golem-Effekt** ist eine destruktive SFP (z.B. Harris/Rosenthal 1985,379): Negative Erwartungen bedingen entsprechende negative, für die Betroffenen nicht erwünschte Ereignisse. Seine Existenz wurde bereits empirisch bestätigt (z.B. Eden 1988,240,246). Der Golem-Effekt ist von den Anti-SFPs zu trennen, was bisweilen nicht geschieht.
- Der **Galatea-Effekt** entspricht der intrapersonalen SFP. Gemeint ist damit also eine SFP, welche auf einer selbstbezogenen Erwartung beruht (Eden 1984,66; 1988,247; Rosenthal 1975,79).
- Der **Pygmalion-Effekt** ist eine SFP, die auf den Lebensbereich Schule bezogen ist (z.B. Hermann 1981,364; Rosenthal 1985,37,49; Smale 1983,44; Honolka 1976,9; vgl. Abschnitt 2.3.2). (Der Begriff wurde der Pygmalion-Sage aus dem 10. Buch von Ovids Metamorphosen entliehen, nach der auch G.B. Shaw sein Bühnenstück benannte, das später zu dem Musical "My Fair Lady" umgestaltet wurde). Verwirrenderweise wird dieser Begriff allerdings auch z.T. synonym zu "SFP" verwendet.
- Der **Messias-Effekt** (messiah-effect) ist eine SFP, die durch eine prominente, charismatische Persönlichkeit des öffentlichen Lebens ausgelöst wird. Dazu gehören etwa die Erwartungen, die den Fähigkeiten eines berühmten Arztes entgegengebracht werden (Eden 1986,11; 1988,260).
- Die Bezeichnung **"self-sustaining effect"** (z.B. Salomon 1981,1452) auch "sustaining expectation effect" genannt (z.B. Cooper 1985,138; Cooper/Good 1983,5f) geht auf den Versuch zurück, die Selbsterfüllung in die Subkategorien "SFP" einerseits und "self-sustaining prophecy" (SSP) andererseits aufzugliedern. Dabei wird der Begriff "SFP" auf diejenigen Selbsterfüllungseffekte eingeschränkt, die eine Veränderung bewirken, während die SSPs eine Konstanthaltung einer Ereigniskette bzw. eine Verhinderung von Veränderung bewirken. Es wird unterstellt, daß sich SSPs öfter ereignen als SFPs.

Bsp.: Eine SFP in diesem Sinne könnte durch die Lehrererwartung "Schüler X wird besser" ausgelöst werden. Eine SSP könnte durch die Lehrererwartung "Schüler X wird in Zukunft dieselben Leistungen erbringen wie schon in der Vergangenheit" ausgelöst werden. Erfüllt sich diese SSP, so bedeutet das, daß der Schüler ohne den Einfluß dieser Lehrererwartung seine Leistung verändert hätte.

Diese Begriffsverwendung ist wohl darauf zurückzuführen, daß die Bezeichnung "SFP" forschungshistorisch eher auf Veränderungserwartungen angewendet worden ist. Wörtlich genommen ist sie aber, im Unterschied zu "SSP", keineswegs auf Veränderung oder Konstanthaltung festgelegt. Deshalb, und der begrifflichen Klarheit einer eingeführten Bezeichnung wegen wird hier vorgeschlagen, den Begriff "SFP" weiterhin als den übergeordneten zu behandeln und "SSP" als eine Subkategorie. Besteht Notwendigkeit, die Dimension "Veränderung/Konstanthaltung" differenzierend zu bezeichnen, so könnte für Veränderung (als Gegenbegriff zu "SSP") ein neuer Begriff (etwa "modifying expectation effect") eingeführt werden.

- Der **Rosenthal-Effekt** gilt als bereichsspezifische Variante der SFP. Er ist eine spezielle Form des Versuchsleitereffekts, basierend auf unbeabsichtigter Beeinflussung des Forschungsergebnisses durch die Erwartungen, Befürchtungen und Hypothesen der Experimentatoren, Versuchsleiter, Interviewer oder Auswerter (vgl. Abschnitt 2.2).

1.4.6 SELF FULFILLING PROPHECIES IM VERBUND

Es können auch mehrere SFPs miteinander verbunden auftreten. Die Verkettung solcher SFPs kann seriell, parallel oder zirkulär sein.

(1.) SFPs im seriellen Verbund

Eine Voraussage einer Person kann eine Erwartung einer anderen Person auslösen, so daß im Fall der Selbsterfüllung das vorausgesagte Ereignis das Produkt einer sich selbst erfüllenden Voraussage und gleichzeitig das einer sich selbst erfüllenden Erwartung ist.

Bsp.I: Die Zeitungen oder Wirtschaftsfachleute prophezeien einen Börsenkrach. Die Aktionäre glauben das (Erwartung). Indem sie versuchen ihre eigenen Anlagen zu retten, stürzen die Kurse und lösen lawinenartig tatsächlich den vorausgesagten und erwarteten Krach aus.

Bsp.II: Sogar eine dreifache Integration einer Selbsterfüllung wäre denkbar. In einem Experiment prophezeien die Versuchsleiter den Lehrern bestimmte Schülerleistungen und lösen dadurch bei den Lehrern interpersonale Erwartungen bzgl. der Schülerleistungen aus. Diese Erwartungen wiederum vermitteln die Lehrer über ihr erwartungskonformes (nonverbales) Verhalten an die Schüler. Dies löst intrapersonale Erwartungen bei den Schülern bzgl. ihrer eigenen Leistungsfähigkeit aus.

(2.) SFPs im parallelen Verbund

Bei interpersonalen Erwartungen können auch synchron die Erwartungen beider Interaktionspartner selbsterfüllend ineinandergreifen (vgl. Darley/Fazio 1980,872; Eden 1988,247,259). In Anlehnung an Watzlawick berichtet Schulz v. Thun (1982,85) von dem Streit eines Ehepaares. Die Frau "nörgelt" an ihrem Mann herum, weil er introvertiert ist. Der Mann zieht sich zurück, weil die Frau ständig "nörgelt". Nach einiger Zeit ist bei diesem "Kommunikationsspiel" eine stabile >Erwartungsfront< aufgebaut. Der Mann zieht sich schon im Vorfeld zurück, weil er "weiß", daß seine Frau sich gleich wieder aufregt. Die Frau erwartet das ihr unangenehme Verhalten ihres Gatten und fängt auch bereits im Vorfeld an zu "nörgeln".

(3.) SFPs im zirkulären Verbund

Das Fatale an der negativen Selbsterfüllung von Erwartungen ist, daß sie in alltäglichen Lebensbereichen bei ähnlichen Situationen nicht nur einmal, sondern immer wieder erscheint. Ereignis und Erwartung können dann ein sich selbst erhaltendes System bilden, das sich selbst reproduziert und "verewigt", indem aus dem Ereignis wieder die Erwartung des Ereignisses, und aus dieser wieder das gleiche Ereignis resultiert. Brophy und Good sprechen von Erwartungen, die zur "Bildung eines Kreises von sich gegenseitig verstärkenden Ereignissen führen" (1976,58). Der so entstandene >circulus vitiosus< schreibt ein bestimmtes Ereignis fest, so daß es bei ähnlichen Anlässen als >Versatzstück< immer wieder in gleicher Weise auftritt. Dieser Prozeß wird auch mit "Erwartungszyklus", "recycling" (Eden 1984,67), "expectancy cycle" (Tom/Cooper 1986) oder mit "zirkulärer Verstärkerprozeß" umschrieben (vgl. Perrez u.a. 1986,409).

Solche sich selbst stabilisierenden Kreisläufe sind zunächst als abstrakter Ablauf bewertungsneutral. Sie müssen also nicht unbedingt negativ als "Teufelskreis" auftreten. Sie können sich auch als "Engelskreise" (>circuli virtuosi<) erweisen (Rosenthal/Jacobson 1971,219; Birnbaum 1950,155).

Diagramm zur Zirkularität von SFPs:

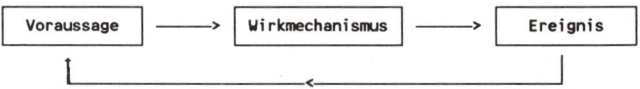

Die "Rückkoppelungsschleife" (vgl. Watzlawick u.a. 1985,121f) (in der Graphik angedeutet durch den Pfeil vom Ereignis zur Voraussage) ist das konstitutive Merkmal des Teufelskreises (zirkuläre SFP), das der "normalen", linearen SFP fehlt. Die drei Stufen letzterer werden nur einmal durchlaufen.

Mit der Terminologie kybernetischer Modellvorstellungen ausgedrückt, handelt es sich bei der zirkulären SFP um einen "geschlossenen Regelkreis" ("zirkuläre Kausalität") während bei der linearen eine "offene Steuerkette" ("linearen Kausalität") vor-liegt (vgl. Brandtstädter 1982,41; Weakland/Herr 1984,64).

Durch die Vorstellung der Zirkularität wird deutlich, wieso Voraussagen in der Lage sein können, starke Effekte hervorzurufen. Die Zirkularität bietet auch ein Erklärungsmodell für den >ewigen Glückspilz< bzw. >Pechvogel< oder >Unglücksraben< (vgl. Adler 1971,230). Typischerweise treten wohl die Vorstellungen über die eigene Person (Selbstkonzepte) oder die Welt in solche selbststabilisierenden Kreisläufe ein. Jemand, der sich beispielsweise für at-traktiv hält, wird sich eher kommunikativ und weltoffen zeigen und damit auf seine soziale Umwelt tatsächlich anziehender wirken als jemand mit einem >Mauerblümchen<-Selbstbild. Die Reaktion der anderen werden den Erste-ren in seinem Selbstbild bestätigen, worauf er wiederum mit attraktivem Verhalten reagiert und so fort.

Das Muster des Teufelkreises wird z.B. in der Schule (Brophy/Good 1976,59f,67; 1970,360; Einsiedler 1989,106; Perrez u.a. 1986,407,409; Weinert u.a. 1981,165) beschrieben, dort z.T. sogar empirisch (a.a.O.,167), in der Organisations- und Perso-nalentwicklung in Betrieben (Eden 1986,6,8; 1984,67f) und bei Lernprozessen allge-mein (z.B. Birnbaum 1950,155; Henz 1964,119ff).
Eine zirkuläre SFP kann, muß aber nicht aus einer linearen entstehen. Es ist also durchaus nicht jede SFP in einen zirkulären Prozeß eingebunden. Die Begriffe "Teu-felskreis" und "SFP" werden oft in so enger Verbindung verwendet, daß der Eindruck entsteht, Zirkularität und SFP wären ein und dasselbe (z.B. Perrez u.a. 1986,407; Schulz von Thun 1982,193f). Individualpsychologisch orientierte Pädagogen verwen-den den Begriff "circulus vitiosus" bzw. "virtuosus" in der Bedeutung von "zirkuläre SFP" (z.B. Henz 1964; Birnbaum 1950; Künkel 1942). Simonton und Mitarbeiter bezeichnen den "Verstärkerkreis" sogar als "grundlegendes Charakteristikum" der SFP (1982,105). Der Begriff "grundlegend" darf hier nicht als SFP-konstitutiv (im Sinne einer conditio sine qua non) ausgelegt werden.

Es ist nicht nur plausibel, daß sich durch den beschriebenen Vorgang Erwar-tung und Ereignis selbst konstant auf demselben Level halten (gleiche Erfah-rung und gleiche Erwartung), sondern sogar, daß das System bei jedem Kreis-durchlauf eine Niveausteigerung erfährt, also eine Engels- bzw. Teufels-"Spirale" (Henz 1964,119f) durch einen Aufschaukelungsprozeß ausbildet. Die Erwartung führt zu einer Extremisierung der Erfahrung, welche bei erfolgter Selbsterfüllung wiederum die Erwartung extremer werden läßt: Der Glückspilz wird zunehmend glücklicher, während der ewige Verlierer sich immer tiefer in sein Unglück hineinbohrt.

1.4.7 ERWEITERUNG DES SELBSTERFÜLLUNGSANSATZES ÜBER DIE SELF FULFILLING PROPHECY HINAUS

Der Selbsterfüllungsansatz ist nicht auf die Kognitionsarten "Voraussage" und "Erwartung" beschränkt, sondern kann auch auf Bereiche außerhalb dieser Kognitionen ausgedehnt werden (wie schon in Abschnitt 1.3.2.3 angedeutet).

Neben Erwartungen als deterministische Antizipationen sind auch bei probabilistischen Antizipationen (z.B. bei Befürchtungen), die nicht von einer Gewißheit, sondern einer mehr oder weniger großen Möglichkeit der unterstellten Zukunftsentwicklung ausgehen, Selbsterfüllungen denkbar. Eine "sich selbst erfüllende Befürchtung" kann z.B. durch eine Sprachlehrerin ausgelöst werden, die sich daran erinnert, daß in früheren Klassen eine Vokabel überraschenderweise falsch ausgesprochen wurde. Sie erwähnt diese falsche Aussprache als >abschreckendes Beispiel<, worauf sich die Teilnehmer diese einprägen und von da an wie die frühere Klasse auch falsch aussprechen.

Es ist auch denkbar, daß sich eine Selbsterfüllung auf nicht-zukunftsgerichtete Kognitionen bezieht. Die ständige Vorstellung eines Ereignisses kann dieses erzeugen (Rosenthal/Jacobson 1971,15). Eine "sich selbst erfüllende Vorstellung" (Madelung 1988,55) verwendet etwa das bereits erwähnte Pendelexperiment (vgl. Abschnitt 1.3.2.3). Man könnte auch zeitungerichtet von "sich selbst erfüllenden Hypothesen/Annahmen" sprechen. Bereits Merton (1957, zit. nach Barkey 1971,264) verwendete neben "SFP" auch einen zeitungerichteten Begriff ("self-fulfilling-social-belief"). Der Übergang zwischen gegenwartsbezogenen und zukunftsgerichteten Aussagen ist ohnehin gleitender Natur. Es scheint "weniger interessant zu sein, ob eine Prognose oder eine gegenwartsbezogene Aussage vorliegt. In der Regel besitzen auch gegenwartsbezogene Aussagen quasi-prognostischen Charakter. Mertons selbsterfüllendes Paradevorurteil 'Alle Neger sind gewerkschaftsfeindlich' gilt für den, der daran glaubt, auch noch morgen oder in einem Monat" (Honolka 1976,14).

Auch die Möglichkeit der retrospektiven Selbsterfüllung ist nicht auszuschliessen. Denn eine Annahme kann sich auch auf die Vergangenheit beziehen, die allerdings nur einer subjektiven Selbsterfüllung unterworfen sein kann. (Eine nachträgliche objektive Veränderung der Vergangenheit ist der "science fiction" vorbehalten.) In diesem Sinne kann eine retrospektive Annahme die kognitive Repräsentation der Vergangenheit prägen. Das nennt Snyder "reconstructing the past" (1981). Erinnerung ist genausowenig wie die (Gegenwarts-)Wahrnehmung eine unmittelbare Abbildung der (früheren) Wirklichkeit. Eine Reminiszenz besteht aus einer aktiven Rekonstruktion der Vergangenheit und ist somit auch dem Einfluß von gegenwärtigen Annahmen ausgesetzt. Ein möglicher Mechanismus, welcher die vergangenen Erinnerungen an eine gegenwärtige Annahme anpaßt, ist die "Selektivität der Erinnerung" (Keßler/Hoellen 1982, 93f). "Der Prozeß der selektiven Erinnerungen endet leicht in selbsterfüllenden ... Prophezeiungen" (Keßler/Hoellen 1982,94). Damit ist gemeint, daß selektiv, dem Selbstkonzept entsprechend, die Vergangenheit >zurechtgebogen< wird. So werden etwa, dem Klischee der "wilden 20er Jahre" entsprechend, verstärkt >ausgelassene< selbsterlebte Momente aus dieser Zeit erinnert. Der Ausdruck "Prophezeiung" ist allerdings wegen seiner Zukunftsgerichtetheit für diesen Zusammenhang weniger geeignet (vgl. Zitat von Keßler, oben).

1.4.8 METATHEORETISCHE ÜBERLEGUNGEN ZUM SELBSTERFÜLLUNGSANSATZ

(1.) Zum Modell-Charakter des Selbsterfüllungsansatzes

Modelle sind Bilder mit >Filter- oder Lupeneigenschaften<, mit denen versucht wird, eine als komplex vermutete Realität zu beschreiben und zu verstehen. Ein Modell ist "eine Vereinfachung eines komlexen Vorgangs" (Grinder/Bandler 1982,12). Die meisten verhaltenswissenschaftlichen Modelle als gedankliche Erklärungsfiguren beinhalten keine detaillierten Angaben darüber, wann und wo sie sinnvollerweise auf welchen Ausschnitt der Wirklichkeit übertragen werden können. Grundsätzlich ergeben sich zwei Möglichkeiten des Anpruchs an ein Modell: die nomothetische und die ideographische (Bortz 1984,220f).

- Der ideographische Anspruch an ein Modell: In diesem Fall wird die grundsätzliche Anwendbarkeit des Modells auf reale Erscheinungen zwar nicht bestritten. Allerdings muß in jedem konkreten Einzelfall geprüft werden, ob es als Erklärung herangezogen werden kann oder nicht. Das Erscheinen ist vollkommen zufällig und also nicht regelhaft voraussehbar (Barkey 1971, 264).

- Der nomothetische Anspruch an ein Modell: In diesem Fall ist davon auszugehen, daß die zutreffende Anwendbarkeit des Modells in der realen Welt in gewisse (zumindest probabilistische) Regeln zu fassen ist. Das Modell ist dann in der Lage, Vorhersagen zu treffen und als Hilfsmittel für Interventionen zur Verfügung zu stehen.

Im folgenden soll versucht werden, eine vorläufige Antwort zu finden, welcher Modellanspruch bei dem Selbsterfüllungsansatz vertreten werden kann:
Die empirische Forschung kann zwar nicht exakt die Bedingungen des Auftretens der SFPs im nomothetischen Sinn angeben, aber sie zeigt, daß dieses Phänomen in bestimmten Lebensbereichen so häufig aufzutreten scheint, daß eine Zuordnung zum ideographischen Anspruch nicht mehr ganz angemessen sein dürfte (vgl. Teil 2). Bisher allerdings scheint die Fachliteratur, die sich nicht thematisch zentral mit den SFPs beschäftigt, dem Konstrukt der SFP eine mehr ideographische Natur zu zusprechen. Der Begriff der "SFP" fällt meist lediglich als "ex-post-Interpretations"-möglichkeit (Barkey 1971,264). Die Nützlichkeit des Konstrukts darf sich nicht darauf beschränken, nachträglich "Befunde interpretieren zu können" (a.a.O.).

(2.) Apologie zur Kritik an der Nützlichkeit der Selbsterfüllung
      als eigener Ansatz

Der Selbsterfüllungsansatz ist ein Kausal-Ansatz. Er beschreibt einen Ursache-Wirkungs-Zusammenhang, während die vermittelnden Wirkmechanismen, welche die Ursache mit der Wirkung verbinden, im Ansatz selbst nicht ausgeführt sind. Es wird also lediglich ein abstrakter Rahmen, eine "black-box" (input-output) beschrieben. Der Inhalt des Rahmens kann durch andere Theorien ergänzt werden. Der dazwischenliegende Wirkmechanismus wird nicht als Untersuchungsgegenstand abgelehnt - wie das etwa im klassischen Behaviorismus geschieht - sondern lediglich vom Konstrukt "SFP" selbst nicht näher beschrieben. Bei dem Konzept der SFP "handelt es sich um die Benennung eines ... Effekts, nicht aber um dessen Erklärung" (Casparis 1980,124f.). Damit ist das Konstrukt SFP analog einem kybernetischen Modell zu sehen, das eine Informationsübertragung und -verarbeitung vom Begriffssystem her unabhängig von bestimmten Gegenständen formal-abstrakt behandelt.

Man kann unterstellen, daß in jedem Lebensbereich die unterschiedlichsten Wirkmechanismen bei Selbsterfüllungseffekten wirken. "Angesichts dieser Vielfalt der Erscheinungsformen kann dem Begriff der ... (SFP, P.L.) zunächst kaum mehr als der Charakter einer Sammelbezeichnung für teilweise sehr verschiedenartige Prozesse zuerkannt werden" (Honolka 1976,14). Es stellt sich deshalb die Frage, ob es sinnvoll ist, diese wirkmechanisch äußerst heterogenen Erscheinungen unter einen gemeinsamen Namen zu subsumieren. Der gemeinsame Begriff "SFP" könnte eine Eigenständigkeit vortäuschen, die realiter wirkmechanisch nicht gegeben ist (Honolka 1976,9). Hermann stellt ebenfalls die kritische Frage, ob zur Klärung der Zusammenhänge von Erwartung und erwartetem Ereignis ein "besonderer Effekt postuliert werden muß" (1981,366).

Folgende Überlegungen sprechen für einen gemeinsamen Begriff:
- Ein gemeinsamer Begriff für inhaltlich relativ unterschiedliche Erscheinungsformen ist unter anderem dann gerechtfertigt, wenn er dem erfahrungsintegrierenden menschlichen Denken in abstrahierenden Kategorien entspricht. Es wäre "erlebnisphänomenologisch" (vgl. Ulich 1982,21) gedacht sinnlos, mit der grenzenlosen Willkür menschlicher Schöpfungsmöglichkeiten ein artefaktisches Konstrukt zu entwerfen, das als kategorial einheitliches Phänomen im Grunde nicht mehr erlebbar ist. Der Selbsterfüllungsansatz besitzt eine solche erfahrbare eigenständige Identität. Sie ist in dem Sachverhalt zu sehen, daß Voraussagen sich selbst zu verwirklichen scheinen. Das ist ein eigenständig erlebbares, über alle bereichsspezifischen Varianten hinweg erkennbares Phänomen, das durch keinen anderen Terminus, der die vermittelnden Wirkmechanismen näher beschreibt, abgedeckt und somit ersetzbar ist.

- Der Selbsterfüllungsansatz unterscheidet sich durch das Moment der Offenheit gegenüber den beteiligten Wirkmechanismen nicht von vielen anderen verhaltenswissenschaftlichen Ansätzen, die auch >lediglich< das "wenndann", nicht aber das "warum" erklären.; z.B. die Lerntheorien, Aggressionstheorien etc..

1.4.9 ANTHROPOLOGISCHE BEGRÜNDUNG DER TENDENZ, SELF FULFILLING PROPHECIES AUSZULÖSEN

(1.) Rothbart macht die Häufigkeit des Vorkommens von SFPs im Alltag durch einen Vergleich deutlich (1981,175): Im wissenschaftlichen Erkenntnisprozeß wird (soll) eine strenge Trennung zwischen Entdeckungszusammenhang (discovery, hypothesis) und Begründungszusammenhang (proof, verification) vorgenommen (werden). Im Alltagsleben hingegen besteht eine enge Verbindung zwischen den Erwartungen der Menschen und der "Datensammlung" zur Prüfung dieser Erwartungen. Durch die fehlende Unabhängigkeit beider Stufen der "Wahrheitsfindung" ist das Alltagsdenken besonders anfällig dafür, als ein "Selbstbekräftigungssystem" (self-confirmatory system) im Sinne einer SFP zu fungieren.

(2.) Eine Ursache für das Auslösen von SFPs ist die Vermeidung der unangenehmen Lage, seine Erwartungen als unerfüllt betrachten zu müssen (Rosenthal 1976,407). Eine Enttäuschung durch unerwartete Ereignisse ist, wenn das selten eintritt, für die meisten Menschen leicht zu ertragen. Allerdings gilt es (nicht nur für >notorische Besserwisser<), daß ein gewisses Maß an Sicherheit und Kalkulierbarkeit zu den menschlichen Grundbedürfnissen gehört. Deshalb finden wohl auch unbewußte Prozesse statt, den erwarteten Ereignisausgang tendenziell zu fördern (a.a.O.,407,408; Cooper/Good 1983,5). In diesem Sinn bescheinigt Faraday "der Seele (den Hang) zu sich selbst erfüllenden Prophezeiungen" (1988,258).

1.5 INTENTIONALITÄT DES VERHALTENS UND SELF FULFILLING PROPHECY

1.5.1 PROBLEMSTELLUNG

Es liegt nahe anzunehmen, eine SFP könne sich nur realisieren, wenn ihre Präsenz den beteiligten Personen nicht bewußt sei bzw. sie von ihnen auch nicht absichtlich unterstützt würde. Absichtlichkeit würde demzufolge ausschließen, daß ein Vorgang zu recht als "SFP" bezeichnet wird. Inwieweit die Definition der SFP Absichtlichkeit ausschließt, soll hier näher untersucht werden. Im Grunde geht es dabei lediglich um eine Verdeutlichung des Verständnisses des SFP-Begriffs, nicht um einen weiteren, eigenen Definitionsaspekt. Obwohl die Intentionalitätsproblematik aus der Definition der SFP unmittelbar ableitbar ist, führt sie doch zu Unklarheit und Verwirrung bezüglich der Frage, was als SFP gelten soll und was nicht.

Das zeigt ein Beispiel von Peeters: In einem Cafe erwartet ein Gast, daß ihm der Kellner ein Bier bringt. Er bestellt ein Bier und wie erwartet bekommt er es. Peeters frägt im Zusammenhang mit der (absichtlichen) Bestellung des Bieres, ob sich damit eine SFP ereignet hat oder nicht (Peeters 1980 in Rosenthal/Rubin 1980a,471).

In der SFP-Forschung wird zwar kaum konzeptionell-theoretisch auf den Zusammenhang zwischen Absichtlichkeit/Bewußtheit und SFPs eingegangen; in vielen >Randbemerkungen< wird die SFP jedoch eher mit unbewußtem oder unabsichtlichem Verhalten in Verbindung gebracht, ohne aber dabei eine präzise Festlegung zu treffen.

- "Die durch Unbewußtheit hervorgebrachte Spontaneität mag ein unentbehrlicher Bestandteil in dem Pygmalion-'Trank' sein" (Eden/Shani 1982,199).

- Erlemeier erwähnt, daß die Lehrer in einem SFP-Experiment ihre Erwartungen unabsichtlich weitergaben (1973,542; ähnlich auch Brophy/Good 1970,374; Krapp 1979,230).

- Snyder und Swann sprechen von der "unbeabsichtigten Einwirkung auf die Realität" (1978,159).

- Rosenthal legt zwar auch nicht explizit definitorisch fest, daß die Unabsichtlichkeit zu den konstituierenden Merkmalen der SFP gehört; aber er deutet das implizit an, indem er die Erwartungseffekte zu der Forschungsrichtung "Sozialpsychologie des unbeabsichtigten Einflusses" zählt (1976,401). Zu Anfang seiner Forschungstätigkeit nannte Rosenthal sein Forschungsgebiet sogar "unconscious experimenter bias". Erst später wurde es in "experimenter expectancy effects" umgetauft (1985,37). Rosenthal und Jacobson sprechen vielfach in einer Studie von dem "unbewußten/unabsichtlichen" Lehrer-Verhalten im Zusammenhang mit SFPs in der Schule (z.B. 1971,22,198). Der Vermittlungsprozeß der Erwartung sei dem Sender und dem Empfänger nicht bewußt (Rosenthal 1975,76). "... die Erwartung des Experimentators kann eine unabsichtliche Determinante des Forschungsergebnisses sein" (Rosenthal 1976,331; ähnlich auch 1976,408; 1968,47f; 1985,37; 1968a,51).

Wenn sich tatsächlich Absichtlichkeit und SFP gegenseitig grundsätzlich ausschließen, würde sich der pädagogische Einsatz von SFPs im Sinne des absichtlichen, vorsätzlichen Herbeiführens solcher Effekte konsequenterweise verbieten. Dem soll im folgenden nachgegangen werden. Dazu müssen einige Differenzierungen vorgenommen werden.

1.5.2 BEGRIFFSKLÄRUNG: BEWUSST/ABSICHTLICH

In der Umgangssprache werden die Begriffe "unbewußtes Verhalten" und "unabsichtliches Verhalten" oft als synonym betrachtet. Ähnliches gilt für den englischen Sprachraum (unconscious, unaware, unwitting, unintentional). Auch der Begriff "unbewußt" ist mindestens zweideutig. Bühler weist darauf hin, daß bis zu 16 unterschiedliche Bedeutungen von "unbewußt" gezählt wurden (1962,106). Im folgenden soll eine grobe Klärung und Abgrenzung dieser Begriffe vorgenommen werden, soweit es zur Behandlung der Intentionalitätsproblematik notwendig ist.

(1.) Bewußt/unbewußt

In der Umgangssprache bedeutet "unbewußt/nicht bewußt", "außerhalb der momentanen Aufmerksamkeit liegend". Ist sich jemand eines Vorgangs nicht bewußt, so ist der Vorgang der aufmerksamen Beobachtung im Moment unzugänglich. Ist sich jemand seines eigenen Verhaltens nicht bewußt, so verhält er sich nicht reflektiert. Er ist sich nicht im klaren darüber, was er tut. Das Vergegenwärtigen des unbewußten Verhaltens in diesem Sinn, also der Vorgang des "In-das-Bewußtsein-holen" gelingt relativ leicht, etwa dadurch, daß man die betreffende Person auf ihr eigenes von ihr unbemerktes Verhalten aufmerksam macht. So wird etwa "Bewußtseinsveränderung" in der Hypnose verstanden (z.B. Grinder/Bandler 1984).

Hält man sich hingegen streng an die Begriffsbedeutung in der Tiefenpsychologie, so kann die Trennung zwischen Bewußtsein und Unterbewußtsein nicht so leicht aufgehoben werden (vgl. Elhardt 1978,9-11; Zimbardo/Ruch 1983,407). Nur Vorbewußtes ist nach Freud unmittelbar "bewußtseinsfähig" (Finke 1989,122). Die Freudsche Kategorie des Vorbewußten kommt dem umgangssprachlichen "Unbewußten" näher als die Freudsche Kategorie des Unbewußten.

Für die folgenden Ausführungen möchte ich das umgangssprachliche Begriffsverständnis von "unbewußt" zugrundelegen, wie es z.T. etwa auch in der humanistischen Psychologie geschieht, wo zwischen dem "Unbewußten" und dem "Bewußten" auch fließende Übergänge angenommen werden (Finke 1989,121f). Bewußtsein bzw. Unterbewußtsein in diesem Sinn ist keine Frage des "entweder-oder", sondern des "mehr-oder-weniger" (Zimbardo 1983,330). Es gibt also verschiedene Abstufungen oder "Bewußtheitsgrade" (Kratochwil 1988,173; Watzlawick u.a. 1985,38). (Kratochwil spricht von "teilbewußtem" Verhalten; 1988,176).

(2.) Absicht

Eine Absicht ist ein Handlungswille, der ein Verhalten auf ein Ziel hin ausrichtet, das ziel-"bewußt" ist. Absicht setzt freien Willen, also Willkürlichkeit voraus. Absichtlichkeit impliziert die gedankliche Freiheit, sich zwischen mehreren Handlungsmöglichkeiten zu entscheiden. Je mehr ein Verhalten durch andere, nicht vom Verhaltenden geplante Faktoren beeinflußt wird, um so weniger unterliegt das Verhalten dem Willen und (damit) der eigenen Absicht. Willentliches Verhalten ist zielgerichtetes, kontrolliertes, relativ frei entscheidbares Verhalten. "Nicht willentliche Reaktionen" (spontanes Verhalten) werden als sich "automatisch" ereignend erlebt. Dazu gehören z.B. emotionale Reaktionen (Kirsch 1985,1189).

(3.) Unterscheidung: Absichtlichkeit und Bewußtheit

- Bewußtheit (ohne Absichtlichkeit) ist eine Frage der **kognitiven Repräsentation** von Vorgängen. Bewußtheit ist das Wissen, *daß* etwas geschieht. Insofern ist Bewußtsein nicht zwingend mit dem Eingreifen in die Geschehnisse der Welt verbunden. Bewußtsein ist lediglich eine Frage der nicht-teilnehmenden, passiven, (selbst-) reflexiven Beobachtung eines Vorgangs.
- Absichtlichkeit ist eine Frage der **Zielgerichtetheit von Verhalten**. Absicht besagt, *warum* etwas gemacht wird. Damit ist Absichtlichkeit eine Frage der Art des aktiven Eingreifens in einen Vorgang (Intervention) und mit Bewußtheit verbunden.

Zunächst handelt es sich um voneinander unterscheidbare Kategorien. So kann es mir bewußt sein, daß die Sonne scheint. Ich nehme ihr Scheinen jedoch nicht >absichtlich< wahr. Absicht schließt allerdings einen gewissen Grad an Bewußtheit mit ein. Absicht ist das Bewußtsein eines Handlungsziels und des Einsetzens von Mitteln zur Erreichung dieses Ziels. Auch kann Bewußtsein Absichtlichkeit bedingen, soweit das bewußte Verhalten der eigenen Kontrolle unterliegt und irgend etwas mit diesem Verhalten bewirkt wird. Verhält sich jemand unbewußt in einer bestimmten Weise und bewirkt etwas damit (z.B. das gedankenverlorene Spielen mit einem Bleistift, das einen Gesprächspartner nervös macht), und wird er darauf aufmerksam gemacht, daß er sich so verhält und damit eine bestimmte Wirkung hervorruft, so wird es ihm relativ schwerfallen, sich weiter so zu verhalten ohne den Effekt absichtlich (zielbewußt) hervorrufen zu wollen. Er wird dann das Verhalten absichtlich unterlassen oder beibehalten.

1.5.3 SELBSTERFÜLLUNG UND BEWUSSTHEIT

Im Zusammenhang mit SFPs können verschiedene Sachverhalte bewußt bzw. unbewußt sein. Der Erwartende kann sich z.B. darüber bewußt oder nicht bewußt sein, daß er bestimmte Erwartungen hat (Erwartungsexistenzbewußtsein), weshalb er sie hat (Erwartungsentstehungsbewußtsein), daß er ein bestimmtes (wirkmechanisches) Verhalten zeigt, oder daß sich seine Erwartungen vermutlich selbsterfüllen.

Fast alle diese "Bewußtheitsaspekte" schließen eine SFP nicht aus (vgl. Snyder /Swann 1978,159; Rosenthal 1975,76). Auch das Bewußtsein über das eigene Verhalten (welches sich faktisch wirkmechanisch auswirkt) schließt das Phänomen der SFP nicht aus, solange dem Erwartenden nicht bewußt ist, daß dieses Verhalten zur Selbsterfüllung beiträgt. Lediglich die Wirkung seines Verhaltens als erwartungsbestätigend darf ihm während des Vollzugs des Verhaltens nicht bewußt sein, anderenfalls wäre es keine SFP mehr. Ist ihm nämlich bewußt, welche Komponente der Verhaltenssequenz die Erfüllung bewirkt, so kann er diese spezielle Verhaltenskomponente unter Umständen nur noch absichtlich zeigen oder absichtlich unterlassen. Damit unterliegt das

Endergebnis, welches seine Erwartung erfüllt, nicht mehr der >Macht< seiner Erwartung, sondern seiner Entscheidung. Damit ist der gesamte Prozeß nicht mehr als Selbsterfüllung zu bezeichnen. Das wird im folgenden näher erläutert.

1.5.4 SELBSTERFÜLLUNG UND INTENTIONALITÄT

Ausgangspunkt der verschiedenen Intentionalitätstypen ist das 3-Stufen-Prozeßmodell (vgl. Abschnitt 1.4.2):

Diagramm: dreistufiges SFP-Prozeßmodell

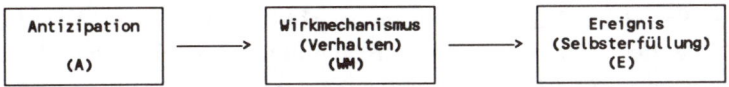

Bei den ersten beiden Stufen dieses Schemas (A und WM) ist es möglich mit der Idee der Absichtlichkeit anzusetzen, da sie zielbewußt auf die jeweils nächste Stufe hin ausgerichtet sein können. Die dritte Stufe (E) ist das Endergebnis des Prozesses. Sie kann als Zielkategorie selbst kein Weg zum Ziel, und damit kein Ansatzpunkt für Absichtlichkeit sein.

(A) Absichtlichkeit bei der Setzung der Antizipation bzw. der Entstehung von Erwartungen: Die Absicht bezieht sich hier auf das Ziel "Erwartungsänderung".

Bsp.: Ein Außenstehender (ein Therapeut, Pädagoge etc.) kann unabsichtlich etwas sagen oder tun, was eine bestimmte Erwartung in einem anderen hervorruft oder verändert, oder absichtlich, um diese Veränderung zu erreichen. Der Erwartende selber kann unabsichtlich etwas unternehmen, was seine Erwartung verändert, oder absichtlich, um das zu erreichen.

(WM) Absichtlichkeit des Wirkmechanismus: Das Verhalten, das zu dem erwarteten Ereignis führt und somit im Sinne der Erfüllung der Erwartung funktional ist, kann absichtlich oder unabsichtlich sein.

Bsp.: Der Lehrer, der von einem Schüler eine gute Leistung erwartet, lobt ihn absichtlich, um diese Leistung zu erhalten.

Es spricht nichts dagegen, einen Kausalprozeß als "SFP" zu bezeichnen, wenn eine Absichtlichkeit im Sinne von "A" vorliegt: Auch absichtlich ausgelöste Erwartungen können selbsterfüllend sein. Da dieser Intentionalitätstyp bei der Frage der absichtlichen Beeinflussung von Erwartungen gemeint ist, besteht kein logischer Einwand gegen die zielgerichtete Veränderung von Erwartungen zum Zweck des Auslösens von SFPs. Damit sind SFPs sehr wohl pädagogisch absichtlich zu beeinflussen bzw. auszulösen.

Der Absichtlichkeitstyp "WM" kann es allerdings ausschließen, im Zusammenhang mit einem vorliegenden Prozeß von einer SFP sprechen zu können. Bewirkt ein Verhalten absichtlich das erwartete Ereignis, so ist es durch Absichtlichkeit und nicht primär durch die Erwartung selbst verursacht worden.

Damit ist der >Tatbestand< einer SFP nicht mehr gegeben. Allerdings ist im folgenden näher zu erläutern, was präzise unter >Unabsichtlichkeit des WM< zu verstehen ist. Das geschieht zunächst abstrakt und dann anhand eines Beispiels.

(1.) Absichtlichkeit des Wirkmechanismus

Mit Ereignis ist im folgenden immer der Erwartungsausgang (vgl. Abschnitt 1.2.1) gemeint, der erwartungsgemäß oder erwartungswidrig sein kann. Die eingeklammerten Ziffern beziehen sich auf die zusammenfassende Übersicht (Abbildung Intentionalität, unten).

Der Wirkmechanismus beinhaltet immer eine Form von Verhalten. Deshalb ist die Kategorie >Verhalten< der Ausgangspunkt der folgenden Überlegungen. Verhalten wird von Menschen ständig gezeigt (vgl. Abschnitt 1.1.2). Deshalb ist zu unterstellen, daß auch im zeitlichen und örtlichen Kontext von Erwartungen in der Regel verschiedenste Verhaltensweisen auftreten (1).

Ein Teil dieses Verhaltens kann tatsächlich das erwartete Ereignis mit bedingen. Es ist damit funktionales Verhalten (2) in bezug auf den Erwartungsausgang. Der andere Teil steht mit dem Erwartungsausgang in keiner kausalen Verbindung (nicht-funktionales Verhalten (3)). Mit "funktional" ist hier "faktisch wirksam im Hervorbringen des erwarteten Ereignisses" gemeint, was präziser mit "*ereignis*funktional" umschrieben werden kann. Bei der Frage, ob ein Verhalten funktional oder nicht-funktional ist, ist ausschließlich die faktische Realität maßgebend und nicht die Ansicht oder Absicht der Beteiligten. Funktionales Verhalten trägt also zur Erfüllung bei, allerdings muß es sich deshalb noch nicht zwangsläufig um eine *Selbst*erfüllung handeln. Im folgenden wird nur das funktionale Verhalten weiter differenziert, da das nicht-funktionale Verhalten nichts zur Erfüllung der Erwartung beiträgt und damit auch nichts zur *Selbst*erfüllung.

Das funktionale Verhalten kann unabsichtlich (4) oder absichtlich (5) gezeigt werden. Absichtliches funktionales Verhalten ist von dem Willen des Verhaltenden abhängig, also auch prinzipiell bewußt. Mit der Absichtlichkeit des Verhaltens ist noch nicht untersucht, welche Absicht besteht, also auf welches Ziel hin das Verhalten ausgerichtet ist. Bezieht sich die Absicht auf das Erzeugen des erwarteten Ereignisses, d.h. ist das bewußte Ziel dieses Verhaltens das erwartete Ereignis selbst, so kann man das als >ereignis-identische Intention< bezeichnen (9). Die hinter dem gezeigten Verhalten stehende Absicht könnte aber auch auf etwas anderes als auf das erwartete Ereignis abzielen. Eine solche Absicht ist eine >nicht-ereignis-identische Intention< (8). Da die Absicht eines nicht-ereignisidentisch-intentionalen Verhaltens (8) nicht auf die Hervorbringung des erwarteten Ereignisses gerichtet ist, ist dieses Verhalten in bezug auf die Selbsterfüllung wie das nicht-intentionale Verhalten (4) zu betrachten.

74

Das nicht-intentionale, funktionale Verhalten (4) läßt sich wiederum unterteilen in ein antizipationsabhängiges Verhalten (6), das von der Erwartung mit beeinflußt wird, und ein antizipationsunabhängiges Verhalten (7), das mit der Erwartung in keinem Zusammenhang zu sehen ist.

(2.) Ein Beispiel

Die genannten Unterteilungsschritte zur Absichtlichkeit des Wirkmechanismus sollen an einem Beispiel verdeutlicht werden. Die eingeklammerten Ziffern entsprechen denen in der vorausgehenden abstrakten Darstellung und denen in dem Schaubild (Übersicht zur Intentionalität, unten). Das Beispiel ist nur nachzuvollziehen, wenn die unterstellten, fiktiven und willkürlich gesetzten Zusatzannahmen (z.B. die Funktionen des genannten Verhaltens) als exemplarisch denkbar akzeptiert werden.

Gegeben sei der Fall eines Tests mit einem Testleiter (Tl) und einer Testperson (Tp). Der Tl hat die Erwartung, daß die Tp im Test nicht gut abschneiden wird. Während des Tests zeigt der Tl unterschiedlichstes Verhalten (1). Der Löwenanteil dieses Verhaltens hat auf das Testergebnis keine Auswirkungen (z.B. sein Blick, sein Tonfall und seine Art die Testinstruktionen zu geben). Dieses Verhalten ist also nicht-funktionales Verhalten (3) bzgl. des Erwartungsinhalts "Testergebnis". Ein Teil des Tl-Verhaltens hat allerdings einen Einfluß auf das Testergebnis: sein Sprechtempo, seine nervöse Stimme, seine hektischen Handbewegungen und sein Husten, das in Abständen ertönt.

Spricht er absichtlich schnell, dann handelt es sich um ein intentionales Verhalten (5). Er könnte damit die Absicht verfolgen, die Tp zu verunsichern, um ein schlechtes Ergebnis zu produzieren, weil das z.B. als experimentelle Manipulation notwendig ist. In diesem Fall handelt es sich um eine ereignisidentische Intention (9). Spricht er deshalb so schnell, um seine Tätigkeit als Tl bald beenden zu können, so hat das mit dem erwarteten negativen Testergebnis nichts zu tun. Es ist folglich eine nicht-ereignis-identische Absicht (8). Er könnte jedoch auch vollkommen unbewußt schnell sprechen (nicht-intentionales Verhalten (4)). Ist sein Sprechtempo eine konstante persönliche Eigenart, die er auch bei jeder anderen Tp, auch bei der Erwartung von Glanzleistungen zeigen würde, so handelt es sich um ein antizipationsunabhängiges Verhalten (7). Spricht er dagegen so schnell, weil er sich persönlich ein gutes Abschneiden der Tp wünscht, ihn allerdings die Erwartung des Gegenteils selbst nervös werden läßt, so handelt es sich um ein antizipationsabhängiges Schnellsprechen (6).

(3.) Übersicht

Das folgende Schaubild (Übersicht zur Intentionalität) soll eine Übersicht über die vorausgehend erläuterten Bedingungen geben, die im Zusammenhang mit der Intentionalitätsfrage des wirkmechanischen Verhaltens gegeben sein müssen, um von einer SFP sprechen zu können. Die Übersicht ist von links nach rechts zu lesen. Die Flächen verdeutlichen eine hierarchische Integration: die links beschrifteten Kategorien subsumieren als übergeordnete Kategorien die jeweils weiter rechts beschrifteten Spezifizierungen. Beispielsweise müßte die Kategorie (6) vollständig heißen: funktionales, nicht-intentionales, antizipationsabhängiges Verhalten. Die eingeschlossenen Flächen bezeichnen also Differenzierungsmöglichkeiten der umfassenderen Flächen. Die gepunktete Verbindung (° ° °) von (8) nach (4) deutet an, daß ein Verhalten der Kategorie (8) wie nicht-intentionales Verhalten (4) gewertet und entsprechend wie (4) differenziert werden kann (vgl. oben).

Abbildung: Übersicht zur Intentionalität

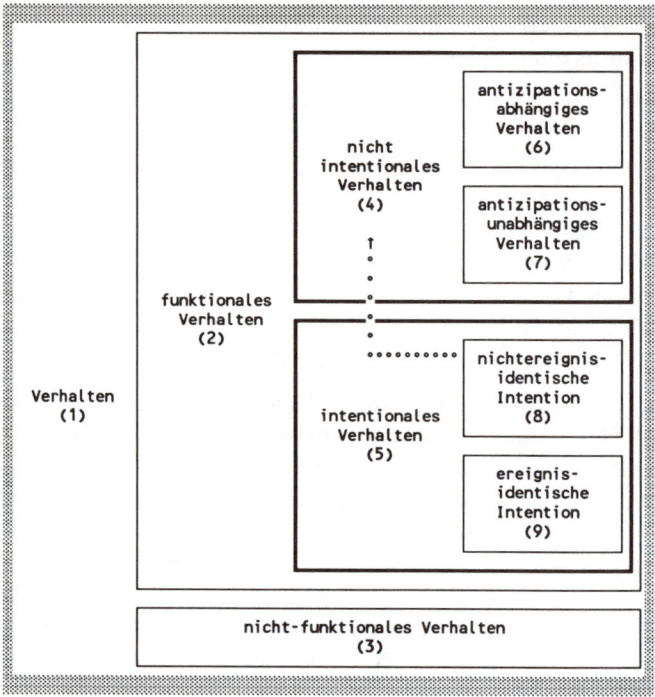

(4.) Absichtlichkeitstyp M und seine Bedeutung für die
      Konstituierung von SFPs

Auf dem Hintergrund der vorausgegangenen, differenzierenden Ausführungen läßt sich die Frage der Intentionalitätsproblematik bei Wirkmechanismen präziser beantworten.

Bei einem kausalen Prozeß handelt es sich nur dann um eine SFP, wenn der funktionale Wirkmechanismus unabsichtlich ist. Unabsichtlichkeit bedeutet in diesem Zusammenhang, "unabsichtlich bezüglich des erwarteten Ereignisses". Bei einer SFP ist es also notwendig, daß der Teil des Verhaltens, der als Wirk-

76

mechanismus fungiert, unabsichtlich in bezug auf das Erzeugen des erwarteten Ereignisses erfolgt. Absichtlichkeit schließt also das Vorhandensein einer SFP nicht grundsätzlich aus. Es kommt darauf an, worauf sich diese Absicht bezieht.

Selbsterfüllend kann nur funktionales, nicht ereignisidentisches, und nicht-intentionales, antizipationsabhängiges Verhalten (6) sein.

Diese Unabsichtlichkeitsbedingung ist folgendermaßen zu begründen. Absichtliches Verhalten unterliegt dem Willen, also der Entscheidung, ein solches Verhalten zu zeigen oder dies zu unterlassen. Ein Verhalten, welches vom Willen beeinflußt wird, kann nicht gleichzeitig genauso stark von einer Erwartung beeinflußt werden, da der Erwartungseinfluß den Einfluß des Willens ausschließt oder zumindest einschränkt. M.a.W.: In dem Ausmaß, in dem ein Verhalten durch eine Erwartung beeinflußt wird, kann es nicht mehr dem Willen unterliegen. Antizipationsidentische Intention als Ursache und Antizipation als Ursache schließen sich deshalb gegenseitig aus.

Wenn ereignisidentische, funktionale Intentionalität aus der Definition der SFP nicht ausgegrenzt werden könnte, würde der Umfang dessen, was unter den Begriff "SFP" zu subsumieren wäre, unsinnig groß ausfallen. Jede Ankündigung des eigenen Tuns mit nachfolgender Ausführung des Tuns wäre dann eine SFP. In diesem Sinn ist auch das eingangs erwähnte Beispiel des biertrinkenden Cafebesuchers (Abschnitt 1.5.1) selbstverständlich keine SFP. Die Erwartung, ein Bier zu bekommen, erfüllt sich zwar. Aber sie erfüllt sich nicht *selbst*. Lediglich durch das "Bestellverhalten" des Gastes, welches ereignisidentisch-funktional ist und nicht von der Erwartung abhängt, geht die Erwartung in Erfüllung (keine Selbsterfüllung!). Folgende Überlegung liefert den Beleg dafür: Hätte er nicht erwartet, das gewünschte Getränk tatsächlich serviert zu bekommen, aber trotzdem eines bestellt, so hätte er vermutlich ebenso - erwartungswidrig - ein Bier erhalten.

Die vorausgehende Begründung ist nur schlüssig, wenn verdeutlicht wird, auf welchen >Ausschnitt< des Verhaltens sich die Absichtlichkeit bzw. Unabsichtlichkeit bezieht.

Ausgehend von dem Gedanken des multikausalen Ursachengeflechts (vgl. Abschnitt 1.3.2.3) ist es möglich, daß eine ganze Reihe von verschiedenen Verhaltensweisen als Ursache für die Erfüllung (nicht *Selbst*erfüllung!) einer Erwartung in Frage kommen könnte. Als Verhalten im Sinne des SFP-Wirkmechanismus gilt nur dasjenige, welches von der Erwartung beeinflußt wird, also das Verhalten, welches mit der Erwartung kovariiert.

Bsp.: Einem Lehrer ist zu unterstellen, daß er ständig versucht, Schüler absichtlich zu fördern. Das schließt jedoch ein Wirksamwerden einer SFP nicht aus. Nur der Ausschnitt seines Verhaltens, der unterschiedlich ausfällt, je nachdem ob er bei den betreffenden Schülern positive oder negative Leistungserwartungen hat, muß unabsichtlich sein, wenn man von einer SFP sprechen will.

Sogar ein und dasselbe Verhalten kann absichtliche und gleichzeitig unabsichtliche Verhaltensanteile (Ausschnitte) beinhalten.

Bsp.I: Ein Schüler bereitet sich auf eine Prüfung vor. Er lernt (natürlich) absichtlich, um die Prüfung zu bestehen. Durch die Erwartung eines überdurchschnittlichen Prüfungsergebnisses bekommt er die >Energie< noch intensiver zu lernen als wenn er weniger zuversichtlich wäre. Dieser erwartungsbedingte Ausschnitt des Lernverhaltens ist unabsichtlich im Sinne der Bedingung für SFPs.

Bsp. II: Ein Lehrer lobt alle Schüler absichtlich mit dem Ziel, ihre Leistungen zu verbessern. Allerdings passiert es ihm unabsichtlich, daß er diejenigen Schüler, von denen er sich mehr erwartet, geringfügig, aber entscheidend mehr lobt als die anderen. Dieser Unterschied in der Schülerbehandlung ist ihm nicht bewußt, obwohl das Loben an sich absichtlich erfolgt. Bewirkt diese Behandlungsdifferenz eine Verbesserung der Schülerleistung, so handelt es sich um eine SFP.

Die Unabsichtlichkeitsbedingung für das wirkmechanische Verhalten bezieht sich also i.e.S. nur auf den Verhaltensausschnitt, welcher als Wirkmechanismus der SFP anzusehen ist. Nur dieser Ausschnitt muß frei von einer willentlichen Entscheidung hinsichtlich des Hervorbringens des erwarteten Ereignisses sein.

1.6 VERWANDTE VERHALTENSWISSENSCHAFTLICHE KONZEPTE DES SELBSTERFÜLLUNGSANSATZES: GEMEINSAMKEITEN UND UNTERSCHIEDE

Der Selbsterfüllungsansatz ist nicht abgekoppelt von sonstigen verhaltenswissenschaftlichen Theorien und Modellen. In diesem Abschnitt soll die Beziehung zwischen einigen verwandten verhaltenswissenschaftlichen Konzepten ("related concepts", Darley/Fazio 1980,867) und dem Selbsterfüllungsansatz verdeutlicht werden. Eine Klärung der Gemeinsamkeiten und Unterschiede zwischen dem Selbsterfüllungsansatz und diesen Konzepten ist deshalb notwendig, weil sich bei oberflächlicher Betrachtung der Ähnlichkeit die Frage stellt, ob hier nicht im Grunde dasselbe Phänomen mit verschiedenen Namen abgedeckt wird. Diese Klärung soll die Existenzberechtigung der Selbsterfüllung als eigener Ansatz transparent machen.

Es werden hier nur solche Konzepte dargestellt, die nicht ohnehin schon Teil des SFP-Konzepts selbst sind, wie z.B. der Untersuchungsleiter- oder der Pygmalion-Effekt, aber dennoch häufig im Umfeld des Begriffs "SFP" in der Literatur erscheinen. Meist bleiben die genauen Verwandtschaftsverhältnisse dabei ungeklärt oder ihre Behandlung beschränkt sich auf skizzenhafte bzw. irreführende Andeutungen (z.B. bei Casparis 1980; vgl. auch die Kritik an Casparis von Westhoff/Berka 1980,129). Die ausführlichste der mir bekannten Arbeiten zu dieser Verwandtschaftsthematik legte Jones 1977 vor. Seine umfangreiche Auflistung von solchen Konzepten läßt jedoch die jeweilige Verbindung zum SFP-Ansatz meist nur implizit erahnen.

Eine eigene Verwandtschaftsklärung hier vorzunehmen, erscheint deshalb als "heuristisch" notwendig, damit diese Konzepte in den darauffolgenden Ausführungen sinnvoll verwendet werden können. Die folgende begriffliche Klärung sowie die Untergliederung der Konzepte begreife ich als Vorschlag, dem sicher auch andere Interpretationsmöglichkeiten gegenübergestellt werden könnten. Thematisch bedingt werde ich den SFP-Begriff in den Mittelpunkt stellen und die anderen psychologischen Termini aus einer möglichen, aber nicht zwingenden Sicht des Selbsterfüllungsansatzes heraus betrachten. Das sollte nicht als Ausdruck einer grundsätzlichen "SFP-zentrischen Auffassung der psychischen Welt" mißgedeutet werden.

1.6.1 ERWARTUNGSLEITENDE KOGNITIONEN

Zunächst sollen jene Konzepte vorgestellt werden, die insofern in den Selbsterfüllungsansatz integriert werden können, als sie zur Entstehung und Veränderung von Erwartungen beitragen und damit in der Lage sind, über den Zwischenschritt der Erwartungsbildung SFPs auszulösen. Kognitionen, die Realitätsvorstellungen (Überzeugungen, Glaubensaussagen) beinhalten, können situationsspezifisch oder "transsituational" (Thomae 1981,237) sein. Letztere nehmen den Charakter von impliziten Alltagstheorien an.

Bei jedem der folgenden Ansätze wird unter "Beschreibung" zunächst das Konzept als solches kurz skizziert. Danach wird unter "Einordnung" das Verwandtschaftsverhältnis zum Selbsterfüllungsansatz erläutert.

1.6.1.1 Selbstkonzept

Beschreibung:

"Jeder von uns ... konstruiert seine Theorie von der Wirklichkeit und ordnet somit, was ohne eine solche Theorie chaotische Erfahrungswelt bliebe" (Epstein 1979,15). Solche subjektiven Realitätstheorien lassen sich nach Epstein in die Subkategorien "Selbstkonzept" und "Umweltkonzept" aufteilen (1979,16,42). Ein Teil des Umweltkonzepts personaler Art ist das Fremdbild (siehe unten). Bergler bezeichnet Selbstkonzepte als Autostereotyp und Fremdbilder als Heterostereotyp (1968,157).

Ein Selbstkonzept umfaßt alle relativ stabilen Vorstellungen zu der eigenen Person (vgl. Filipp 1979; 1981; 1982). Selbstkonzepte beinhalten beispielsweise die kognitive Repräsentation der eigenen Fähigkeiten und Sozialbezüge (Einsiedler 1989,103). Im englischen Sprachraum ist auch der Ausdruck "self-schema" gebräuchlich, um den kognitiven Aspekt des Selbstkonzepts zu betonen (z.B. Jussim 1986,430,439,441). Was das Selbstkonzept bedeutsam werden läßt, ist seine Verhaltenswirksamkeit (z.B. Tausch/Tausch 1979,59): Menschen verhalten sich entsprechend ihrem Selbstkonzept. Ohne Selbstkonzept müßten in jeder Lebenssituation immer wieder von neuem grundlegende Erfahrungen gesammelt werden, was mit dem ständigen Risiko behaftet wäre, die eigenen Möglichkeiten zu unter- bzw. zu überschätzen (Einsiedler 1989,105). Das "Konzept des Selbstkonzepts" wird z.T. als mehrschichtig bzw. unterteilbar verstanden. D.h. man stellt sich ein (Gesamt-) Selbstkonzept vor, welches zusammengesetzt ist aus verschiedenen Teil-Selbstkonzepten (zusammenfassend bei Epstein 1979,32f; Einsiedler 1989,103; vgl. "multiples Selbstkonzept" bei Baltes/Baltes 1989,93f).

Beispielsweise messen die als Fragebogen konzipierten Frankfurter Selbstkonzept-Skalen (FSKN) von Deusinger (1986) 10 Teil-Selbstkonzepte: z.B. das zur allgemeinen Leistungsfähigkeit, zur allgemeinen Problem-Bewältigung, zur Verhaltens- und Entscheidungssicherheit etc.. Auch das Selbstwertgefühl kann als Teil-Selbstkonzept mit dazugehörigen emotionalen Komponenten verstanden werden. Das Selbstvertrauen als die Zuversicht in die eigenen Fähigkeiten könnte dann die positive Ausprägung des Selbstwertgefühls bilden (Einsiedler 1989,104).

Selbstkonzepte entstehen und werden beeinflußt durch die soziale Umwelt (Einsiedler 1989,105; Tausch u.a. 1979,61f). Sie können das Produkt früherer langfristiger Kommunikationsstrukturen (1982,55,156,187), z.B. Beziehungsbotschaften, Du-Botschaften und Etikettierungen sein (Schulz v. Thun 1982,55,156, 187-189). Solche Du-Botschaften können auf Individuen oder Kollektive (Stereotypen) bezogen sein (Schulz v. Thun 1982,189f).

Einordnung:

Selbstkonzepte sind eng mit Erwartungen verbunden (z.B. Weinert u.a. 1981,161; Weinert u.a. 1981,161; Tausch u.a. 1979,59; Mitman/Snow 1985,119). Zum Teil werden sie sogar mit (generalisierten) Erwartungen gleichgesetzt (z.B. Aronson/Carlsmith 1962; Gurin/Gurin 1970,89,91).

Zunächst sind Selbstkonzepte gegenwartsorientiert, da sie beschreiben, wie sich eine Person zu einem bestimmten Zeitpunkt selbst sieht. Diese Selbstsicht wäre aber kaum von Bedeutung, wenn damit nicht die Annahme impliziert wäre, sich mit dem Selbstkonzept auch für die nahe Zukunft zutreffend charakterisiert zu haben. Ein Selbstkonzept beinhaltet immer auch "Prädiktionen" (Jussim 1986,441). So werden aus dem generellen Bild der eigenen Eigenschaften für den bevorstehenden Einzelfall konkrete Erwartungen deduziert: Das Selbstkonzept wird damit zur grundsätzlichen, globalen Kategorie, die sich aktualisiert und konkret manifestiert in intrapersonalen Einzelerwartungen als spezifischer Kategorie. Der enge Zusammenhang zwischen beiden Kategorien kann auch demonstriert werden durch die leichte Überführbarkeit von Selbstkonzept-Aussagen in Erwartungsaussagen, ohne den semantischen Gehalt der Aussage damit zu verändern.

Das soll an einigen Items des Selbstkonzept-Tests nach Deusinger (1986) illustriert werden, die von den zu testenden Probanden als mehr oder weniger zutreffend einzuschätzen sind.

- Das Item 14 "Ich kann anderen in der Regel vertrauen" ist eine zeitlose Aussage, die auch die Erwartung umfaßt "Ich werde wohl auch in Zukunft meinen Mitmenschen vertrauen können".

- Das Item 25 "Ich kann mit meinen persönlichen Problemen gut fertig werden" umfaßt auch die Erwartung, daß "ich auch in Zukunft damit zurechtkomme".

- Das Item 11 " Ich sehe der Zukunft hoffnungsvoll entgegen" beinhaltet quasi "Mir wird Positives widerfahren".

- Andere Items sind selbst schon in eine Erwartungsform gebracht: "Ich werde auch in Zukunft meine Probleme meistern" (Item 29).

Das Konstrukt des Selbstkonzepts beinhaltet den Ansatz der Selbsterfüllung nicht notwendigerweise. Allerdings können sich einzelne Erwartungen, die sich aus dem Selbstkonzept ergeben, selbst erfüllen (Tausch/Tausch 1979,59; Epstein 1979,16,19; Schiefele 1974,361,366). "Das Selbstkonzept wirkt sich oft auf ... Verhalten aus wie eine sich selbst erfüllende Prophezeiung" (Tausch /Tausch 1979,59). Jussim spricht von Selbstbestätigung/-verwirklichung (self-verification) des Selbstkonzepts (1986,442). Für den Schulbereich konnte der Zusammenhang von Leistungsselbstkonzept und tatsächlicher Leistung empirisch belegt werden (vgl. Einsiedler 1989,106).

Der Wirkmechanismus, der die subjektive Selbsterfüllung des Selbstkonzepts erzeugt, kann im Kommunikationsbereich eine Störung des Empfangs von Botschaften sein (Schulz v. Thun 1982,64). Eine solche Störung kann in der Vermeidung oder Verzerrung der Wahrnehmung bestehen (Schulz v. Thun 1982,193-198). Das, was ein anderer über eine Person sagt, wird sie tendenziell so verstehen, wie es ihrem Selbstkonzept entspricht. So kann ein ehrlich gemeintes Lob über die Ausführung einer Tätigkeit vom Ausführenden als ironische Bemerkung verstanden werden, wenn er von sich meint, er sei für diese Tätigkeit ungeeignet.

Die selbstverwirklichende Tendenz von Selbstkonzepten wird auf zweierlei Weise beschrieben:
- direkt und intrapersonal: das Selbstkonzept wird im eigenen Verhalten >ausgelebt< und erfährt dadurch neue Bestätigung (z.B. Tausch u.a. 1979, 59).
- indirekt über zwei Stufen und interpersonal: die Erwartung von Person A bzgl. Person B hat Auswirkungen auf das äußere Verhalten von A bei der Kommunikation mit B, wodurch das Selbstkonzept von B beeinflußt wird. Dies wiederum wirkt gleichsam als Selbsterfüllung der Erwartung von A (z.B. Darley/Fazio 1980,879; Tausch/Tausch 1979,64,67; Jussim 1986,441; Hanke/Mandl 1975,732-734; Brophy/Good 1976,60,64).

Die letztgenannte Abfolge vermuten Tausch und Tausch (1979,64) bei dem klassischen Oak-School-Experiment von Rosenthal und Jacobson (1971): Der Lehrer drückt seine Erwartungen bzgl. eines Schülers in seinem Verhalten aus, wodurch das Selbstkonzept des Schülers beeinflußt wird und sich selbst bestätigt.

Insbesondere das Begabungs-Selbstkonzept gilt als >Impulsgeber< für SFPs. Meyer "geht davon aus, daß man einer anderen Person ganz unbeabsichtigt auf indirekte Weise mitteilen kann, wie man ihre Fähigkeiten einschätzt. Solche indirekten Mitteilungen können von Einfluß auf das Begabungskonzept der Person sein" (1983,1). Das Begabungs-Selbstkonzept wirkt sich wiederum auf Erwartungen aus (a.a.O.,1,3). Da Begabung häufig als zeitlich relativ *stabil* angesehen wird, "führen Zuschreibungen von Mißerfolg auf mangelnde eigene Begabung in der Regel zu der Erwartung, daß Mißerfolg auch in Zukunft eintreten wird, was zu einem Nachlassen an Anstrengung oder zum Aufgeben einer Tätigkeit führen kann" (a.a.O.,2). Meyer vermutet, daß die Einschätzung der Begabung durch andere über Lob, Tadel, das Hilfeverhalten, emotionale Reaktionen oder das Zuweisen von Aufgaben mitgeteilt wird. Selbstkonzepte können mit der Erfahrung, die sie provozieren, in einem zirkulären Prozeß stehen (vgl. Abschnitt 1.4.6). Hat sich ein Selbstkonzept "erst einmal verfestigt, dann schafft sich das Individuum eine Erfahrungswelt, in der sein einmal etabliertes Selbstkonzept immer wieder bestätigt wird" (Schulz v. Thun 1982,187, auch 64,193). "Jemand, der nicht viel von sich hält, neigt dazu, auch akzeptierende Botschaften so auszulegen, daß sie sein negatives Selbstbild bestätigen. Hier dreht sich ein Teufelskreis: Ein negatives Selbstbild verschafft seinem Besitzer immer wieder negative Erfahrungen, die dieses Selbstbild bestätigen und stabilisieren" (a.a.O.,64; auch Einsiedler 1989,106).

Auch Fremdbilder als das Gegenstück zum Selbstbild können SFPs auslösen. Ein Fremdbild besteht aus dem Ensemble der Vorstellungen, die eine Person von anderen Personen hat. Der Begriff bezieht sich entweder auf aktuelle, situationsbezogene und kurzfristige Vorstellungen, z.B. der erste Eindruck von einem anderen, oder auf das langfristig angelegte relativ stabile Bild von einer konkreten anderen Person. Man könnte bei letzterem vom "Fremdkonzept" sprechen. Der Begriff kann sich sogar auf die Vorstellung einer spezifischen Gruppe von Menschen beziehen (z.B. Ethnien) bzw. die gesamte soziale Umwelt einer Person einschließen (das Menschenbild). Vorurteile und Stereotypen sind spezifische Ausformungen von Fremdbildern.

Wie das Selbstkonzept, so prägt auch das Fremdbild Erwartungen (Kruse/Lehr 1984,235) und kann damit SFPs hervorrufen. "Für den Sender (einer Nachricht, P.L.) ist es wichtig zu wissen, daß er das Bild vom anderen teilweise selber macht" (Schulz v. Thun 1982,175). SFPs treten im Zusammenhang mit Fremdkonzepten als >gelegentliches Beiprodukt< auf. Sie sind kein konstitutives Merkmal der Fremdkonzepte.

1.6.1.2 Kausalattribution

Beschreibung:

(Kausal-)Attributionen sind Meinungen über Kausalbeziehungen (Herkner 1986,68). Sie sind entweder konsistente, abrufbare subjektive Alltagstheorien oder lediglich kurzfristig "aktuelle" Annahmen über die Ursache von Geschehnissen, unabhängig von deren wahren Ursachen (Rheinberg/Minsel 1986,334; Hofer/Dobrick 1981,110). Attribuierungen sind eng mit der Wahrnehmung gekoppelt. Im Alltag glaubt man Emotionen anderer Menschen aus ihren Gesichtszügen erschließen zu können. Dieser Schluß von der Mimik auf ein bestimmtes Gefühl ist bereits eine interpretierende Ursachenzuschreibung (Wahren 1987,17). Jahnke spricht von einer "universellen Attribuierungstendenz" bei der Beobachtung von Verhalten (1975,14 zit. nach Hanke/Mandl 1975,734).

Einordnung:

(1.) Kausalattributionen gelten als verhaltenssteuernde Kognitionen (Hofer/Dobrick 1981), wobei Erwartungen ein wichtiges Verbindungsglied zwischen den Attributionen und dem Verhalten bilden (a.a.O.,133). Die Erwartungen "fallen unterschiedlich aus, je nachdem, welche Ursachenfaktoren als wirksam angenommen werden. (...) Die Kenntnis der Ursache von Ereignissen gestattet in der Regel, das Wiedereintreffen dieser Ereignisse dann vorherzusagen, wenn die Ursachen (wieder) gegeben sind" (a.a.O.).

Darley und Fazio erklären den Zusammenhang von Kausalattributionen und Erwartungen in interpersonalen Situationen mit folgendem Ablaufmuster (1980,869):
- *Beobachtung* eines Verhaltens einer Person B durch Person A.
- *Bildung von Kausalattributionen* durch A über B aufgrund des Verhaltens von B. Dadurch wird das Verhalten Bs bestimmten, unterstellten Dispositionen zugeschrieben.
- Person A formt aus der gewonnenen, stabil attribuierten Disposition *Erwartungen* bzgl. des zukünftigen Verhaltens von B.

Es ist empirisch belegt, daß, selbst wenn A, der B beobachtet, weiß, daß das aktuelle Verhalten von B für B nicht typisch ist (z.B. weil es sichtlich durch äußere Umstände erzwungen wurde), A trotzdem dazu neigt, das Verhalten einer Disposition von B zuzuschreiben und damit in zukünftigen ähnlichen Situationen das beobachtete Verhalten von B wieder zu erwarten (ebd. 869, 873).

Diagramm: Attribution und Erwartung

Die Erwartung ist nicht nur eine wichtige intervenierende Variable zwischen Attribution und Verhalten, sondern es gilt auch: Die Kausalattribution ist eine wichtige intervenierende Variable zwischen beobachtetem Geschehnis und Erwartung. Beobachtungen verändern also nicht unmittelbar die Erwartungen. Der Zwischenschritt über die Attribution ist eine bedeutsame theoretische Annahme, da er erklärt, warum, trotz interpersonal gleicher Erfahrungen, die daraus entwickelten Erwartungen unterschiedlich sein können (Hofer/Dobrick 1981,133; Rheinberg/Minsel 1986,334; Herkner 1986,68; Mielke 1984,80). Dazu liegen auch empirische Befunde vor (z.B. Rheinberg/Minsel 1986,336f; zusammenfassend bei Weinert u.a. 1981,169).

Bsp.: Die Erfahrung der Erfolgsrückmeldung über eine geleistete Tätigkeit erhöht nicht automatisch die Erwartung zukünftigen weiteren Erfolges bei einer solchen Tätigkeit, genauso wie eine Mißerfolgsmeldung nicht zwangsläufig zu der Erwartung weiteren Mißerfolgs führt. Entscheidend dafür ist auch, worauf der Betroffene seinen Erfolg bzw. Mißerfolg zurückführt (Jones 1977,176).

Die unterschiedlichen Möglichkeiten, im konkreten Einzelfall zu attribuieren, können auf die zwei Grundkategorien "Stabilität" und "Variabilität" reduziert werden. Die Zugehörigkeit eines angenommenen Ursachenfaktors zu dieser Dimension stabil-variabel ist entscheidend für die Erwartungsänderung aufgrund einer Erfahrung. Dies wird durch verschiedene empirische Untersuchungen gestützt (Mielke 1984,82f).

Bsp.: Schreibt ein Lehrer die mangelhafte Leistung eines Schülers einer variablen Ursache zu (Krankheit, momentanes Abgelenktsein, Zufall), wird er für die Zukunft weniger wahrscheinlich schlechte Leistungen erwarten, als wenn er den Leistungsabfall auf stabile Ursachen wie etwa mangelnde Intelligenz zurückführt (Weinert u.a. 1981,169; Rheinberg/Minsel 1986,334; Hofer/Dobrick 1981,133).

Die durch Kausalattributionen erzeugten Erwartungen können zu sich selbst erfüllenden werden. "Offensichtlich ist die Art und Weise, wie die Ursachen eines Ereignisses interpretiert werden, von großer Bedeutung für die Frage, welche Folgen daraus abgeleitet werden und dann auch - möglicherweise im Sinne einer 'sich-selbst-erfüllenden Prophezeiung' - eintreten" (Bierhoff 1988, 65). Die Kausal-Verbindung ist durch folgendes Ablaufschema beschreibbar (z.B. Trotter 1987,34; Eden 1986,10). Im Sinne dieses Schemas beschreiben die neueren Studien Seligmans Zusammenhänge zwischen dem Attributionsstil von Personen und ihrer Leistung mit dem Zwischenschritt Erwartung (Trotter 1987,35ff).

Diagramm: Attribution und SFP

Der Selbsterfüllungsansatz unterstreicht die lebenspraktische Bedeutung der Attribuierungen im Alltagsleben. Denn die Wichtigkeit der Frage, wie sich jemand ein erlebtes Ereignis erklärt, ist auch aus der Sicht des Selbsterfüllungsansatzes keineswegs gering zu schätzen.

(2.) Das Interdependenzverhältnis zwischen Kausalattribution und Erwartung ist nach Heckhausen in beiden Richtungen vorstellbar (1980, zit. nach Mielke 1984,82). Eine Erwartung kann sich also auch auf die Art der Kausalattribution auswirken. Heckhausen hat diese Überlegung 1973 in ein Modell der interpersonalen SFPs integriert (zusammengefaßt bei Hanke/Mandl 1975,735; Erlemeier 1973,549; Jussim 1968,430,437; Schiefele 1974,280; Hofer/Dobrick 1981,151f). Demnach bedingen Erwartungen, daß das Verhalten des Erwartungsobjekts in einem anderen Licht betrachtet wird. Die Ereignisse, die einer Erwartung nachfolgen, werden ursächlich so erklärt, daß die Erwartung weiterhin aufrechterhalten werden kann. (Dieses Phänomen könnte auch im Zusammenhang mit der Theorie der kognitiven Dissonanz diskutiert werden.) Erwartungswidriges Verhalten wird dabei als untypisch (variabel) "erkannt", während erwartungskonforme Ereignisse als typisch und stabil interpretiert werden. Damit wirkt die Kausalattribution als erwartungsaufrechterhaltender Faktor, der Erwartungen gegen Falsifikation immunisiert.

Diagramm: Erwartungskonservierung durch Attribution

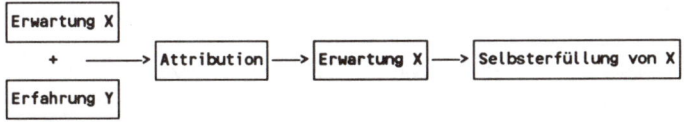

Darley und Fazio bezeichnen diesen Ablauf als "impression-maintenance attributional bias" (1980,876). Schulz von Thun bezieht diesen Erhaltungsprozeß auf diejenigen Erwartungen, die sich aus Selbstkonzepten ergeben (1982,195f): Geschehnisse werden so umgedeutet (attribuiert), daß das Selbstkonzept erhalten werden kann.

Diese *Erwartungskonservierung* darf nicht mit einer subjektiven Selbsterfüllung verwechselt werden. Denn der Attribuierende erkennt im erwartungswidrigen Fall sehr wohl, daß seine Erwartung *nicht* erfüllt wurde. Der Prozeß führt lediglich dazu, daß trotz der Nicht-Erfüllung die ursprüngliche Erwartung für *künftige* bevorstehende ähnliche Ereignisse nicht revidiert werden muß. Dieser Konservierungsprozeß steht allerdings insofern dem Selbsterfüllungsansatz nahe, als durch ihn die Chance auf eine SFP erhöht wird, indem Erwartungen aufrechterhalten und damit zeitlich verlängert werden.

Westhoff und Berka (1980,130), Casparis (1980) und Wahl (1981,52) behaupten, Heckhausen habe mit diesem Modell eine "attributionstheoretische Erklärung" des Pygmalion-Effekts vorgelegt, was im engeren Sinne einer Erklärung des SFP-Wirkmechanismus nicht zutrifft. Das Konzept der Kausalattribution erklärt in diesem Zusammenhang lediglich wie Erwartungen aufrechterhalten werden. Der Wirkmechanismus der dann eventuell erfolgenden Selbsterfüllung wird dadurch nicht transparent.

(3.) Es existiert noch eine weitere Möglichkeit, die Beziehung zwischen Attribution und SFP auszudrücken. Die Formel der SFP stellt bereits selbst eine Attributionsmöglichkeit dar, indem ein Geschehnis der Selbsterfüllung von Voraussagen zugeschrieben wird.

1.6.1.3 Kontrollüberzeugung / Kontrollerwartung

Beschreibung:

Eine Kontrollüberzeugung bezieht sich auf die subjektive Überzeugung, etwas beeinflussen zu können oder dies nicht zu können. Man unterscheidet die "externale" Kontrollüberzeugung, die der Außenwelt die Kontrolle zuschreibt, von der "internalen", die der betreffenden Person selbst die Macht der Beeinflussung zuschreibt.

85

Kontroll*überzeugungen* sind meist zeitungerichtete Annahmen. Sie beschränken sich also zunächst nicht auf spezifisch Vergangenes oder Zukünftiges. Kontroll-überzeugungen können aber, indem sie über die Gegenwart hinaus verlängert werden, zu zukunftsgerichteten Kontroll*erwartungen* werden. Die Tendenz zur Extrapolation in die Zukunft ist bei jeder Kontrollüberzeugung zu unterstellen, weshalb die beiden Begriffe als synonym angesehen werden können. Wenn jemand zu einem konkreten Zeitpunkt z.B. der Überzeugung ist, seine Gesundheit nicht beeinflussen zu können, wird er annehmen, das auch am nächsten Tag nicht zu können. Kontrollüberzeugungen werden zu den verhaltenswirksamen Kognitionen gerechnet (Haußer 1983,76).

Einordnung:

Auf den ersten Blick mag die Vermutung naheliegen, daß aus einer Kontroller-wartung eine > sich selbst erfüllende Kontrollerwartung < werden kann, wie es z.B. Jaffe behauptet (1983,95). Dem ist allerdings nicht beizupflichten. Um die Ablehnung dieser Vermutung begründen zu können, ist es notwendig, den Begriff "Kontrolle" zu präzisieren. Hier kann auf die Differenzierung Bezug genommen werden, wie sie von Ulich vorgeschlagen wurde (1982,209):
- Kontrolle i.S. der **Kontrollerwartung** bezeichnet die subjektive Ansicht über die persönlichen Einflußmöglichkeiten und -grenzen. Eine situationsspezifi-sche Kontrollerwartung kann zu einer verallgemeinerten Kontrollerwartung werden.
- Kontrolle i.S. einer **objektiven Kontrollierbarkeit** bezeichnet die tatsächliche Einflußmöglichkeit, unabhängig von der persönlichen Überzeugung, etwas beeinflussen zu können.
- **Kontrolle als Handlung** umfaßt die aktiven Versuche bzw. die erfolgreichen Ergebnisse der Einflußnahmeversuche.

Kontrolle im Sinne der objektiven Kontrollierbarkeit durch das Voraussage-Subjekt wurde bereits als eine notwendige Bedingung für das Zustandekommen einer Selbsterfüllung bezeichnet (vgl. Abschnitt 1.4.4). Diese Bedingung ist bei dem Erwartungstypus "Kontrollerwartung" (in bezug auf das erwartete Ereignis einer Kontrollerwartung) nicht gegeben. Denn der Kontroll-Erwartende hat keine objektive Kontrolle über seinen Erwartungsgegenstand, da der Gegen-stand der Erwartung "Kontrollerwartung" die Kontrollierbarkeit ist. M.a.W.: das Faktum, daß der Erwartende erwartet, nämlich Kontrolle zu haben oder nicht, liegt außerhalb seiner objektiven Kontrolle. Ob der Erwartende Kontrollversuche i. S. der Kontrolle als Handlung unternimmt, ist durch ihn steuerbar. Dagegen ist es für ihn nicht steuerbar, ob er etwas überhaupt objektiv kontrollieren *kann*.

Die objektive Kontrollierbarkeit entspricht quasi einer objektiven Gesetzmäßigkeit oder Regelmäßigkeit. Eine Gesetzmäßigkeit kann zwar per Kontrollüberzeugung richtig oder falsch gedeutet werden. Die Deutung berührt jedoch die Gesetzmäßigkeit selbst nicht. Ob beispielsweise jemand daran glaubt, den Lauf der Gestirne beeinflussen zu können oder dies nicht zu können, ändert nichts an der objektiven Unmöglichkeit, dies bewerkstelligen zu können.

Bsp.: Wenn eine Person davon überzeugt ist, ihren Gesundheitszustand oder eine Krankheit nicht kontrollieren zu können, also diesbezüglich eine externe Kontrollüberzeugung besitzt, kann das entscheidend ihren tatsächlichen Gesundheitszustand beeinflussen. Sie wird z.B. dann nicht versuchen, durch eigene Bemühungen und Vorsorge den Gesundheitszustand zu bessern, also keine Kontrollversuche wie ausreichende Bewegung, Zufuhr von frischer Luft etc., zu unternehmen. Die Tatsache des Krankbleibens durch Unterlassen der Kontrollversuche wäre zwar hier auch eine Folge der externen Kontrollerwartung. Es handelt sich aber nicht um eine SFP, da nicht der Gesundheitszustand als solcher, sondern die Kontrolle darüber den Erwartungsgegenstand ausmacht.

Die Kontroll-Erwartung lautet: "Ich werde an meinem Gesundheitszustand nichts ändern können". Die objektive Kontrollierbarkeit der Erkrankung durch den Patienten als physisch-medizinische Tatsache bleibt von dieser Kontrollerwartung unberührt. Diese Kontroll-Erwartung hätte sich dann erfüllt, wenn sich später herausstellen sollte, daß die Erkrankung vom Patienten objektiv tatsächlich nicht kontrollierbar ist. Das heißt: Die Erfüllung (nicht die *Selbst*erfüllung!) einer Kontroll-Erwartung besteht nicht aus tatsächlich unternommenen Kontrollversuchen als Handlung, sondern aus der Möglichkeit der Einflußnahme, also aus der objektiven Kontrollierbarkeit. Kontrollversuche sind von dem Erwartenden steuerbar, nicht aber die grundsätzliche Chance zur Kontrollierbarkeit.

Die Kontrollerwartung selbst kann zwar nicht zur sich selbst erfüllenden Erwartung werden, aber sie kann eine weitere Erwartung auslösen, die sich nicht auf die Kontrolle bezieht. Diese kann sich dann selbst erfüllen. Insofern kann eine Kontrollerwartung erwartungsbildend wirken (vgl. Kruse 1987b,366,384).

Diagramm: Kontrollerwartung und SFP

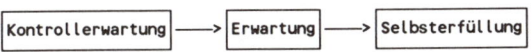

Bsp.: Der Patient, der eine internale Kontrollerwartung über seine Krankheit besitzt, kann durch die Maßnahmen, die er ergreift, zu der Erwartung gelangen "Ich werde gesund werden". Diese positive Erwartung, die mit der Kontrollerwartung nicht identisch ist (!), kann sich günstig auf das Immunsystem auswirken, und somit als Selbsterfüllung zur Genesung beitragen.

Für die Beurteilung der Frage, ob Kontrollerwartungen in diesem Sinne indirekt SFPs erzeugen können, ist entscheidend, ob die subjektive Kontroll-Erwartung mit einer objektiven Kontrollierbarkeit kombiniert ist. Die internale Kontrollüberzeugung wird im allgemeinen günstiger und vorteilhafter für die Bewältigung von Lebenssituationen eingeschätzt als die externe (vgl. Zimbardo/Ruch 1983,434,436). Nach dem Selbsterfüllungsansatz ist diese Einschätzung nicht zwingend. Denn auch externe Kontrollüberzeugungen können positive Erwartungen und damit konstruktive SFPs hervorbringen.

Beispielsweise könnte ein Patient davon überzeugt sein, daß nur der Arzt oder eine metaphysische Macht, nicht aber er selbst, seine Genesung herbeiführen kann. Das tiefe Vertrauen in Außenstehende kann auch die Erwartung der baldigen Genesung auslösen, welche sich im Sinne eines Placebos als selbsterfüllend erweisen kann.

Zwei Konzepte stehen mit der Kontrollerwartung in enger Verbindung: die erlernte Hilflosigkeit und die Erwartung der Unveränderlichkeit.

Das Konzept der erlernten Hilflosigkeit nach Seligman (1975) kann als Anwendung des Konzepts der Kontrollerwartung eingestuft werden. Sein Verlaufsmodell in der reformulierten Version umfaßt folgende Schritte (in Anlehnung an Ulich 1982,223; Riskind u.a. 1987).

Diagramm: erlernte Hilflosigkeit

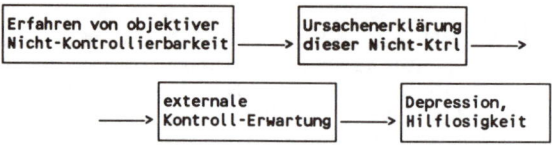

Zunächst beinhaltet das Seligman-Modell keine Selbsterfüllung. Depression und Hilflosigkeit sind "allgemeine Erwartungseffekte" (vgl. Abschnitt 1.3.1.1) der Kontrollüberzeugung. Jedoch läßt sich das Verlaufsmodell der erlernten Hilflosigkeit um den Selbsterfüllungsansatz erweitern (vgl. Jones 1977,191; Learman 1988,2).

Diagramm: erlernte Hilflosigkeit und SFP

Diese Abfolgeerweiterung wird von Seligman selber implizit angedeutet (1975, zit. nach Jones 1977,197; vgl. Trotter 1987,35ff): Eine Hilflosigkeitsüberzeugung (externale Kontrollüberzeugung) kann sich bei Leistungsaufgaben selbst erfüllen.

Das Konzept der Erwartung der Unveränderlichkeit wurde von Thomae (1981) im gerontologischen Zusammenhang entwickelt. "Nach Thomae (1981) gehören Überzeugungen ("beliefs") und generalisierte Erwartungen zu den wichtigsten Determinanten der Anpassung an das Altern" (Nies/Munnichs 1986,31f). Insbesondere betrachtet Thomae dabei eine besondere Erwartung: die "Erwartung der Unveränderlichkeit einer Situation" (expected unchangeability = EU), also die Erwartung, daß eine Situation nicht zu ändern sei. Speziell geht es dabei um die EU in bezug auf den Streß und die Beeinträchtigung im Alter (Thomae 1981,231). Während die Kontrollüberzeugung (locus of control) nach der Quelle der Kontrolle frägt (external/internal), geht die EU der grundsätzlicheren Frage nach, ob überhaupt eine Kontrollierbarkeit nach der subjektiven Meinung des Betroffenen gegeben ist (vgl. Thomae 1981,231).

Zunächst beinhaltet die EU einen allgemeinen Erwartungseffekt. Sie erhöht oder verringert z.B. Streß. In ihrer Beziehung zur Selbsterfüllung ist die EU genauso wie die Kontrollüberzeugung einzustufen: Eine aus der EU hervorgehende weitere Erwartung kann selbsterfüllend sein.

1.6.1.4 Einstellung

Beschreibung:

In der Einstellungsforschung wird hauptsächlich ein Modell des Einstellungsbegriffs benützt, das drei gleich gewichtete Dimensionen unterscheidet: eine kognitive, eine emotionale (affektive) und eine aktionale (verhaltensmäßige) (Mann 1974,165ff; vgl. zusammenfassend bei Weber 1988b,56f).

Dieses Modell faßt den Einstellungsbegriff sehr weit. Das scheint in der Einstellungsforschung sinnvoll zu sein, da "Einstellung" dort als oberste Kategorie verwendet wird, der Stereotypen, Vorurteile, Klischees etc. als Sub-Kategorien untergeordnet sind. Diese Begriffsbestimmung erweist sich jedoch als zu grob, wenn man wie in der SFP-Forschung eine deutliche Abtrennung zu anderen kognitiven Konstrukten wie Erwartung, Meinung etc. erreichen will. Deshalb neigt wohl die Erwartungsforschung dazu, einen engeren Einstellungsbegriff zu verwenden, der auch der ursprünglichen, alltagssprachlichen Wortbedeutung näherstehen dürfte.

Bei diesem engeren Begriff wird die wertend-affektive Dimension als das zentrale Definitionsmerkmal von "Einstellung" hervorgehoben, während die kognitive (Wahrnehmung, Ansicht, Stereotypen, Vorstellung des Objekts, Meinung; vgl. Mann 1974,165ff) mehr als Impuls für eine bestimmte Einstellung gilt und die aktionale Dimension als Folge einer Einstellung angesehen wird.

Brophy und Good erreichen mit dieser Auffassung in der SFP-Forschung eine klarere Abgrenzung des Erwartungsbegriffs, indem sie Erwartung als kognitiv und Einstellung als affektiv auffassen (1976,183). Eine Einstellung ist somit eine wertend-affektive Beziehung zwischen dem Einstellungssubjekt und einem Einstellungsobjekt. Beispiele für Einstellungen in diesem Sinn sind Zuneigung, Sorge, Gleichgültigkeit oder Ablehnung (Brophy/Good 1976,186).

Deutlicher wird dieser Begriff, wenn man ihn gegen den Überzeugungsbegriff im Anschluß an Quasthoff abhebt (1973,22f): Eine Überzeugung spricht ihrem Gegenstand inhaltliche Qualitäten bzw. objektive Attribute zu und umfaßt somit einen subjektiv erkannten Sachverhalt, welcher zumindest vom Anspruch des Überzeugten aus Realitätscharakter hat. Sie versucht die (Außen-) Welt zu beschreiben und baut zu ihrem Gegenstand eine Art Du-Verhältnis auf (z.B. "Kinder machen viel Krach!").

Eine Einstellung im engeren Sinne verrät die wertend-affektive Beziehung, die der Eingestellte zu dem Einstellungsobjekt hat, geht also immer von der eigenen Person aus ("*Ich* mag Kinder nicht!"), während sich eine Überzeugung auf die "Welt da draußen" bezieht (1973,22f). Überzeugungen können sich zwar auch auf die eigene Person beziehen. Die eigene Person wird in diesem Fall quasi zur "Außenwelt", die betrachtet wird.

Ein weiteres Bsp.:
  Überzeugung "*Du* bist ein hilfsbereiter Mensch!"
  Einstellung "*Ich* mag dich!"

Überzeugungen beinhalten Aussagen über einen subjektiv realen Sachverhalt. Sie besitzen damit ein Außenkriterium, an dem sie validiert werden können; also sozusagen feststellbar ist, ob sie richtig oder falsch sind. Ein Außenkriterium ist ein Kriterium, das auch Außenstehenden ermöglicht, einen unterstellten Sachverhalt zu überprüfen. Wenn man sich operational darüber einigt, was einen "hilfsbereiten Menschen" ausmacht, ist überprüfbar, ob ein bestimmter Mensch hilfsbereit ist oder nicht. So könnte sich etwa herausstellen, daß ein Mensch, von dessen Hilfsbereitschaft ich bisher überzeugt war, realiter gar nicht hilfsbereit ist.

Einstellungen haben ein solches unmittelbares Außenkriterium nicht. Damit entziehen sie sich jeglicher Diskussion Außenstehender. Sie sind per se wahr, schon dadurch, daß jemand so fühlt. Meine Einstellung, daß "ich jemanden mag", können Dritte für nachvollziehbar oder vollkommen unverständlich einschätzen. Die "Richtigkeit" dieses "Mögens" kann durch Dritte nicht begründet in Frage gestellt werden. Selbst wenn der unterstellte Tatbestand, der hinter einer Einstellung steht, sich später als nicht wahrheitsgemäß herausstellen sollte (etwa bei Vorurteilen), und infolgedessen sogar die Einstellung geändert wird, so wird die ursprüngliche Einstellung dadurch nicht "unwahrer". Einstellungen sind keine "Realitätsvorstellungen" und somit von außen weder falsifizierbar noch verifizierbar.

Einstellungen und Überzeugungen dürften als reale Phänomene eher vermischt miteinander auftreten und nicht so scharf getrennt wie es die analytische Unterscheidung der Sprachwissenschaftlerin Quasthoff vorgibt. Diese feine Unterscheidung zu treffen, ist aber in bezug auf den Selbsterfüllungsansatz sinnvoll.

Einordnung:

(1.) Brophy und Good, die von dem engeren, hier favorisierten Einstellungsbegriff ausgehen, behaupten: "Einstellungen können also wie Erwartungen ... als sich selbst erfüllende Voraussagen fungieren" (1976,185f, auch 183). Dem ist, wenn man die engere Definition zugrunde legt, nicht zu zustimmen.

"In Erfüllung gehen" bedeutet "bestätigen", "bewahrheiten", "in der subjektiven oder objektiven Realität auffindbar sein". Da Einstellungen an sich "real" sind und damit kein sie kontrollierendes Außenkriterium besitzen, können sie nicht in Erfüllung und damit auch nicht in Selbsterfüllung gehen. Es gibt damit keine "sich selbst erfüllenden Einstellungen". Es kann sich höchstens die objektive Veranlassung zu einer (emotionalen) Einstellung, also die der Einstellung zugrundeliegende Annahme als wahr oder unwahr erweisen (z.B. "Ich mag ihn, *weil* er ein hilfsbereiter Mensch ist!") und somit eine Korrektur oder Bestätigung der Einstellung bewirken. Allerdings können sich Erwartungen über solche objektive Veranlassungen von Einstellungen selbst erfüllen, nicht aber die assoziierten Einstellungen selber.

(2.) Einstellungen können allerdings einen der SFP ähnlichen Prozeß der Zirkularität auslösen und sich damit selbst aufrechterhalten (Brophy/Good 1976,185). Dieser kreisförmige Kausal-Prozeß der *Einstellungskonservierung* hat jedoch mit der Selbsterfüllung nichts zu tun, da die Selbsterfüllung ein *rückblickendes* Bewahrheiten einer vorausgegangenen Annahme ist, während die Zirkularität von Einstellungen ein *gegenwärtiges* Aufrechterhalten einer früher gebildeten Einstellung ist.

Bsp.: Die Person A mag B nicht leiden (Einstellung). Deshalb verhält sich A abweisend zu B. Das nimmt B wahr, und verhält sich auch seinerseits abweisend zu A. Dieses unfreundliche Verhalten Bs wiederum bekräftigt A in seiner ursprünglichen Einstellung zu B.

Im Vergleich zur zirkulären SFP fehlt diesem Kreisprozeß die dritte Stufe der Selbsterfüllung.

Diagramm: Einstellungskonservierung

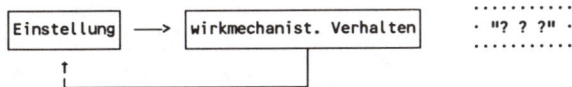

Eine sich selbst erfüllende Erwartung, die zum Zeitpunkt t_1 gebildet wurde, bestätigt sich durch den späteren Ereignisausgang zum Zeitpunkt t_2 selbst *rückblickend*. Eine sich selbst aufrechterhaltende Einstellung, die zum Zeitpunkt t_1 entstanden ist, konserviert sich in der *Gegenwart* t_2. Dabei handelt es sich um zwei Einstellungen: eine Einstellungen zum Zeitpunkt t_1 und eine andere zum Zeitpunkt t_2, die sich bedingen, aber nicht identisch miteinander sind. Bei der sich selbst erfüllenden Erwartung hingegen existiert nur eine Erwartung zum Zeitpunkt t_1, welche zum Zeitpunkt t_2 rückblickend beurteilt wird. Wäre zwischen t_1 und t_2 etwas vorgefallen, was eine Revision der Einstellung erzwungen hätte (z.B. eine Person, die man mag, verhält sich äußerst liebensunwürdig), würde das die frühere Einstellung von t_1 nicht berühren. Insofern findet hier kein Rückblick statt.

Dieser selbstverstärkende Prozeß bei Einstellungen wird zum Beispiel über einen von Haeberlin und Sarges beschriebenen Mechanismus hervorgerufen (1980,141): Informationen, die die eigene Einstellung unterstützen, werden aktiv aufgesucht. Zuwiderlaufende Information wird aktiv vermieden. Er kann auch über die Beeinflussung der Wahrnehmung ablaufen (Wahl 1981,53; Ulich/Mertens 1973,64f).

(3.) Einstellungen haben allerdings eine Bedeutung in dem Selbsterfüllungsansatz. Sie können Erwartungen hervorbringen (Ulich/Mertens 1973,65), die
dann ihrerseits zu sich selbst erfüllenden werden können.

1.6.1.5 Implizite Alltagstheorie

Beschreibung:

Alltagstheorien sind keine Theorien über den Alltag, sondern aus dem Alltag
heraus gebildete Aussagen über vermutete Sachverhalte und Zusammenhänge.
Sie grenzen sich ab gegen wissenschaftlich fundierte Theorien. Alltagstheorien
wie z.B. Stereotypen, Vorurteile, Stigmata gehören zu dem "belief system", dem
System der Überzeugungen des Individuums (Quasthoff 1973,21). Synonyme
für "Alltagstheorie" sind: Theorien des Alltagslebens (Bartenwerfer u.a. 1979,
12), naive Theorien (Ulich/Mertens 1973,99), implizite Theorien (Darley
/Fazio 1980,870; Ulich/Mertens 1973,101), implizite Persönlichkeitstheorien
(implicit theories of personality) (Darley /Fazio 1980,870; Erlemeier 1973,538),
pragmatische Alltagstheorien (Krapp 1979,5; Keupp 1976)

Einordnung:

Alltagstheorien können Erwartungen bedingen (Erlemeier 1973,538; Ulich
/Mertens 1973,101; Darley/Fazio 1980,870) bzw. werden selbst schon als
Erwartungshaltungen aufgefaßt (Ulich/Mertens 1973,102; Strauch 1978,113).
Diese Erwartungen im Anschluß an Alltagstheorien können zu SFPs werden.
Da Alltagstheorien auch die Wahrnehmung und Beurteilung beeinflussen
(Ulich/Mertens 1973,99,101; Darley/Fazio 1980,870), können sie auch zu
subjektiven Selbsterfüllungen werden.

1.6.1.6 Soziales Stereotyp

Beschreibung:

Stereotypen sind verhaltenswirksame Kognitionen, die zu den impliziten
Persönlichkeitstheorien gehören, mit der Besonderheit, daß sie von einer Vielzahl von Personen geteilt werden, also einen kollektiven Bewußtseinsinhalt
bilden (Jones 1977,62; Darley/Fazio 1980,870; Quasthoff 1973,28,46; Ulich
/Mertens 1973,122; Zimbardo/Ruch 1983,127f,590). Stereotypen sind wahr-
genommene oder angenommene Charakteristika, die den Angehörigen von
bestimmten sozialen Gruppen zugesprochen werden. Über Stereotypen katego-
risiert das Individuum ein anderes Individuum, meist auf der Basis eines sicht-
baren Merkmals, und schreibt ihm damit bestimmte Merkmale zu, die weitgehend unrichtig sind (Snyder 1981,183; Wahren 1987,18). Stereotypen können
negativ und positiv sein (Eden 1988,250). Die bisher am gründlichsten untersuchten Arten von sozialen Stereotypen sind solche, die sich auf ethnische,
rassische oder nationale Gruppen bzw. die Geschlechter beziehen. Daneben

existieren zum Beispiel Stereotypen über das Alter, die körperliche Erscheinung, die Religion, den Beruf und die Sozialschicht (Snyder 1981,183).

Einordnung:

Stereotypen erzeugen bzw. beinhalten Antizipationen (Snyder 1981,298) und im besonderen auch Erwartungen (Baltes 1984,48; Pohl 1978,80; Quasthoff 1973,19; Jones 1977,62; Hohmeier 1978,17). Die enge Verbindung von Stereotypen und Erwartungen geht auch aus dem Zweck hervor, den Snyder für Stereotypen angibt: andere Personen, auf die sich ein Stereotyp bezieht, als beständig und *vorhersagbar* zu erleben (Snyder 1981,183). Stereotypen sind vorstellbar als die "konsistenten" Interpretationsschemata, die in "aktuellen" Erwartungen konkretisiert, aktiviert und manifest werden (vgl. Erlemeier 1973, 537).

Die Erwartungen, die durch Stereotypen erzeugt werden, können zu SFPs werden. "Soziale Stereotypen können ihre eigene soziale Realität schaffen und tun dies auch" (Snyder 1981,209). "Stereotypen produzieren self fulfilling prophecies, weil sie Erwartungen gegenüber Individuen auslösen, gegründet auf deren Mitgliedschaft zu einer sozialen Gruppe" (Eden 1988,250). Die selbsterfüllende Wirkung von Stereotypen konnte bereits empirisch bestätigt werden (Snyder 1981, insbes. 184,193,199; Snyder/Tanke u.a. 1977; Tanke 1976). Soziale Stereotypen bilden auch zirkuläre SFPs. Snyder spricht von der "selbstverewigenden Natur der sozialen Stereotypen" (1981).

Illustrations-Beispiele:

- Nach Zimbardo und Ruch (1978,6) wurde mit Marilyn Monroe und anderen Filmstars das Stereotyp "Blondinen sind dümmlich und amüsierwütig" hervorgebracht. Das kann zur Folge haben, daß mit blonden Frauen weniger über ernsthafte Dinge gesprochen wird, so daß durch den dadurch entstehenden geistigen Anregungsmangel eine Tendenz zur Selbsterfüllung hervorgerufen wird.

- Vor dem 20. Jhd. galten die Schwarzen in den USA als intellektuell unterlegen und kamen unter anderem deshalb selten in den Genuß von Bildung. So wurden sie mangels Übung unterlegen "gemacht" (vgl. Jones 1977,58).

Auch Vorurteile und Stigmata werden im selben Zusammenhang mit dem Selbsterfüllungsansatz gesehen wie Stereotypen. Vorurteile sind im Gegensatz zu Stereotypen individuelle Theorien, die also nicht von anderen geteilt werden müssen. Vorurteile können sich erwartungsbildend und selbsterfüllend auswirken (Jussim 1986; Rosenthal 1975,76). Stigmata lösen Erwartung aus bzw. werden selbst als Erwartungssysteme beschrieben (Jones 1977,112). Diese Erwartungen können wiederum zu sich selbst erfüllenden Erwartungen werden (Jones 1977,114; Snyder/Swann 1978,149), was bereits empirisch gestützt werden kann (Farina/Ring 1965).

1.6.2 WIRKMECHANISMUS-ERKLÄRENDE KONZEPTE

Im folgenden sind die Konzepte zusammengestellt, welche selbst in den Ablaufprozeß der Selbsterfüllung integrierbar sind, indem sie den Wirkmechanismus von SFPs aufklären.

1.6.2.1 Wahrnehmungsverzerrungen

Beschreibung:

Wahrnehmung wird als Prozeß verstanden, der auch kognitive Elemente enthält (vgl. Abschnitt 1.1.2). "Wahrnehmungsschemata" bilden eine Art "kognitiv-emotionale Landkarte" (Pavel 1989,230), die notwendig ist, um sich in der Welt zurechtzufinden. Wenn man den Wahrnehmungsbegriff nicht auf die rein physische Sinnesreiz-Rezeption beschränkt, läßt sich daraus eine Folgerung ableiten, die in dem kognitivistischen System des Neurolinguistischen Programmierens mit folgender Metapher umschrieben wird: *Die Landkarte* (Wahrnehmung) *ist nicht das Gebiet* (die Außenwelt) (Grinder /Bandler 1982,12). Das bedeutet: Unsere Wahrnehmung erzeugt "keine fotografische Repräsentation der physikalischen Welt" (Krech u.a. 1962,20). Eine "naturgetreue, objektive Wahrnehmung der Realität (ist damit, P.L.) nicht möglich" (Pavel 1989,231). Gleiche Außenreize müssen also von verschiedenen Personen nicht unbedingt in der gleichen Weise wahrgenommen werden.

In Wahrnehmungsprozessen werden Reize nach verschiedenen Prinzipien oder Strategien kognitiv verarbeitet. Den psychischen Mechanismus, der dazu notwendig ist, nennen Bandler und Grinder "Tilgung" (deletion)(1981,36f,210). Tilgung ist der "Prozeß, durch den wir unsere Aufmerksamkeit selektiv bestimmten Dimensionen unserer Erfahrungen zuwenden und andere ausschließen" (1981,36, auch 210f). Tilgung reduziert die Welt auf Ausmaße, die bewältigbar sind (37). Tilgung ist also der *Prozeß*, dessen *Resultat* die selektive Wahrnehmung ist. Wahren nennt drei verschiedene Verarbeitungsprinzipien: Selektive Wahrnehmung, Uminterpretation von Informationen und Wahrnehmungsabwehr (1987,20). Schulz von Thun spricht von Vermeidungen, Verzerrungen und Umdeutungen (1982,193-197). Damit schwebt die Wahrnehmung ständig in Gefahr, einer "Illusion" zu unterliegen (Zimbardo/Ruch 1983,589).

Es ist strenggenommen paradox, von Wahrnehmungs-"verzerrungen" oder Beurteilungs-"fehlern" (bias) zu sprechen, wie es üblicherweise geschieht (z.B. Zimbardo/Ruch 1978,432; Rosenthal/Jacobson 1971,62; Bortz 1984,126f; Schulz von Thun 1982,195). Denn diese einen Mangel anzeigenden Begriffe gehen einerseits davon aus, daß eine kognitive Beeinflussung der Wahrnehmung möglich ist, sonst gäbe es keine Verzerrung. Andererseits signalisieren die Negativbegriffe "Verzerrung" und "Fehler", es gäbe auch so etwas wie eine unverzerrte, fehlerfreie, also von Kognitionen unbeeinflußte Wahrnehmung. Geeigneter wären neutrale Begriffe wie kognitive Urteilsbeeinflussung oder Urteilstendenzen. Da aber die unpräzisen Begriffe bereits eingeführt sind, werden sie auch hier weiter verwendet.

Einordnung:

Welche Faktoren bestimmen, was in welcher Weise wahrgenommen wird? Eine Gruppe von Kognitionen, die den Wahrnehmungsprozeß leiten, sind Erwartungen (Zimbardo/Ruch 1983,5; Ulich/Mertens 1973,62ff). Erst der Umweltreiz in Verbindung mit dem, was anzutreffen und wahrzunehmen erwartet wird, bestimmt die Wahrnehmung (Ulich/Mertens 1973,65f) und zwar auch in Richtung der Erwartung.

"Aus der Fülle der möglichen Umweltdaten selegieren wir unter dem Einfluß der Hypothese diejenigen Ereignisse, die der Hypothese am ehesten entsprechen. ... Je stärker die Überzeugung ist, ... desto seltener wird Widersprechendes wahrgenommen" (Ulich/Mertens 1973,65). Erwartung beeinflußt speziell die Selektivität der Wahrnehmung (Lehr 1981,94). "Wir sehen etwas mit größerer Wahrscheinlichkeit ... wenn wir es erwarten" (Brophy/Good 1976,59, auch 54), da Erwartungen wie Filter wirken (Entwisle/Webster 1978,263). Bandler und Grinder nennen das Verzerren von Informationen, um sie mit den eigenen Erwartungen in Übereinstimmung zu bringen, "Gedankenlesen" (1982,114): Eine Person glaubt zu wissen, was der andere denkt, und interpretiert das Verhalten des anderen passend zu ihrer Erwartung.

Da Erwartungen, Vorstellungen und Selbstbilder durch selektive Wahrnehmung bestätigt werden (Bau u.a. 1986,80), sind die Prozesse, die solche Wahrnehmungsverzerrungen zustandebringen, als kognitive Wirkmechanismen einer subjektiven Selbsterfüllung von Voraussagen anzusehen (vgl. Darley/Fazio 1980,877). Der Erwartende sieht sich selbst bestätigt, weil er verzerrt wahrnimmt. Pavel spricht von der "Tendenz zur Selbstverstärkung" von Wahrnehmungsschemata (Pavel 1989,232f).

Es werden verschiedene Typen von Urteilstendenzen unterschieden: Mittelwertstendenzen, der Leniency-Effekt (Mildeeffekt), der Severity-Effekt (Strengeeffekt), das Urteil mit zentraler Tendenz, der Halo-, Primacy- und Recency-Effekt (Bortz 1984,127f; Krapp/Prell 1975,147; Kerlinger 1979,801; Ulich/Mertens 1973,81ff). Außer dem Halo-, Primacy- und Recency-Effekt benennen alle diese Urteilstendenzen nur die Wirkung auf die Beurteilung, geben aber keinen Grund für die Verzerrung an. Deshalb werden nur die drei letztgenannten als besondere Fälle der Wahrnehmungsverzerrung in Abschnitt 1.6.3.3 unter dem Gesichtspunkt der Verwandtschaft zum Selbsterfüllungsansatz behandelt.

1.6.2.2 Reaktion auf kognitive Dissonanz

Beschreibung:

Basis-Annahme der Theorie zur "kognitiven Dissonanz" ist das Bedürfnis des Individuums nach kognitiver Kongruenz und Harmonie (consistency). Zwei Kognitionen, die nicht übereinstimmen bzw. "dissonant" sind, verursachen Unbehagen und den Versuch, diese Dissonanz zu reduzieren, indem sie beispielsweise einander angeglichen werden (Festinger 1957; dt. 1978, zit. nach Aronson/Carlsmith 1962,178; Jussim 1986,437).

Einordnung:

Eine Klasse dieser dissonanten, nicht übereinstimmenden Kognitionspaare sind Erwartungen und die dazugehörigen kognitiven Repräsentationen eines nachfolgenden, erwartungswidrigen Ereignisses (Jussim 1986,437).

Bsp.: Ein solches Kognitionspaar kann eine aus dem Selbstkonzept abgeleitete Erwartung der eigenen Fähigkeiten sein und die entsprechende kognitive Repräsentation (Wahrnehmung oder Erinnerung) der eigenen Fähigkeiten. Weicht die gezeigte Leistung von der erwarteten ab, entsteht eine kognitive Dissonanz (Aronson/Carlsmith 1962,178).

Bedeutsam an dieser Theorie ist, daß sie nicht die emotionale Reaktion auf eine befriedigende oder unbefriedigende Leistung an sich fokussiert, sondern lediglich das Unbehagen aufgrund zweier widersprüchlicher Kognitionen. D.h.: Diese Spannung entsteht nicht nur, wenn eine tatsächliche Leistung schlechter als erwartet ausfällt, sondern auch, wenn sie besser ausfällt (Aronson/Carlsmith 1962,179).

Diagramm: Theorie der kognitiven Dissonanz mit den Erwartungselementen

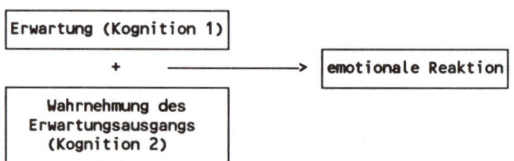

Obwohl die Theorie der kognitiven Dissonanz und der Selbsterfüllungsansatz die Elemente "Erwartung" und "tatsächlicher Erwartungsausgang" gemeinsam haben, ist zunächst ein trennendes Moment hervorzuheben. Das von der Dissonanztheorie beschriebene Phänomen setzt erst *nach* dem Ereignis an und kann damit zunächst das Ereignis selbst nicht beeinflussen wie das die SFP tut.

Beide Ansätze können jedoch in folgender Modellvorstellung auch miteinander verbunden werden, indem die emotionale Reaktion auf Dissonanz langfristig als Wirkmechanismus einer interpersonalen Selbsterfüllung fungiert: Wird die Erwartung einer Person A bzgl. des Verhaltens einer Person B von B nicht erfüllt, entsteht in A ein Spannungszustand, der als negative Reaktion B mitgeteilt wird. B lernt dadurch am Mißerfolg (operantes Konditionieren) das spannungserzeugende Verhalten weniger oft zu zeigen (Jussim 1986,437). Damit steuert die Reaktion von A langfristig das Verhalten von B in Richtung Erwartung und somit in Richtung Erfüllung (SFP). Eine Voraussetzung dafür ist eine starke Rigidität und Änderungsresistenz der Erwartung von A.

Die nachfolgende Übersicht spielt alle vier (einfachheitshalber) dichotom gedachten Fälle von günstigen (+) und ungünstigen (-) Erwartungen der Person A durch, denen ein günstiges (+) bzw. ungünstiges (-) Ereignis als Verhalten von B folgt. A reagiert auf das Verhalten von B günstig oder ungünstig, je nachdem, ob das Verhalten von B seiner Erwartung entsprach oder nicht. Diese Reaktion von A steuert das künftige Verhalten von B (spätere Ereignisse). Ein Fall entspricht jeweils einer Zeile.

Interpretationsbeispiel zur Übersicht (Fall 2):
Person A hat eine positive Erwartung (+) bzgl. des Verhaltens von B. B verhält sich aber anders als A es erwartet hat (Ereignis -). A ist enttäuscht. Er erlebt Dissonanz und reagiert negativ (-). Diese Reaktion von A "bestraft" das Verhalten von B. Deshalb wird B in der Folgezeit dazu tendieren, sich nicht mehr so, sondern eher erwartungskonform zu verhalten (später +).

Übersicht: kognitive Dissonanz und SFP

Fall	Erwartung von A	Ereignis (Verh.v.B)	Reaktion von A	spätere Ereignisse (Verhalten von B)
1	+	+	+	+
2	+	-	-	+
3	-	+	-	-
4	-	-	+	-

Das Ereignis als Verhalten von B sei zunächst zufällig erwartungskonform (gleiches Vorzeichen bei Erwartung und Ereignis) oder erwartungswidrig (ungleiche Vorzeichen). Den erwartungskonformen Ereignissen folgt nach der Theorie der kognitiven Dissonanz eine positive Reaktion (+) und den erwartungswidrigen Ereignissen eine negative Reaktion (-). Diese Reaktion bewirkt bei B langfristig ein Lernen am Erfolg/Mißerfolg, wobei die späteren Verhaltensweisen sich der Erwartung von A sukzessive angleichen werden (jeweils pro Fall identische Vorzeichen bei Erwartung und späteren Ereignissen).

Die Verbindung des SFP-Ansatzes mit dem Ansatz der kognitiven Dissonanz erklärt interessanterweise den paradoxen Fall, daß Lehrer bisweilen ihre Schülererwartungen selbst erfüllen, indem sie mit dem Wirkmechanismus "Tadel" auf die guten Leistungen eines von ihnen als schlecht eingeschätzten Schülers reagieren.

Diagramm: kognitive Dissonanz und SFP

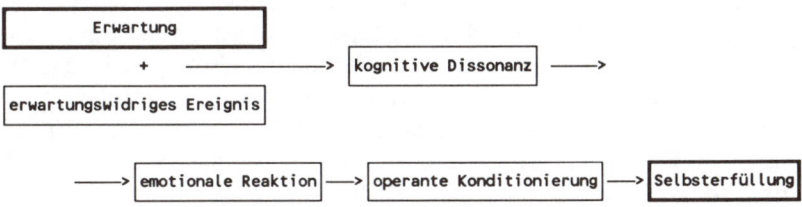

1.6.3 KONZEPTE, DIE DURCH DEN SELBSTERFÜLLUNGSANSATZ ERKLÄRT WERDEN

In diesem Abschnitt geht es um verwandte Konzepte der SFP, die ihrerseits durch den Selbsterfüllungsansatz aufgeklärt werden können. Insofern handelt es sich um das Gegenstück zum vorausgehenden Abschnitt. Dort ging es um Konzepte, die zur Erklärung der Wirkmechanismen der SFPs herangezogen werden können. Hier geht es um Konzepte, deren Wirkmechanismen durch die SFP näher erklärt werden.

Sie können als Quasi-Synonyme der SFP bzw. als spezielle, konkrete Anwendungsvarianten des abstrakten Selbsterfüllungsansatzes eingeordnet werden. Besonderes Anliegen ist es dabei, aufzuzeigen, daß der Begriff der SFP als allgemeinste Formel nicht durch diese spezifischen Varianten substituierbar ist.

1.6.3.1 Labeling-Ansatz

Beschreibung:

Der Labeling-Ansatz (Etikettierungsansatz) erklärt abweichendes Verhalten (Scheff 1972). Er umfaßt nicht nur das Etikettieren selbst, sondern auch die Folgen des Etikettierens. Zwei Überlegungen beschreiben den Kern dieses Ansatzes (z.B. Smale 1983,35f):
- Die Definition abweichenden Verhaltens ist kulturell und gesellschaftlich geprägt (z.B. Rauschgifthändler-Lebensmittelhändler-Vgl., Smale 1983,36).
- Eine Etikettierung als >Abweichler< ist nicht nur Folge, sondern auch Ursache eines "abweichenden" Verhaltens.
Die Labeling-Theorie dient hauptsächlich zur Erklärung jugendlicher Delinquenz und psychischer Krankheit (z.B. Rosenhan 1973; Smale 1983,36).

Einordnung:

Etiketten bezeichnen rückwirkend vergangenes Verhalten und implizieren auch Erwartungen an zukünftiges Verhalten. "Das Label aktiviert ein bestimmtes Stereotyp und die daraus resultierenden Verhaltenserwartungen ..." (Hanke /Mandl 1975,736; auch Smale 1983,60,115; Rosenhan 1973,253). Ein Etikett bezieht sich nicht nur auf eine Einzeltat in einem exzeptionellen Augenblick, sondern verallgemeinert ein vielleicht nur einmal gezeigtes Verhalten zu einer festen Konstante einer Person (vgl. Eden 1984,65; Rosenhan 1973,253). Damit vertritt der Labeling-Ansatz auch den Selbsterfüllungsansatz (Perrez u.a. 1986, 407; Hanke/Mandl 1975,736; Snyder/Swann 1978,148; vgl. Hofer/Dobrick 1981,151; Schulz v. Thun 1982,191f; Smale 1983,35,37; Rosenhan 1973,253f; Krishna 1971): Es wird erwartet, daß der Abweichler immer wieder abweichen wird. Er wird daraufhin so behandelt, daß ihm gar nichts anderes übrig bleibt, als tatsächlich abzuweichen (Jones 1977,90).

Bsp.: Jemand, der eine Bagatell-Straftat verübt hat, wird zum "Kriminellen" abgestempelt. Aufgrund dieses Etiketts bekommt er keine Arbeit, weil ihm unterstellt wird, daß er stiehlt. Zur Sicherung seines Lebensunterhalts ist er deshalb tatsächlich zum Diebstahl gezwungen. Die Prophezeiung der Gesellschaft hat sich (selbst) erfüllt.

Ähnlich diskutiert z.B. Krauss die Schizophrenie als "self-fulfilling-labeling-Prozeß" (1968). Der Labeling-Ansatz ist damit eine spezielle Variante des Selbsterfüllungsansatzes bei interpersonalen Erwartungen, die sich an soziale Etikettierungen anschließen.

1.6.3.2 Placebo-Effekt

Beschreibung:

Placebos sind Scheinmedikamente ohne bekannte, spezifische Heil-Substanzen. Sie werden sowohl in der pharmakologischen Forschung (Placebo-Kontrollgruppen) als auch in der ärztlichen Praxis eingesetzt. Unter dem Placebo-

Effekt versteht man die spezifisch heilende Wirkung, die durch ein Placebo erreicht wird. Unter Placebos werden im engeren Sinne vermeintliche Arzneien bei somatischen Störungen verstanden. Inzwischen wird der Begriffsumfang auch auf nicht-pharmakologische Maßnahmen ausgeweitet wie z.B. auf chirurgische Eingriffe, Bestrahlungen, Beratungen und Psychotherapien (Kirsch 1985,1192)(vgl. Abschnitt 2.5).

Einordnung:

Der Placebo-Effekt wird fast einhellig mit der Selbsterfüllung von Erwartungen erklärt, welche durch das Placebo erzeugt werden (z.B. Smale 1983,50; Degen 1988,58; Jones 1977,227; Kirsch 1985,1189): Der einzige "Wirkstoff" des Placebos scheint die Macht des Glaubens, der positiven Erwartungen des Arztes bzw. des Patienten zu sein (Simonton u.a. 1982,35).

Als alternative Erklärung diskutieren Kirsch (1985,1189f) und Moerman (1981,264) Prozesse des klassischen Konditionierens. Kirsch weist jedoch daraufhin, daß diese Erklärungsmöglichkeit eher als Ergänzung des Selbsterfüllungsansatzes hinsichtlich des Placebo-Effekts angesehen werden kann, und weniger als eigenständige Alternative. Demnach würden Erwartungen als Folge von Konditionierungsprozessen auftreten (Kirsch 1985,1190-1192).

Im Unterschied zum allgemeinen Konzept der SFP bedarf der Placebo-Effekt eines Mediums, eines Hilfsmittels z.B. einer Tablette. Dieses Medium gibt den *Grund* vor, an dem sich die Erwartung aufbauen kann. Das allgemeine SFP-Konzept läßt die Frage des Grundes der Erwartung offen.

Eine entscheidende Bedingung dafür, daß eine Maßnahme zu einem Placebo wird, ist, diese Maßnahme fälschlicherweise als Ursache für die Wirkung (Genesung, Heilung) zu verstehen. Es wird vermeintlich unterstellt, die Maßnahme als solche sei in der Lage, auf die zu beseitigende Störung einzuwirken. Deshalb muß beim absichtlichen Verabreichen von Placebos unvermeidbar eine Täuschung in Kauf genommen werden, um die heilende Wirkung hervorzurufen.

Diagramm: Placebo und SFP

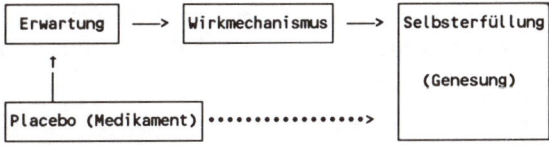

Die faktischen Kausalverbindungen sind als durchgezogene Funktionspfeile eingetragen, während die falsch unterstellte Verbindung gepunktet (• • •) ist.

1.6.3.3 Halo-Effekt

Beschreibung:

Unter Halo-Effekt (auch Hof-Effekt oder Ausstrahlungs- bzw. Überstrahlungseffekt genannt) ist die Beeinflussung der Wahrnehmung bzw. Beurteilung durch eine Vor-Information bzw. Vor-Erfahrung zu verstehen (z.B. Zimbardo /Ruch 1983,429).

Bsp.: Der Gesamteindruck, den eine Person A von einer Person B gewonnen hat, als Vor-Erfahrung "färbt darauf ab", wie A auch einzelne Eigenschaften von B beurteilt, die von der Vor-Erfahrung unabhängig sind. Beispielsweise stufen Vorarbeiter die betrieblichen Leistungen derjenigen Mitarbeiter, von denen sie annehmen, daß sie intelligenter sind, höher ein (vgl. Rosenthal/Jacobson 1971,17,134).

Eine Metapher für den Versuch, den Halo-Effekt zu verhindern, kann in der symbolischen Darstellung der "Justitia" als Dame mit verbundenen Augen gesehen werden.

Der Halo-Effekt ist eine Erweiterung der Wahrnehmungsverzerrung bzw. des Urteilsfehlers. Während letztere lediglich das Resultat beschreiben, gibt das Konzept des Halo-Effekts zusätzlich eine Ursache für die Wahrnehmungsbeeinflussung an, nämlich die vorausgehende Erfahrung mit dem zu beurteilenden Objekt.

Einordnung:

Der Halo-Effekt ist mit Hilfe der Tendenz zur subjektiven Selbsterfüllung erklärbar (vgl. Brophy/Good 1976,93f; Rosenthal/Jacobson 1971,17,73f,127, 219).

Aufgrund einer Detail-Information über einen betrachteten Gegenstand neigt man bereits dazu, ihn zu klassifizieren. Man unterstellt Korrelationen zwischen der beobachteten Eigenschaft und weiteren nicht beobachteten (Ulich /Mertens 1973,84) und gewinnt so eine bestimmte (vorschnelle) Gesamt-Vorstellung von ihm (vgl. Erlemeier 1973,538). Diese Vorstellung löst auch Erwartungen aus. Von einem Menschen, von dem man eine bestimmte Vorstellung hat, erwartet man auch, daß er sich in einer bestimmten Weise verhält. Diese Erwartung prägt die Wahrnehmung des folgenden Verhaltens, so daß eine subjektive Selbsterfüllung zustandekommt (Rosenthal/Jacobson 1971,17,134).

Rosenthal und Jacobson unterscheiden implizit zwischen dem Halo-Effekt und der SFP (1971,17). Damit lassen sie erkennen, daß sie die subjektive Selbsterfüllung wohl nicht zu den SFPs rechnen (vgl. Abschnitt 1.3.3). Geht man aber von der in der vorliegenden Arbeit erfolgten Festlegung aus, die subjektive Selbsterfüllung als Bestandteil der Selbsterfüllung zu definieren, so können auch die Aussagen Rosenthals zu dem Halo-Effekt als Beleg für einen immanenten SFP-Mechanismus gedeutet werden.

Das folgende Diagramm stellt die Ablaufschritte des Halo-Effekts aus dem Blickwinkel des Selbsterfüllungsansatzes dar. Die SFP-Zwischenstufe, die in der ursprünglichen Definition des Halo-Effekts nicht explizit enthalten ist, ist gepunktet gezeichnet.

100

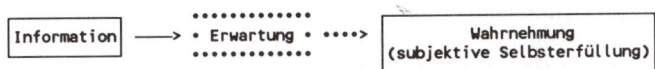

Nicht jede subjektive Selbsterfüllung, die aufgrund einer Vorinformation zustandekommt, verläuft innerhalb eines Halo-Prozesses. Ein Halo-Effekt liegt vor, wenn zwei "Eigenschaften nicht unabhängig voneinander eingestuft (werden), sondern in Abhängigkeit oder Kovariation mit einem zumeist wertenden Aspekt" (Ulich/Mertens 1973,84). Der Halo-Effekt setzt voraus, daß die beiden Eigenschaften relativ unähnlich sind (z.B. Menschen, die einem *sympathisch* sind, stuft man wahrscheinlich auch eher als *klug* ein als unsympathische). Die subjektive Selbsterfüllung kann sich jedoch auch auf identische oder sehr ähnliche Eigenschaften beziehen.

Dazu zwei authentische Beispiele (Brophy /Good 1976,93):

- Bekommt ein Beurteiler B die Vorinformation, es würde sich bei einem Zu-Beurteilenden Z um eine Person mit einem überdurchschnittlichen Intelligenzgrad handeln, und vergibt B daraufhin einen höheren Testwert in einem Intelligenztest, der von Z bearbeitet wurde, als bei anderen vergleichbaren Testpersonen, so handelt es sich um eine subjektive Selbsterfüllung, aber um keinen Halo-Effekt, da sich Vorinformation, Erwartung und Ereignis inhaltlich decken. Sie beziehen sich alle auf die Intelligenz. Die Unterstellung einer Korrelation einer Eigenschaft (Intelligenz) mit sich selbst ist trivial, da sie immer perfekt ist ($r = 1$).

- Hat ein Lehrer L einen Aufsatz eines Schülers S zu begutachten, wobei L informiert wurde, S sei aggressiv, und benotet L deshalb den Aufsatz schlechter, so liegt ein Halo-Effekt vor. Die Vorinformation "Aggressivität" ist mit der Erwartung und dem Ereignis "Aufsatzleistung" nicht identisch. Der Lehrer reagierte aber so, als ob er eine Korrelation unterstellt hätte ("Von einem aggressiven Schüler kann man keine guten Aufsätze erwarten").

Das läßt sich folgendermaßen verallgemeinern: Der Halo-Effekt bezieht sich auf eine Information zur Eigenschaft X, die eine sich selbst subjektiv erfüllende Erwartung hinsichtlich der Eigenschaft Y im Wahrnehmungsprozeß auslöst. Eine subjektive Selbsterfüllung ohne Halo-Effekt kann sich auf eine Information zur Eigenschaft X beziehen , die eine sich selbst subjektiv erfüllende Erwartung hinsichtlich dieser Eigenschaft X auslöst.

Zwei weitere empirisch belegte Beurteilungseffekte, der Primacy- und der Recency-Effekt (Bortz 1984,128; Wahren 1987,16f), können als Spezialfall des Halo-Effekts betrachtet werden (Ulich/Mertens 1973,84f). Insofern handelt es sich bei dem Primacy- und dem Recency-Effekt ebenfalls um Konzepte, die durch den Selbsterfüllungsansatz erklärt werden können, und zwar auf dieselbe Weise wie das bei ihrem übergeordneten Konzept, dem Halo-Effekt, oben erläutert wurde. Diese beiden Sub-Kategorien des Halo-Effekts legen zusätzlich den Zeitpunkt der für die Eindrucksbildung entscheidenden Information innerhalb der Reihenfolge aller Informationen fest (Wahren 1987,16).

Unter dem Primacy-Effekt ist die Auswirkung des ersten Eindrucks auf die nachfolgende Information zu verstehen. Auf dem Hintergrund bereits bestehender Informationen wird die Wahrnehmung der zeitlich folgenden Informationen bzw. des Gesamteindrucks verzerrt, und zwar so, daß sie zu der bestehenden Information (erster Eindruck) "paßt" (Ulich/Mertens 1973,84f; Zimbardo/Ruch 1983,589; Casparis 1980,126). Auf Lernvorgänge bezogen meint der Primacy-Effekt, daß bei Lern- und Beurteilungsakten die ersten Informationen besser gelernt werden als die nachfolgenden (Arnold/Eysenck Bd.2, 1980,831). Der Primacy-Effekt ist insofern ein Spezialfall des Halo-Effekts als die Vor-Information, die zu dem Halo-Effekt führt, bei dem Primacy-Effekt zeitlich genauer als die erste Information, die zur Verfügung steht, beschrieben wird. Der erste Eindruck ist hier entscheidend für die Ausbildung der Erwartung, welche sich subjektiv selbst erfüllt (Brophy/Good 1976,54,56; Weinert u.a. 1981,181).

Der Recency-Effekt (Wahren 1987,16f; Bortz 1984,128) beschreibt die Tatsache, daß die zeitlich letzten Informationen für die Bildung des Gesamteindrucks, der zur Wahrnehmungsverzerrung führt, entscheidender sind als die ersten Informationen. Dieser Effekt ist das Gegenstück zum Primacy-Effekt und somit auch als Variante des Halo-Effekts zu betrachten. Die letzte Information bestimmt die Gesamt-Vorstellung, die man von einem Objekt gewinnt, und damit die Erwartung, die sich in der Wahrnehmung des Objekts selbst subjektiv erfüllt.

1.6.3.4 Hawthorne-Effekt

Beschreibung:

Der Name des Effekts geht zurück auf die Hawthorne-Experimente von Roethlisberger und Mitarbeiter (1939; zusammengefaßt bei Rosenthal /Jacobson 1971,203f; 1968,23; Eden 1986,2f).

In den Hawthorne-Werken sollte untersucht werden, wie sich unterschiedliche Arbeitsbedingungen (z.B. die Beleuchtungsstärke) auf die Leistungen der Arbeiter auswirken. Das überraschende Ergebnis war, daß sowohl in der Experimentalgruppe, in der die Beleuchtung des Arbeitsraumes real bzw. nur scheinbar variiert wurde, als auch in der Kontrollgruppe, die bei konstanter Raumbeleuchtung arbeitete, die Produktivität anstieg.

Nach Rosenthal und Jacobson (1971,203) ist der Hawthorne-Effekt in den Verhaltenswissenschaften das Analogon zum Placebo-Effekt bei Heilverfahren: Der Hawthorne-Effekt bezieht sich auf "nichtspezifische Faktoren", die sich trotzdem als wirksam erweisen.

Der Begriff "Hawthorne-Effekt", der sich inzwischen von den namensgebenden Experimenten abgelöst hat, wird uneinheitlich verwendet. Rosenthal und Jacobson kommen auf drei Bedeutungsvarianten (1971,205). Der Hawthorne-Effekt:
- als *Stör-Variable*, die in einem Interventionsprogramm ursprünglich nicht als wirksame Veränderungsvariable betrachtet wurde (so auch Zimbardo/Ruch 1983,377),
- als *Innovationseffekt*, wobei sich eine Intervention nur (oder auch) deshalb auswirkt, weil damit etwas Neues in eine routinisierte Situation eingeführt wird (z.B. ein Test, auch in der Kontrollgruppe),

- als *Wissenschaftlichkeitseffekt*, der eine Intervention deshalb wirksam werden läßt, weil den Beteiligten bekannt ist, daß eine wissenschaftliche Untersuchung abläuft, man beobachtet wird und Aufmerksamkeit erhält ("Beobachtungsbias")(vgl. Entwisle 1961,84f; Bortz 1984,179,381; Honolka 1976,79; Barkey 1971,269; Zimbardo/Ruch 1978,273).

Die Kenntnis dieses Effekts hat zu methodologischen Konsequenzen für das Design in der experimentellen Forschung geführt. Herkömmliche Kontrollgruppen, die der manipulativen Intervention der Forscher nicht ausgesetzt werden, damit sie mit den manipulierten Experimentalgruppen verglichen werden können, ermöglichen es nicht, bei den aufgetretenen Gruppenunterschieden zwischen Hawthorne-Effekten und manipulationsverursachten Effekten zu unterscheiden. Ein Effekt auf die abhängige Variable könnte also fälschlicherweise der manipulierten unabhängigen Variable zugeschrieben werden, obwohl real eine andere (Stör-) Variable diese Wirkung hervorgerufen hat. Deshalb bestehen die **Hawthorne-Kontrollgruppen** aus solchen, die eine andere Behandlung erfahren als die Experimentalgruppen, wobei sich die andere Behandlung nach der zu überprüfenden Forschungshypothese nicht als wirksam erweisen dürfte (Rosenthal/Jacobson 1971,208f).

Einordnung:

Nach Rosenthal und Jacobson liegen möglicherweise allen drei Begriffsvarianten Selbsterfüllungen von Erwartungen zugrunde (1971,205). Erwartungssubjekte sind entweder die Außenstehenden (Lehrer, Betriebsleiter, Vorarbeiter etc.), die von einer Intervention nicht direkt betroffen sind, aber Erwartungen damit verbinden, oder die Betroffenen und Beobachteten selbst (Schüler, Arbeiter etc.). Die Arbeiter oder ihre Vorgesetzten in den Hawthorne-Werken könnten allein durch den Umstand, daß die Firma Objekt einer wissenschaftlichen Untersuchung geworden war, oder daß die Betriebsroutine durchbrochen wurde, Auswirkungen auf die Produktivität erwartet haben und sich unabsichtlich entsprechend verhalten und damit eine objektive Selbsterfüllung erzeugt haben.

Bei SFP-Experimenten können damit zweierlei Erwartungseffekte auftreten: Zum einen der Erwartungseffekt, der durch die Erwartungsmanipulation der Forscher entsteht und nur das Verhalten der zufällig ausgesuchten "besonderen" Versuchspersonen in der Experimentalgruppe beeinflußt, und zum anderen ein Hawthorne-Erwartungseffekt, der bei allen Versuchspersonen gleichermaßen auftritt (Rosenthal /Jacobson 1968,23; 1971,206).

1.6.3.5 Paradoxien als Ursache symptomatischen Verhaltens

Die folgenden Überlegungen beziehen sich auf den ätiologischen Ansatz der Forschergruppe des Mental Research Institute, Palo Alto, zur Erklärung von verhaltensauffälligen Symptomen (bes. Watzlawick 1986; ders. u.a. 1984; 1985).

Im Abschnitt 3.3.2.3 der vorliegenden Arbeit werden die Interventionsmöglichkeiten, die mit diesem Ansatz verbunden sind, vorgestellt.

Watzlawick und Mitarbeiter haben selbst die Verbindung ihres Ansatzes mit dem Selbsterfüllungsansatz exemplarisch angedeutet. Ich möchte darüberhinaus zeigen, daß diese Verbindung im Kern der theoretischen Überlegungen Watzlawicks bereits implizit angelegt und daraus unmittelbar und prinzipiell - nicht nur in einzelnen Beispielen - ableitbar ist.
Dieser kommunikationstheoretische Ansatz wurde im psychopathologischen Kontext entwickelt. Watzlawick und Mitarbeiter bezeichnen ihn aber ausdrücklich als auch anwendbar für nicht-klinische und nicht-therapeutische Situationen. Weakland und Herr (1984) haben dieses Konzept auf die Gerontologie übertragen, insbesondere für die Beratung älterer Menschen.

Dieser Ansatz Watzlawicks erklärt, wie ein spontanes Verhalten zu einem Symptom wird. Unter *Spontan-Verhalten* ist jedes Verhalten zu verstehen, das der Verhaltende in der Regel nicht direkt, willentlich kontrollieren kann. Spontane Verhaltensweisen sind z.B. Herzschlag, Nervosität, Erröten, Einschlafen und alle Gefühlsregungen (Watzlawick u.a. 1984,90; Schulz v. Thun 1982,217). Man kann zwar Vorbereitungen treffen, die eine Voraussetzung dafür sind, einschlafen zu können. Den genauen Zeitpunkt des Übergangs vom Wach- in den Schlafzustand selbst kann man aber nicht willentlich herbeiführen, weder auf Anweisung eines anderen, noch nach eigenem Wunsch. Dieser Übergang läßt sich lediglich verhindern. Genauso ist es unmöglich, der Anweisung "Ich möchte, daß Du glücklich bist!" direkt nachzukommen.

Der Gegenbegriff dazu ist *willkürliches Verhalten*, das unmittelbar subjektiv steuerbar ist, wie z.B. das Bewegen eines Fingers. Typisch für willkürliches Verhalten ist die freie Wahl des exakten Zeitpunkts der Verhaltensausführung.

Beschreibung:

Ausgangspunkt der Symptom-Erklärung sind kleine, meist für sich genommen unbedeutende Störungen des spontanen Verhaltens, wie sie bei jedem Menschen gelegentlich vorkommen. Diese Störungen erweisen sich in der Regel als normale "vorübergehende, alltägliche" Schwierigkeiten (Watzlawick u.a. 1984,54).

Bsp.1: Eine Person, die normalerweise keine Einschlafschwierigkeiten kennt, kann trotzdem in Ausnahmefällen davon betroffen sein.

Bsp.2: Auch eine Person, die normalerweise über eine fehlerfreie Aussprache verfügt, verspricht sich gelegentlich oder bleibt bei einem Wort "hängen". Auch der Vorgang des Sprechens hat spontane Anteile, denn niemand beherrscht den komplexen muskulären Vorgang des Lautformulierens vollkommen bewußt.

Von Bedeutung für die Frage, ob sich solche Schwierigkeiten zu ernsthafteren Problemen auswachsen, ist die Reaktion der Betroffenen auf diese Schwierigkeiten. Wenn der Betroffene eine solche Schwierigkeit als eine "zufällige" oder normale, "allgemein-menschliche" Reaktion einschätzt, wird sie von vorübergehender Natur sein. Erst wenn der Betroffene - von sich aus oder durch andere veranlaßt - damit beginnt, dieser "Schwierigkeit" Aufmerksamkeit zu schenken, sie als "unnormal" abzulehnen, sich dagegen zu wehren bzw. versucht, sie zu verhindern oder zu lösen, kann daraus paradoxerweise ein Problem entstehen (Watzlawick u.a. 1984,110). Die Sorge um die Wiederkehr des als kritisch eingestuften Verhaltens macht es "chronisch" (Watzlawick u.a. 1984,139).

Die Schwierigkeit >verfestigt< sich, weil als Gegenmaßnahmen meist sogenannte "**Lösungsversuche erster Art**" eingesetzt werden: die Betroffenen versuchen willentlich, das ursprüngliche, erwünschte spontane Verhalten wieder herzustellen. Diese Lösungsversuche sind paradox, da spontane Phänomene willentlich nicht zu erzwingen sind. Es wird fatalerweise höchstens das Gegenteil der Absicht erzielt. Das erwünschte Verhalten wird "verunmöglicht" (Watzlawick 1986,78). Watzlawick und Mitarbeiter sprechen von der Spontanparadoxie, in die sich der Betroffene durch den Lösungsversuch erster Art versetzt (1984,139). Wenn er merkt, daß sein Lösungsversuch nicht zu dem gewünschten Erfolg führt, wird er dieselben Lösungsversuche verstärken ("mehr desselben"), d.h. mit noch stärkerem Willen vorgehen, was ihn aber nur noch weiter von seinem Ziel entfernt. Damit manövriert er sich im Sinne einer "Teufelsspirale" immer tiefer in seine symptomatischen Reaktionen hinein.

Bsp.1: Der Schlafgestörte möchte "mit Gewalt" einschlafen. Je stärker er es versucht, um so wacher wird er.

Bsp.2: Die in einer sehr aufregenden Situation in ein Stottern verfallene Person wird sich im Stottern regelrecht "üben", wenn sie beginnt, auf jede kleine Sprechunebenheit zu achten. Der willentliche, angstbesetzte Versuch, jegliche Sprechfehler zu unterbinden, fördert sie. Die Anwendung dieser Erklärung des Stotterns wird in der Therapie von Sprachfehlern bereits diskutiert (z.B. Fiedler u.a. 1986; Bindel 1987,30,83-85). Man denke in diesem Zusammenhang auch an die Probleme, die für Ungeübte entstehen, wenn sie vor großem Publikum oder für eine Tonbandaufnahme sprechen sollen. Hingegen verursacht derselbe Vortrag im kleinen, privaten Freundeskreis keine Schwierigkeiten.

Einordnung:

Die Erfahrung der ursprünglichen Schwierigkeit löst im ungünstigen Fall eine Erwartung oder zumindest die Vermutung aus, daß das als negativ bewertete Verhalten wieder auftritt. Eine solche Antizipation ist im Watzlawick-Ansatz m.E. als ein notwendiger Zwischenschritt anzusehen. Denn sie erklärt erst, warum der Betroffene überhaupt nach Lösungen sucht (Watzlawick u.a. 1984,111,113,151; vgl. Salomon 1981,1452; Hanke/Mandl 1975,736). Würde der Betroffene die Wiederkehr des unangenehmen spontanen Verhaltens nicht erwarten bzw. befürchten, würde er keine Vorkehrung bzw. Lösungsversuche zu seiner Verhinderung unternehmen. Für die Frage, welche Erwartungen gebildet werden, ist es entscheidend, wie das erste Auftreten der Schwierigkeit kausal attribuiert wird bzw. ob ein Verhalten als Schwierigkeit etikettiert wird.

Die Lösungsversuche erster Art (Vermeidungswillen) sind quasi die Wirkmechanismen, die die Erwartung des Symptoms zu einer "selbsterfüllenden Prophezeiung" werden läßt (Watzlawick 1986,78; 1984,153; ders. u.a. 1984, 153; Salomon 1981,1452).

Diagramm zur SFP bei Lösungsversuchen erster Art

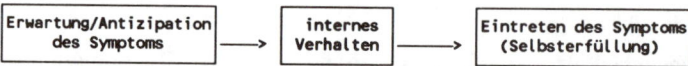

Die Stufe des inneren Verhaltens meint den "Willensakt", die "Willensanstrengung" (Watzlawick u.a. 1984,151) zur Symptomvermeidung. Wille ist hier keine Absichtlichkeit im Sinne des definitorischen Ausschlußkriteriums der SFP, da dieser Wille nicht auf das Hervorbringen des erwarteten Ereignisses gerichtet ist, sondern auf das Gegenteil (vgl. Abschnitt 1.5). In der Folge kommt es dann zu einer Zirkularität dieses Prozesses (Salomon 1981,1452), zu einer "gewohnheitsmäßigen Erwartung" (Watzlawick u.a. 1984,55), in dem die Erfahrung des Symptoms erneut die Erwartung bestärkt, die Erwartung sich wieder selbst erfüllt und so fort. Unter Umständen bildet sich sogar eine sich hochschraubende, das Symptom und seine Frequenz verschlimmernde Teufelsspirale aus (Weakland/Herr 1984,81).

Beispiele:

- Die Blockierung von zumindest partiell spontanen Phänomenen wie der Kreativität, dem problemlösenden Denken, der Fähigkeit zu lernen, sich zu erinnern oder konzentrieren, kann mit diesem Ansatz erklärt werden. Mit verstärktem Druck und angsterzeugendem Verhalten können z.B. Eltern das Lernen ihrer Kinder verunmöglichen. Die volkstümliche Methode > Nicht-mehr-daran-denken <, um einen gesuchten Namen dann doch spontan zu erinnern, ist eine Konsequenz dieses Ansatzes.

- Übertriebenes Streben nach absoluter Perfektion und Fehlerfreiheit lösen Ängste und Verkrampfung aus, so daß gerade dadurch das Befürchtete eintritt (Watzlawick 1986,102).

- In der Therapie werden auch psychophysische sexuelle Störungen auf die Lösungsversuche erster Art zurückgeführt.

- Im Sinne des Lösungsversuchs erster Art wirken paradoxe Handlungsaufforderungen, die auf die willentliche, aber unmögliche Steuerung spontanen Verhaltens abzielen, wie z.B. "Sei nicht verschlossen!", "Sei ein fröhliches Kind", "Liebe mich!", "Sei nicht depressiv!", mehr behindernd als fördernd (Watzlawick 1986,78; ders. u.a. 1984,54f,89).

106

2. TEIL: SELF FULFILLING PROPHECY
UND LEBENSPRAXIS:
DIE EMPIRISCHE UND THEORETISCHE BASIS

2.1 VORÜBERLEGUNGEN

Der Teil 1 der vorliegenden Arbeit beschäftigte sich mit der begrifflichen Grundlegung des Konzepts der SFP im Sinne einer gedanklichen Konstruktion. Im Teil 2 geht es darum, diese gedankliche Konstruktion auf die Wirklichkeit zu übertragen. Es stellt sich damit die Frage, wie es begründbar ist, dieses Konzept als Abbildung eines real auffindbaren Phänomens zu betrachten.

Als Begründung stehen zwei Möglichkeiten zur Verfügung. Zum einen kann die Existenz der SFP erfahrungswissenschaftlich untermauert werden. Dazu wird die *empirische* Basis, die Summe aller einschlägigen Studien, herangezogen. Zum anderen kann die Existenz der SFP *theoretisch* untermauert werden. Mit "theoretischer Untermauerung" ist eine Begründung einer Hypothese gemeint, die nicht erfahrungswissenschaftlich argumentiert, sondern allein rational oder intuitiv argumentierend vorgeht und versucht, die allgemeine Anerkennung der Hypothese durch Logik oder durch Plausibilität und gedankliche Nachvollziehbarkeit a priori zu erreichen. Ein theoretisches Vorgehen in diesem Sinn deckt sich weitgehend mit dem erweiterten Begriff der hermeneutischen Verfahren, die sich nicht nur auf die Textauslegung, sondern auch auf die verstehende Interpretation der unmittelbar wahrnehmbaren Realität bezieht (vgl. Ludwig 1986,37ff).

2.1.1 DISKUSSION DER AUSSAGE-QUALITÄT
UNTERSCHIEDLICHER METHODEN DER
ERKENNTNISGEWINNUNG

Die Existenz des Phänomens der Selbsterfüllung von Erwartungen läßt sich mit Hilfe verschiedener empirischer Methoden belegen, welche sich auf unterschiedlichen Niveaus befinden. Höhere Niveaustufen bieten mehr Aussagequalität und -kraft als niedrigere. Im Anschluß an Rosenthal und Rosnow (1984,22f,41ff) können drei Stufen von empirischen Niveaus (levels of empirical inquiry/approaches) unterschieden werden, denen konkrete Untersuchungen zugeordnet werden können. Höhere Niveaus schließen die jeweils niedrigeren mit ein:

(1.) *Deskriptive Forschung* (descriptive research) beschränkt sich auf die Darstellung der unmittelbar beobachtbaren Realität. Falls man mehrere Variablen untersucht, werden diese nicht in Beziehung zueinander gesetzt. Zu dieser Stufe empirischer Forschung zählen "narrative" und "enumerative" Untersuchungen (Rosenthal/Rosnow 1984,46).

(2.) *Relationale Forschung* (relational research) setzt die beobachteten Variablen in Beziehung zueinander. Es werden also aus den Beobachtungen Zusammenhänge erschlossen.

(3.) *Experimentelle Forschung* (experimental research) ist ein Spezialfall der relationalen Stufe. Durch die vorausgehende Manipulation einer Variable sind Zusammenhangsbeziehungen in ihrer Kausalrichtung erkennbar und eindeutig interpretierbar.

(4.) Diesem Modell kann noch ein weiteres Niveau, das man *wirkmechanische Forschung* nennen könnte, hinzugefügt werden. Auf dem dritten Niveau ist entscheidbar, welche der Variablen die Ursache der anderen ist. Damit ist allerdings noch nicht geklärt, warum und wie die unabhängige Variable sich auf die anderen auswirkt. Im Gegensatz etwa zur physikalischen Mechanik ist der Wirkmechanismus bei psychischen Prozessen nicht direkt sinnlich erfaßbar. Deshalb bedarf es hier eigener Forschungsbemühungen.

Diese Stufen umfassen das Untersuchungsdesign, die Datengewinnung und -auswertung von empirischen Studien. Die erste Stufe ist nicht mit der deskriptiven Statistik gleichzusetzen. Denn letztere umfaßt auch Verfahren zur Erfassung von Relationen. Relationale Studien werden oft auch als "Korrelationsstudien" bezeichnet. Dieser Begriff ist leicht mißverständlich, da auch innerhalb experimenteller Forschung Korrelationen berechnet werden. Umfassende Ergebnisse auf dem vierten Niveau werden selten erreicht. Für die praktische Verwertbarkeit von Forschungsergebnissen im Sinne des "technischen Interesses" (Habermas 1968) sind allerdings Kenntnisse auf dem dritten Niveau meist ausreichend.

Der Selbsterfüllungsansatz postuliert einen Zusammenhang zwischen Erwartung und erwartetem Ereignis mit festgelegter Kausalrichtung. Um den Existenznachweis für SFPs erbringen zu können, ist es deshalb erforderlich, methodisch in der Lage zu sein, Ursache und Wirkung eindeutig bestimmen zu können. Das wird mit Forschung auf experimentellem Niveau als "Königsweg" versucht.

Begrenzt und unter der Akzeptanz einiger Nebenannahmen (z.B. daß zwischen dem Einflußnehmen der Erwartung und der Wirkung Zeit vergeht) kann auch mit einer cross-lagged panel analysis (Pfadanalyse) eine Kausalrichtung annähernd "bestimmt" werden (Weinert u.a. 1981,165; Mitman/Snow 1985,112f). Aufgrund der scharfen, berechtigten Kritik, die dem cross-lagged Verfahren entgegengebracht wird, schlagen Heymans und Mitarbeiter vor, ihm den "Nachweis-Status" eines Quasi-Experiments zu geben (1989,11). Als Ersatz für ein experimentelles Design scheint dieses Verfahren bei denjenigen Lebensbereichen der "bestmögliche Kompromiß" zu sein, bei denen eine Manipulation aus praktischen Erwägungen nicht möglich ist oder einen unzumutbaren Eingriff in den Lebensverlauf der (nicht eingeweihten) Probanden bedeuten würde (vgl. Heymans u.a. 1989).

Relationale Studien sind i.d.R. nicht geeignet, die Kausalrichtung eindeutig zu belegen. Es sei denn, die zusammenhängenden Variablen erlauben aufgrund ihrer Natur logisch einen relativ eindeutigen Schluß auf die Kausalrichtung.

Das ist in der SFP-Forschung nicht der Fall (Mitman/Snow 1985,97). Denn dort konfundiert die Erfüllung mit der Selbsterfüllung (Rosenthal 1976,408). Aus einer nur zeitlich verschobenen Erfassung der Variablen, in dem die Erwartungs-Erhebung der Erhebung der abhängigen Variable vorausläuft, läßt sich keine eindeutige Kausalität folgern (vgl. Westhoff 1985,110).

Ein gewisser, eingeschränkter Aussagewert hinsichtlich der Überprüfung der SFP-Hypothese ist jedoch bereits bei relationalen Studien zu erreichen.

- Solche Studien können die SFP-Hypothese zwar nicht "verifizieren", aber falsifizieren (Bortz 1984,396; 1985,288). Denn eine sich auswirkende Kausalität würde auch zu einem statistischen Zusammenhang führen. Das Erscheinen einer signifikanten Korrelation ungleich Null bedeutet, daß die SFP-Hypothese eine erste Gelegenheit der Falsifikation "überlebt" hat. Alternative (Kausal-)Hypothesen, die zur SFP-Hypothese in Konkurrenz stehen, können jedoch dadurch nicht ausgeschlossen werden (Mitman/Snow 1985,109).
- Wenn auch eine bestimmte Kausalrichtung streng logisch nicht gefolgert werden kann, so erscheint bisweilen eine Präferenz für eine der kausalen Interpretationsmöglichkeiten sehr plausibel (Smale 1983,69).
- Relationale Studien liefern darüber hinaus auch Einschätzungsmöglichkeiten der Größe und der Verallgemeinerbarkeit der Ergebnisse von Experimenten (Darley/Fazio 1980,867). Insofern ergänzen sich relationale und experimentelle Untersuchungen.

Vom erfahrungswissenschaftlichen Standpunkt aus ermöglichen im engeren Sinne nur kontrollierte, empirische Studien eine Bestätigung von Hypothesen. M.E. ist aber auch fundierten **theoretischen Aussagen**, im Sinne von Begründungen, ein gewisser, wenn auch eingeschränkter und mit Vorsicht zu behandelnder Bestätigungswert zuzusprechen. Ein kategorisches Ablehnen einer theoretischen (hermeneutischen) Begründung zur Stützung einer "Hypothese" (nicht im strengen empirischen Sinn), bedeutet, einen großen Teil der sozialen Wirklichkeit aus dem wissenschaftlichen Kontext auszuklammern. Denn in einigen Lebensbereichen sind aus Gründen des Aufwands, der Ethik oder des Risikos für die potentiellen Probanden keine empirischen Studien durchführbar. Dennoch können theoretische Aussagen in derartigen Bereichen bisweilen einen hohen Plausibilitätsgrad erreichen. Ein Beispiel dafür sind die Prognosen von äußerst "glaubensabhängigen" ökonomischen Entwicklungen wie Konjunktur- oder Börsenverläufe (vgl. Abschnitt 2.4). Z.T. sind auch plausible Verallgemeinerungen von Studien, die in ähnlichen Bereichen durchgeführt wurden, möglich. Wird z.B. der Pygmalion-Effekt in der Grundschule und im Gymnasium bestätigt, erscheint die Annahme, daß er auch in der Realschule auftreten kann, höchst plausibel.

Als Gütekriterium einer theoretischen Aussage im Begründungszusammenhang kann die Konsensfähigkeit ihrer Plausibilität innerhalb der >scientific community<, ihre Stimmigkeit und Widerspruchsfreiheit gelten. Brophy und Good (1976,71) nennen den (nur grob einschätzbaren) Grad, in dem theoretische

Vermutungen einleuchtend, plausibel, "vernünftig" bzw. evident erscheinen, die "Eindrucksvalidität".

In bezug auf ihren Bestätigungswert im wissenschaftlichen Begründungszusammenhang sind **authentische** bzw. realitätsnahe, plausible, **fiktive Einzelfälle** narrativer, anekdotischer Art wie theoretische Aussagen zu behandeln. Bisweilen machen anekdotische Beispiele "ein Leugnen der Realität ... überflüssig" (Barkey 1971,264).

Rosenthal nennt das völlige und prinzipielle Ignorieren von Anekdoten als *zusätzlichen* Beleg, einen verschwenderischen Umgang mit Informationen (1976,328). Er plädiert dafür, anekdotenhaften Belegen (anecdotal evidence) im Sinne einer Beobachtung, die nicht den üblichen wissenschaftlichen Kriterien unterlag, einen untergeordneten Rang in der Bestätigung von Hypothesen einzuräumen (vgl. auch Rosenthal/Jacobson 1971,17).

Im Sinne der Anerkennung ihres eingeschränkten Werts für die Stützung der SFP-Hypothese werden in den folgenden Ausführungen auch Korrelationsstudien und theoretische Begründungen genannt.

Nach dem Forschungsinteresse, das sie verfolgen, sind die Studien der SFP-Forschung in folgende Haupt-Gruppen einzuteilen:
(1.) Die "Entwicklungsanalyse von Erwartungen" (Weinert u.a. 1981,158) beschäftigt sich mit der Genese von Erwartungen. Gefragt wird, welche Einflüsse die Erwartungsbildung oder -veränderung anregen (z.B. Rheinberg u.a. 1986,332).
(2.) Die "Wirkungsanalyse von Erwartungen" (Weinert u.a. 1981,158) fokussiert die Effekte von Erwartungen. Diese Gruppe läßt sich weiter aufspalten:
  (a) Die Wirkungsanalyse in bezug auf den Erwartungsgegenstand untersucht, ob die Erwartungen tatsächlich den Erwartungsausgang beeinflussen. Dabei werden sogenannte "Produktmaße", die jeweiligen Erwartungsgegenstände, erhoben (Brophy/Good 1976).
  (b) Die wirkmechanische Forschung untersucht die Auswirkung einer Erwartung auf das wirkmechanische Verhalten, das zwischen Erwartung und der potentiellen Selbsterfüllung abläuft, wobei der Erwartungsausgang selbst nicht erfaßt wird. Dabei werden sogenannte "Prozeßmaße", die jeweiligen vermuteten Wirkmechanismen, erhoben (a.a.O.).
Im engeren Sinne des experimentellen Niveaus ist nur die Variante (2.a) für den SFP-Nachweis tauglich. Allerdings liegt bei einigen Studien, die sich mit der Verbindung von Erwartung und wirkmechanischem Verhalten beschäftigen (2.b), die Annahme der Auswirkung dieses Verhaltens als Wirkmechanik im Sinne der Selbsterfüllung so nahe, daß ihnen zumindest ein gewisser eingeschränkter Wert für den Existenznachweis von SFPs einzuräumen ist. Solche Studien, wie sie beispielsweise im Schulbereich durchgeführt worden sind, werden deshalb wie die plausiblen theoretischen Aussagen behandelt.

110

2.1.2 METHODOLOGISCHE PROBLEME DER SELF FULFILLING PROPHECY-FORSCHUNG

Die wichtigsten, speziellen Probleme der empirischen SFP-Forschung sollen hier knapp zusammengefaßt werden. Näheres ist bei Mitman und Snow (1985) zu finden.

Nicht alle der dort aufgeführten methodologischen Probleme sind allerdings SFP-spezifisch. Zum Teil treffen sie auf die gesamte sozialwissenschaftliche Forschung zu, wie z.B. die Beschränkung der "Populationsrepräsentativität". Denn die externe Validität der Resultate vieler Studien kann durch das vorwiegende Heranziehen von Studenten als Testpersonen als eingeschränkt betrachtet werden (Mitman/Snow 1985,102-106). Diese Tatsache führte zu der satirischen Bemerkung, die US-amerikanische Verhaltenswissenschaft sei weitgehend die Wissenschaft des >studentischen< Verhaltens (nach Rosenthal 1976,308f).

(1.) Problem der Erwartungsinduktion:

In der SFP-Forschung werden üblicherweise zwei Arten von Erwartungen in bezug auf ihre Herkunft unterschieden: Die durch den Experimentator in der Forschung bzw. durch sogenannte change agents in sonstigen Bereichen absichtlich induzierten Erwartungen und die von gezielter Beeinflussung freien "natürlichen" Erwartungen (Hanke/Mandl 1975,735; Eden 1988,251). Change agent ist der Oberbegriff für alle professionellen Helfer in unterstützenden Beziehungen (z.B. Lehrer, Erzieher, Berater, Therapeuten, Ärzte, Sozialarbeiter etc.)(Smale 1983,17f,21).

In SFP-Experimenten werden bestimmte Erwartungen induziert. Weshalb man nicht auf die natürlichen Erwartungen der Probanden zurückgreift, läßt sich folgendermaßen begründen. Verhaltenswissenschaftliche Kausalhypothesen lassen sich selten durch unmittelbares Befragen des "Untersuchungsgegenstands Mensch" überprüfen. In diesen Fällen geht man ähnlich wie Naturwissenschaftler vor, die ihren Gegenstand ebenfalls nicht um eine Antwort angehen können. Man arrangiert in Experimenten Situationen, durch die sich die Forschungsfrage indirekt beantworten läßt. Zum Arrangement dieser Situation ist es nötig, "künstliche" Erwartungen zu induzieren, um deren Kontrolle garantieren zu können. Dadurch soll gesichert werden, daß der Unterschied der abhängigen Variable zwischen den Gruppen auf den experimentellen Unterschied zwischen den Gruppen, nämlich den induzierten Erwartungen, zurückzuführen ist. Anderenfalls wäre nicht auszuschließen, daß die natürlichen Erwartungen mit einer weiteren (Stör-)Variable verbunden sind, die unentdeckt die festgestellte Wirkung hervorruft.

Erwartungen werden in den meisten Studien durch die Mitteilung einer Information induziert, die eine bestimmte Erwartungshaltung nahelegt. Ob die Testperson tatsächlich die gewünschte Erwartung ausbildet, ist damit nicht garantiert. In den bereits vielfach untersuchten Bereichen wie Schule und Labor kann der Bekanntheitsgrad der SFP-Forschung unter der Lehrerschaft bzw. der Studentenschaft als Probanden die Glaubwürdigkeit und damit den Erfolg der Erwartungsmanipulation verhindern ("transitory effect").

Erst ein sogenannter "manipulation check" ("validity check")(z.B. Tinsley u.a. 1988) vor oder nach der Erhebung der abhängigen Variable, der die "Manipulationsvalidität" überprüft (Mitman/Snow 1985,99f), macht den Erfolg des Induktionsversuchs transparent.

Bei einer Vielzahl von SFP-Studien wurde eine solche Erfolgskontrolle der Induktion nicht durchgeführt. In vielen experimentellen Anordnungen wäre das gar nicht möglich gewesen. Ein Nachfragen bei den Probanden, ob sie tatsächlich die Erwartung haben, die ihnen zuvor suggeriert wurde, könnte eventuell bereits selbst wieder die Erwartung verunsichern und verändern. Ein Überprüfen der Erwartung nach der Erhebung der abhängigen Variablen kann hingegen mit Erinnerungsschwierigkeiten verbunden sein.

Learman beispielsweise hält in seiner SFP-Studie (1988,14) die Ergebnisse seines manipulation check per Befragung der Versuchspersonen für so wenig valide, daß er eine begriffliche Unterscheidung trifft zwischen den erfragten "berichteten Erwartungen" der Probanden und ihren unbekannten "wirklichen Erwartungen". Die wirklichen Erwartungen basieren nach seiner Vermutung auf der unabhängigen Beurteilung der Zukunft durch die Probanden und dem Manipulationsversuch durch den Forscher. Die berichteten Erwartungen hält er für eine Kombination aus den wirklichen Erwartungen und einer Verzerrungskomponente durch den Effekt der "sozialen Erwünschtheit".

Es gibt jedoch auch bei den Studien ohne manipulation check eine Möglichkeit, nachträglich den Erfolg einer Manipulation zu belegen. Tritt ein signifikantes Ergebnis auf, so läßt sich dies unter der Annahme, daß sich keine systematischen und zufälligen Fehler eingeschlichen haben, nur auf die unterschiedliche Behandlung der Gruppen zurückführen (vgl. Barkey 1971,270). Allgemein müßte streng genommen die leicht kontrollierbare "Informationsgabe" oder die "Äußerung von Prognosen" in den Experimenten als die unabhängige Variable angesehen werden, und nicht die "Erwartung".

(2.) Problem der Absichtlichkeit:

Der SFP-Begriff ist meiner Ansicht nach nur unter dem Ausschluß der ereignisidentischen Absichtlichkeit im wirkmechanischen Verhalten (vgl. Abschnitt 1.5.4) sinnvoll begrenzt festgelegt. In vielen Studien ist nicht mit Sicherheit auszuschließen, daß die Probanden absichtlich zielgerichtet handelten, um die Voraussage unabhängig von ihrer persönlichen Erwartung in Erfüllung gehen zu lassen. Damit würde der aufgetretene Effekt aus der Definition der SFP herausfallen.

Gegen die Vermutung, daß die in den Studien aufgetretenen Effekte mit dem absichtlichen Handeln der Probanden erklärt werden können, spricht:

- In einigen der in den Experimenten hergestellten Situationen muß wohl kaum mit einem persönlichen, absichtlich verfolgten Interesse der Probanden gerechnet werden, die Voraussage einer auftretenden Differenz (!) zwischen der Experimental- und Kontrollgruppe zu erfüllen.
  Bsp.: Es widerspricht dem Berufsethos der Lehrer, ihre Schüler unterschiedlich zu fördern. In einigen Studien bedeutete die Erfüllung der Erwartung für die Probanden, in eine nicht angenehme Lage zu kommen. Auch das Interesse an guten Leistungen bei Leistungstests dürfte unabhängig von den induzierten Erwartungen sein.
- Die Probanden hätten in einigen experimentellen Situationen wohl kaum gewußt, wie sie absichtlich die Voraussage hätten in Erfüllung gehen lassen können (z.B. Ratten-Lernversuche).

Einige Experimente, die zum Teil in der SFP-Forschung diskutiert werden (z.B. von Darley/Fazio 1980,868; Snyder 1981,196), wurden hier als Beleg der Selbsterfüllung ausgeschlossen, da eine absichtliche Erfüllung durch das Erwartungsobjekt sehr naheliegend ist. Beispiele dafür sind die Studien von Zanna und Pack (1975) und Baeyer und Mitarbeiter (1978). Zanna und Pack zeigten, daß die Selbstdarstellung von weiblichen Studenten beeinflußt wird von dem Bild, das ihr männliches Gegenüber von einer "idealen" Frau hat (traditionelles oder progressives Klischee). Ähnlich wurden in dem Experiment von Baeyer und seinen Mitarbeitern Stellenbewerberinnen informiert, welches Bild der männliche "Personalchef" von der idealen Bewerberin hatte (traditionelles oder progressives Klischee). Die Frauen erschienen zu dem Bewerbungsgespräch in einer dem Bild entsprechenden äußeren Erscheinung (Kleidung, make up etc.). In beiden Studien wurde der normative Erwartungsbegriff verwandt, der mit dem Begriff "sich selbst erfüllende *Erwartung*" nicht so ohne weiteres in Einklang zu bringen ist. Die männlichen Beteiligten äußerten Wünsche und Ideale, aber keine Voraussagen über den tatsächlichen Typ ihrer Gesprächspartnerin.

2.1.3 ZUR AUSWAHL UND EINTEILUNG DER LEBENSBEREICHE, DIE VON DER SELF FULFILLING PROPHECY-FORSCHUNG UNTERSUCHT WURDEN

Beispiele für SFPs "findet man auf der ganzen Bandbreite sozialwissenschaftlicher Phänomene" (Honolka 1976,9). Empirisch sind allerdings nur wenige Lebensbereiche umfassend erforscht. Die bereits empirisch gut belegten Lebensbereiche sind das Forschungslabor, die Schule, die Medizin (Placebo) und die Psychotherapie (vgl. Rosenthal 1976,414ff). Bisher wurden in der empirischen SFP-Forschung stärker interpersonale, weniger intrapersonale Erwartungen berücksichtigt. Mit Lebensbereich werden im folgenden alle kurz- oder langfristigen, spezifischen, d.h. nach typischen Lebenszusammenhängen unterscheidbare Situationen bezeichnet, in denen sich Menschen selten bzw. häufig befinden können.

Die Anwendung des Konzepts der SFP "auf eine sich fortwährend ausweitende Reihe von Verhaltensphänomenen" (Eden 1986,1) kann allein schon durch die Titel einiger neuerer Arbeiten illustriert werden. In der Nachfolge von "Pygmalion im Unterricht" ist "Pygmalion" aufgespürt worden als:
- Pygmalion black and white (Rubovitz u.a. 1973)
- Pygmalion at sea (auf See)(Crawford u.a. 1980)
- Pygmalion goes to boot camp (im Militärlager)(Eden/Shani 1982)
- Pygmalion goes to work (am Arbeitsplatz)(Sutton 1986)
- Pygmalion in the prison classroom (im Gefängnis)(Farrell 1986)
- Pygmalion in the nursing home (im Pflegeheim)(Learman 1988)
- Pygmalion in management (in der Personalführung)(Eden i.Dr.)

Die empirische Basis zur SFP ist mittlerweise so stark angewachsen, daß im Rahmen der vorliegenden Arbeit nur eine Auswahl der Studien vorgestellt werden kann. Allein die Zahl der Veröffentlichungen zu den Lehrererwartungen und ihren Effekten wird auf 300 bis 400 geschätzt, wobei die Zahl der unveröffentlichten Arbeiten zu diesem Themenkreis genauso hoch vermutet wird (Meyer 1985,353). Die hier darzustellenden Studien wurden nach folgenden Gesichtspunkten ausgewählt:
- Es kamen nur solche Studien in Betracht, die entweder direkt der SFP-Forschung angehören oder von ihren Autoren oder anderen mit dem Selbsterfüllungsansatz in Verbindung gebracht worden sind.
- Die verschiedenen Lebensbereiche, zu denen bereits Befunde vorliegen, sollen möglichst repräsentiert sein, um die Vielfältigkeit des Phänomens verdeutlichen zu können.
- Die Studien bzw. Lebensbereiche, die bisher im deutschen Sprachraum meines Wissens kaum beachtet wurden, werden favorisiert.

Auch die theoretischen Aussagen zu den einzelnen Lebensbereichen sind stark an der vorgefunden Literatur orientiert. Dadurch ist aber nicht gewährleistet, daß alle wichtigen Bereiche, in denen SFPs eine Rolle spielen, Erwähnung finden. Die hier getroffene Auswahl der Lebensbereiche, die als Gliederung der folgenden Darstellung fungieren, und die Zuordnung der Studien zu den einzelnen Bereichen erschien mir in der durchgeführten Weise sinnvoll. Weder Auswahl noch Zuordnung sind objektiv zwingend. Bei einigen Studien wäre auch eine Mehrfachzuordnung möglich gewesen.

2.2 BEREICH DES EMPIRISCHEN FORSCHENS

SFPs spielen in der empirischen Forschung nicht nur als spezifischer *Untersuchungsgegenstand* eine Rolle, sondern auch als *Störvariable*, welche prinzipiell die Resultate jeder Studie mit beliebiger Fragestellung verzerren kann, und das in zweifache Weise:

114

- als eine Erklärungsmöglichkeit für den Hawthorne-Effekt, wobei die Probanden der Untersuchung die Erwartungssubjekte darstellen,
- als ein Teilbereich des Versuchsleiter-Effekts, wobei die Forscher selbst zu den Erwartungssubjekten werden.

Da der Hawthorne-Effekt bereits in Abschnitt 1.6.3.5 behandelt wurde, beschränkt sich dieser Abschnitt auf die SFPs der Versuchsleiter. In diesem Kontext wird das Forschungslabor selbst zu einem Lebensbereich, in dem Menschen im Lebenszusammenhang der Rolle als "Versuchsleiter" SFPs auslösen.

Es gibt zwei Haupt-Fehlergruppen in der empirischen Forschung, die Forschungsartefakte produzieren können: systematische Fehler und Zufallsfehler. Zufallsfehler sind schwer identifizierbar und nie völlig auszuschließen. Allerdings besteht mit Vergrößerung der Stichprobengröße die berechtigte Hoffnung, daß sie sich zunehmend als "self-canceling" erweisen, ihre störende Wirkung also selbst aufheben (Rosenthal/Rosnow 1984,102). Versuchsleiter-Effekte gehören zu den systematischen Fehlern. Diese Effekte bezeichnen die störende Wirkung der Person des Versuchsleiters auf die Resultate in Experimenten oder Befragungen.

Sowohl der deutsche Ausdruck "Versuchsleiter-Effekt" (z.B. Dorsch 1987,735f; Kerlinger 1979,735) bzw. "Testleiter-Effekt" (z.B. Dollase 1973,95) als auch der englische Ausdruck "experimenter-effect" sind, genau besehen, zu eng gewählt. Denn dieser Effekt bezieht sich nicht nur auf den Versuchsleiter oder Experimentator in einem Experiment, sondern auch auf weitere am Erhebungs- und Auswertungsprozeß aktiv beteiligte Personen sowie auch auf andere Verfahren (Beobachtungen, Interviews)(Rosenthal/Rosnow 1984,103,107f). Insofern erscheint es besser von dem "Untersuchungsleiter-Effekt" zu sprechen. Rosenthal teilt den Untersuchungsleiter-Effekt in zwei Grundtypen mit jeweiligen Unterkategorien auf (1968a,47-50; 1968b,16-20; 1969; ders./Rosnow 1984,107-110):
- Non-interaktionaler Untersuchungsleiter-Effekt
  - Beobachter-Effekt
  - Auswerter-Effekt
  - Intentionaler Effekt
- Interaktionaler Untersuchungsleiter-Effekt
  - Biosozialer Effekt
  - Psychosozialer Effekt
  - Situationaler Effekt
  - Modell-Effekt
  - Untersuchungsleiter-Erwartungseffekt
Bei den non-interaktionalen Effekten werden die Reaktionen der Forschungsobjekte (Versuchspersonen, Befragte etc.) nicht beeinflußt. Die Subjektivität des Forschers drückt sich aber trotzdem in den Untersuchungsergebnissen aus, indem er seine Beobachtung oder seine Auswertung subjektiv

vornimmt und >einfärbt<, ohne daß die Forschungsobjekte sich deswegen anders verhalten.

Die interaktionalen Effekte beeinflussen das Verhalten der Testpersonen objektiv. Biosoziale Effekte sind z.B. die Wirkung des Alters, des Geschlechts oder der Rasse des Untersuchungsleiters auf das Ergebnis. Psychosoziale Effekte beeinflussen die Resultate über den Status, die Autorität, die psychische "Wärme" oder die Angst, die der Untersuchungsleiter >ausstrahlt<. Ein Effekt der Situation kann z.B. die Bekanntschaft oder Fremdheit zwischen dem Untersuchungsleiter und dem Probanden sein.

Nur eine spezielle Variante der Untersuchungsleiter-Effekte sind die *Untersuchungsleiter-**Erwartung**effekte* bzw. die Effekte der Untersuchsleiter-Voreingenommenheit. Die anderen Kategorien des Untersuchungsleiter-Effekts haben zunächst nichts mit dem Selbsterfüllungsansatz zu tun. Die non-interaktionalen Untersuchungsleiter-Effekte lassen sich noch um subjektive Erwartungseffekte erweitern, wenn man diese auch zu den SFPs zählt (vgl. Abschnitt 1.3.3), was jedoch Rosenthal nicht tut. Denn auch die Beobachtung und Auswertung kann durch die Erwartung der Beobachter und Auswerter beeinflußt sein (subjektive Erwartungseffekte).

Der Untersuchungsleiter-Erwartungseffekt, der kurz auch als *Rosenthal-Effekt* bezeichnet wird (z.B. Bortz 1984,61; Legewie u.a. 1972,10ff), ist eine Form der SFP. Dem Selbsterfüllungsansatz zufolge ist der Forschungsprozeß (auf der Stufe des Begründungszusammenhangs), trotz des Bemühens um Objektivität, in Gefahr, daß der Forscher seine Hypothesen mit höherer Wahrscheinlichkeit in Richtung seiner eigenen subjektiven Überzeugung als in gegenteilige Richtung bestätigt findet. Der Rosenthal-Effekt kann durch Erwartungen des Projektleiters (investigator), der mit den Probanden nicht in direkten Kontakt tritt, sowie durch die des Untersuchungsleiters (experimentator) ausgelöst werden (Bortz 1984,61). Eine Zusammenstellung von Monographien zum Rosenthal-Effekt ist bei Bortz (a.a.O.) zu finden. Die Literatur zu diesem Thema bezieht sich größtenteils auf experimentelle Untersuchungen. Derartige Effekte wurden jedoch auch bei Interviews und Beobachtungen festgestellt (ebd.). Der Rosenthal-Effekt kann sich bereits bei der Gestaltung von geschlossenen Fragen einstellen. Durch die Vorgabe einer begrenzten Anzahl von Antworten können "Artefakte produziert werden", indem "lediglich die 'selbstversteckten Ostereier' gefunden werden: Die eigenen vorformulierten Konzepte werden 'bestätigt'" (Ulich u.a. 1981,72f,78).

In einer Studie von Rosenthal und Fode (1963a) führten "Versuchsleiter" (Vl), die unwissentlich in Wirklichkeit die Probanden waren, Lernexperimente mit **Ratten** durch. Den Vl wurden einige Tiere als züchtungsbedingt "klug", andere als "dumm" vorgestellt. Die Ratten hatten dabei zu lernen, sich in einem Labyrinth durch optische Hinweise zu orientieren. In Wirklichkeit bestand kein Unterschied zwischen den Ratten. Die als "klug" bezeichneten Ratten erzielten tatsächlich signifikant bessere Lernerfolge als die "dummen". Diese Ergebnisse

116

wurden durch viele Replikationsstudien bestätigt (vgl. Smale 1983,40f; Rosenthal 1975,20; 1976).

Diesen Rattenexperimenten griff der Philosoph Russell schon 1927 voraus, indem er ironisierend feststellte, daß Ratten als Versuchstiere die nationalen Eigenheiten ihrer Forscher annehmen: "Ratten, die von Amerikanern studiert werden, sausen aufgeregt herum, lassen dabei ein unglaubliches Maß an Schwung und Einsatz erkennen und lösen die gestellte Aufgabe schließlich durch Zufall. Tiere von deutschen Forschern bringen die Lösung hervor, in dem sie still sitzen und nachdenken" (Russell 1927, frei zit. nach Rosenthal 1975,20; 1976,179; Legewie u.a. 1972,13; Schusser 1972a,15).

In einer anderen Versuchsreihe von Rosenthal und Fode (dargestellt in Rosenthal 1976,143ff) sollten Versuchspersonen (Vpn) Menschen auf **Fotografien** nach dem Grad ihres "Erfolgs" einschätzen. Nur solche Bilder waren in Voruntersuchungen dafür ausgewählt worden, auf denen die abgebildeten Personen von anderen Beurteilern im Durchschnitt als neutral, also weder als "erfolgreich" noch "erfolglos" eingestuft worden waren. Vorher wurde einem Teil der "Vl" - die auch hier im Grunde Vpn waren - mitgeteilt, daß die Mehrzahl der fotografierten Personen als "erfolgreich" eingeschätzt würden, dem anderen Teil der "Vl" wurde das Gegenteil suggeriert. Die tatsächlichen Einschätzungen der Vpn entsprachen den den "Vl" übermittelten Suggestionen, obwohl die "Vl" ihren Vpn exakt die gleichen Instruktionen vorlasen. Die Untersuchungen wurden mehrfach in verfeinerter Form durchgeführt, um den Wirkmechanismus aufzudecken. Diese Nachfolge-Untersuchungen geben zur Vermutung Anlaß, daß die Erwartung des Vl wohl durch seine Stimme transportiert wurde, da z.B. die Verhinderung des Blickkontakts zwischen "Vl" und Vp oder das Darbieten der Instruktionen des "Vl" per Tonbandaufnahme zu denselben Ergebnissen führte.

In ähnlichen Studien ergab sich, daß auch die Zahl und die Art der Interpretationen von Tintenklecksen entsprechend den manipulierten Erwartungen der Vl ausfällt (vgl. Rosenthal/Jacobson 1971,37,46f). Auch die Werte von standardisierten (!) Intelligenztests oder die Ergebnisse von Geschicklichkeitsaufgaben scheinen u.a. den Erwartungen der Vl zu gehorchen (Übersicht Rosenthal 1975,20; Rosenthal/Jacobson 1971,48ff; Hersh 1971; Jones 1977,63ff). Der Testleiter-Effekt ist natürlich nicht nur innerhalb der Forschung zu befürchten, sondern in jeder anderen Situation einer Testanwendung auch (psychologische Diagnosen, Schulprüfungen).

Eine Studie von Clarke und Mitarbeitern (1976) belegte, daß sogar die Elektroenzephalogramme (EEG) von den Erwartungen des Experimentators gesteuert werden können. Auch in der Umfrageforschung konnte gezeigt werden, daß die Antworten der Befragten in die Richtung tendieren, die die Interviewer erwarten (Übersicht: Rosenthal/Jacobson 1971,35f; Dworkin 1974, 42).

Details zu den erwähnten Studien und weitere Studien sind folgender Sekundär-Literatur zu entnehmen: Bungard (1984), ders./Lück 1974, Rosenthal (1968a; 1976), ders./Rosnow (1969,322ff), Rosenthal/Jacobson (1971,36-62), Dworkin (1974,81ff), Smale (1983,40-42).

"Diese Studien belegen zweifelsfrei, daß das Verhalten des Untersuchungsleiters die Ergebnisse seiner Untersuchung beeinflussen *kann*" (Bortz 1984,61). Rosenthal schlägt einen Katalog von Strategien zur Reduktion oder Verhinderung des Untersuchungsleiter-Erwartungseffekts vor: z.B. die Minimierung des Kontakts zwischen Vl und Vp, das Einführen von Erwartungskontroll-Gruppen und das "Blind"-halten des Vl (1985,51; 1976,331-413).

Zu Beginn dieses Jahrhunderts beschäftigten sich Pfungst und Stumpf systematisch mit einem in die Geschichte der Psychologie eingegangenen Pferd. Der "kluge Hans" konnte durch Hufstampfen die richtige Antwort von Rechen- und Leseaufgaben geben. Das Tier war auch bei fremden Fragestellern dazu in der Lage, aber nur, wenn es den Fragesteller sehen konnte, und er die richtige Antwort selbst wußte. Anscheinend nahm Hans kleine, unbewußt gegebene Verhaltenssignale des Fragers auf, um mit seinem Hufstampfen bei der richtigen Zahl aufzuhören (z.B. zit. von Rosenthal 1968a,49; 1976,137; 1981; ders./Jacobson 1971,52; Bortz 1984,60; Legewie u.a. 1972,10; Sebeok /Rosenthal 1981; Zimbardo/Ruch 1978,14). Neben dem klugen Hans gab es zu dieser Zeit noch weitere durch ihre "Klugheit" bekanntgewordene Tiere (Hunde, Katzen etc.). Bis 1937 wurden schon über 70 solcher "denkenden" Tiere gezählt (Hediger 1981,2).

Das "Kluge-Hans-Phänomen" wird oft als Beispiel für eine SFP in bezug auf das Verhalten von Tieren herangezogen. M.E. steht der "Kluge Hans" aber eher für die Subtilität von allgemeinen Kommunikationsprozessen zwischen Mensch und Tier, die nicht zwangsläufig mit einer SFP in Verbindung stehen. Eine Selbsterfüllung der Vorhersage "Hans wird die richtige Antwort geben!" muß nicht unbedingt vorgelegen haben. Es genügte anscheinend, wenn der Fragesteller eine Vorstellung des richtigen Test-Ergebnisses V_e hatte, die er Hans signalisierte. Diese Vorstellung V_e und der ablaufende Kommunikationsprozeß zwischen Mensch und Tier hat aber nichts mit einer sich selbst erfüllenden Vorstellung gemeinsam. Denn eine Vorstellung im Sinne der Selbsterfüllung müßte sich mit dem Ereignis decken, d.h. es müßte eine Vorstellung der richtigen Reaktion von Hans sein (V_r), also etwa lauten: "Ich stelle mir vor, wie Hans richtig reagiert!" Das war wohl nicht zwangsläufig der Fall. Denn die Vorbedingung für das erfolgreiche Reagieren des Pferdes ist V_e und nicht V_r. Ein skeptischer, an den Fähigkeiten von Hans zweifelnder Fragesteller hätte dem Pferd wohl auch die richtige Antwort signalisiert, obwohl dieser nur über V_e verfügte, sich aber keineswegs vorgestellt hätte (V_r), daß Hans die Rechenaufgabe tatsächlich löst.

2.3 BEREICH DES LERNENS UND DER ERZIEHUNG

Das Konzept der SFP kann auch auf autodidaktisches bzw. erzieherisch unterstütztes Lernen übertragen werden. Möglicherweise sind bei vielen absichtlichen Lernprozessen zu einem gewissen Anteil auch intrapersonale SFPs am Lernerfolg oder -mißerfolg beteiligt. Das Selbstkonzept der eigenen Begabung für den Lerngegenstand kann sich als selbsterfüllend erweisen (vgl. Meyer 1983,18-22). Hält sich jemand für begabt, Algebraaufgaben zu lösen, eine Sprache, ein Musikinstrument oder den Umgang mit einem Computer zu erlernen, so kann das für ihn ein Vorteil sein, unabhängig davon, wie groß seine Begabung tatsächlich ist. Auch Lernerfolge, die einem Übungseffekt zuge- schrieben werden, können als Selbsterfüllung der Erwartung interpretiert werden, die mit dem Üben verbunden waren.

Das Konzept der instrumentellen Verstärkung, wonach die Auftretenswahr- scheinlichkeit eines Verhaltens durch die vom "Organismus" erfahrene Wirkung gesteuert wird, kann auch unter dem Selbsterfüllungsansatz gesehen werden: In Anlehnung an das individualpsychologische Denken Alfred Adlers beschreibt Künkel (1942,63f) wie der Erfolg von vorausgehenden Lernversuchen beim Lernenden über Ermutigung oder Entmutigung den Erfolg von nachfolgenden Lernversuchen leitet. "Das Kind scheitert an einer Rechenaufgabe. Es macht die Erfahrung, daß es ein schlechter Rechner ist. Auf Grund dieser Erfahrung geht es der nächsten Rechenaufgabe schon mit Ablehnung und Angst entgegen. Und wegen dieser ungünstigen Voraussetzungen endet auch der zweite Versuch mit einem Mißerfolg" (a.a.O.). Im Erzieher kann sich nach Künkel daraufhin auch ein "Teufelskreis" zu drehen beginnen. Er hält sich selber für einen schlechten Erzieher, oder das Kind für nicht begabt, da er dem Kind offensichtlich nichts beibringen kann. Diese Ansichten können sich selbst erfüllen. Umgekehrt gilt: "Wenn der Schüler eine Aufgabe bewältigt, lernt er nicht nur die Lösung dieser einen Aufgabe, sondern er lernt allgemein, daß er in der Lage ist, ... eine Schwierigkeit aus der Welt zu schaffen. ... (Damit wird, P.L.) die Voraussetzung für die Lösung weiterer Aufgaben ... günstiger" (a.a.O.). "Pädagogen sollten sich deshalb immer der Tatsache bewußt sein, daß in einer Lernsituation mehr als bloß richtiges Verhalten erlernt wird. Das Individuum lernt vielmehr eine viel profundere Lektion: 'Ich bin eine kompetente Person'" (Zimbardo/Ruch 1983,233).

Henz beschreibt, wie die Erfahrung von Erfolg bzw. Mißerfolg über die vorge- nommene Kausalattribuierung und Selbstkonzeptbildung auch in den Eltern, der Schulklasse, den Erziehern und Lehrern interpersonale Erwartungen über den zukünftigen Erfolg bzw. Mißerfolg des Schülers auslösen. Die so entstandenen Erwartungen tendieren zur Selbsterfüllung, indem der Schüler durch diesen Personenkreis ermutigt bzw. entmutigt wird und in der Folge intensiver bzw. verminderter "trainiert" (1964,120-123).

In diesem Zusammenhang können Erziehungs- und Bildungsmaßnahmen zur Unterstützung von Lern- und Entwicklungsprozessen als ein erster, bedeutsamer Anstoß, eine Art "Initialzündung", verstanden werden. Während die absichtlich gewährten Lernhilfen zunächst zeitlich oder bereichsspezifisch begrenzte Veränderungen hervorrufen, erzeugen die damit einhergehenden positiven Erfahrungen des Gelingens und Lernerfolgs Erwartungen, die als zirkuläre SFP erst eine Veränderung von Dauer hervorbringen.

Die Wirkung von Lernmethoden kann sich zumindest partiell auch als Placebo-Effekt erweisen. Johnson und Foley (1969) gaben Studenten eine Lernaufgabe, die sie in einer bestimmten Weise bewältigen sollten (paarweise diskutierend). Danach wurde die Lernleistung in einem multiple-choice-Test erhoben. Der einzige Unterschied, der systematisch herbeigeführt wurde, war eine zuvor gegebene Information. Einigen Lern-Paaren wurde die Aufgabe als Zeitfüller vorgestellt, anderen als neuartige Lernmethode mit noch unbekanntem Wert, und einer weiteren Gruppe von Paaren als neuartige Lernmethode, die sich bereits als äußerst erfolgreich erwiesen hat. Die letzte Gruppe schnitt in dem Test signifikant besser als die anderen ab.

Im folgenden sollen SFPs in zwei Teil-Bereichen des Lernens und der Erziehung näher betrachtet werden: in der Familienerziehung und -sozialisation und in der institutionalisierten Erziehung und Bildung im Unterricht.

2.3.1 FAMILIENERZIEHUNG UND -SOZIALISATION

Erwartungen der Eltern gegenüber der Entwicklungs- und Lernfähigkeit ihrer Kinder können sich selbst erfüllen (z.B. Bugenthal/Shennum 1984; Meyer 1983,18-22). Das Bild der Eltern von ihrem Kind trägt "vermutlich als Grundlage kindbezogener Erwartungen und Verhaltensweisen zur Ausbildung und Stabilisierung entsprechender Kindmerkmale im Sinne sich selbst erfüllender Prophezeiungen bei" (Helmke u.a. 1989,239). "Wissen" beispielsweise die Eltern aufgrund ihrer impliziten Vererbungstheorien, daß ihre Kinder beispielsweise "unmusikalisch" sind, werden sie ungern einen Musikunterricht finanzieren. Demzufolge wird ihr Kind tatsächlich "unmusikalisch" bleiben.

Heymans und Mitarbeiter (1989) stellen ein wirkmechanisches Modell auf, das die Selbsterfüllung der Alltagstheorien der Eltern über ihre Kinder plausibel erscheinen läßt. Sie versuchen das mit einer cross-lagged-Korrelationsstudie zu bekräftigen, in der die Erwartungen über die Persönlichkeitsentwicklung der Kinder analysiert wurden. (Die Längsschnittstudie ist 1989 noch nicht abgeschlossen gewesen.)

Tollison und Mitarbeiter (1987) zeigten in einer relationalen Studie, daß Mütter von lernbehinderten Kindern geringere Leistungserwartungen gegenüber ihren Kindern haben und mit ihrem Verhalten das Lernen ihrer Kinder weniger stützen als Mütter "normaler" Kinder. So kann das Etikett "Lern-behinderung" zur SFP werden.

Stern und Hildebrandt (1986) bestätigten in einem Experiment, daß sich das Etikett "Frühgeburt" auf das Verhalten von Müttern im Umgang mit Klein-kindern ungünstig auswirkt. Diese Studie ist zu der wirkmechanischen Forschung zu rechnen (vgl. Abschnitt 2.1.1). 27 Mütter wurden mit ihnen un-bekannten >termingerecht< geborenen Kindern zusammengebracht. Diesen Müttern wurden die Kinder entweder als Frühgeburten oder als Normal-Geburten vorgestellt. Jene Mütter, die glaubten, es mit zu früh Geborenen zu tun zu haben, berührten die Kinder seltener, gaben ihnen Spielzeug, welches nicht dem Reifegrad des Kindes entsprach und beurteilten sie anders. Diese Kinder waren während der Interaktion mit der Mutter passiver. Beobachter der Interaktionen waren in der Lage, zutreffend zu erraten, welche Mütter glaubten, mit einem frühgeborenen Kind zu spielen. Die Autoren diskutieren das ungünstige Verhalten der Mütter als möglichen Wirkmechanismus, der das negative Vorurteil in bezug auf die spätere Entwicklung zu früh geborener Kinder zu einer SFP werden läßt.

Interpersonale Erwartungen der Eltern in Form von Unterstellungen werden dem Kind häufig unabsichtlich verbal oder nonverbal mitgeteilt. Solche Unterstellungen können sich selbsterfüllend realisieren. Das können auch durchaus gutgemeinte Versuche sein, es (unnötigerweise) zu schützen. So unterstellt z.B. die alltägliche Bemerkung "Ich gehe nicht weg. Du brauchst keine Angst zu haben!", daß das Kind Angst bekommen würde, wenn es kurzzeitig alleingelassen wird. Die Äußerung signalisiert dem Kind, daß die Situation, alleine zu sein, eine bedrohliche ist. Hat es vor dieser Bemerkung noch keine Angst gehabt, so wird es künftig in derartigen Situationen mit größerer Wahrscheinlichkeit Ängste entwickeln.

2.3.2 UNTERRICHT

Die Leistung eines Schülers wird nach Ansicht vieler Verhaltenswissenschaftler geprägt von seinen eigenen Erwartungen, sowie von denen des Lehrers, der Mitschüler und seiner Eltern (z.B. Einsiedler 1989,106; Tausch u.a. 1979,61).

(1.) Das Oak-School-Experiment:

Die bekannteste Studie zur Wirkung der Lehrererwartungen auf die Schüler, dem Pygmalion-Effekt im engeren Sinne, ist zweifellos das Oak-School-Experiment von Rosenthal und Jacobson (1971). Diese Studie wird üblicher-weise mit den Initialen der Verfasser abgekürzt (RJ-Studie). Diese Studie war der >Startschuß<, der die Forschungsrichtung über Lehrererwartungen in größerem Umfang eröffnete. Die Hypothese der sich selbst erfüllenden Lehrererwartungen sowohl als theoretisches Postulat als auch als empirische Arbeitshypothese ist allerdings schon älter als die RJ-Studie (vgl. Dworkin 1974,116; Barkey 1971,265f; Weinert u.a. 1981,157f).

Ich werde die Studie nur knapp skizzieren, da der Gesamtforschungsbericht in deutscher Übersetzung vorliegt (Rosenthal/Jacobson 1971,82-181,215ff) und bereits vielfach in deutschsprachigen Publikationen zusammengefaßt wurde (z.B. Rheinberg/Minsel 1986,333; Perrez u.a. 1986,410f; Legewie u.a. 1972,10ff; Elashoff/Snow 1972,18-22,85; Hanke 1980; Hanke/Mandl 1975,728; Barkey 1971,266-268; Bronfenbrenner 1976,132; Schiefele 1974,358; Brophy/Good 1976,49-51).

Die RJ-Studie wurde Mitte der 60er Jahre an einer Grundschule in South San Francisco durchgeführt. Der Anonymität wegen wurde der Name der Schule in >Oak-School< geändert. In dieser Oak-School wurden mit den Schülern Intelligenztests durchgeführt. Danach wurden den Lehrern diejenigen Schüler genannt, die laut den Ergebnissen des Spezial-Tests angeblich in ihrer geistigen Entwicklung in nächster Zeit "aufblühen" werden. In Wirklichkeit waren die "aufblühenden" Schüler durch Zufall ermittelt worden und bei dem verwendeten Meß-Instrument, dem TOGA, handelte es sich um einen herkömmlichen Intelligenztest, der nicht in der Lage ist, derartige Prognosen zu stellen. Nach den Ergebnissen der Nachtests wiesen die vermeintlichen "Aufblüher" unter Abzug des Übungseffekts im Vergleich zu ihren Mitschülern einen höheren Intelligenzwert auf, zumindest in einigen Klassen. Rosenthal und Jacobson sahen darin einen weiteren Beweis für die Selbsterfüllung von interpersonalen Erwartungen (1971,108).

Die RJ-Studie fand ein ungewöhnlich großes Echo in der Fachwelt und der Öffentlichkeit (Rosenthal 1975,18; Elashoff/Snow 1972,14,24; Hanke/Mandl 1975,726; Brophy/Good 1976,50,62). Es erschienen Rezensionen in der Tagespresse und in den Funkmedien. Sogar die Änderung von Schulverordnungen wurde als Reaktion darauf erwogen. Weinert und Mitarbeiter begründen die Popularität der Studie mit damals bildungspolitisch brisanten, zeitgeschichtlichen Entwicklungen (1981,157).

Die Ergebnisse der RJ-Studie wurden "in der Sekundärliteratur häufig unzulässig verallgemeinert und vereinfacht" (Hanke/Mandl 1975,726). "Einige Autoren schienen sogar den Eindruck erwecken zu wollen, als ob jede Art von Lehrererwartung sich irgendwie magisch und automatisch selbst erfüllen würde ..." (Brophy/Good 1976,51). Einige Beispiele solcher naiver Verallgemeinerungen ursprünglicher Rezeption werden von Barkey (1971,264) zitiert. Dieser anfänglich übersteigerten Reaktion folgte eine **kritische Gegenbewegung** (Brophy/Good 1976,50,62f). Beispiele für spezifische, gewichtige Kritikpunkte an der Studie sind:
- Meßprobleme, die die Reliabilität und Validität anzweifeln,
- zu stark verallgemeinernde Schlußfolgerungen der Autoren,
- Zweifel an der Zufallsauswahl,
- fehlende Abschätzung der Effektgröße, die Rosenthal später selbst kritisierte (1985,49).

Daneben wurden auch marginale Punkte wie die "suggestivwirkende" Namensgebung der Variablen im Forschungsbericht angegriffen oder unspezifische Punkte, die im Grunde die empirische Forschung insgesamt betreffen.

Die Verfasser der Studie und ihre Mitarbeiter antworteten der Kritik wiederum mit apologetischen bzw. gegenkritischen Stellungnahmen.

Einen Überblick über die geübte Kritik ermöglichen Arbeiten von Elashoff und Snow (1972), Hanke und Mandl (1975,728,729-731), Barkey (1971,266-268), Erlemeier (1973,539-544), Finn (1972), Wahl (1981,51f), Rosenthal und Rubin (1978a,377) und Brophy und Good (1976,62). Die Gegenkritik findet sich bei Rosenthal (1985,46-49; 1975,21; 1976,461-464), Rosenthal und Jacobson (1971,185ff,220f) und bei Rosenthal und Rubin (1972).

Eine detailliertere Erörterung der Kritik an der RJ-Studie und ihrer Verteidigung soll hier aus folgenden Gründen ausgespart bleiben: Es existiert bereits eine ausführliche zusammenfassende Darstellung in deutscher Sprache (Elashoff/Snow 1972).

Sowohl die Kritik als auch die Verteidigung argumentiert fundiert und plausibel. Deshalb fällt es selbst noch bei der Ausführlichkeit, die die Arbeit von Elashoff und Snow erreicht, schwer, sich eine Meinung zur Aussagekraft der RJ-Studie zu bilden, deren Begründungsniveau über dem des rein subjektiven, intuitiven Eindrucks liegt. Beispielsweise behauptet die Kritik, es seien die Grenzen der Testnormierung des TOGA überschritten worden. Rosenthal behauptet das Gegenteil. Ein ernsthafter Beurteiler müßte hier auf Primärliteratur zurückgreifen. Argumente wurden weder von den Befürwortern noch von den Gegnern einfach hingenommen, sondern mehrfach hin und her gespielt, was schon durch die Titel der Artikel demonstriert wird: Elashoff und Snow setzen "Pygmalion auf den Prüfstand" (dt. 1972). Rosenthal und Rubin reagieren mit "Pygmalion - doch bestätigt" (1972), was wiederum Elashoff und Snow mit "Pygmalion - doch widerlegt" beantworten (1972,184ff).

Ein Versuch einer noch knapperen, ausgewogenen Zusammenfassung zur Kritik-Diskussion als die, welche Elashoff und Snow bieten, und die es ermöglicht zu einer rationalen Meinungsbildung zu gelangen, erscheint mir deshalb von vorneherein zum Scheitern verurteilt. Zu einer "objektiven" Gesamteinschätzung der RJ-Studie zu kommen, in der alle bedeutenden Punkte des Disputs in ihrem Für und Wider erwogen werden, wäre, wenn überhaupt, nur möglich durch Hinzuziehung der methodologischen Basis-Literatur bzw. einer Reanalyse der Rohdaten. Eine so umfangreiche Arbeit müßte sich die Frage nach Aufwand und Nutzen gefallen lassen, angesichts der neuen Perspektive einer inzwischen erheblich angewachsenen Anzahl von weiteren, bestätigenden Studien zu diesem Themenkreis und angesichts der Tatsache, daß es sich bei der RJ-Studie um ein Experiment handelt, das vor ca. 25 Jahren durchgeführt wurde und dessen forschungshistorische Bedeutung unbestreitbar ist.

Als weittragend erwies sich die Auseinandersetzung um die RJ-Studie dadurch, daß das außenstehende "Publikum" den Disput einseitig bzw. nur partiell zur Kenntnis nahm und auf das Konstrukt "SFP" an sich verallgemeinerte. Deshalb steht vermutlich die gesamte SFP-Forschung bis heute unter einem stärkeren Druck, Existenzbelege für ihr zentrales Phänomen zu erbringen als dies in anderen vergleichbaren Forschungsgebieten der Fall ist.

Der Kurz-Bericht Hermanns (1981) ist ein typisches Beispiel dafür, wie die SFP-Forschung oft im Bewußtsein von Außenstehenden repräsentiert ist: die ganze Forschungsrichtung wird mit der RJ-Studie identifiziert, andere Studien werden weitgehend ignoriert. Es wird nur auf die Kritik, nicht aber auf die Verteidigung der RJ-Studie hingewiesen. Beim flüchtigen Lesen drängt sich geradezu der Eindruck auf, es handle sich bei dem SFP-Konstrukt um ein kurzzeitiges "Irrlicht" der Forschung, das inzwischen "widerlegt" wurde (vgl. Hanke/Mandl 1975,726).

(2.) Weitere Studien:

Nach der RJ-Studie wurden etliche Replikationsuntersuchungen durchgeführt, die nur teilweise die Tendenz der Selbsterfüllung von Lehrererwartungen bestätigten, z.B. die Studie von Zanna, Sheras et al. (1975; vgl. Bugenthal /Shennum 1984,6). Empirisch belegt ist die subjektive Selbsterfüllung bei der Beurteilung der Schülerleistung durch den Lehrer (vgl. Rosenthal/Jacobson 1971,73ff; Swann/Snyder 1980).

Es wurde auch der Einfluß der Schülererwartung auf das eigene Leistungs-verhalten (Entwisle 1961), auf das Lehrerverhalten (z.B. Feldman/Prohaska 1979; Jamieson/Zanna 1987; vgl. Mitman/Snow 1985), der Einfluß der inter-personalen Erwartungen der Mitschüler auf die Leistungen der einzelnen Schüler (vgl. Brophy/Good 1976,285) untersucht sowie der Einfluß elterlicher Erwartungen auf Schüler (vgl. Dworkin 1974,71-73). Auch in besonderen schulischen Situationen, wie etwa im Schwimmunterricht (vgl. Rosenthal 1968a, 48; 1975,21) oder beim militärischen Unterricht (Eden/Shani 1982; Eden /Ravid 1982) wurde die SFP als eine Kraft entdeckt, die das Lernen unter-stützt.

Seaver (1973) legte eine methodisch originelle relationale Studie (vgl. Abschnitt 2.1.1) vor, die das Problem der Ursache-Wirkungs-Feststellung (kausale Inferenz) auf den ersten Blick zu umgehen scheint. Seine Hypothese war, daß möglicherweise Lehrererwartungen auch über familiäre Beziehungen gebildet werden. Lehrer werden ihre Erwartungen bzgl. der Leistung eines Schülers auch auf dessen Geschwister übertragen. Seaver suchte in den Schülerkarteien zweier Grundschulen 79 Geschwisterpaare heraus. Die Resul-tate zeigten, daß die Leistungen der Geschwisterpaare sich tendenziell stärker einander anglichen, wenn sie von dem gleichen Lehrer unterrichtet wurden, als wenn sie verschiedene Lehrkräfte hatten. Mitman und Snow weisen aber darauf hin, daß es für dieses Ergebnis auch alternative Erklärungen gibt (1985, 109f).

Kurzdarstellungen weiterer, einzelner Studien zum Pymalion-Effekt sind folgender Sekundär-Literatur zu entnehmen: Krug (1985,24-78), Jussim (1986), Brophy und Good (1970; 1976,68-182), Schiefele (1974,359-361), Schusser (1972a), Rosenthal (1968a,47), Hanke und Mandl (1975,733), Barkey (1971,268ff), Cooper und Good (1983), Harris und Rosenthal (1985), Jones (1977,111f), Dworkin (1974,50-104), Rosenthal und Jacobson (1971,77-81), Hall und Merkel (1985,78-85).

Es folgt eine Zusammenfassung der Pygmalion-Experimente im Klassen-zimmer, wie sie sich nach Brophy und Good (1976) darstellt. Die Arbeit der beiden Autoren ist der ausführlichste, in deutscher Übersetzung heraus-gegebene Bericht zu den SFPs in der Schule. Die einbezogenen Studien wurden von diesen Autoren gruppiert in solche, welche Produktmaße erhoben

(Wirkungsanalyse im Sinne der Selbsterfüllung) und solche, welche Prozeßmaße erhoben (Interaktion der Schüler und Lehrer im Sinne der Erforschung der Wirkmechanismen)(vgl. Abschnitt 2.1.1).

Die meisten Experimente, die Lehrererwartungen induzierten und Produktmaße erhoben, führten nach Brophy und Good zu negativen oder unklaren Ergebnissen. Allerdings kann das bei vielen derartigen Untersuchungen auf den nur mäßigen Erfolg der Erwartungsinduktion zurückgeführt werden. Deshalb ist durch diese Studien nicht belegt, daß Lehrer-Erwartungen sich nicht als SFP auswirken können (a.a.O.,79).

Auch die meisten herangezogenen Studien, die Lehrererwartungen induzierten und sowohl Produkt- als auch Prozeßmaße erhoben, weisen unklare Ergebnisse auf. Die Studien mit den deutlichsten positiven Ergebnissen im Sinne der Existenz von SFPs waren diejenigen, bei denen Lehrer und Schüler miteinander nicht vertraut waren (a.a.O.,88f).

Viele Untersuchungen, die Lehrererwartungen induzierten und Prozeßmaße erhoben, belegen, daß Lehrer ihre Schüler vorteilhafter behandeln, wenn sie ihnen gegenüber positive Erwartungen haben (a.a.O.,92): Sie begegnen solchen Schülern mit mehr wohlwollenden affektiven Äußerungen, mehr positivem nonverbalem Verhalten (Lächeln, direkter Augenkontakt), einem "wärmeren" Beziehungsangebot, mit differenzierterer Leistungsrückmeldung und mit mehr Gelegenheiten zu reagieren (Darley/Fazio 1980,871). Einige dieser Studien zeigen auch, daß die Erwartungen der Lehrer ihre Benotungspraktiken beeinflussen können, und zwar vorwiegend als SFP, aber in einigen Fällen auch im Sinne einer > Anti-Selbsterfüllung <. Insgesamt sind durch die Studien Effekte auf das Bewertungsverhalten im Sinne einer subjektiven Selbsterfüllung leichter zu belegen als Effekte auf die Testleistung im Sinne einer objektiven Selbsterfüllung (Brophy/Good 1976,94).

Studien, die mit natürlichen Lehrererwartungen arbeiteten, deuten an, daß positive Erwartungen mit förderndem Lehrer-Verhalten zusammenhängen und negative mit hinderlichem Verhalten. Lehrererwartungen scheinen einen Scheren-Effekt zu begünstigen. Die Leistungsunterschiede zwischen den Schülern werden dadurch vergrößert (Ulich 1976,XII).

Experimentelle Untersuchungen, die die *inter*personalen Erwartungen des Lehrers manipulierten, um ihre Auswirkungen auf sein *eigenes* Verhalten zu überprüfen, und die relationalen Studien zu demselben Zusammenhang sind zwar nicht als unmittelbare Kausalbelege für interpersonale SFPs zu werten. Die dabei gefundenen Verhaltensweisen der Lehrer sind allerdings als ein starker Plausibilitätsbeleg zu sehen. Es würde geradezu verwundern, wenn solche Verhaltensweisen keinen Einfluß im Sinne von Wirkmechanismen auf das Verhalten bzw. die Leistungen der Schüler nehmen würden. Solche Verhal-

tensweisen der Lehrer gegenüber Schülern mit niedriger Leistung(serwartung) sind z.B. (Brophy/Good 1976,295ff):
- kürzere Wartezeiten bei den Schülerantworten
- ungünstige Reaktionen des Lehrers auf Falschantworten
- häufigerer Tadel im Verhältnis zur Anzahl der "Vergehen"
- weniger Lob im Verhältnis zur Anzahl der lobwürdiger Antworten
- grundsätzlich geringere Beachtung

(3.) Gesellschaftliche Auswirkungen der SFPs in der Schule:

Abgesehen von der Auswirkung auf das *individuelle* Schülerschicksal können mit der Anwendung des Selbsterfüllungsansatzes auf die Schule auch *gesellschaftliche* Phänomene erklärt werden.

Palardy (1969) zeigte in einer relationalen Studie (vgl. Abschnitt 2.1.1), daß Unterschiede im Lernverhalten von Jungen und Mädchen mit der Selbsterfüllung von Vorurteilen erklärt werden können. Er verglich die Klassen der ersten Klassenstufe von Lehrern, die der Meinung waren, daß Mädchen schneller lesen lernten als Jungen, mit den Klassen der Kollegen, die beim Lesenlernen keine geschlechtsspezifischen Unterschiede erwarteten. Ihre Erwartungen wurden nicht manipuliert. Tatsächlich ergab sich ein bzw. kein signifikanter Unterschied in der gemessenen Leseleistung am Ende des Schuljahres, jeweils entsprechend der Prophezeiung der Lehrkraft. Rosenthal weist darauf hin, daß dieser Geschlechtsunterschied auch verschwindet, wenn die Kinder das Lesen mit einem Lernprogramm ohne Lehrer lernen (1975,76).

Viele geschlechtsspezifische Unterschiede in anderen Leistungsbereichen der Schule, bei denen >klassischerweise< die Mädchen schlechter abschneiden, insbesondere bei der Motivation und Fähigkeiten in intellektuellen Bereichen, sind ebenfalls mit SFPs erklärbar. Als Gegensteuerung wird in jüngster Zeit in der Öffentlichkeit die Abschaffung der Koedukation (auch von pädagogisch-psychologischen Fachleuten) in den Massenmedien ernsthaft diskutiert (z.B. Der Spiegel, Nr.38, 19.9.1988,105ff; Zeitmagazin, Nr.34, 19.8.1988,8ff; Der Stern, Nr.40, 29.1988,84ff). Der ernsthafte Vorschlag solch eines (reaktionären) Schritts scheint angesichts seiner Tragweite und Nachteile von einer gewissen naiven Hilflosigkeit bzw. von Unkenntnis alternativer Interventionsmöglichkeiten zu zeugen (vgl. Teil 3).

Die in den meisten Industriegesellschaften postulierte und formal vorhandene Chancengleichheit bei der Verteilung von Bildungsmöglichkeiten und bei der damit verbundenen Erreichung sozialer Positionen steht einer faktischen, vertikalen, sozialen Immobilität gegenüber (Reimann u.a. 1979b,188). Ein Mechanismus, durch den die Sozialschichtenzugehörigkeit von einer zur nächsten Generation konserviert wird, könnte mit den SFPs in den Bildungsinstitutionen zu tun haben, in denen "nicht mehr erreicht als erwartet und gefördert wird, so daß die ideologische Zielsetzung durch eine sich selbst erfüllende Prophezeiung bestätigt wird" (Weber 1977,89). So wird Schichtenmobilität über die Erwartungen der Eltern (Schiefele 1974,361; vgl. Weber 1978b,140,143,158) bzw. des Lehrers (Rosenthal 1975,18,79; Weinert u.a. 1981,157) verhindert. Rosenthal und Jacobson erklären so die Benachteiligung von Schülern aus ökonomisch, rassisch oder sozial unterprivilegierten Schichten (Dworkin 1974,46,61ff; Rosenthal/Jacobson 1968; 1971,13,65-81; Rosenthal 1976,130f).

Tom und Cooper (1986) manipulierten in einer Untersuchung die Information der Lehrer über die Angaben zu der sozialen Schicht, der Rasse und dem Geschlecht der Schüler in der Schülerkartei. Die Ergebnisse bestätigten, daß dadurch die Kausalattribuierungen der Lehrer gegenüber dem Leistungserfolg - bzw. mißerfolg der Schüler verändert wurde. Am vorteilhaftesten erklärten die Lehrer die Leistungen weißer Schülerinnen aus der Mittelschicht (vgl. Rosenthal/Jacobson 1971,74-77).

2.4 BEREICH DES ÖFFENTLICHEN LEBENS

SFPs können auch durch die Publikation von Aussagen und Prognosen zu (gesamt-) gesellschaftlichen Entwicklungen, z.B. in den Massenmedien, ausgelöst werden. Publikationsorgane sind bei der Verbreitung von Voraussagen der Gefahr ausgesetzt, ihre eigene Bestätigung zu produzieren, wenn sie z.B. über angebliche, "derzeitige" Modeerscheinungen, Zeitströmungen oder das, "was man im nächsten Sommer trägt", berichten.

(1.) In der Wirtschaft:

Die Bank-Anekdote Mertons (1948; 1971,145f) gilt als eine der >klassischen< Beispiele für SFPs. Viele Kunden glauben daran, daß eine bestimmte Bank nicht mehr lange liquide sein wird. Deshalb lösen sie ihre Konten auf, um ihre eigenen Rücklagen zu sichern. Damit entziehen sie der Bank Grundkapital, worauf diese tatsächlich Bankrott geht. Eden versteht die Versicherungssysteme des Bankennetzes als Absicherung der Banken und ihrer Kunden gegen derartige SFPs (1988,256).

Auch die Preisbildung kann durch die Veröffentlichung von Prognosen zur Markt- und Preisentwicklung im Sinne der Selbsterfüllung beeinflußt werden (Honolka 1976,10,18,40,54,88). Das gilt auch für den Aktienmarkt. Je mehr Käufer an einem Wertpapier interessiert sind, weil für dieses Papier eine Kurssteigerung prognostiziert wurde, um so höher klettert sein Kurs tatsächlich. Rosnow bringt den weltweiten Börsenkrach vom Oktober 1987 mit Gerüchten an der Wallstreet in Verbindung (1989,20).

Konjunkturprognosen werden nach Honolka von Politikern als optimistische Verlautbarungen bisweilen absichtlich verbreitet ("Zweckprognosen"), in der Hoffnung auf ihre selbsterfüllende Wirkung (1976,12,16,17). Für die Selbsterfüllung von Konjunkturprognosen existieren bereits empirische Indizien (a.a.O.,40f).

Arbeitsmarktprognosen lösen bisweilen einen "run" auf bestimmte Berufsgruppen aus. Dadurch werden solche Prognosen zu einer Anti-SFP (vgl. Abschnitt 1.3.1.1)(a.a.O.,13,81).

(2.) In der Politik:

Prognosen über den Ausgang politischer Wahlen sind sowohl als SFP als auch als Anti-SFP denkbar (Honolka 1976,10f,16,94). Die empirischen Studien, die hierzu in der BRD und in den USA durchgeführt wurden, ergeben kein einheitliches Bild der Richtung des Prognose-Effekts wieder. Möglicherweise "fressen" sich die konkurrierenden Effekte (SFP vs. Anti-SFP) bei Wahlprognosen gegenseitig auf. D.h. die Selbsterfüllung und die Anti-Selbsterfüllung neutralisieren sich wechselseitig (Honolka 1976,25-38). Selbst der Ausbruch von Kriegen wird als fatale Konsequenz der Erwartung eines Kriegs beschrieben (vgl. Dworkin 1974,146; Honolka 1976,10,55; Rosenthal/Jacobson 1971, 14).

(3.) In der wissenschaftlichen Lehre:

Neben dem Begründungszusammenhang (Hawthorne- und Rosenthal-Effekt) gibt es noch einen weiteren Bereich der Forschung, der mit dem Selbsterfüllungsansatz in Verbindung gebracht werden kann: der Verwertungszusammenhang, in dem die Forschung steht, im Sinne der wissenschaftlichen Lehre und der Veröffentlichung von Forschungsergebnissen (vgl. Krapp/Prell 1975,30).

Damit ist die Gefahr angesprochen, daß Wissenschaft die soziale Wirklichkeit, die sie zu beschreiben versucht, eben durch diese Beschreibung selbst (auch) im Sinne der Selbsterfüllung verändert (Honolka 1976; vgl. Garland u.a. 1976,55). Legewie und Ehlers nennen das den "geschichtlichen Rosenthal-Effekt" (1972,12). Analog zu dem "naturalistischen Fehlschluß" kann so aus der (vermeintlichen) Durchschnittsnorm (i.S.d. Deskription) eine Ziel-Norm (i.S.d. der Präskription) werden. Beispiele solcher Beschreibungsversuche sind entwicklungspsychologische Festlegungen, ab wann ein Kind im Durchschnitt eine bestimmte Fähigkeit erlernt hat, oder das Defizit- und Disengagementmodell des Alters (vgl. Abschnitt 2.13.2.2). Der in der Öffentlichkeit bekanntgewordene >Kinsey-Report< zum sexuellen Verhalten der amerikanischen Bevölkerung, hat (empirisch belegbar) zu einem Einstellungs- und Verhaltenswandel in Richtung der dort beschriebenen Tendenzen geführt (Honolka 1976,38-40).

2.5 KLINISCHER BEREICH

2.5.1 SOMATISCHE STÖRUNGEN

Die medizinische Basis für den Zusammenhang von Gesundheit und dem Selbsterfüllungsansatz bildet die Psychosomatik, welche somatische Störungen als Folge psychischer Vorgänge begreift (Simonton u.a. 1982,39). Psychosomatische Erkrankungen werden bisweilen als *nur eingebildet* und damit als *nicht echt* eingeschätzt. Simonton und Mitarbeiter halten dem entgegen, daß es in diesem Sinn *echte*, also rein physische Erkrankungen kaum gibt (1982,39).

Empirische Studien bestätigen oder legen psychosomatische Zusammenhänge nahe (vgl. Ornstein u.a. 1987). So wurde beispielsweise eine Korrelation zwischen einem pessimistischen Attributionsstil und dem Immunsystem gefunden (vgl. Trotter 1987,356). Das erfolgreiche Funktionieren der Technik des Biofeedback deutet auf den engen und wechselseitigen Zusammenhang von Geist/Seele (Gedanken, Emotionen) und Körper hin (Simonton u.a. 1982,41-44). Biofeedback ist eine Methode über die Rückkoppelung von gewöhnlich nicht bewußten Körpervorgängen zu lernen, willentlich diese Körpervorgänge, die bisher als weitgehend unkontrollierbar galten, zu steuern.

Psychosomatische Prozesse können sich auch im Sinne der Selbsterfüllung auswirken. So belegt die empirische Forschung zum Autogenen Training, daß die Vorstellung von körperlichen Reaktionen (z.B. Erwärmung der Hände) tatsächlich objektiv diese Reaktionen erzeugt (Gawlik 1988,71; Schultz 1983, 19). Auch die Befürchtung oder Erwartung des Ausbruchs einer Krankheit kann das Auftreten dieser Krankheit fördern (Ornstein u.a. 1987,23). SFPs scheinen nicht nur Krankheiten erzeugen, sondern auch beseitigen zu können, wie es durch den Placebo-Effekt belegt wird. Die Beziehung des Placebo-Effekts zu dem Selbsterfüllungsansatz wurde im Abschnitt 1.6.3.2 geklärt. Placebos sind nicht nur in der Lage, erwünschte Reaktionen zu erzeugen, sondern auch die gleichen, unerwünschten Nebeneffekte wie das entsprechende Verum (Echtmedikament mit Heil-Substanz). Placebos mit solchen negativen Wirkungen werden auch als >Nocebos< bezeichnet (Degen 1988,54,56). Es wurden sogar Anti-Placebo-Effekte beobachtet: Ein Verum büßt seine Wirkung ein, wenn es als angebliches Placebo verabreicht wird (Degen 1988,57).

Eysenck hält die unabsichtlichen Placebo-Effekte für so extrem häufig, daß er vermutet, die gesamte Medizin als Heilkunst wirke weitgehend als Placebo (zit. nach Degen 1988,54; vgl. Smale 1983,48f; vgl. Moerman 1981,256f). Sich moderater äußernde Autoren erheben den Verdacht, fast jede effiziente Therapie enthalte zumindest einen gewissen Placebo-Wirkanteil (Degen 1988,56). Das erscheint als sehr wahrscheinlich, da es keinen Hinweis darauf gibt, daß sich Placebowirkung und rein physiologische Effekte gegenseitig ausschließen. Wenn also Placebos über die Psyche wirken, dann ist nicht einzusehen, weswegen dieser psychische Effekt auf Scheinmedikamente beschränkt sein sollte. Es ist also realistisch, anzunehmen, daß bisweilen "Echtmedikamente" durch den Placebo-Effekt noch wirksamer werden. Dabei wird die Wirkung des Placebos keineswegs nur auf "chimärenhafte Symptome wie Bauchweh oder Migräneschmerz" bezogen (a.a.O.). Placebos bringen nicht nur subjektive Symptomveränderung zustande, wie etwa die Linderung von Schmerzen, sondern auch objektiv nachprüfbare, physiologische Veränderungen (Jones 1977,210ff,227). Auch zum Schein durchgeführte chirurgische Eingriffe wirken als Placebo (vgl. Pommer u.a. 1985; Coles 1972,101; Jaffe 1983,89). "Die Bandbreite der Beschwerden, die sich unter Placebo-Gabe bessern, umfaßt das gerade gültige 'Lexikon der Medizin'" (Degen 1988,56). "Selbst der orthodoxeste Medizinfunktionär kommt heute nicht mehr um die Erkenntnis herum, daß bei jeder somatischen Therapie auch die 'Droge Arzt' mitwirkt" (a.a.O.,54). Die Belege des Placebo-Effekts sind nach Jones zu stark, um geleugnet werden zu können (1977,204).

Eine Anerkennung des Placebo-Effekts ist darin zu sehen, "daß kein Arzneimitteltest als korrekt durchgeführt betrachtet wird, wenn keine Doppel-Blind-Techniken angewandt worden sind" (Smale 1983,52), bei denen weder der behandelnde Arzt noch der Patient weiß, wann das Placebo und wann das zu testende Verum verabreicht wurde (Smale 1983,51; Degen 1988,54; Locke/Colligan 1986,223f). Doppel-Blind-Verfahren wurden bereits 1844 angewendet. Bis 1963 wurden fast 100 Placebo-Studien in der psycho-pharmakologischen Forschung gezählt (Rosenthal 1976,367).

Inzwischen wird in der Medizin diskutiert, ob sich nicht auch bei Krebserkrankungen die Erwartungen der Patienten hinsichtlich des Krankheitsverlaufs, zumindest als ein Faktor, auf den Krankheitsverlauf erheblich auswirken können (Simonton u.a. 1982,103ff; Jaffe 1983,93; Locke u.a. 1986). Daraus werden bereits Konsequenzen für die Behandlung gezogen (vgl. Abschnitt 3.3.1.5).

Der Selbsterfüllungsansatz wird bei körperlichen Symptomen nicht nur in Form des Placebo-Effekts angewendet. Auch die Diagnose bzw. die Krankheitsetikettierung des Arztes werden als krankheitshemmender bzw. -fördernder Faktor nicht ausgeschlossen (vgl. Rosenthal/Jacobson 1971,25f). Damit kann auch die Wirkung von todbringenden Verwünschungen, z.B. in Voodoo-Ritualen, erklärt werden, wenn sie auf eine entsprechend "gläubige" Umgebung treffen (Jones 1977,234ff).

2.5.2 PSYCHISCHE STÖRUNGEN

Eine Möglichkeit, die Entstehung und Aufrechterhaltung von Symptomen und psychischen Störungen mit dem Selbsterfüllungsansatz zu erklären, wurde bereits mit dem Modell von Watzlawick vorgestellt (Abschnitt 1.6.3.5). Weitere Erklärungsmöglichkeiten bietet der SFP-Ansatz für die Psychiatrie, die Psychotherapie und bei alltäglichen psychischen Beeinträchtigungen, die auch mit körperlichen Auswirkungen verbunden sind.

(1.) Psychiatrie:

Fehler und Differenzen in psychiatrischen Diagnosen sind nach Jones weitverbreitet (1977,76). Kliniker in der Psychiatrie stimmen bisweilen auch dann nicht in ihren Diagnosen überein, wenn ihnen exakt dieselbe Information über einen Patienten vorliegt. Solche Verzerrungen scheinen zumindest teilweise auf vorgefaßten Schemata und impliziten Theorien zu beruhen, die in die Diagnose-Situation mitgebracht werden und die später nicht mehr überprüfte Erwartung auslösen, z.B. als "Diagnose-Objekt" einen psychisch kranken Menschen vorzufinden (Jones 1977,86f; Smale 1983,66f; Rosenhan 1979). Psychiatrische Diagnosen können sich im Sinne des Labeling-Ansatzes (vgl. Abschnitt 1.6.3.1) als SFP erweisen.

Temerlin und Trousdale (1969) entdeckten eine solche subjektive Selbsterfüllung. Sie engagierten einen professionellen Schauspieler. Er schlüpfte in die Rolle eines "völlig normalen" Mannes (M), der mit einem Psychotherapeuten ein Gespräch über Therapien aus rein intellektueller Neugierde führte. Dieses Gespräch wurde auf Tonband aufgezeichet und verschiedenen Gruppen von Studenten des Rechts, der klinischen Psychologie, praktizierenden Psychiatern und Psychotherapeuten vorgespielt. Die Experimentalgruppen (EGn) erhielten vorher in einer "offiziellen" Instruktion, bzw. in einer (scheinbaren) Nebenbemerkung, die Information, bei M handle es sich um einen Psychotiker. Die Kontrollgruppen (KGn) bekamen keine derartige Information. Nach dem Anhören des Bandes wurden die Vpn gebeten, eine Diagnose für M mit Hilfe einer vorgegebenen Liste von Neurosen und Psychosen zu stellen und einen deskriptiven (nicht-interpretativen) Bericht des Verhaltens von M zu liefern. Der Unterschied der Diagnosen zwischen den EGn und KGn war hoch signifikant. 84% bis 100% der EGn-Probanden dignostizierten eine psychische Krankheit, während das 0% bis 43% der KGn-Probanden taten. Kein einziger von fast 300 der EGn-Probanden lieferte einen Bericht, der eher beschreibenden Charakter aufwies als interpretierenden. Ebenfalls keiner der EGn-Probanden lieferte in dem Bericht einen Hinweis auf die Basis seiner Diagnose.

Rosenhan (1973) ging einen Schritt weiter, indem er postulierte, daß die psychiatrische Diagnose "psychisch krank" sowohl eine subjektive, als auch eine objektive Selbsterfüllung nach sich ziehe. Ein solches Etikett erzeugt nach Rosenhan bei der sozialen Umgebung (Freunde, Verwandte etc.) und auch bei dem Betroffenen selbst die Erwartung, daß er sich auffällig verhalten wird. Diese Erwartung wird zunächst zur subjektiven SFP, indem die Umgebung das "normale" Verhalten als "verrücktes" Verhalten interpretiert, und dann darauf folgend zur objektiven SFP. Der Betroffene reagiert tatsächlich auffällig als Konsequenz der permanenten "Verhaltensauffälligkeit" seiner Umgebung (1973,253).

Rosenhan zeigte in einer Studie (1973), welches Verhalten des Personals einer psychiatrischen Klinik als möglicher und plausibler Wirkmechanismus einer solchen Selbsterfüllung in Frage kommt. Acht Beobachter, unter ihnen Rosenhan selbst, wurden als Pseudopatienten in psychiatrische Anstalten eingeschleust unter dem beim Aufnahmegespräch geäußerten Vorwand, sie hätten "Stimmen" gehört. Ihr Aufenthalt in der Klinik betrug im Schnitt 19 Tage (max. 52). Während der ganzen Zeit verhielten sie sich völlig normal. Keiner dieser Beobachter wurde vom Personal als Pseudopatient entdeckt bzw. bei der Entlassung als gesund oder geheilt bezeichnet (subjektive Selbsterfüllung). Ironischerweise wurden sie von ihren (echten) Mit-Patienten als Simulanten identifiziert und aufgrund ihrer regen Schreibtätigkeit (Aufzeichnungen für den Forschungsbericht), die für das Personal genauso sichtbar war, als "Journalisten", "Klinik-Kontrolleure" oder "Professoren" bezeichnet.

Die Deutung der Schreibtätigkeit ist ein Beispiel für die Uminterpretation von Verhalten durch das Label "verrückt". Schreiben gilt in den meisten Umwelten als normale Tätigkeit. In den beobachteten Kliniken wurde es als Symptom von Verwirrtheit aufgefaßt.

Rosenhan schreibt es der sozialen Atmosphäre der Kliniken zu, daß die Patienten beginnen oder fortfahren, Verhaltensauffälligkeiten zu zeigen (objektive SFP). Diese Atmosphäre ist mit Machtlosigkeit, Langeweile, Depersonalisation und Demütigungserfahrungen auf seiten der Patienten zu charakterisieren. Das völlig ungewöhnliche Kommunikationsverhalten des Personals erhob Rosenhan sogar quantitativ. Er hielt die Reaktionen des Personals auf normale, alltägliche Fragen der Pseudopatienten (Kontaktaufnahme-Versuche) fest. Diese Reaktionen verglich er mit den Reaktionen von Hochschullehrern auf dem Campus und in der Klinik der Stanford University, denen vergleichbare Fragen in vergleichbaren Situationen gestellt wurden.

Tabelle zur Reaktion auf Kontaktaufnahmeversuche im Vergleich
(gekürzt zit. aus Rosenhan 1973,255):

KontaktaufnahmeVersuche	Psychiatrische Kliniken		UniversitätsCampus	
	Psychiater	Pfleger	Dozenten	Ärzte[1]
Zahl der Versuche:	185	1283	14	43
Reaktionen[2]: Geht abgewendet weiter (%):	71	88	0	0
stellt Augenkontakt her (%):	23	10	0	4
spricht[1] (%):	6	2	100	96

1 aus Subgruppen aus Rosenhan 1973 vom Autor zusammengefaßt bzw. gemittelt
2 nicht kumulativ ausgezählt, sondern sich
   zu 100% addierend (Einfach-Zuordnung pro Kontakt)

Der auffallendste Unterschied zum Verhalten an der Universität war, daß das Personal der psychiatrischen Klinik vorwiegend überhaupt nicht reagierte: zu ca. 95% nicht anfing mit dem Fragenden zu sprechen (geschweige denn auf die

132

Fragen zu antworten), zu ca. 80% nicht einmal Augenkontakt aufnahm, sondern unbeirrt und abgewandt weiterging. Diese Verhaltensweisen wurden auf dem Campus in den meisten Untergruppen zu 0% vorgefunden. Typischerweise liefen diese Kontaktaufnahme-Versuche der Pseudopatienten in der Psychiatrie (insgesamt fast 1500) in folgender Weise ab. Pseudopatient: "Entschuldigung, Dr. X. Könnten Sie mir sagen, wann ich für den Parkbesuch in Frage komme?" Arzt: "Guten Morgen, Dave. Wie geht's heute?" (geht weiter ohne die Antwort abzuwarten)(1973,255; vgl. Verteidigung der Studie durch Rosenhan 1979 gegenüber der Kritik).

(2.) Psychotherapie:

Im Kontext von Psychotherapien können zwei Hauptgruppen von SFPs unterschieden werden: Die Therapie als Placebo und als SFP-verändernde Maßnahme.

(2.a) Psychotherapie als **Placebo**:

Nach dieser Auffassung kann der heilende Effekt psychotherapeutischer Maßnahmen entweder ausschließlich (extreme Auffassung) oder zumindest partiell (moderate Auffassung) auf die Erfolgserwartungen des Therapeuten bzw. des Klienten zurückgeführt werden. Der Glaube an die Therapie an sich heilt, unabhängig davon, was in der Therapie geschieht (vgl. Degen 1988, bes. 58f; Rosenthal 1976,408; Wilkins 1984; Zimmer 1988; Snyder/Thomsen 1988; Tracey/Dundon 1988). Die moderate Form dieser Hypothese, den Placebo-Effekt als eine Wirkvariable neben anderen zu betrachten, wird insbesondere durch Smale (1983;87) repräsentiert, der sie speziell auf die (non-direktive) Gesprächstherapie nach Carl Rogers bezieht (vgl. Tinsley u.a. 1988,99). Diese These ist inzwischen auch empirisch erforscht worden, wobei die Wirksamkeit anerkannter therapeutischer Richtungen verglichen wurde mit Pseudo-Therapien in Placebo-Kontrollgruppen (vgl. Rosenthal 1976,133,408f; 1985,59; ders. /Jacobson 1971,24; Mielke 1984,78f; Smale 1983,57-59,65-67).

Beispielsweise bestätigten Southworth und Kirsch (1988), daß die Durchführung einer Systematischen Desensibilisierung bei Agoraphobikern erfolgreicher ist, wenn die Klienten einen Erfolg erwarten. Die Erwartungen der Klienten wurden in diesem Experiment geschickt variiert, indem die verhaltenstherapeutische In-vivo-Prozedur der einen Gruppe als Teil der Therapie vorgestellt wurde (hohe Erwartungen), der anderen als eine Art Erhebungsphase vor der eigentlichen "Behandlung" (niedrige Erwartungen). In anderen Studien konnte eine Angstreduktion durch eine konzeptionell "wirkungslose" Placebo-Psychotherapie erreicht werden (vgl. Kirsch 1985,1193).

Untersuchungen zeigen auch, daß die Trance-Wirkung von Hypnosetechniken, die auch zu psychotherapeutischen Zwecken genutzt werden, teilweise eine Funktion der Erwartungen der Hypnotisierten ist (Kirsch 1985,1194-1196; Kirsch/Council u.a. 1987; Rosenthal 1976,132; ders./Jacobson 1971,23).

Der Verdacht, Klienten würden dazu neigen, sich der therapeutischen Ausrichtung oder Ausbildung des Therapeuten anzupassen (Honolka 1976,13), kann als eine interpersonale SFP des Therapeuten gedeutet werden und somit als spezielle Variante dieses therapeutischen Placebo-Effekts. "Interessant in diesem Zusammenhang ist die Tatsache, daß nach Freud behandelte Patienten Freud-gemäß träumen, während Jungsche Patienten auch entsprechend der Jungschen Theorie träumen. ... Die Theorie der 'self-fulfilling-prophecy' scheint sich hier zu bestätigen" (Karmann 1987,32).

(2.b) Psychotherapie als **SFP-verändernde Maßnahme**:

Oft entstehen oder erhalten sich Symptome aufgrund von SFPs des Klienten (Abschnitt 1.6.3.5). Einzelne therapeutische Maßnahmen können eine Wirkung auf diese SFPs haben, und somit das Symptom beseitigen. Diese Wirkung kann konzeptionell beabsichtigt sein oder nicht (Kirsch 1985,1192; Smale 1983,61).

Bsp.: Das läßt sich an einem >klassischen< psychischen Phänomen, der Angst vor der Angst, demonstrieren. Die Erwartung einer intensiven Angst löst Angst aus (a.a.O.,1192; Schwäbisch u.a. 1984,49). Geht der Therapeut gegen diese Erwartung vor, oder versucht er den Wirkmechanismus dieser Erwartung zu unterbrechen, so interveniert er SFP-verändernd (vgl. Abschnitt 3.3).

Im Kontext der Psychotherapie als SFP-verändernde Maßnahme stellt die Therapie kein Placebo dar, weil der Gegenstand der Erwartungen, die hier eine Rolle spielen, nicht der Erfolg der Therapie ist, sondern z.B. das Auftreten eines Symptoms. Der Effekt einer Therapie in diesem beschriebenen Sinn ist unabhängig davon, ob der Therapeut bzw. der Klient von dem Erfolg der Maßnahmen überzeugt ist oder nicht.

Eine Therapierichtung, die implizit bereits in ihrem theoretischen Konzept diesen Zusammenhang zum Selbsterfüllungsansatz aufweist, ist nach Smale die Gesprächstherapie (1983,825): Die drei bekannten "Rogers-Variablen" der klientenzentrierten Gesprächsführung, nämlich Authentizität, Akzeptanz und Empathie (z.B. Rogers 1972; 1983), zielen darauf ab, ein positives Selbstkonzept des Klienten zu fördern, das sich selbst bestätigt (vgl. Abschnitt 1.6.1.1).

(3.) Psycho-physische Beeinträchtigungen:

Nicht nur im Bereich der klinischen Störungen im engeren Sinne, sondern auch bei alltäglichen Beeinträchtigungen im seelisch-körperlichen Bereich werden SFPs entdeckt.

Olasov und Jackson (1987) zeigten, daß die Veränderung der emotionalen Grundstimmung bei der Menstruation auch auf eine SFP zurückzuführen ist. Die Erwartungen der Frauen wurden durch Informationsfilme zu diesem Thema manipuliert. Der Erfolg dieses Manipulationsversuchs wurde durch einen manipulation check bestätigt.

Es wird behauptet, die Lebensphase im 5. und 6. Lebensjahrzehnt verlaufe in psychischer Hinsicht besonders krisenhaft (midlife-crisis). "Eine starke Krisenquelle ist die in dieser Hinsicht unbegründete negative Erwartung selbst" (Lehr 1972,145f; vgl. Eden 1984,71).

Auch die psycho-physischen Auswirkungen von Drogen bzw. Genußmitteln scheinen teils unseren Erwartungen zu gehorchen. Werden statt den wirklichen Drogen unwissentlich Placebos verabreicht, scheint die psycho-physische Auswirkung bisweilen ähnlich zu sein. Das wurde empirisch festgestellt z.B. bei Alkohol-Placebos als schmerzreduzierendes Mittel (z.B. Cutter u.a. 1986) oder bei einer angeblich koffeinhaltigen Flüssigkeit, die ähnliche Folgen produzierte wie sie dem Kaffee zugeschrieben werden (Kirsch/Weixel 1988). Auswirkungen von LSD-Einnahmen auf Denkprozesse werden teils auch als erwartungsbeeinflußt diskutiert (Legewie u.a. 1972,128). Auch Raucherentwöhnungsprogramme scheinen eher zum Erfolg zu führen, wenn den Teilnehmern vorher eine hohe Erfolgserwartung vermittelt worden ist (Zimbardo/Ruch 1983,510).

In diesem Zusammenhang läßt auch die zunehmende Nachrichtenflut in bezug auf geringere oder umfassendere Bedrohungen und Katastrophen, die über die Massenmedien verbreitet werden (weltweite Umweltschäden, Lebensmittelskandale, Kernkraftwerksunfälle etc.), eine psychische und physische gesundheitliche Gefährdung befürchten. Auch Negativ-Meldungen von eher geringerer Bedeutung können sich in ihrer Kumulation zu einem diffusen Gefühl der allgegenwärtigen Bedrohung und lähmenden Machtlosigkeit verdichten mit der entsprechenden Einfärbung des individuellen und globalen Zukunftsbilds. Eine wünschenswerte Auseinandersetzung mit dieser Gefahr ist allerdings sicher nicht in der Unterdrückung oder im Ignorieren derartiger Informationen zu sehen.

2.6 BEREICH DES BERUFSLEBENS

(1.) Betriebliche Produktivität als SFP

Eden (1986; im Druck) stellt die Hypothese auf, daß Erwartungen eine Hauptkraft der Effektivität von Betrieben und Organisationen sind. Er schlägt deshalb vor, in der Organisations- und Personalentwicklung solche Programme durchzuführen und Maßnahmen zu ergreifen, die absichtlich auf die Veränderung von Effektivitätserwartungen abzielen. Seine These kann durch einige Experimente belegt werden.

Jastrow (1900, zit. nach Rosenthal/Jacobson 1971,16; Rosenthal 1976,129; Dworkin 1974,9,39-41) zeigte an einem authentischen Fall auf, daß bei der Einführung einer neuen Arbeitsmaschine in einem Betrieb sich die Erwartung hinsichtlich der damit verbundenen Einarbeitungsprobleme selbst bestätigt. Arbeiter, die das neue Arbeitsgerät als sehr schwer erlernbar einschätzten, hatten weit größere Schwierigkeiten damit auf eine bestimmte Arbeitsleistung zu kommen als Arbeiter, denen dieser "schlechte" Ruf der Maschine unbekannt war. Dieser Fall spielte sich "in natura" ab und nicht innerhalb eines geplanten Forschungsprojekts. Deshalb ist es fraglich, ob die "Zuweisung" der Arbeiter zu den beiden Gruppen, wie es (experimentell) wünschenswert gewesen wäre, als eine zufällige betrachtet werden kann.

Bavelas (1965, zit. nach Rosenthal/Jacobson 1971,16) bestätigte den Einfluß von Erwartungen auf objektiv festgestellte Produktionsergebnisse in einem formal korrekten Experiment. Die Erwartungen der Vorarbeiter gegenüber den Leistungen von Arbeiterinnen wurden manipuliert, indem den Vorarbeitern die Ergebnisse eines Intelligenz- und Geschicklichkeitstests der Arbeiterinnen mitgeteilt wurden. Die Testwerte waren den Arbeiterinnen vorher zufällig zugeordnet worden. King (1971) bestätigte im wesentlichen das Resultat von Bavelas in einer ähnlich aufgebauten Studie mit Vorarbeitern. Allerdings mußte er sich mit relativ kleinen Stichproben in seinen Experimentalgruppen zufrieden geben.

In einer weiteren Studie von King (1974) wurde den Leitern von Industriebetrieben mitgeteilt, daß durch einzuführende betriebliche Neuerungen (Tätigkeitsbereicherungen, -rotation) eine Steigerung der Produktivität erwartet werden kann (Experimentalgruppen). In anderen Betrieben wurden dieselben Neuerungen eingeführt, allerdings ohne eine solche Mitteilung (Kontrollgruppen). Nach 12 Monaten konnte ein signifikanter Anstieg der Produktion in den Experimental- gegenüber den Kontrollgruppen festgestellt werden.

Sutton (1986) experimentierte im Einzelhandel, allerdings ohne die SFP-Hypothese bestätigen zu können. Nach dem "klassischen Pygmalion-Design" der RJ-Studie bat sie das Personal von Geschäften, einen Persönlichkeitstest auszufüllen. Danach nannte sie den Geschäftsführern (zufällig ausgewählte) Verkäufer, denen angeblich aufgrund des Tests ein hohes Verkaufstalent bescheinigt werden konnte. Eden (1988,245f) erklärt das negative Ergebnis der Studie mit dem Zweifel daran, daß die Erwartungsmanipulation erfolgreich war. Dies läßt sich durch die skeptische Reaktion der Geschäftsführer auf den Manipulationsversuch begründen.

Auch die Hawthorne-Experimente von Roethlisberger und Dickson (1939) werden mit Einschränkungen als Beleg für die Beeinflussung der betrieblichen Produktivität im Sinne der SFP herangezogen, soweit man die Prämisse teilt, in diesen Untersuchungen wären unabsichtlich Erwartungen manipuliert worden (vgl. Eden 1986,2f; vgl. Abschnitt 1.6.3.4).

(2.) Lernergebnisse der beruflichen Aus- und Weiterbildung als SFP

Die Studien von Eden und Mitarbeitern sprechen dafür, daß intra- und interpersonale Erwartungen nicht nur im Schul-Unterricht für Kinder und Jugendliche die Lernleistung beeinflussen, sondern, daß das auch in der beruflichen Aus- und Weiterbildung für Erwachsene der Fall ist. Diese Untersuchungen können auch als zusätzlicher Beleg der SFPs im Unterricht gewertet werden (vgl. Abschnitt 2.3.2).

136

Eden und Shani (1982) manipulierten die Erwartungen der Ausbilder gegenüber den (Lern-) Leistungen bestimmter Trainees in einem militärischen Ausbildungslager und erhielten einen signifikanten Unterschied in den späteren Leistungen dieser Trainees im Vergleich zu ihren "Mitschülern".

In einer ähnlichen Studie stellten Eden und Ravid (1982) die intrapersonalen Erwartungen der Trainees selbst auf die Probe. Einigen wurde von einem Psychologen mitgeteilt, sie verfügten über ein hohes Erfolgspotential hinsichtlich der bevorstehenden Ausbildung. Diese Trainees zeigten später signifikant bessere Testleistungen als diejenigen der Kontrollgruppe. Weitere ähnliche Studien sind bei Eden (1984,65f; 1988,248) bzw. Brophy und Good (1976,77) zu finden.

(3.) Unternehmens- und Personalführung

SFPs werden auch im betrieblichen Management vermutet. Wie Führungskräfte die "Wirklichkeit" betriebsbezogener Situationen wahrnehmen, richtet sich nach ihrem Konzept der Wirklichkeit bzw. der daraus resultierenden Erwartungen. Wahrnehmungsverzerrungen im Sinne einer subjektiven Selbsterfüllung können die Richtigkeit von Führungsentscheidungen in Frage stellen (vgl. Wahren 1987,21-24).

Unterstellt etwa der Betrieb seinen Angestellten, daß sie nur unter starker Kontrolle effizient und produktiv tätig sind, so wird die Betriebsleitung dazu tendieren, möglichst viele Arbeitsabläufe zu überwachen und zu reglementieren. Der damit verbundene Verlust von Selbständigkeit und einem förderlichen, vertrauensvollen Betriebsklima kann die Eigeninitiative und Arbeitsbereitschaft der Angestellten tatsächlich lähmen. Die Prophezeiung oder Unterstellung erfüllt sich nicht nur, sondern führt dazu, daß (scheinbar) eine noch stärkere Kontrolle von seiten der Betriebsführung im Sinne des Lösungsversuchs erster Art notwendig ist, so daß die "Teufelsspirale" jeweils eine Windung mehr durchläuft (vgl. Abschnitt 1.6.4.6).

2.7 BEREICH DER PERSÖNLICHEN BEZIEHUNGEN

Viele interpersonale SFPs in verschiedenen Lebensbereichen laufen im face-to-face-Kontakt ab. Im Unterschied dazu sollen mit "SFPs im Bereich der persönlichen Beziehungen" hier im besonderen diejenigen Lebenssituationen zusammengefaßt werden, die nicht nur mit Sozialkontakt verbunden sind, sondern in denen die Art des Kontakts zu einer anderen Person an sich im Vordergrund steht. Das sind Situationen, in denen die gegenseitigen Einstellungen, die Vermutungen und Überzeugungen über die "zwischenmenschlichen" Qualitäten des anderen, die Konkurrenzorientiertheit, das gegenseitige Vertrauen oder die Feindseligkeit entscheidend sind und deutlich erlebt werden.

Dem Selbsterfüllungsansatz zufolge kann es dafür, wie wir realiter von anderen eingeschätzt werden oder welche Gefühle uns andere entgegenbringen, entscheidend sein, wie wir glauben, von anderen beurteilt zu werden. So kann nach Watzlawick die Erwartung der abschätzenden Bewertung der eigenen Person durch andere (1983,58ff) oder der Grad an Respekt, den man meint, von anderen entgegengebracht zu bekommen, zur SFP werden (Watzlawick u.a. 1985,95).

Ostjüdische Ehestifter sollen, angeblich erfolgreich, versucht haben, sich dieses Prinzips zu bedienen, um die zukünftigen Gatten, die die Herkunftsfamilien bestimmt hatten, füreinander zu interessieren. Sie machten die jungen Frau darauf aufmerksam, daß der junge Mann sie sehr verehre, es aber nicht zu zeigen wage. Dasselbe erzählten sie dem zukünftigen Bräutigam (Watzlawick u.a. 1985,96).

In einer Untersuchung wurde bestätigt, daß die Überzeugung, von einem anderen gemocht zu werden, zur objektiven SFP werden kann. Jones und Panitch (1971) ließen jeweils zwei Vpn miteinander ein Spiel durchführen, bei dem man sich ständig zwischen kooperativen oder kompetitiven Reaktionen entscheiden muß. Diejenigen männlichen Spieler, die vorher informiert wurden, daß ihr Spielpartner sie "mag", entschieden sich signifikant häufiger für kooperative Spielzüge und wurden von ihren Mitspielern danach tatsächlich signifikant häufiger als sympathisch und liebenswert eingeschätzt als diejenigen, denen gesagt wurde, ihr Spielpartner mag sie nicht. Die beiden Informationen waren durch Zufall zugeteilt worden.

Die Einstellung einer Person (A) gegenüber einer anderen Person (B), etwa, daß A den B "gut leiden kann", wird hier aus der Sicht von B betrachtet. Aus der Perspektive von B wird die Frage, wie A ihm gegenüber eingestellt ist, zur Vermutung oder *Überzeugung*. Insofern widerspricht die Studie von Jones und Panitch nicht der Festlegung aus Abschnitt 1.6.1.4, in der >sich selbst erfüllende Einstellungen< als nicht möglich bezeichnet wurden. Von B aus betrachtet, erfüllt sich hier eine Überzeugung selbst, die eine Einstellung eines anderen ihm gegenüber zum Gegenstand hat.

Kelley und Stahelski (1970) überprüften mit dem gleichen Spiel eine These zur Konkurrenz-Orientiertheit. Es wird angenommen, daß Personen, die in sozialen Beziehungen konkurrenzorientiert sind, unterstellen, ihre soziale Umwelt sei genauso eingestellt. Solche Personen würden sich vermutlich auch so verhalten, daß ihre Annahme selbst in Erfüllung ginge. Die Autoren manipulierten dazu ihre Vpn nicht, sondern machten sich die gegebenen, "natürlichen" Verhältnisse zunutze (relationale Studie). Sie stellten in Voruntersuchungen fest, welche ihrer Vpn eher kooperativ- bzw. kompetitivorientiert waren. Diese Vpn wurden zu Paaren zusammengestellt, und zwar nach allen drei Kombinationsmöglichkeiten: Paare aus zwei kooperativen, zwei kompetitiven Personen und Paare aus einer kooperativen und einer kompetitiven Person wurden gebildet. Diese Paare spielten das Spiel. Danach wurden sie gefragt, wie sie ihren Mitspieler auf der Dimension kooperativ/kompetitiv einschätzen. Der dabei am stärksten auftretende Einschätzungsfehler war, daß die kompetitiv orientierten Spieler ihre kooperativ orientierten Mitspieler als kompetitiv wahrnahmen. Die weitere Analyse der Spielzüge zeigte, daß aus den

138

kooperativ orientierten tatsächlich kompetitive Spieler wurden, wenn sie mit kompetitiv orientierten spielten.

Es wird auch unterstellt, die Erwartung, uns sei jemand freundlich oder feindlich gesinnt (Rosenthal 1976,408; ders./Jacobson 1971,3; Darley/Fazio 1980, 879), die Erwartung über den Bestand einer Partnerschaft (Watzlawick 1986, 78) oder die Einschätzung der Vertrauenswürdigkeit eines anderen (vgl. Petermann 1986,78), könne zur SFP werden.

Harvey und Clapp (1965) zeigten experimentell, daß Personen, die annahmen, es werden angenehme Dinge über sie berichtet, dazu neigen, eher auch die angenehmen als die unangenehmen herauszuhören (zit. nach Rosenthal /Jacobson 1971,20).

Snyder und Swann (1978a) konnten belegten, daß die einem Interaktionspartner nachgesagte Feindseligkeit zur objektiven Selbsterfüllung führen kann. Sie ließen je zwei Vpn rivalisierend Reaktionszeit-Aufgaben lösen. Es stellte sich heraus, daß diejenigen Vpn, welche aufgrund einer Manipulation der Forscher von ihren Gegnern als feindselig eingeschätzt wurden, es tatsächlich häufiger wurden als der Rest der Vpn ($z = 2,02$; $p < 0,03$). Feindseligkeit wurde dabei operationalisiert als der Einsatz einer "Geräuschwaffe", die den Gegner in seiner Konzentration stören sollte.

2.8 BEREICH DER STEREOTYPEN UND STIGMATA

Bei den folgenden Untersuchungen wurden die Erwartungen nicht direkt durch eine Mitteilung gelenkt, sondern indirekt über ein bestimmtes, bekanntes Stereotyp. Ein Reiz soll dabei eine bestimmte Assoziation auslösen, die wiederum eine Erwartung provoziert (Snyder 1984).

Word u.a. (1974) legten durch die Ergebnisse in zwei zusammengehörenden Experimenten nahe, daß Rassenvorurteile sich selbst bestätigen können. Schwarze werden in der Regel als nicht so kompetent und qualifiziert eingeschätzt wie Weiße.

In der ersten Studie führten weiße Studenten als Interviewer Bewerbungsgespräche mit weißen und schwarzen Stellenbewerbern durch. Die Bewerber waren in Wirklichkeit Forschungsassistenten, die geschult worden waren, in jedem Interview möglichst gleichartig zu reagieren. Das Verhalten der weißen Interviewer wurde dabei für diese unwissentlich beobachtet. Die Resultate verrieten wesentliche Verhaltensunterschiede der Interviewer, je nachdem, ob sie mit weißen oder mit schwarzen Bewerbern sprachen. Schwarze Bewerber erhielten weniger Gesprächszeit. Bei ihnen nahmen die Interviewer eine größere körperliche Distanz ein, wirkten weniger freundlich und direkt und produzierten mehr Sprachfehler (Wiederholungen, Stottern).

In einer zweiten Untersuchung wurden noch einmal Bewerbungsgespräche mit ausschließlich weißen Bewerbern geführt. Diesmal waren die Interviewer die Forschungsassistenten, die geschult worden waren, genau die beiden Verhaltensstile zu imitieren, welche sich in der ersten Untersuchung als typisch für die Behandlung von weißen bzw. schwarzen Bewerbern herausgestellt hatten. Beurteiler, die Videoaufnahmen dieser Interviews sahen (und "blind" gegenüber den beiden Verhaltensstilen waren), schätzten die Bewerber, die von ihren Interviewern "schwarz" behandelt worden waren, nervöser und weniger situationsadäquat ein als die "weiß" behandelten.

Snyder und Mitarbeiter (1977) beschäftigten sich mit dem Stereotyp, daß physisch attraktive Menschen für sozial angenehm (gewandt, humorvoll, ausgeglichen) gehalten werden. Dafür wurde eine kontrollierbare Situation des Kennenlernens hergestellt. Jeweils ein Mann und eine Frau sollten miteinander telefonieren. Dem Mann wurde zuvor ein Foto gegeben, das angeblich seinen weiblichen Gesprächspartner abbildete. In Wirklichkeit zeigte das Bild eine andere entweder attraktive oder unattraktive Frau. Die Bilder wurden den Gesprächspaaren durch Zufall zugeordnet. Tonbandaufnahmen dieser Gespräche wurden Beurteilern vorgespielt, die weder die Fotos noch die tatsächlichen Gesprächspartner gesehen hatten. Diese Beurteiler waren in der Lage, die Frauen aufgrund ihres verbalen Verhaltens (auf dem Band) entsprechend ihrer zugeschriebenen "Attraktivität" nach zu unterscheiden. Vermeintlich "attraktive" Frauen wurden als freundlicher, sympathischer und umgänglicher eingestuft als "unattraktive".

Auch geschlechtsspezifische Stereotypen können zur SFP werden. Skrypnek und Snyder (1980, zit. nach Snyder 1981,197) stellten jeweils zwei Personen die Aufgabe, verschiedene Tätigkeiten zur Ausführung untereinander aufzuteilen. Es handelte sich dabei um Tätigkeiten, die als typisch weiblich, männlich oder geschlechtsneutral gelten (z.B. bügeln, ein Jagdmessers schleifen, Schuhe putzen). Die Vpn waren in zwei verschiedenen Räumen untergebracht und konnten nur über ein Signalsystem miteinander kommunizieren. Einem der beiden (A) wurde gesagt, daß sein Kommunikationspartner (B) männlich bzw. weiblich ist. Die Erwartung von A, daß B eher die männlichen bzw. weiblichen Tätigkeiten wählen wird, ging tendenziell in Erfüllung.

Darley und Gross (1983) bestätigten experimentell, daß Informationen über den sozioökonomischen Status einer Person darüber bestimmen, wie deren Leistung eingeschätzt wird. Da dieses soziale Etikett mit bestimmten stereotypen Leistungserwartungen verbunden ist, wurde das Ergebnis von den Autoren als subjektive Selbsterfüllung interpretiert. Die Darley und Gross-Studie wurde durch eine ähnliche japanische Untersuchung bestätigt (Kameda 1985).

Farina und Mitarbeiter führten zwei Studien durch, die als Belege für die Selbsterfüllung einer Erwartung, die auf einem Stigma beruht, interpretiert werden können (z.B. Jones 1977,115).

Farina und Ring (1965) ließen 30 Paare jeweils zusammen ein Tisch-Kugelspiel durchführen. Einem Teil der Spieler wurde gesagt, daß ihr Partner emotional gestört sei. Diejenigen Spieler, die diese falsche Information erhielten, gaben später an, ihr "gestörter" Partner hätte die gemeinsame Leistung behindert, obwohl diese Mitspieler in Wirklichkeit nicht schlechter spielten als die nicht als "gestört" bezeichneten.

Farina, Allen und Saul (1968) führten eine weitere Studie im Zusammenhang mit Stigmata durch, die sogar mit einer objektiven SFP erklärt werden kann: Dabei wurde die übliche Perspektive umgedreht. Es ging nicht primär um die Erfüllung der Erwartungen der Stigmatisierer, sondern um die Erwartungen derer, die glauben, stigmatisiert zu werden. Die Überzeugung, von anderen stigmatisiert zu werden, löst soziale Ängste aus, die vermutlich verbunden sind mit (meist nicht bewußten) Erwartungen, von diesen anderen in unerwünschter Weise behandelt zu werden (z.B. Ablehnung, Distanziertheit etc. zu erfahren). Diese Erwartungen können sich selbst erfüllen.

Farina und Mitarbeiter baten jeweils zwei Personen L und P (Plural: Ls und Ps) zusammen eine kooperative Aufgabe zu erledigen. Zuvor wurden alle Personen der Kategorie L drei Gruppen zugeordnet. Die Ls hatten einen fiktiven Lebenslauf abzuschreiben, der vorgegeben war, und zwar entweder in einer Version, die die Ls als "normal" (Gruppe 1), als "psychisch gestört" (Gruppe 2) oder als "homosexuell" (Gruppe 3) ausgab. Der jeweilige, abgeschriebene Lebenslauf wurde nach Ansicht aller Ls ihren Gesprächspartnern (den Ps) ausgehändigt und als die authentischen Lebensläufe der Ls ausgegeben. In Wirklichkeit bekamen alle Ps den gleichen Lebenslauf der "normalen" Version.

Während der darauffolgenden Zusammenkunft von L und P zur Bewältigung einer gemeinsamen Aufgabe konnte festgestellt werden, daß die Ps der Gruppe 1, die von der angeblichen Stigmatisierung nichts wußten, mit ihren Ls wesentlich intensiver kommunizierten (längere Sprecheinheiten, höhere Gesprächsinitiative) als die Ps der Gruppen 2 und 3 mit den Ls, die sich stigmatisiert fühlten.

2.9 BEREICH DER EIGENEN FÄHIGKEITEN UND LEISTUNGEN

Leistungen werden nicht nur in absichtlichen Lernprozessen erbracht. Insofern stellt der Bereich der Fähigkeiten und Leistungen (performance) eine Kategorie dar, die dem Bereich der Leistungen im Sinne von Lernergebnissen übergeordnet ist (Abschnitt 2.3). So wie die Ergebnisse von absichtlichen Lernprozessen von den eigenen Lernerwartungen gelenkt werden, so können auch analog andere Leistungsbereiche von den entsprechenden Leistungserwartungen gesteuert werden.

Die Erwartung, ein gestecktes Ziel auch zu erreichen, erzeugt Sicherheit, die für die notwendige Zielerreichung förderlich ist. Angst hingegen scheint - zumindest von einem bestimmten Niveau an - der Leistung eher abträglich zu sein. Das demonstriert Jastrow (1900, zit. nach Rosenthal 1976,129) an einem Radfahrer, den seine Angst vor einem Sturz tatsächlich stürzen läßt. Zutrauen zu den eigenen Fähigkeiten im Sinne positiver Erwartungen bezeichnen Perrez und Mitarbeiter als leistungsunterstützende Kraft (1986,409).

Die Auswirkung der intrapersonalen Leistungserwartung auf die tatsächliche Leistung wird in der empirischen Forschung meist analysiert, indem die persönliche Erfahrung mit dem Leistungsgebiet als eine erwartungsbildende Vorstufe angesehen wird. Folgendes Kausalschema wird dabei unterstellt: Vorausgehender Erfolg erzeugt die Erwartung auf weiteren Erfolg. Die Erwartung weiteren Erfolgs trägt ihrerseits zu späterem Erfolg bei (Jones 1977, 175; Tyler 1958; Fibel/Hale 1978; Hogan 1987; Meehan 1986; Dickstein u.a. 1972). Die Methode, experimentell über die Manipulation von vorausgehender, eigener Erfahrung die Erwartung zu verändern, erübrigt die weniger valide Methode, das über die nur verbal gegebenen Informationen zu versuchen.

In einer Studie von Feather (1966) wurden Studentinnen gebeten, 15 Anagramme zu lösen, d.h. sinnvolle Wörter durch das Versetzen von vorgegebenen Buchstaben zu konstruieren. Es wurden zwei Gruppen gebildet. Die erste Gruppe G_1 erhielt zu Beginn 5 leichte Anagramme , die zweite Gruppe G_2 sehr schwere (unlösbare). Die folgenden 10 Anagramme waren in beiden Gruppen identisch (mittelschwer). Dies geschah, um die Erwartungen der Vpn über den vorausgehenden Erfolg zu steuern. Vor jedem neuen Anagramm wurden die Vpn gefragt, ob sie glauben, es lösen zu können. Dieser manipulation check (vgl. Abschnitt 2.1.2 (1.)) bestätigte, daß die G_1 positivere Erwartungen als die G_2 entwickelte. Die G_1 wies in den letzten 10 Aufgaben signifikant mehr Lösungen auf als die G_2 (vgl. Kritik an Feather 1966 von Wilkins 1977).

Die folgenden Studien belegen, daß der Zusammenhang zwischen vorausgehendem Erfolg und der Erwartung zukünftigen Erfolgs nicht perfekt ist ($r < 1$), sondern daß Moderator-Variablen dazwischen angenommen werden müssen.

In einer Studie von Zajonc und Brickman (1969) wurde den Vpn eine Reaktionszeit-Aufgabe gestellt. Sie sollten auf einen Lichtreiz so schnell wie möglich mit dem Bedienen eines Schalters reagieren. Zwischendurch wurde ein Feedback über die Leistungen gegeben, das allerdings der tatsächlichen Leistung nicht entsprach. Einem Teil wurde gesagt, sie reagierten sehr gut, einem anderen Teil, sie reagierten schlecht. Die Erfolgserwartungen der Vpn wurden zusätzlich erhoben. Diejenigen Vpn, die trotz negativem Feedback ihre Leistungserwartungen nicht oder nur langsam senkten, verbesserten ihre

Reaktionsgeschwindigkeit de facto, während diejenigen Vpn, die nach negativem Feedback ihre Erwartungen senkten, ihre Leistung nicht verbesserten.

Weiner, Heckhausen und Mitarbeiter (1972, zit. nach Jones 1977,173) boten 39 Schülern 5 Versuche für die Lösung einer "Zahl-Symbol-Ersatz-Aufgabe". Dabei induzierten die Forscher Mißerfolg bei jedem Versuch. Jeweils nach den Versuchen wurden die Schüler um Auskunft gebeten, ob sie den Mißerfolg auf mangelnde Anstrengung, Fähigkeit, fehlendes Glück oder die Aufgabenschwierigkeit zurückführen und wie hoch sie die Erfolgswahrscheinlichkeit für den nächsten Versuch einschätzen. Je mehr die Vpn ihr Mißlingen den stabilen Faktoren (Fähigkeit, Schwierigkeit) zuschrieben, desto niedriger waren ihre Erfolgseinschätzungen und desto langsamer ihr nachfolgendes, tatsächliches Vorankommen bei der Aufgabenbewältigung. (Allerdings erlangte nur der Zusammenhang zwischen Aufgabenschwierigkeit und Leistung statistische Bedeutsamkeit.) Je mehr die Vpn ihr Mißlingen den variablen Faktoren (Glück, Anstrengung) zuschrieben, desto höher waren ihre Erfolgseinschätzungen und desto schneller ihr Vorankommen. Diese Studie ist als relationale Studie zu betrachten, da sie weder die Kausalattributionen noch die Erwartungen induzierte.

Um die Wirkung von Erfolgserwartungen in den Labors kontrolliert untersuchen zu können, werden meist relativ künstliche, "lebensferne" Situationen hergestellt. Erst die Verallgemeinerung der so erhaltenen Resultate auf lebenspraktisch wichtigere Aufgaben und Leistungsbereiche zeigt die mögliche Bedeutsamkeit des Zusammenhangs von Erwartung und Leistung auf.

Es gibt allerdings auch einige Untersuchungen, deren lebenspraktische Bedeutung hingegen unmittelbar einsichtig ist. Neuere relationale Studien Seligmans können als plausibles Indiz für die Wirkung von intrapersonalen Erwartungen und dem dahinterliegenden Attributionsstil auf den beruflichen Erfolg von Versicherungsvertretern oder auf die Zensuren von Studenten gedeutet werden (zusammengefaßt bei Trotter 1987,35f). Gurin und Gurin deuten das Verharren in Armut unter anderem auch als Folge von Mißerfolgserwartungen (1970).

2.10 BEREICH PARANORMALER PHÄNOMENE UND DER ESOTERIK

Die Selbsterfüllung kann auch zur "natürlichen" Erklärung von "übernatürlichen", paranormalen Phänomenen (Psi) herangezogen werden, wie sie Untersuchungsgegenstand der Parapsychologie sind.

Damit soll keinesfalls der Anspruch erhoben werden, die Gesamtheit der Psi-Phänomene als bereits hinreichend erklärbar abzutun. Es wird hier lediglich versucht, den Erklärungswert des Selbsterfüllungsansatzes auszuschöpfen. Der "Fairneß" halber sei pauschal erwähnt, daß sich unter den ernstzunehmenden Untersuchungen zu diesem Thema auch einige wenige befinden, in denen sich die betrachteten Psi-Phänomene bisher als resistent gegenüber Versuchen erwiesen haben, sie durch Zufallsvergleiche oder auf andere Weise "in die Welt des Erklärbaren" überzuführen (vgl. Wiesendanger 1988; Bender u.a. 1977; Bauer u.a. 1988).

(1.) Astrologie:

Menschen scheinen dazu zu neigen, astrologischen Aussagen und Prophezeiungen aufgrund subjektiver Selbsterfüllungen recht zu geben. Horoskop-Gläubige wollen, daß diese Vorhersagen in Erfüllung gehen und selegieren ihre Aufmerksamkeit z.B. durch das "Zurechtbiegen" ihres Selbstbildes entsprechend (Wiesendanger 1988,44f). Das gilt nicht nur für die Feststellung, ob eine konkrete astrologische Aussage als erfüllt zu betrachten ist oder nicht, sondern auch für die "Richtigkeit" von Horoskopen an sich: Ein Horoskop, das sich erfüllt hat, wird als bewußtseinsdominant eher erinnert als ein unerfüllt gebliebenes. Damit wird die intuitive Global-Überzeugung "Horoskope haben doch irgendwie recht" tendenziell subjektiv selbsterfüllt (Wiesendanger 1988,40).

Die Horoskop-Konstrukteure selbst geben eine Hilfestellung dabei, die subjektive Selbsterfüllung durch den überzeugten Rezipienten zu erleichtern, indem sie sich des sogenannten Barnum-Effekts bedienen (Wiesendanger 1988,40f; Jones 1977,74; Snyder/Swann 1978,151), benannt nach dem Zirkusdirektor Phineas Barnum, der sein Programm nach der Devise "Ein bißchen für jeden" zusammenstellte. Je breiter eine Voraussage gestellt wird (mehrdeutige Allerweltsfloskeln etc.), je mehr mögliche Ereignisse sie damit umfaßt, um so wahrscheinlicher geht sie in Erfüllung, und um so eher kann man sie subjektiv >in *Selbst*erfüllung gehen< sehen.

Ein Indiz, das auf die Barnum-Erklärung weist, fanden Fichten und Sunerton (1983). Sie legten 366 Vpn verschiedene Horoskope aus Zeitungen und Magazinen vor und 12 Charakteranalysen aus astrologischen Büchern für alle Tierkreiszeichen. Die Vpn wurden gebeten zu beurteilen, inwieweit jede einzelne dieser 12 Persönlichkeitscharakterisierungen auf sie zutrifft und inwieweit sie jede einzelne der 12 Tages- und Monatsprognosen der Horoskope nachträglich bestätigen könnten. Die Experimentalgruppe (EG) bekam die Information, welchen Tierkreiszeichen die Prognosen und Charakterisierungen zugeordnet waren, die Kontrollgruppe (KG) verfügte über diese Information nicht. Die Forscher stellten fest, daß die Vpn der EG die Beschreibungen zu ihrem eigenen Tierkreiszeichen (eigener Geburtsmonat) wesentlich zutreffender beurteilten als die übrigen elf. Dieser Unterschied war in der KG nicht aufzufinden.

In einer anderen, ähnlichen Untersuchung fügten Fichten und Sunerton (1983) zu den authentischen Beschreibungen aus den 12 Tierkreiszeichen ein nach dem Barnum-Prinzip selbstkonstruiertes 13. hinzu. In der KG wurde am häufigsten dieses 13. als das Zutreffendste bezeichnet.

In einer Studie von Gauquelin (zit. nach Wiesendanger 1988,41) bestätigten über die Hälfte der Vpn, daß ihr Persönlichkeitscharakter in denen ihnen

144

zugesandten, angeblich individuell zugeschnittenen, astrologischen Analysen "genau getroffen" wurde. In Wirklichkeit wurde ihnen allen das gleiche Horoskop zugesandt, das aus den Geburtsdaten eines berüchtigten französischen Massenmörders zusammengestellt wurde.

In mehreren Untersuchungen beurteilten die Vpn "ihr" Horoskop umso zutreffender, je individueller es zeitlich auf die Geburtsdaten der Vpn zugeschnitten zu sein vorgab (vgl. Wiesendanger 1988,41).

Eine Studie von Eysenck und Mitarbeitern schien zunächst die astrologische Lehre zu bestätigen. Es ergaben sich Zusammenhänge zwischen den Angaben von über 2000 Personen zu Hauptdimensionen ihrer Persönlichkeit und dem Bild ihrer Persönlichkeit, das die astrologische Lehre aufgrund ihres Sternzeichens entwirft (Eysenck 1987; Eysenck/Nias 1984). Replikationen legten allerdings nahe, daß in der Eysenck-Stichprobe die Personen mit astrologischen Kenntnissen das Ergebnis verzerrten. Im Sinne der subjektiven Selbsterfüllung hatten sie anscheinend in ihre Persönlichkeiten "hineingedeutet, was sie von sich nach Auskunft der Astrologen erwarten sollten" (Wiesendanger 1988,42). Denn in den Replikationsstudien verschwand der gefundene Zusammenhang bei den Personen, die keine astrologischen Kenntnisse besaßen (a.a.O.,4245).

(2.) Präkognitive Träume:

Es ist nicht nur möglich, eine Verbindung der SFP zur sinnlichen Wahrnehmung herzustellen, sondern auch zu der (anscheinend) "außersinnlichen" Wahrnehmung (ESP, extrasensory perception). Man unterscheidet drei Arten von ESP: die Telepathie (Gedankenübertragung), das Hellsehen (Wahrnehmung von Gegenständen ohne Benutzung der Sinnesorgane) und die Präkognition (Zukunftswahrnehmung)(Zimbardo/Ruch 1978,227).

Ein Erklärungsmuster für sogenannte "präkognitive Träume", deren Inhalt später in Erfüllung geht, ist in der ESP-Traumforschung neben dem Zufall die Selbsterfüllung in zweifacher Weise (z.B. Faraday 1988,258):
- als objektive Selbsterfüllung: Gemeint ist damit der Glaube an die Erfüllung, der Verhalten in Gang setzt, das die Erfüllung wahrscheinlicher macht. Hat beispielsweise jemand schon öfter von Geld geträumt, unmittelbar danach Geld gefunden und ist von einem Zusammenhang zwischen den Träumen und den >Geldfunden< überzeugt, so wird er sich nach dem nächsten Geldtraum auf die Suche nach dem schon länger verlorenen Geldschein machen. Damit steigt die Wahrscheinlichkeit, nach Geldträumen tatsächlich Geld zu finden. Es genügt aber auch schon eine erhöhte Sensibilität gegenüber dem >Suchbild Geld<, die der Traum ausgelöst hat, um die Wahrscheinlichkeit zu steigern, nach solchen Träumen >zufällig< Geld zu finden (a.a.O.,258). Genauso ist es bei Menschen, die nach einem Zahlentraum Lotto spielen. Da ein solcher Traum das Verhalten des Lottospielens auslöst, steigt die Wahrscheinlichkeit, nach solchen Träumen auch zu gewinnen.

- als subjektive Selbsterfüllung: Gemeint ist damit die Bereitschaft, auch schwache Indizien in der nachfolgenden "Beobachtungszeit" für die Erfüllung als Beweis anzuerkennen (a.a.O.,258) oder eine subjektive, retrospektive Selbsterfüllung: Nicht das spätere Erleben wird dem Traum entsprechend verändert, sondern nach einer "wohlbekannten Neigung der Seele" (a.a.O.,257) wird die Traum-Erinnerung dem späteren Erleben angepaßt.

(3.) Aberglaube:

Auf dieselbe Weise wie bei präkognitiven Träumen kann auch die festgestellte Wirkung von Glücksbringern oder Wunderheilungen in religiösen Zusammenhängen mit subjektiven oder objektiven Selbsterfüllungen erklärt werden. Dabei wirkt sich der Talisman wie ein Placebo aus (Locke/Colligan 1986,228f).

(4.) Der sheep-goat-Effekt:

Trefferleistungen in parapsychologischen Experimenten sind Ergebnisse, die für das Vorhandensein der untersuchten Psi-Phänomene sprechen (z.B. überzufälliges Erraten). Solche Trefferleistungen scheinen mit den positiven Erwartungen der Vpn gegenüber den paranormalen Erscheinungen zu korrelieren ("Glaube an Psi"). Das wird "sheep-goat-Effekt" genannt (Bauer/Lucadou 1988,521). Der Selbsterfüllungsansatz als Möglichkeit, den sheep-goat-Effekt zu "erklären", entläßt die damit beschriebenen Phänomene allerdings noch nicht zwangsläufig aus ihrem Psi-Rahmen in die >Welt der psychologisch erklärbaren Phänomene<, soweit nicht zusätzlich eine Art der Kontrolle der Vp über das erwartete (Psi-) Ereignis im Sinne der Bedingung für SFPs angegeben werden kann (vgl. Abschnitt 1.4.4).

2.11 RESÜMEE DER EMPIRISCHEN BEFUNDE

In diesem Abschnitt möchte ich der Frage nachgehen, inwieweit die bereits vorhandene empirische Basis als Insgesamt der Studien zu den SFPs, die in den vorausgegangenen Abschnitten (2.2-2.10) nur exemplarisch dargestellt wurde, die Existenz des Phänomens "SFP" glaubhaft machen kann.

Die bisher am umfassendsten erforschten Varianten der SFP sind der Placebo-Effekt, der Rosenthal-Effekt (Untersuchungsleiter) und der Pygmalion-Effekt (Schule). Die Existenz von Placebo- und Rosenthal-Effekt trifft bereits auf einen "consensus omnium". Im folgenden werden zunächst, stellvertretend für alle SFP-Forschungsbereiche, einige zusammenfassende Überlegungen zur Glaubwürdigkeit des Pygmalion-Effekts angestellt, da er der am meisten umstrittene der SFP-Arten ist und zu ihm die meisten Veröffentlichungen vorliegen. Anschließend stelle ich den Versuch vor, meta-analytisch die experimentellen Studien zu den interpersonalen SFPs insgesamt quantitativ nach in neuerer Zeit entwickelten Verfahrensweisen zusammenzufassen.

146

2.11.1 BEMERKUNGEN ZUR EMPIRISCHEN BASIS DES PYGMALION-EFFEKTS

Eine Sichtung der einzelnen Studien zum Nachweis des Pygmalion-Effekts erzeugt zunächst ein widersprüchliches Bild. Zum einen kann den entdeckten Wirkmechanismen eine gewisse Plausibilität, in Richtung Selbsterfüllung zu weisen, nicht abgesprochen werden. Zum anderen konnten aber auch viele Studien die Existenz von SFPs nicht belegen. Über Möglichkeiten, das Zustandekommen dieses zunächst widersprüchlichen Gesamt-Bilds zu klären, wird im Rahmen der Gesamtdiskussion der empirischen Basis noch eingegangen (Abschnitt 2.11.3).

Der negative Eindruck, der bei Nicht-Fachleuten vom Pygmalion-Effekt vielfach entstanden zu sein scheint, geht meiner Ansicht nach weniger auf dieses nicht eindeutige Gesamtbild der Forschungslage zurück, als auf die Rezeption mancher Kritik an der RJ-Studie. Die Kritik wurde größtenteils verzerrt wahrgenommen. Mit "verzerrt" sind hier vor allem zwei Momente gemeint:

(1.) Durch die Identifikation des Forschungsbereichs "SFP in der Schule" mit der RJ-Studie wurde z.T. übersehen, daß sich die Kritik an dieser Studie keineswegs gegen die Existenz von SFPs an sich richtete (z.B. Elashoff/Snow 1972,62; Thorndike 1972,85), sondern zunächst lediglich Bedenken an der Beweiskraft *einer* Untersuchung anmeldete. "Keiner der Kritiker bezweifelt jedoch, daß es Erwartungseffekte gibt" (Hanke/Mandl 1975,726; auch Rosenthal/Rubin 1978b,415). Es "besteht die Tendenz, sich ausschließlich mit dieser einzelnen Untersuchung zu befassen, statt die Literatur über Lehrererwartungen allgemein zu beachten" (Brophy/Good 1976,51). Viele Kritiker sprechen sogar explizit ihre empirisch begründete Überzeugung für derartige Erwartungseffekte aus, wie z.B. Baker und Crist: "Die Frage für weitere Forschungsprojekte lautet nicht, ob es Erwartungseffekte gibt, sondern wie sie in Schulsituationen wirken. (...) Die Sorge um mögliche negative Auswirkungen der Lehrererwartungen auf einige Kinder ist völlig legitim" (1972,84).

(2.) Zum Teil wurde auch die Arbeitshypothese der RJ-Studie an sich interpretativ argumentierend angezweifelt, also unabhängig von der Kritik am methodischen Vorgehen der Studie. Dies wurde von vielen Rezipienten als berechtigte Kritik an der SFP im allgemeinen ausgelegt. Dabei wurde übersehen, daß die der RJ-Studie zugrundeliegende Arbeitshypothese eine hochspezifische Variante der SFP ist. Sie bringt nämlich zum Ausdruck, daß sich in der Schule (konkreter Lebensbereich) die interpersonalen Erwartungen des Lehrers (konkretes Erwartungssubjekt) gegenüber den Schülern (konkretes Erwartungsobjekt) hinsichtlich ihrer Intelligenzentwicklung (weitere Spezifizierung des Objekts) als SFP auswirkt.

Die Kritiker dieser Arbeitshypothese argumentierten, es erscheine intuitiv als unwahrscheinlich, daß ausgerechnet das komplexe Merkmal "Intelligenz" über eine so einfache experimentelle Intervention beeinflußbar sein soll, da sich

diese Persönlichkeitsvariable gegenüber anderen, massiven Beeinflussungs-versuchen (vgl. kompensatorische Erziehung) als hartnäckig resistent erwiesen hat. Inzwischen scheint sich ein empirisch begründeter Konsens abzuzeichnen über die abhängigen Variablen, welche die Lehrererwartung als SFP beim Schüler erreicht. In der folgenden Aufzählung wird allgemein eine Zunahme der Wahrscheinlichkeit, daß sich Lehrer-Erwartungen auf die genannten Variablen selbsterfüllend auswirken, anerkannt (Brophy/Good 1976,105; Baker /Crist 1972,80f; Elashoff/Snow 1972,187; Dworkin 1974,107):
- Schülerintelligenz
- Schülerleistungen
- Einstellungen und Selbstkonzepte der Schüler
- Schülerverhalten

Dieser Reihenfolge entsprechend scheint es eher unwahrscheinlich zu sein, daß der Faktor Intelligenz durch die Lehrererwartung beeinflußbar ist, während der Einfluß auf das Selbstkonzept des Schülers und auf beobachtbare Verhaltens-weisen als gesichert angesehen wird. Diese Tendenz wird in einer neueren Meta-Analyse einer größeren Anzahl von Studien zu Lehrererwartungen bestätigt (Smith 1980). In diese Analyse gingen allerdings auch relationale Studien mit ein. Die Autorin berechnete sogar, daß die Lehrererwartung angeblich mit dem Lehrerurteil in einer Größenordnung von 0,69 zusammen-hängt, mit der Schülerleistung von 0,38 und mit der Intelligenz der Schüler von 0,16 (zit. nach Krug 1985,74). Brophy (1983) schätzt die Varianz der Schüler-leistung, die durch die Lehrererwartung erklärt wird, auf 5-10% ein.

Brophy und Good betrachten den Pygmalion-Effekt als solchen, ungeachtet seiner möglichen Varianten bzgl. der abhängigen Variablen, nach einer Gesamtsichtung der einschlägigen Befunde als "gesicherte Tatsache" (1976, 104). "Welchen Standpunkt man auch gegenüber den Ergebnissen von Rosenthal und Jacobson einnimmt: Die Arbeit einer großen Zahl von Forschern, die in den letzten Jahren unter Verwendung einer Vielfalt von Methoden durchgeführt wurde, hat unzweideutig festgestellt, daß Lehrererwar-tungen als sich selbst erfüllende Voraussagen fungieren können und das auch tun, wenngleich nicht immer und automatisch" (a.a.O.,51). "Obwohl sich die Ergebnisse von Rosenthal und Jacobson mit vergleichbaren experimentellen Anordnungen meist nicht bestätigen ließen, ... wurden sie doch auf andere Weise und der Tendenz nach wiederholt gefunden" (Schiefele 1974,359). "Die Wirkungen von Lehrer-Erwartungen im Sinne 'sich selbst erfüllender Prophe-zeiungen' sind empirisch überzeugend nachgewiesen" (a.a.O.,362).

2.11.2 META-ANALYSEN ZU INTERPERSONALEN SELF FULFILLING PROPHECIES

Die überzeugendsten, global ansetzenden Existenzbelege für SFPs sind vermutlich die Ergebnisse der durchgeführten, einschlägigen Meta-Analysen.

Die Anerkennung der Aussagekraft meta-analytischer Verfahren setzt voraus, daß die Vorannahmen, die den statistischen Modellen dieser Analysen zugrundeliegen, akzeptiert werden. Diese Vorannahmen scheinen sich jedoch auf keiner geringeren Plausibilitätsstufe zu bewegen als andere, bereits breit anerkannte, statistische Standard-Verfahren. Die Akzeptanz der statistischen Modelle inklusive ihrer Vorannahmen ist insofern als hoch einzuschätzen als - >statistisch versierte< - Kommentatoren der meta-analytischen Argumentation Rosenthals wie etwa Janet Elashoff, die zu den "klassischen" Kritikern des Pygmalion-Effekts zu zählen ist, sich nicht dagegen aussprechen (vgl. Elashoff in Rosenthal/Rubin 1978c).

(1.) Definition: Meta-Analyse

Zunächst möchte ich auf die Bezeichnung "Meta-Analyse" eingehen, da der Begriff selbst mehrdeutig ist und die vorwiegend neuartigen Verfahren, die damit gemeint sind, noch wenig verbreitet sind.

Die Meta-Analyse gehört zu den Literatur-Review-Verfahren (Überblicksarbeiten, Sammelreferate). Cooper unterscheidet primäre Studien und Forschungs-Reviews (1984,11). Im Unterschied zu einer Sekundär- oder Reanalyse (Stewart 1984,9-12), welche auf die Rohdaten der ursprünglichen Studie zurückgreift und sie erneut analysiert, wird der Begriff Meta-Analyse z.T. im Sinne von "Metaforschung" als Verfahren verstanden, dessen Untersuchungsgegenstand eine Original-Studie ist. Es werden also Aussagen über eine Original-Studie als Gegenstand gemacht und nicht etwa Aussagen über den Gegenstand der Original-Studie. Ein Beispiel dafür sind Aussagen zum Stand der Ausbildungsforschung in der Lehrerausbildung von Liebrand-Bachmann (1981,I). Sie möchte in ihrer Meta-Analyse nicht über die Lehrerausbildung selbst referieren, sondern über den Stand der Forschung zu diesem Feld. Im Unterschied zu diesem Verständnis wird der Begriff Meta-Analyse im folgenden anders verwendet:

> Meta-Analyse ist ein Sammelname für statistische Verfahren, die zum Vergleich und zur Kombination mehrerer unabhängiger, empirisch quantitativer Arbeiten (Basis-Studien) zur selben Hypothese verwendet werden mit dem Zweck der Zusammenfassung der Informationen der Basis-Studien (Rosenthal 1984,7,19; 1985,51).

Als "unabhängig" werden die Studien in erster Linie dann betrachtet, wenn sich ihre Stichprobeneinheiten personal nicht überlappen (Vpn) und in zweiter Linie, wenn sie nicht von den gleichen Forschern in denselben Instituten durchgeführt wurden (Rosenthal 1976,323; Rosenthal/Rubin 1978b,414).
Die Basis-Studien sind quasi Replikationsstudien zueinander, wobei >Replikation< hier nicht unbedingt eine exakte, detaillierte Identität im Untersuchungsdesign meint.

Es genügt, wenn die Studien gemeinsamen oder als gemeinsam verallgemeinerbaren Hypothesen mit ähnlichen Mitteln nachgehen (Rosenthal 1976,321).

Das Wort "Meta" ist hier im Grunde im Unterschied zum anderen Begriffsverständnis (etwa bei Liebrand-Bachmann) nur halb zutreffend: Denn "Meta-Analyse" im Sinne Rosenthals meint eine Analyse der Enddaten (numerische Ergebnisse) von vorausgegangenen Analysen der Basis-Studien. Insofern ist sie auf einer *Meta*-Ebene angesiedelt. Der Gegenstand aber, über den die Meta-Analyse Aussagen machen will, ist der gleiche wie der der ursprünglichen Studie. Insofern befindet sie sich auf derselben und nicht auf einer übergeordneten Ebene (vgl. Fricke/Treinies 1985,17f).

Einführungen in die Methodik der Meta-Analyse sind bei Rosenthal (1984), Mullen und Rosenthal (1985) sowie bei Fricke und Treinies (1985) zu finden. Zusammenfassungen findet man bei Rosenthal (1979; 1983), Rosenthal und Rosnow (1984,356-359,361,369-382), Rosenthal und Rubin (1978a; b; c) Harris und Rosenthal (1985), Cooper (1984,55-59,80ff), Stewart (1984,111-120) sowie bei Dusek und Joseph (1985, 229-231).

Eine Forschergruppe um Rosenthal führt Meta-Analysen zur SFP seit 1968 durch, die sich in ihren Aussagetendenzen alle ähneln. Sie unterscheiden sich lediglich durch die kumulativ ansteigende, jeweils auf den neuesten Stand gebrachte Anzahl von Basis-Studien (Übersicht Rosenthal 1985,52). Ich möchte mich deshalb anschließend im wesentlichen auf die letzte, detailliert veröffentlichte Analyse von 1978 beschränken (Rosenthal/Rubin 1978a). Die neueste, nicht detailliert veröffentlichte Analyse von 1982 (in Rosenthal 1985) stellt lediglich eine Aktualisierung dar. Sie machte nach der Auskunft des Autors (persönliches Gespräch vom 13.9.1988) keine wesentlichen Korrekturen der vorausgegangenen Meta-Analysen nötig.

Da Rosenthal bei seinen Meta-Analysen nur Experimente (zu interpersonalen Erwartungen) verwendet hat, lassen sich die Ergebnisse der Meta-Analysen kausal interpretieren. Die Meta-Analyse von 1978 beruht auf einer Basis von 345 Untersuchungen. Rosenthal und Rubin (1978a) sprechen im Titel des Berichts dieser Analyse optimistisch von den *"ersten* 345 Studien". Im folgenden gehe ich auf die wichtigsten Ergebnisse der 1978er-Analyse ein und erläutere vorausgehend kurz die statistischen Verfahren dazu.

(2.) Die Kombination der Signifikanzen

Einer der wichtigsten statistischen Parameter für den Nachweis der Existenz eines Effekts ist die statistische Signifikanz des Ergebnisses. Die Signifikanz ist quasi eine Art Ersatz für die fehlende Bestimmbarkeit der "Wahrheit /Unwahrheit" auf statistischer Zufallsbasis (vgl. Bortz 1985,150; Wellenreuther 1982,266). Die Irrtumswahrscheinlichkeit p (probability) gibt an, wie hoch die Chance ist, das erhaltene Ergebnis oder ein noch extremer von der Nullhypothese abweichendes durch Zufall zu erhalten. Damit ist sie ein Maß für die >Realität< des systematischen, kausalen Effekts einer experimentellen Intervention. Je (numerisch) kleiner p ist, desto unwahrscheinlicher ist es, daß die experimentelle Intervention sich nicht auf die abhängige Variable ausgewirkt hat und der empirisch gemessene Effekt auf den Zufall zurückzuführen ist.

150

In der Meta-Analyse werden die p-Werte der Basisstudien, die sehr unterschiedlich ausgefallen sind, zusammengefaßt. Es gibt mehrere Möglichkeiten der Signifikanz-Kombination (vgl. Übersicht bei Fricke/Treinies 1985,66-69; Rosenthal 1984,94ff). Zwei davon sind das "Addieren von z-Werten" und eine Methode, die hier als "Proportionieren nach Signifikanz-Niveaus" bezeichnet wird.

(a.) Proportionieren nach Signifikanz-Niveaus:

Es wird die Zahl aller Studien ausgezählt, die ein bestimmtes Signifikanz-Niveau numerisch unterschreiten. Anschließend wird diese Zahl in Relation zur Gesamtzahl aller Basisstudien gesetzt. Das Ergebnis läßt sich als Proportion (Intervalle 0 bis 1) oder als Prozentsatz (Intervalle 0% bis 100%) ausdrücken. Die Proportionen der 1978er-Analyse sind der Tabelle 1 zu entnehmen (aus Rosenthal/Rubin 1978a,379). Die in dieser und den folgenden Tabellen einbezogenen Forschungsbereiche sind alle dem Untersuchungsleiter-Erwartungseffekt zuzuordnen, mit Ausnahme des achten Forschungsbereichs "Alltagssituationen", der Restkategorie (z.B. Studien zu SFPs in der Schule).

Tabelle 1: Signifikanz der Studien

Forschungsbereiche:	Anzahl N	Proportion p < 0,05	ÜF	Z-Standard-Normalabweichung
Reaktionszeit	9	22%	(4,4)	+2,14
Tintenkleks-Tests	9	44%	(8,8)	+4,05
Tier-Lern-Versuche	15	73%	(14,6)	+7,73
Labor-Interviews	29	38%	(7,6)	+6,71
Psychophysische Urteile	23	43%	(8,6)	+6,61
Lernen u. Fähigkeiten	34	29%	(5,8)	+5,14
Person-Wahrnehmung	119	27%	(5,4)	+6,62
Alltagssituationen	112	40%	(8,0)	+14,24
Median:	26	39%	(7,8)	+6,62

Interpretationsbeispiel: Aus dem Forschungsbereich "Alltagssituationen" gingen 112 Studien in die Analyse ein, von denen 40% signifikante Ergebnisse aufzuweisen haben, die die SFP-Hypothese stützen (ÜF wird später erläutert).

Als Bezugspunkt der Angaben der Tabelle 1 wurde das 5%-Niveau herangezogen, obwohl viele Studien noch besser gegen den Zufall abgesichert sind. Im Sinne der Bestätigung der Alternativ-Hypothese (H_1) "untertreiben" also diese Angaben, weil das als Bezugspunkt herangezogene Niveau einheitlich nach dem niedrigsten gemeinsamen getesteten Niveau aller Basis-Studien festgelegt werden muß. Das ist das 5%-Niveau. Denn viele Untersuchungsberichte geben die Irrtumswahrscheinlichkeit nicht als exakte Zahl an (z.B. p = 0,03), sondern quasi nur auf Rangskala-Niveau als Angabe "unter oder über dem 5%-Niveau" (z.B. p < 0,05). Die Anzahl der Studien der einzelnen Forschungsbereiche N addiert sich nicht zu 345, sondern zu 350, da einige Studien thematisch mehrfach zugeordnet werden mußten.

Tabelle 1 gibt als das Maß der zentralen Tendenz den Median an. Aus diesen Daten geht hervor, daß im Durchschnitt etwas mehr als 1/3 (39%) der Studien signifikante Ergebnisse in Richtung der SFP-These zeigen. Das Intervall der Proportionen reicht von 22% (Reaktionszeit) bis 73% (Lernversuche mit

Tieren). 3% der Studien weisen signifikante Unterschiede auf dem 5%-Niveau in die umgekehrte Richtung auf (Anti-SFP-stützend). Diese wurden hier zu den nicht signifikanten Studien gezählt (Rosenthal/Rubin 1978b,415).

Es mag auf den ersten Blick ernüchternd wirken, daß nicht einmal die Hälfte der Studien ihre H_1 signifikant bestätigen können. Den Schluß daraus zu ziehen, es gäbe keine SFPs, vergleicht Rosenthal und Rubin mit dem unsinnigen Vorgehen, eine Korrelation r < 1 als r = 0,00 zu betrachten (1978b,415). Man könnte auch sagen, daß das hieße, das >Phänomen des Regens< zu leugnen, weil es meistens nicht regnet. Mögliche Erklärungen dafür, warum die Effekte von 2/3 der Studien nicht zufallskritisch abgesichert werden können, werden später diskutiert. Die folgenden Überlegungen gelten zunächst der Bedeutung, die das "positive" Drittel der Studien für den Nachweis von SFPs auf statistischer Argumentationsbasis hat.

Bei der Betrachtung einer großen Anzahl von Ergebnissen gilt unter idealen Modellbedingungen (Klauer 1973,103,106): Das Signifikanz-Niveau von 5% bedeutet, daß 5% aller auf diesem Niveau signifikanten Ergebnisse irrtümlich für hypothesenstützend gehalten werden, also tatsächlich lediglich zufallsbedingt sind. Geht man in einem Gedankenexperiment davon aus, daß unter den Experimenten zu einem Thema 5% in ihren Ergebnissen eine Irrtumswahrscheinlichkeit von p = 0,05 aufweisen, so wären die aufgetretenen Effekte insgesamt trotz Einzel-Signifikanzen, noch mit dem Argument des Spiels des Zufalls abzutun. Hier erreichen bzw. unterschreiten jedoch 39% der Studien das 5%-Niveau. Das bedeutet: über 7 mal mehr Studien, als es der ungestörte Zufall (unter Idealbedingungen) erlauben würde, erreichen dieses Niveau (39% : 5 = 7,8). Dieser Faktor, über alle metaanalysierten Studien = 7,8 , soll hier "Überzufälligkeitsfaktor" (ÜF) genannt werden. Er ist in der Tabelle 1 für jeden Forschungsbereich ausgewiesen.

$$\text{ÜF} = \frac{\text{\%-Anteil der signifikanten Studien}}{\text{gewähltes Signifikanz-Niveau}}$$

ÜF = 1 würde bedeuten, daß ein metaanalytisch erhaltenes Verhältnis von signifikanten und nicht signifikanten Ergebnissen mit dem puren Zufall erklärt werden könnte, da seine zufällige Auftretenswahrscheinlichkeit bei p = 0,5 liegt, es also erst auf einem (völlig bedeutungslosen) Niveau von 50% zufallskritisch "abgesichert" wäre. Dieses Niveau entspräche, jemandem außersinnliche Kräfte zuzusprechen, weil er bei einem einzigen Versuch, die nach oben zeigende Münzseite vor dem Wurf richtig vorhersah. Bei einem ÜF > 1 ist die Proportion der signifikanten Studien insgesamt als zumindest auf diesem Niveau abgesichert zu betrachten. Mit steigendem ÜF verliert das Argument, die aufgetretenen Effekte mit dem Zufall zu erklären, zunehmend an Überzeugung. Wie auch in den folgenden Tabellen sind die nicht aus der Quelle übernommenen, sondern ergänzten, selbst berechneten Angaben eingeklammert.

152

39% sind faktisch ein mit purem Zufall nicht mehr erklärbares Gesamt-Ergebnis. Mit größter Wahrscheinlichkeit kann deshalb ausgeschlossen werden, daß die signifikanten Ergebnisse nur durch Stichprobenverzerrungen oder Zufallsfehler zustandekamen (Rosenthal 1976,444). Detaillierte Angaben mit mehreren Niveaus als Bezugspunkt der Proportionierungen sind aus der Tabelle 2 zu ersehen (aus Rosenthal/Rubin 1978a,382). Die Spalte "(Signifi-kanz-) Niveau" gibt gleichzeitig das erwartete Verhältnis der signifikanten zu den nicht-signifikanten Studien unter der Annahme, daß die H_0 richtig ist, an:

Tabelle 2: Proportionen auf verschiedenen Niveaus

Signifikanz-Richtung	Niveau p	Proportion der sign. Studien	ÜF
sign. Anti-SFP	0,001	0%	(-)
(p<0,05)	0,01	1%	(1)
	0,05	3%	(0,6)
nicht sign. (p>0,05)	0,90	60%	
sign. SFP	0,05	36%	(7,2)
(p<0,05)	0,01	19%	(19)
	0,001	12%	(120)
	0,0001	7%	(700)
	0,00001	5%	(5000)
	0,000001	4%	(40000)
	0,0000001	3%	(300000)

Tabelle 2 gibt an, wieviel Studien ein bestimmtes Signifikanzniveau erreichen. Die signifikanten Studien sind unterteilt in diejenigen, welche die SFP-These signifikant bestätigen, und diejenigen, welche die Anti-SFP-These signifikant bestätigen. Interpretationsbeispiel: 19% der Studien, die für die SFP-These sprechen, erreichen das 1%-Niveau, während nur noch 12% unter diesen auch das 0,1%-Niveau erreichen.

(b.) Methode "Addieren von z-Werten":

Nach der Methode "Addieren von z-Werten" läßt sich eine kombinierte Gesamt-Signifikanz über alle Studien (p_t) berechnen (Fricke/Treinies 1985,68; Rosenthal 1984,72,88f). Diese Methode ist nur anwendbar, wenn die exakten p-Werte (also nicht nur kleiner/größer-Angaben) bei allen Studien bekannt sind oder aufgerundete p-Werte verwendet werden.

Der Ausgangspunkt der kombinierten Gesamt-Signifikanz ist, daß eine Hypothese durch signifikante Ergebnisse in mehreren unabhängigen Studien weit stärker gegen den Zufall abgesichert ist als sie es durch nur eine einzige Studie wäre.

Für eine Einzelstudie gilt: Je größer der Stichprobenumfang, desto kleiner fällt p aus bei Konstanthaltung der restlichen Größen (Bortz 1985,150). Die Kombinierungsmethode stellt eine analoge Beziehung her. Die Steigerung der Anzahl von Studien zur gleichen H_1 in der Meta-Analyse entspricht einer Vergrößerung der Stichprobe von ein und derselben Studie hinsichtlich der Abnahme der Irrtumswahrscheinlichkeit. Die Formel zur Berechnung der kombinierten Gesamt-Signifikanz über alle Studien (p_t) vollzieht diese Abnahme im entsprechenden "Tempo" mit. D.h.: In demselben Ausmaß, mit dem p_i bei einer einzelnen Studie durch die Vergrößerung der Stichprobe abnimmt, fällt auch p_t bei Vergrößerung der Anzahl von Studien.

In die Berechnung des p_t-Werts nach der Methode "Addieren von z-Werten" gehen die p-Werte der einzelnen Studien (p_i) nicht direkt ein, sondern transformiert als z-Wert jeder einzelnen Studie (z_i). Dazu müssen die exakten p-Werte jeder Studie bekannt sein. Im Unterschied zum Proportionierungs-verfahren, in das die p_i-Werte der Basis-Studien nur sehr grob eingehen, hat dieses Verfahren den Vorteil, daß sich alle p_i-Werte numerisch *exakt* auf die Größe von p_t auswirken. Auch die p-Werte, die keines der konventionellen Niveaus erreichen ($p > 0{,}05$), werden mit verrechnet.

Der kombinierte Gesamt-z-Wert z_t ist die Summe aller z-Werte der einzelnen Studien (z_i) geteilt durch die Wurzel aus der Anzahl aller Studien n (Fricke /Treinies 1985,69; Rosenthal 1984,89):

$$z_t = \frac{\Sigma\, z_i}{\sqrt{n}}$$

z_t läßt sich nach der Standardnormalverteilung in das gesuchte p_t transformieren (z.B. Bortz 1985,830ff). Da >einseitig< getestet wird, gehen die Studien, die die Anti-SFP stützen, mit umgekehrtem Vorzeichen ihrer z_i-Werte in die Berechnung ein (Rosenthal 1984,65). Das kombinierte p_t ist ein Maß dafür, wie wahrscheinlich es ist, einen Gesamt-Alpha-Fehler zu begehen, d.h. die aufgetretenen Ergebnisse in allen Basis-Studien gemeinsam fälschlicher-weise als Effekte von Erwartungen zu interpretieren, obwohl sie durch Zufall entstanden sind.

Wird in die z_t-Formel der gerundete Wert $\Sigma z_i = +421$, den Rosenthal in seiner 1978er-Analyse angibt, und für n = 345 eingesetzt, so ergibt sich:

$$z_t = \frac{\Sigma\, z_i}{\sqrt{n}} = \frac{421}{\sqrt{345}} = 22{,}67$$

Es ergibt sich nach der Transformierung ein p_t , das so gering ist, daß es in den meisten z-Wert-Tabellen und Programmen zur Transformation von z in p nicht mehr feststellbar ist. Rosenthal nennt an einer anderen Stelle (1985,60) eine kombinierte Irrtumswahrscheinlichkeit von:

$$p_t < \frac{1}{10^{100}}$$

(Da er die Berechnungsmethode dieses Wertes und ihre empirische Basis an dieser Stelle nicht genau beschreibt, habe ich die p_t-Berechnung anhand der Angaben der 1978er-Meta-Analyse nachvollzogen. Geht man nicht von dem veröffentlichten, gerundeten Wert von ca. Σz_i = 421 (Rosenthal/Rubin 1978a,381), sondern von dem exakteren Σz_i = 420,8982 aus (vgl. unten), so ergibt sich ein z_t = 22,66040004. Dieses in die Integral-Formel zur Normalverteilung eingesetzt, ergäbe den Schätzwert von:

154

$$p_t = \int_{-\infty}^{z_t} \frac{1}{\sqrt{(2 \cdot \pi)}} \exp^{(-z_t^2/2)} dz_t = 5,519 \cdot 10^{-114}$$

Solche Ergebnisse spiegeln in diesen Größenordnungen eine Scheinexaktheit vor. Es geht dabei nur darum, die Übereinstimmung der Größenordnung mit dem Rosenthal-Ergebnis festzustellen.)

Auch nach dieser Methode "Addieren von z-Werten" ist die kombinierte Irrtumswahrscheinlichkeit für die Existenz von SFPs als verschwindend gering anzusehen.

(3.) Kombination der Effektstärke

Mit der statistischen Signifikanz kann die praktische Signifikanz nicht direkt abgeschätzt werden. Ist die Existenz der SFP statistisch signifikant belegt, so könnten die SFP-Einflüsse trotzdem noch so gering sein, daß sie lebenspraktisch zu vernachlässigen wären. Deshalb ist es neben der Signifikanzberechnung notwendig, die Größe der SFP-Wirkung zu betrachten. Diese Größe wird in der Meta-Analyse generell als "Effektstärke" (ES, effect size) bezeichnet. Diese Effektstärke läßt sich in verschiedenen Maßen ausdrücken.

(a.) Ein möglicher Index für die Effektstärke ist **Cohens "d"-Maß**, das ähnlich wie die z-Werte ermöglicht, Maßzahlen mit unterschiedlichen Einheiten miteinander zu vergleichen (Cohen 1969; Fricke/Treinies 1985,72f.,81; Rosenthal 1984,21f).

$$d = \frac{\overline{x}_1 - \overline{x}_2}{SD}$$

$\overline{x}_1$ und $\overline{x}_2$ sind die Mittelwerte der Experimental- und der Kontrollgruppe, die miteinander verglichen werden.
SD ist die Standard-Abweichung/Streuung in den Gruppen. Dabei wird die Gleichheit der Varianzen in beiden Gruppen unterstellt: $SD = SD_1 = SD_2$ (Vorannahme!).
d drückt sich in Einheiten der Standardabweichung aus.

Das d wird für jede Studie einzeln berechnet. Die gewonnenen d-Werte werden in einem Mittelwert kombiniert. Dieser Mittelwert (mean effect size) steht für die kombinierte Effektstärke ES_t über alle Basis-Studien (Rosenthal 1985,60; Rosenthal/Rubin 1978a,379).
Für die ES-Abschätzung wurde in der 1978er-Meta-Analyse eine geschichtete Stichprobe von 113 Studien verwendet, die die hochsignifikanten Studien bevorzugte. Es erscheint nur sinnvoll, dafür solche Studien zu verwenden, bei denen sich die Erwartungen auswirkten.

Tabelle 3: Effektstärke d
(aus Rosenthal/Rubin 1978a,380)

Forschungsbereiche	N	ES$_{FB}$	95%-Vertrauensintervall	
		d	von	bis
Reaktionszeit	9	0,17	+0,03	0,31
Tintenkleks-Tests	9	0,84	-0,06	1,74
Tier-Lern-Versuche	15	1,73	+0,97	2,49
Labor-Interviews	15	0,14	-0,36	0,64
Psychophysisches Urteil	15	1,05	+0,49	1,61
Lernen u. Fähigkeit	15	0,54	-0,13	1,21
Person-Wahrnehmung	15	0,55	+0,10	1,00
Alltagssituationen	20	0,88	-0,34	2.10
Median		0,70	-0,02	1,41
Geschätzte Mittelwerte		0,70	0,30	1,10

N   ist die Anzahl der Sub-Stichprobe der einzelnen Forschungsbereiche.

ES$_{FB}$ ist die mittlere Effektstärke (d) der einzelnen Forschungsbereiche. Die Vertrauens-
intervalle geben an, in welchen Grenzen sich der wahre ES$_{FB}$ mit 95%er Wahrscheinlichkeit tatsächlich aufhält.

Um die Größenordnung dieser durchschnittlich vorgefundenen ES als abstrakte Zahl hilfsweise etwas plastischer vorstellbar zu machen, und damit ihre praktische Signifikanz zu
verdeutlichen, vergleicht sie Rosenthal mit Intelligenztest-Scores auf der Basis der z-
Normierung. Die mittlere Effektstärke von d = 0,70 entspricht nach Rosenthal ungefähr
10 IQ-Punkten der meisten amerikanischen Intelligenztests (bei einem Mittelwert von
IQ=100; SD= 15)(1981,183) bzw. ca.7 Punkten des deutschen Amthauer-Intelligenz-
Struktur-Tests.

(b.) Eine andere Möglichkeit, die ES auszudrücken, ist die Angabe des
Prozentsatzes der Personen der Experimentalgruppen, die (den Ergebnissen
zufolge) mit einer erfolgten Selbsterfüllung in Verbindung gebracht werden
können. Zwei verschiedene Personengruppen kommen bei interpersonalen
Erwartungen dafür in Frage: die Erwartungssubjekte (expecters), die etwas
erwarten, und die Personen, welche die Erwartungsobjekte sind (expectees),
von denen etwas erwartet wird.

Die grundlegende Prämisse dieses Maßes der ES ist nach Rosenthal bei den expecters: Wenn realiter kein spezifischer Erwartungseffekt besteht, würde per
Zufall im Schnitt folgendes Ergebnis erscheinen: die eine Hälfte der expecters
würde gemittelt tendenziell erwartungskonforme Reaktionen bei ihren
expectees erhalten und die andere Hälfte erwartungswidrige (jeweils relativiert
am Mittelwert der Ergebnisse der Kontroll-Gruppe), da in diesem H$_o$-Fall die
zufälligen Einflüsse von Störvariablen in beiden Richtungen (förderlich und
behindernd) gleich groß sein müßten (Rosenthal/Rubin 1978a,380).

Analog gilt für die Gruppe der expectees die Prämisse: Wenn realiter kein
Erwartungseffekt besteht, würde per Zufall die eine Hälfte der expectees
Reaktionen in die erwartungsgemäße Richtung zeigen und die andere Hälfte in
die erwartungswidrige.

156

Zur Berechnung dieses Prozentsatzes konnte Rosenthal nur diejenigen Basis-Studien verwenden, die die notwendigen Angaben enthielten. Insofern könnte diese Teil-Stichprobe nicht repräsentativ für alle Basis-Studien sein.

Da hierfür ausschließlich Studien zum Rosenthal-Effekt und zum Pygmalion-Effekt herangezogen wurden, teilt sich die Gruppe der expecters in "Untersuchungsleiter" (Vl) bzw. Lehrer auf, und die Gruppe der expectees in Versuchspersonen bzw. Schüler auf.

Tabelle 4: Prozentsatz der Vpn mit Erwartungseffekten (entnommen Rosenthal/Rubin 1978a,380)

| | Expecters | | Expectees | |
	"Vl"	Lehrer	Vpn	Schüler
N der Studien	87	30	52	13
N der peVpn	909	340	2748	515
Prozent der peVpn	66%	69%	60%	63%
Md% der peVpn	69%	70%	64%	65%

N der Studien ist die Anzahl der Studien, die Angaben dazu enthielten.

N der peVpn ist die Anzahl der Vpn, die potentiell mit einer erfolgten SFP in Verbindung stehen.

Prozent der peVpn setzt N der peVpn in Relation zur Gesamtanzahl der Vpn der entsprechenden Kategorie.

Md% (Median-Prozent) der peVpn ist der Median des Prozentsatzes der peVpn über alle Studien.

Die Daten stimmen im Trend darin überein, daß ca. 2/3 der an den Experimenten beteiligten Personen erwartungskonforme Reaktionen erhielten (expecters) oder produzierten (expectees).

(c.) Ein weiteres Maß der ES ist der **Vergleich** mit der Größe des Einflusses anderer Variablen: Hier beschreiben Rosenthal und Rubin (1978a,384; Rosenthal 1976,449ff) Studien, die solche Vergleiche angestellt haben. Da sich diese Vergleiche auf die jeweiligen abhängigen Variablen der einzelnen Studien beziehen, sind sie höchst bereichs- und situationsspezifisch. Deshalb ist es nicht möglich, verallgemeinerte Schlußfolgerungen über die ES daraus zu ziehen. Diese Ergebnisse verdeutlichen aber zumindest exemplarisch, daß die ES von SFPs vergleichsweise groß sein können.

(d.) Die ES läßt sich schließlich noch in den üblichen **Zusammenhangsmaßen** oder **Unterschiedsmaßen** ausdrücken, wie z.B. dem Produkt-Moment-Korrelationskoeffizienten r, dem Determinationskoeffizienten r^2 oder als z-normierte Größe (der durchschnittliche Unterschied aller Mittelwerte der Experimentalgruppe und der Kontrollgruppe).

Als ein Extrembeispiel für ein r^2 kann der Befund Edens gelten, nach dem in einer Untersuchung die Erwartung der Trainer über die Leistung der Trainees 1/3 bis fast 3/4 der Varianz der tatsächlich erbrachten Leistung der Trainees erklärte (1988,244; Eden/Shani 1982,194). Brophy (1983, zit. nach Meyer 1985,356) schätzt, daß ca. 5% der Varianz der Leistungen von Schülern auf SFPs zurückgeht.

Insgesamt sind die numerischen Durchschnittsangaben zur ES über die verschiedenen Lebensbereiche hinweg wohl zu unspezifisch, um wirkliche Anhaltspunkte für die praktische Bedeutung von SFPs in konkreten Situationen liefern zu können. Die ES variiert vermutlich auch innerhalb der einzelnen Lebensbereiche sehr stark. Die Berechnung einer kombinierten ES als abstrakte Angabe ist allerdings insofern sinnvoll, als sie der Behauptung entgegentritt, die SFPs seien zwar vorhanden, aber von keiner praktischen Signifikanz.

(4.) Die file-drawer-Analyse als Qualitätskontrolle

Ein großes Problem für die Meta-Analysen ist die Verzerrung der Stichprobe der Untersuchungen (Dunkelziffer-Problem). Es ist zu befürchten, daß die gefundene Anzahl der Basis-Studien zu einer Hypothese nicht der Gesamtpopulation der durchgeführten Studien entspricht, bzw. daß die Stichprobe in bedeutsamen Merkmalen die Gesamtpopulation nicht repräsentiert (vgl. Fricke/Treinies 1985,171f).

In den hier erläuterten Meta-Analysen haben die Forscher versucht, dem Dunkelziffer-Problem zu begegnen, indem sie alle erdenklichen Ressourcen ausgeschöpft haben. Sie bemühten formelle und informelle Bibliographie- und Such-Verfahren: Die "Psychological Abstracts", die "Dissertation Abstracts International", Fachtagungen, verschiedene computerunterstützte Recherchen in Fachliteratur-Datenbanken, und das "invisible college", den informellen Informationsaustausch zwischen verschiedenen Forschern, die an ähnlichen Problemen arbeiten (Rosenthal/Rubin 1978a,381; Harris/Rosenthal 1985,365f; Cooper 1984,39; Fricke /Treinies 1985,36).

Dadurch kann das Problem der Stichprobenverzerrung als verkleinert, aber keineswegs als ausgeräumt gelten: Wegen der vermuteten Tendenz der Forscher, eher signifikante Studien zu veröffentlichen, bilden die publizierten und damit gut erreichbaren Studien wahrscheinlich eine verzerrte Stichprobe zugunsten des Risikos, einen Alpha-Fehler zu riskieren. Die "Treffer" werden bekannt, während die "Flops" in den file drawers (Karteischrankschubläden) zurückgehalten werden (Rosenthal 1976,322). D.h.: Es besteht die Gefahr, daß das Bild, welches in den Meta-Analysen entsteht, den realen, aber verborgenen Forschungsstand zugunsten der Beibehaltung der SFP-These "schönt" (Rosenthal 1976,322).

Fricke und Treinies (1985,172) weisen zwar darauf hin, daß es sogar empirische Gegenbelege zu dieser vermuteten Tendenz des >Publikationsverhaltens< gibt. Demzufolge hätten bei Zeitschriften die eingereichten Artikel, die nicht signifikante Ergebnisse vorzuweisen haben, eine höhere Veröffentlichungschance. Das ist wohl aber auch nicht als tragfähige Basis zu interpretieren, das file-drawer-Problem als erledigt zu betrachten.

Mit diesem file-drawer-Problem hat sich Rosenthal in seiner Meta-Analyse 1976 auf eine originelle Weise auseinandergesetzt (1976,45-36; Mullen

/Rosenthal 1985,17). Der Ausgangspunkt dabei ist die Unterstellung der extremsten file-drawer-Verzerrung im Sinne des Alpha-Fehlers in der Stichprobe der Analyse. Die folgenden Überlegungen gehen von dem 5%-Niveau aus (jedes andere Signifikanz-Niveau wäre auch möglich) und von der Richtigkeit der H_0 (Null-Hypothese). D.h.: es wird unterstellt, die Ergebnisse würden SFPs nur zufallsbedingt vortäuschen. Die extremste Verzerrung läge dann vor, wenn die Stichprobe alle Studien beinhalten würde, die sich durch Zufall auf dem 5%-Niveau als signifikant erweisen, während alle unbekannten, nicht erfaßten Studien, die in den file drawers stecken, komplett nicht signifikant wären (Rosenthal 1984,108).

"Die fundamentale Idee, sich mit dem file-drawer-Problem auseinander zu setzen, ist, einfach die Zahl der unbekannten Studien zu berechnen, die im Mittelwert Nullresultate ergeben, und die die Gesamtwahrscheinlichkeit des Alphafehlers auf ein bestimmtes Signifikanzniveau von z.B. 0,05 abschwächen" (Rosenthal 1984,108). Mit Hilfe dieser Zahl, die fail-safe-N genannt wird, soll einschätzbar werden, wie groß die Bedrohung durch das file-drawer-Problem ist. Würden schon wenige zusätzliche, aber nicht bekannte Studien mit Nullergebnissen genügen, um die Gesamtsignifikanz auf "gerade noch signifikant" herunterzudrücken, so ist die Gesamtsignifikanz nur sehr dürftig gegen das file-drawer-Problem abgesichert (a.a.O.). Es gibt verschiedene Möglichkeiten der file-drawer-Analyse, also der Berechnung des fail-safe-N (N_f).

Berechnungsmethode I für das fail-safe-N:

Die Berechnungsmethode I kann behelfsweise angewendet werden, wenn lediglich unpräzise, nur rangskalierte p-Angaben vorliegen und das 5%-Niveau als Bezugspunkt für die einzelnen Basis-Studien herangezogen wurde (z.B. p < bzw. > 0,05). Diese Methode beruht auf dem Denkmodell des "Proportionierens nach Signifikanzniveaus" (vgl. oben). Sie errechnet deshalb ein N_f, welches das p_t auf 0,5 (50%) anheben würde, falls die erhaltene Zahl von zusätzlichen, "negativen" Untersuchungen tatsächlich existieren würde (Rosenthal 1984,108f):

$$N_f = 19 s - n$$

N_f ist das fail-safe-N: Die Mindestzahl der nicht-signifikanten Studien, die zu den bekannten Studien einer Meta-Analyse hinzukommen müßten, um noch alle signifikanten Studien der Analyse mit dem Alpha-Fehler erklären zu können.

s ist die Anzahl der auf dem 5%-Niveau Signifikanten Studien, die sich in der Stichprobe der Meta-Analyse befinden.

n ist die Anzahl der nicht signifikanten Studien, die sich in der Stichprobe befinden. Der Faktor 19 versteht sich als das Verhältnis von 100% zu 5% (100 : 5 = 20) abzüglich weiterer 5%, (20 - 1 = 19), die sich bereits in der Meta-Analyse befinden.

Der Bericht zur 1978er-Meta-Analyse enthält keine exakten Angaben für s und n über alle Studien hinweg. Für die folgende N_f-Berechnung mußten sie deshalb aus den angegebenen bereichsspezifischen Proportionen (aus der

159

Tabelle von Rosenthal/Rubin 1978a,379) geschätzt werden. Sie addieren sich wegen der Mehrfachzuordnung zu 350 statt zu 345.

$$N_f = 19 \cdot 125 - 225 = 2150$$

Es müßten also noch mehr als 2150 unbekannte Studien mit nicht-signifikanten Ergebnissen existieren, um mit deren Berücksichtigung in der Meta-Analyse die kombinierte Signifikanz auf 50% anzuheben, so daß die SFP-These statistisch auf alle Fälle verworfen werden müßte.

Der Bericht der 1976er-Analyse enthält diesbezüglich numerisch exakte Angaben (s = 109; n = 202; Rosenthal 1976,454). Das entsprechende Ergebnis nach dieser Methode auf der Basis von insgesamt 311 Studien würde N_f = 1869 lauten. Da diese Methode I auf einem p_t von 50% fußt, deckt sich dieses N_f nicht mit Rosenthals Ergebnis (1976,454: N_f = 1549), welches mittels eines aussagekräftigeren Verfahrens (vermutlich über die Binominalverteilung) gewonnen wurde (z.B. Klauer 1973,106; Bortz 1985,85). Dieses Verfahren geht von strengeren Maßstäben aus und verschlechtert p_t lediglich auf die konventionelle kombinierte Irrtumswahrscheinlichkeit von 5%.

In dieser file-drawer-Analyse wird bedacht, daß es eine Anzahl von *nicht-signifikanten* Studien geben könnte. Nicht berücksichtigt werden solche unbekannten Studien, die *signifikant* in die andere Richtung weisen, also bei einseitiger Fragestellung die Anti-SFP stützen, da deren Nichtveröffentlichung als eher unwahrscheinlich angesehen werden kann (Rosenthal/Rubin 1978b,414).

Berechnungsmethode II für das fail-safe-N:

Das zweite Verfahren zur Berechnung des N_f kann angewendet werden, wenn alle p-Werte exakt (z.B. p = 0,035) aus den Studien erfahrbar sind, auch die der nicht signifikanten Studien (p > 0,05). Deshalb geht diese Berechnung weniger grob vor als die Methode I, und ist, soweit möglich, dieser vorzuziehen. Dieses Verfahren beruht auf der Berechnung der kombinierten Gesamt-Signifikanz über alle Studien p_t nach der Methode "Addieren von z-Werten" (vgl. oben)(vgl. Fricke/Treinies 1985,68-71; Rosenthal 1984,108; Mullen /Rosenthal 1985,9).

Es läßt sich berechnen, wieviele unbekannte Studien mit einer kombinierten Effektstärke ES_t = 0,00 noch mindestens vorhanden sein müßten, um beim meta-analytischen Gesamtsignifikanztest das Ergebnis "nicht-signifikant" zu erreichen.

Die z_t-Formel (vgl. oben)

$$z_t = \frac{\Sigma z_i}{\sqrt{n'}}$$

wird dafür umgewandelt (vgl. Fricke/Treinies 1985,70f):

- für $\Sigma z_i = n \cdot z_m$ (z_m = Mittelwert aller z_i)
- das n unter der Wurzel ersetzt man durch $n + N_f$, wobei n die Anzahl der Studien in der Meta-Analyse ist und N_f die dazukommende Anzahl der unbekannten, gesuchten Studien.

Man erhält:

$$z_t = \frac{n \cdot z_m}{\sqrt{(n + N_f)}} \qquad \text{wobei } z_m = \Sigma z_i/n$$

Setzt man $z_m = \Sigma z_i/n$, löst nach dem gesuchten N_f auf und kürzt n heraus, so erscheint:

$$N_f = (\frac{\Sigma z_i}{z_t})^2 - n \qquad \text{Das entspricht: } N_f = (\frac{n \cdot z_m}{z_t})^2 - n$$

Für z_t wird der z-Wert eingesetzt, der dem p-Wert des Signifikanz-Niveaus entspricht, auf dem man (einseitig) testen will. Für das 5%-Niveau (p = 0,05) wird beispielsweise $z_t = 1,645$ eingesetzt (vgl. Bortz 1985,834).

In der 1978er-Meta-Analyse sind folgende Grunddaten für diese Berechnung angegeben (Rosenthal/Rubin 1978a,381):

Σz_i ca. +421   (Wird nach meinen Berechnungen diese gerundete Zahl durch die genauere Σz_i = 420,89825 ersetzt, so erscheint N_f in exakter Übereinstimmung mit Rosenthals Endergebnis N_f.) Das läßt sich umformen in z_m = 1,2202

n =   345 Studien

z_t =   1,645 (für das 5%-Niveau, einseitige Fragestellung). Setzt man diese Daten ein, so ergibt sich:

$$N_f = (\frac{345 \cdot 1,2202}{1,645})^2 - 345 = 65.122$$

Es müßten also noch mehr als 65.122 "schlechte" Studien (mit einer mittleren kombinierten Standardabweichung von Null) in den file drawers der Forschungsinstitute weltweit versteckt gehalten werden, um die kombinierte Gesamt-Signifikanz aller jemals durchgeführten Studien auf 5% zu senken, und damit die SFP-These falsifizieren zu können. Es erscheint als äußerst unwahrscheinlich, daß über 65.000 unveröffentlichte Studien zur interpersonalen SFP existieren. Das bedeutet: die errechnete Gesamtsignifikanz in der Meta-Analyse kann rational kaum mit einer Stichprobenverzerrung im Sinne des file-drawer-Problems erklärt werden (Rosenthal 1976,454).

Berechnungsmethode III für das fail-safe-N:

Diese Methode basiert auf dem Prinzip der Methode II. Sie kann hilfsweise angewendet werden, wenn einige Basis-Studien ihre p-Werte nur grob als "über/unter 0,05"-Angaben ausweisen (Rosenthal 1984,108). Es wird die Formel der Berechnungsmethode II angewendet. Man unterstellt die "schlechtesten" Möglichkeiten für die ungenauen Angaben: Für die nicht signifikanten Studien $z_i = 0,00$ und für die signifikanten den gerade noch signifikanten Wert $z_i = 1,645$ (5% Niveau). Nach dieser Methode ergibt sich:

$$N_f = \frac{179,305^2}{2,706} - 311 = 31.836,5$$

Mit der Möglichkeit das fail-safe-N zu berechnen, stellt sich die Frage, ab welcher Größe des N_f eine Meta-Analyse als aussagekräftig gilt: Können **Richtlinien für das Toleranz-Niveau** aufgestellt werden? Ähnlich wie bei der Festlegung der konventionellen Signifikanzniveaus lassen sich hier keine *objektiv* begründbaren, exakten Grenzen festlegen. Rosenthal schlägt als

Diskussionsgrundlage das Niveau 5k + 10 vor, wobei k die Anzahl der bekannten Studien ist (1984,110). Dieses vorgeschlagene Toleranz-Niveau des N_f (TN = 1735) wäre bei der hier referierten Analyse um den Faktor 37 überschritten worden.

(5.) Qualitätskontrolle zu Täuschungsfehlern

Neben der Qualitätskontrolle der Meta-Analyse durch die fail-safe-Analyse gibt es noch die Kontrollmöglichkeit, die sich mit Fehlern durch **absichtliche Täuschung** der Vpn auseinandersetzt. Diese Fehler können im Einzelfall nicht mit Bestimmtheit ausgeschlossen werden, wenn es auch als extrem unwahrscheinlich erscheint, angesichts der Gesamtzahl der Vpn über alle Studien hinweg, daß diese Art von Fehlern die aufgetretenen Effekte erklärt.

Es gibt 43 Studien, die spezielle Methoden anwendeten, um solche absichtlichen Fehler kontrollieren zu können. Die Subgruppe dieser speziellen Studien zeigt geringfügig schwächere Effektstärken, dafür aber höhere p-Werte als diejenigen Studien, die zumindest potentiell solche Fehler enthalten könnten. Die geringeren Effektstärken können verallgemeinert als eine Tendenz in Richtung der Falsifikation der SFP-Hypothese interpretiert werden (Rosenthal 1976,456-459; Rosenthal/Rubin 1978a,282).

(6.) Kritik an der Meta-Analyse

Häufig ist kritisiert worden, in den Meta-Analysen würden im Grunde sehr heterogene, unvergleichbare Studien miteinander verglichen und integriert werden (vgl. Fricke/Treinies 1985,169f; Rosenthal 1984,126f). Glass (1978), einer der >Väter< der Meta-Analyse, antwortet dem Vorwurf, eine Meta-Analyse würde "Äpfel mit Birnen" vergleichen, in dem sie thematische Unterschiede zwischen den Studien ignoriert, mit der affirmativen Feststellung, daß sie genau das zu recht tut. Man müsse "Äpfel mit Birnen vergleichen", wenn man verallgemeinernde Aussagen über die Kategorie "Obst" erhalten wolle. Bereits ein Fragebogen ignoriere die Unterschiede der einzelnen Items und fasse sie zu einem gemeinsamen Kennwert zusammen. Auch verallgemeinere jede Studie über die einzelnen Untersuchungteilnehmer hinweg.

Die "Abstraktion" als solche kann nicht angegriffen werden ohne damit Wissenschaft in ihrem Kern anzugreifen. Lediglich die Frage der Sinnhaftigkeit einer konkreten, abstrakten Kategorie (Obst) stellt sich zur Diskussion. Die oben erwähnten Meta-Analysen abstrahieren relativ hoch, was sinnvoll erscheint, wenn es wie hier um die relativ stark verallgemeinerte Frage nach der grundsätzlichen Existenz der interpersonalen, objektiven Selbsterfüllung im allgemeinen geht (vgl. Rosenthal/Rubin 1980a,457).

Die Meta-Analyse nimmt wie fast alle quantitativen Verfahren den Nachteil in Kauf, die Individualität der Einzelfälle nicht total zu berücksichtigen,

162

zugunsten des Vorteils, einen zusammenfassenden Überblick liefern zu können. Solche Zusammenfassungen intersubjektiv nachprüfbarer Art erscheinen mit Anwachsen des Literaturbergs der wissenschaftlichen Diszi-plinen immer notwendiger. Die vollständige Erfassung aller Berichte, Studien und Ergebnisse zu einem Thema dürfte sich ohnehin in vielen verhaltens-wissenschaftlichen Forschungsbereichen aus pragmatischen Gründen inzwi-schen als eher illusionäre Alternative gegenüber einer relativ groben Zusam-menfassung entpuppen.

Verhaltenswissenschaften drohen heute durch ihren immensen "Ausstoß", einem nicht mehr individuell bewältigbaren "overload" zu unterliegen (Fricke /Treinies 1985,9f). Um so mehr Bedeutung für den Erkenntnisfortschritt gewin-nen Versuche, die "traditionellen (qualitativen, P.L.) Integrationsmethoden" (a.a.O.,12) empirischer Forschung durch quantitative zu ergänzen (Rosenthal 1984,9f).

Dem Vorwurf, die Meta-Analyse würde mehr verbergen als aufdecken, einzelne Parameter überbetonen und andere Details ignorieren, begegnen Rosenthal und Rubin ebenfalls mit einem Zugeständnis. Diese Integrations-methode läßt wie jede Zusammenfassung Details aus. Sie ist nicht als *Er*satz für die Kenntnisnahme einzelner Studien gedacht, sondern als ihr *Zu*satz (1978b, 413f). Dort, wo eine Übersicht durch sukzessive Betrachtung der einzelnen Elemente wegen der Informationsfülle nicht mehr zu erreichen ist, bleibt nur noch die Option, eine sinnvolle Reduktion der Information vorzunehmen.

Weitere Kritik und Verteidigung der Meta-Analyse finden sich bei Fricke und Treinies (1985,1,169-174), Rosenthal (1984,124-132), Harris und Rosenthal (1985,266,369,278), Rosenthal/Rubin 1978a-c; 1980a-c und bei Chow (1987).

2.11.3 INTERPRETATION DER ERGEBNISSE DER META-ANALYSEN

Zirka ein Drittel der Untersuchungen, welche in der Meta-Analyse verarbeitet wurden, kann das Vorhandensein der Selbsterfüllung signifikant bestätigen. Daß dieses Ergebnis insgesamt nicht als Gegenbeweis, sondern als Beleg für die SFP-Existenz im allgemeinen zu verstehen ist, wurde oben bereits erläutert. Im folgenden wird den Gründen interpretierend nachgegangen, weshalb mögli-cherweise nicht alle Studien signifikante Effekte zeigen.

(1.) Mögliche Randbedingungen für SFPs

Die Basis-Studien sind weder zwischen den Bereichen noch innerhalb der Bereiche als gegenseitige exakte Replikationsstudien im Sinne von Kopien zu verstehen (Elashoff/Snow 1972,187). Sie unterscheiden sich stark in den herge-stellten ("künstlichen") oder aufgesuchten ("natürlichen") Situationen, der Art der Manipulation, der induzierten Erwartung, der Vpn etc.. Es wäre deshalb geradezu erstaunlich, wenn in allen diesen unterschiedlichen Situationen ein Phänomen gleich häufig aufgetreten wäre, welches sich als theoretisches Konstrukt durch seine situationsunspezifische Definition auszeichnet.

Gemessen an der Vielfalt möglicher Randbedingungen für SFPs, gehen die Studien relativ undifferenziert vor. Es liegt nahe, daß solche nicht kontrollierten Randbedingungen im Experiment als Stör-Variablen auftreten können, und unkontrolliert SFPs fördern oder behindern. Solche Randbedingungen könnten etwa sein:
- interindividuelle Differenzen in der Neigung, Erwartungen (als expecter) zu kommunizieren oder sich (als expectee) von solchen beeinflussen zu lassen (Brophy/Good 1976,103) (Der Zusammenhang von Erwartungen und Verhalten verläuft nach Casparis (1980,124) nicht direkt)
- generell interindividuelle Unterschiede in der Neigung, SFPs hervorzurufen (Brophy/Good 1976,160)
- Abhängigkeit von bestimmten "settings" (Lebenssituation, psychische Verfassung, Bedeutung der Situation für die Vpn etc.)
- Verringerung von Effekten bis zur experimentell beobachtbaren Wahrnehmungsschwelle, bedingt durch die unterschiedliche Kontrollierbarkeit des Erwartungsobjekts durch den Erwartenden
- neutralisierende Gegensteuerung (Interviews mit den Lehrern in einigen Pygmalion-Experimenten legten die Vermutung nahe, daß die Lehrer die Schüler, denen gegenüber sie positive Erwartungen hatten, absichtlich weniger lobten, da sie annahmen, diese Schüler hätten das weniger nötig (Brophy/Good 1976,105).)

(2.) Fragwürdigkeit des Manipulationserfolgs

Die Selbsterfüllung hängt davon ab, ob und welche Erwartungen, Annahmen, Stereotypen etc. bestehen. Die Möglichkeit eines experimentellen Nachweises der SFPs wiederum hängt davon ab, ob die Vpn tatsächlich die Erwartungen hegten, die die Forscher ihnen nahelegten. "Es gibt keine Sicherheit", daß das Erwartungssubjekt "die Erwartungen annimmt, von denen die Versuchsleiter wünschen", daß es sie annähme (Brophy/Good 1976,76). Es konnte sogar experimentell bestätigt werden, daß die erwartungsinduzierende Information wirklich geglaubt werden muß, um einen Effekt hervorzubringen (vgl. a.a.O., 77,103).

Der Erfolg der Erwartungsinduktion wurde jedoch meist nicht in einem manipulation check überprüft. Es ist also möglich, daß die Vpn gar nicht das erwarteten, wovon die Forscher ausgingen (Rosenthal/Rubin 1978b,411; Rosenthal/Jacobson 1971,42). Eden (1988,245) führt beispielsweise den Mißerfolg des Experiments von Sutton (1986; vgl. Abschnitt 2.6) begründeterweise auf eine erfolglose Erwartungsmanipulation zurück.

Der Mißerfolg der Erwartungsinduktion ist eine Möglichkeit zu erklären, warum nicht in allen Studien Erwartungseffekte sichtbar wurden, obwohl in den dazugehörigen Lebensbereichen in der natürlichen Situation sehr wohl solche Effekte vorhanden sein könnten (Brophy/Good 1976,167). Für diese Interpretation spricht, daß in den "natürlichen" Studien häufiger Zusammenhänge gefunden wurden als in den erwartungsmanipulierenden Experimenten (a.a.O.,168). Gründe für den Mißerfolg der Manipulation könnten sein:

- Die Bekanntheit zwischen den Interaktionspartnern und die Zeitspanne, die zwischen der Erwartungsinduktion und der Erhebung der abhängigen Variable liegt, ermöglichen es, daß sich natürliche Erwartungen ausbilden, die sich mit den induzierten überlagern. Eine erwartungsmanipulierende, abstrakte Information wird wohl eher angezweifelt, wenn sie zu sehr von eigenen Erfahrungen abweicht (Brophy/Good 1976,105).
Ein Indiz, das diese Interpretation stützt, ist die Feststellung, daß diejenigen Studien zum Pygmalion-Effekt die deutlichsten Effekte erbrachten, welche die vorausgehende Bekanntheit der Interaktionspartner ausschließen konnten und die mit einer kurzen Laufzeit des Experiments arbeiteten (a.a.O.,169).

Ein weiteres Indiz dafür ist, daß diejenigen Untersuchungen, welche die "Erwartungseffekte recht eindeutig nachweisen konnten" nach Krug (1985,77) im Schulbereich zum großen Teil solche waren, bei denen stärker mit dem Erfolg der Erwartungsmanipulation zu rechnen ist: Das ist in Laboruntersuchungen und Studien der Fall, die mit Gruppeninduktionen arbeiteten. Die Laborsituation gibt im Vergleich zur naturalistischen Klassensituation den Lehrern weniger Gelegenheit, sich aufgrund der kurzen Begegnung ein eigenes Urteil zu bilden. Vermutlich greifen sie dann vertrauensvoller auf die erwartungsmanipulierende Information des Versuchsleiters zurück. Bei den Gruppeninduktionen werden nicht Einzelne, sondern eine Gruppe (meist eine Schulklasse) vollständig vom Forscher etikettiert (z.B. als besonders "gut"), so daß der Lehrer über weniger direkte Vergleichsmöglichkeiten verfügt und deshalb weniger Grund hat, an der manipulierenden Information des Forschers zu zweifeln.

Nach Raudenbush (1984) verhalten sich Erwartungseffekte in der Schule umgekehrt proportional zur Zeitspanne, in der sich Lehrer und Schüler *vor* der Manipulation bereits kennen. Die mittlere Effektstärke von Studien, bei denen diese Zeitspanne 1 Woche betrug, war $r = 0,26$. Hingegen war die Effektstärke in Studien, bei denen sie mindestens 2 Wochen betrug, $r = -0,04$, also praktisch gleich Null (zit. nach Learman 1988).

- Auch ist zu befürchten, daß die Replikationsstudien der RJ-Studie unter dem "Rosenthal-Sensibilisierungseffekt" litten (Finn 1972,399). D.h.: Der Bekanntheitsgrad der RJ-Studie einschließlich seiner Täuschungsmanöver hat zumindest in einigen Studien (z.B. Claiborn 1969) mit großer Wahrscheinlichkeit zu einem Mißerfolg der Manipulationsversuche geführt. Lehrer, die annehmen können, daß ihre Erwartungen aus forschungstechnischen Gründen verändert werden sollen, sind nicht mehr manipulierbar (Hanke

/Mandl 1975,730). Analog ist der Fall bei Psychologie-Studenten einzuschätzen, die als Vpn den Rosenthal-Effekt hervorbringen sollen. Bei ihnen würde genügen, wenn sie vor dem Versuch in ihren forschungsmethodischen Lehrbüchern zufällig >ein paar Seiten weiterblättern würden<, um sich gegen die Manipulationsversuche zu immunisieren. Placebo-Untersuchungen zeigten, daß ein "nicht blind" gegebenes Placebo seine Heilwirkung einbüßt (vgl. Krug 1985,178).

Im Zusammenhang mit der Fragwürdigkeit des Manipulationserfolgs ist es wichtig zu sehen, daß ein Mißerfolg bei der Erwartungsinduktion lediglich den experimentellen *Nachweis* einer SFP erschwert. Dieser Nachweis steht hingegen mit dem *tatsächlichen Auftreten* von SFPs nicht unbedingt in Zusammenhang. Ganz im Gegenteil: Selbst in einer experimentellen Situation könnten sich die tatsächlich vorhandenen Erwartungen sogar stark ausgewirkt haben, ohne daß diese Effekte in der Untersuchung manifest wurden, da die gruppenspezifische Zuteilung der Erwartungen durch die Manipulation nicht erfolgreich war.

In der natürlichen Situation entsteht dieses >Manipulationsproblem< nicht. Denn die SFP-Hypothese geht von den tatsächlich vorhandenen Erwartungen aus. Daraus kann der Schluß gezogen werden, daß unter Annahme dieses Manipulationsproblems in der Forschung SFPs >in natura< deutlicher und häufiger erscheinen als in der experimentellen Situation. Diese Diskrepanz zwischen experimentellem Nachweis und natürlichem Auftreten wird im folgenden **"Interventions-Natürlichkeits-Diskrepanz"** genannt. Sie soll im folgenden näher begründet werden.

Die Kontrolle der unabhängigen Variable, soweit sie eine kognitive Variable ist, wirft spezifische Probleme auf. Die unabhängige Variable "Erwartung" als kognitive Größe ist nicht in der Weise festlegbar und kontrollierbar wie etwa andere Variablen (z.B. ein bestimmter Unterrichtsstil, beobachtbares Verhalten etc.). Beispielsweise hängen die Erwartungen von Lehrern bzgl. ihrer Schüler von vielen Faktoren ab, z.B. von Vorurteilen, Stereotypen, dem Geschlecht, der Rassenzugehörigkeit, dem Herkunftsmilieu oder den Gefühlen der Sympathie und Antipathie. Selbst physiognomische Merkmale wie der Abstand der Augen des Schülers kann die Erwartungen bzgl. der intellektuellen Begabung beeinflussen (Hanke/Mandl 1975,731; vgl. Dworkin 1974,108). Es ist zu unterstellen, daß die Wirkung dieser Variablen durch eine kleine experimentelle Manipulation nicht völlig ausgeschaltet wird. Somit werden diese Variablen zu Störvariablen.

Die die Erwartungsmanipulation überlagernden Variablen sind keine Störvariablen im üblichen Sinne. Denn Störvariablen (=SV) wirken direkt auf die abhängige Variable (AV) ein. Diese überlagernden Variablen wirken aber nicht direkt auf die abhängige, sondern zunächst auf die unabhängige Variable ein. Man könnte sie zur Unterscheidung "Stör-Vor-Variablen" (=SVV) nennen. Der Erwartungsmanipulationsversuch der Forscher sei die "Vor-Variable"(VV), welche auf die unabhängige Variable (UV, Erwartung) einwirken soll. Diese wiederum wirkt bei der Selbsterfüllung auf die abhängige Variable (AV) und erzeugt somit das erwartete Ereignis.

Diagramm: Störvariablen und Stör-Vorvariablen

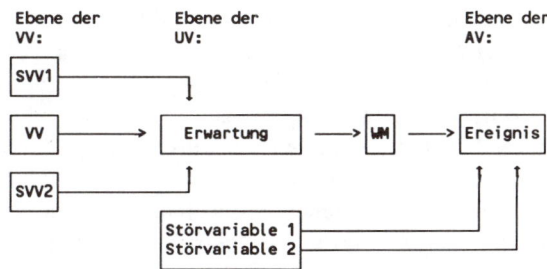

Bei allen Experimenten gibt es ein "Störfeuer" der Störvariablen. Effekte können nur nachgewiesen werden, wenn die unabhängige Variable stärker ist als das Störfeuer. Genauso ist es mit dem Störfeuer der Stör-Vor-Variablen: Die Manipulation der Forscher ist nur dann erfolgreich, wenn sie das Störfeuer der Stör-Vor-Variablen überwindet. Unter der Annahme des Ausschlusses von Zufallsfehlern (Gleichheit beider Gruppen, bis auf die kontrollierte unabhängige Variable) wird unterstellt, daß nur der manipulierte Erwartungsanteil den Unterschied beider Gruppen in der abhängigen Variable bewirkt. Der Rest der Erwartungen hat sich unter Umständen auch selbsterfüllend ausgewirkt. Dieser Rest wird nicht experimentell registriert, soweit er sich in beiden Gruppen gleich stark auswirkt. Das bedeutet aber, daß die Effekte bei natürlichen Erwartungen wesentlich drastischer ausfallen können.

Die Interventions-Natürlichkeits-Diskrepanz versetzt die Forschung gewissermaßen in ein Dilemma. Relationale Forschung kann unter Ausschluß dieser Diskrepanz mit natürlichen Erwartungen arbeiten, so daß keine derartige Diskrepanz auftritt. Dabei muß man aber die eindeutige Festlegung der Kausalitätsrichtung schuldig bleiben. Experimentelle Forschung löst die Kausalitätsfrage, bringt aber durch die Erwartungsmanipulation die Interventions-Natürlichkeits-Diskrepanz mit sich und erschwert damit die Übertragung auf die natürliche Situation. Vielleicht wäre mit Mitman und Snow (1985,125f) ein multimethodischer Forschungsansatz als methodisches Optimum anzusehen, wobei in der Zusammenschau vieler Studien unterschiedlicher methodischer Art über SFPs zutreffende Aussagen gelängen.

Letztendliches Ziel von Experimenten ist es nicht, zu untersuchen, ob sich Erwartungseffekte in einer *künstlichen* Situation zeigen - das würde keinen Forschungsaufwand rechtfertigen -, sondern anhand künstlich hergestellter Situationen soll exemplarisch aufgezeigt werden, wie Erwartungen *im Alltag* >funktionieren<, also auch dann , wenn kein Forscher zugegen ist oder mitwirkt.

Dieser für die Abschätzung der "Wahrscheinlichkeit von Erwartungseffekten" entscheidende Unterschied zwischen Forschungssituation und Alltag wird zum Teil nicht genügend beachtet. So kommt z.B. Krug (1985,178-185) aufgrund seines SFP-Ablaufmodells, das sich explizit auf die *experimentelle* Situation bezieht, unter anderem wegen des mangelnden Manipulationserfolgs zu dem Schluß, daß "erwartungsbedingte Schulleistungs- und Intelligenzanstiege sehr seltene Ereignisse" (1985,178) *in Experimenten* sind. Unerwähnt bleibt, daß gerade das ein Grund ist, im Alltag häufiger Erwartungseffekte zu vermuten als im Experiment, weil dort keine Manipulationsprobleme existieren. Krug überträgt die experimentelle Situation explizit mit ihrer Manipulationsproblematik in einer 1:1-Analogie auf die natürliche Situation und leitet daraus ab, daß Erwartungseffekte "nicht die alltäglichen und weitverbreiteten Phänomene zu sein (scheinen), für die sie ... ursprünglich gehalten wurden" (1985,185). Implizit setzt er damit Alltag und Forschungslabor gleich, so als ob es nur Erwartungen ("im Reagenzglas des Forschers") gäbe, die in einem Labor erzeugt wurden. Nicht in dieser oben erwähnten Schlußfolgerung, aber an anderer Stelle (1985,74) berücksichtigt er diese Differenzierung, indem er auf Dusek (1975) und West und Anderson (1976) hinweist. Dusek unterscheidet dort sogar begrifflich zwischen den "bias-Effekten" (mit künstlicher Induktion) und den "Erwartungseffekten" aufgrund naturalistischer Erwartungsbildung. Diese Autoren messen den bias-Effekten wenig, den Erwartungseffekten "relativ große Bedeutung zu" (Krug 1985,74).

Noch einmal zusammenfassend kann festgestellt werden: Ein Einflußfaktor wird nur dann zur Störvariable, wenn andere Einflußfaktoren als unabhängige Variablen oder als Konstanten von den Forschern ausgesucht, definiert bzw. kontrolliert werden. In der natürlichen Situation (außerhalb der Forschung) ist die Unterscheidung von Variablen und Störvariablen hinfällig. Stör-Vor-Variablen, die zu der Vorvariable im Widerspruch stehen, verhindern den Aufbau oder die Beibehaltung der Erwartung in der von den Forschern geplanten Richtung. In der natürlichen Situation gibt es kein solches Störfeuer. Deshalb darf vermutet werden, daß sich SFPs in natürlichen Situationen häufiger und stärker ereignen als dies in den Experimenten zu beobachten ist.

In den Überlegungen zur Interventions-Natürlichkeits-Diskrepanz und der daraus abgeleiteten Schlußfolgerung, diese Diskrepanz würde die SFPs in manipulierten Situationen im Vergleich zu unmanipulierten eher minimieren, wurde bisher stillschweigend und unbegründet unterstellt, die Stör-Vor-Variablen würden sich nur einseitig auswirken. Die Stör-Variablen, die neben der Erwartung (als unabhängige Variable) auf die erwarteten Ereignisse wirken, können sich beidseitig auswirken: also förderlich und hinderlich hinsichtlich des Ergebnisses in Richtung der SFP-Hypothese.

Beispielsweise könnte ein Schüler, von dem der Lehrer viel erwartet, was sich selbsterfüllend auswirkt, plötzlich noch zusätzlich seine Leistung steigern, weil er sich entschlossen hat, ein NC-Fach zu studieren (förderlicher Einfluß einer Stör-

Variable) oder aber auch seine Leistungen drosseln, weil er private Probleme zu bewältigen hat (hinderlicher Einfluß).

Die Stör-*Vor*-Variablen wirken sich hinsichtlich der gewünschten Erwartungs-haltung der Vpn hinderlich auf die Erwartungsbildung aus. Hingegen ist weniger vorstellbar, daß sie auch förderlich wirksam sind und die Erwartungen noch höher schrauben als dies ohnehin von den Forschern geplant war. Die Unterstellung des Forschers, er habe eine Erwartung induziert, geht nämlich schon von einer extremen Erwartung aus, die wohl selten noch zu übertreffen sein dürfte (ceiling effect; vgl. Learman 1988). Die Interventions-Natürlich-keits-Diskrepanz bewirkt also vermutlich beim Experiment, im Vergleich zur Alltagssituation, eine Tendenz zur Mitte. D.h. die Erwartungsdifferenz ist zwischen beiden Gruppen kleiner als es die Forscher unterstellen.

2.11.4 GESAMT-BEURTEILUNG DER BEWEISLAGE

Eine Global-Betrachtung der SFP-Forschung, wie die der Meta-Analysen, dient im Grunde lediglich dem Existenz-Nachweis der SFPs. Es wurde schon kritisiert, daß sich die SFP-Forschung bereits zu lange mit diesem Nachweis beschäftigt ("evidential overkill"). Dieses Bemühen ist als Reaktion auf die von anderen geäußerten, grundsätzlichen Zweifel zu sehen (Rosenthal/Rubin 1978b,410).

Nach Dworkin (1974,110) bedeutet die Nichtanerkennung der Existenz von SFPs, letztlich die Ergebnisse von 75 Jahren SFP-Forschung in den verschie-densten Lebensbereichen zu ignorieren. "Vielleicht ist es an der Zeit unsere Konzentration eher auf die Veränderung von Erwartungen zu richten, als uns immer wieder ihrer Effekte zu versichern" (a.a.O., frei übersetzt). Rosenthal und Rubin kommen zu dem Ergebnis: "Die Realität des Phänomens ist nicht anzuzweifeln und die mittlere Effektstärke ist nicht trivial" (1978a,385). Im gleichen Sinne äußerten sich nach der Diskussion der Literatur zu diesem Thema zusammenfassend z.B. auch Jones (1977,239), Brophy und Good (1976, 159) sowie Barkey (1971,264).

Harris und Rosenthal zählten 1985 über 400 experimentelle Studien, welche die Existenz und die praktische Relevanz von interpersonalen SFPs belegen (Harris/Rosenthal 1985,363). "Die Gesamt-Wahrscheinlichkeit, daß es so etwas wie interpersonale Erwartungseffekte nicht gibt, ist nahe Null" (Rosenthal /Rubin 1978, 377). "Die durchschnittliche Stärke der (selbsterfüllenden, P.L.) Effekte von interpersonalen Erwartungen ist wahrscheinlich von praktischer Bedeutung" (a.a.O.).

2.12 DISKUSSION ZUR VERALLGEMEINERBARKEIT DER EMPIRISCHEN BASIS

Jede einzelne der empirischen SFP-Studien überprüft das Vorhandensein der Selbsterfüllung in einer konkreten, spezifischen Situation. Etliche Lebensbereiche sind bereits ansatzweise erforscht, allerdings bei weitem nicht "alle", was auch in absehbarer Zukunft nicht der Fall sein wird. Es muß deshalb die Frage gestellt werden, inwieweit die bereits vorhandene Basis über die konkreten, erfaßten Situationen und Lebensbereiche hinaus verallgemeinerbar ist (externe Validität). Von Interesse ist letztlich nicht, wie eine bestimmte Vp reagiert, sondern, ob exemplarisch gezeigt werden kann, wie Menschen generell reagieren; im Sinne eines der Bestimmungsmerkmale von Wissenschaft, dem Streben nach Verallgemeinerung (z.B. v.Cube 1977,42; Ulich 1980).

In diesem Kontext stellt sich die Frage, was als tragfähige Begründung für Verallgemeinerungen akzeptiert wird, also die Frage, wo die Grenze zwischen vernünftiger wissenschaftlicher Generalisierung und >wilder Spekulation< verlaufen soll. Unter der Prämisse, daß Verhaltenswissenschaft auch Anwendungsdimensionen beinhalten sollte, kann diese Frage m.E. nur angemessen beantwortet werden, wenn man auch die Komplexität der Untersuchungsgegenstände dieser Wissenschaften mit einbezieht. D.h.: die bereits vorhandenen Erkenntnisse und ihre Begründungsbasis müssen in Relation gesetzt werden zu dem Grad an Erkenntnissicherheit, der realistischerweise in absehbarer Zukunft als maximal erreichbar angesehen werden darf. Ob man bereits eine Erkenntnis als für praktische Schlußfolgerungen genug abgesichert betrachtet, sollte also unter anderem davon abhängen, welcher Zugewinn an Erkenntnissicherheit in Zukunft zu erwarten ist. Sonst bestünde die Gefahr, - in der Sprache Samuel Becketts ausgedrückt - auf "Godot zu warten".

Ein weiterer Gesichtspunkt spricht dafür, die oben angesprochene Grenzziehung nicht allzueng durchzuführen. Bei der Beantwortung der Frage ist m. E. zu berücksichtigen, auf welche Alternativen die Praxis, die unter Handlungsdruck steht, zurückgreifen kann, wenn ihr der derzeitige wissenschaftliche Erkenntnisstand mit seinem (etwa im Kritischen Rationalismus wissenschaftstheoretisch verankerten) >Vorläufigkeitscharakter< vorenthalten wird (vgl. Sader 1976,16-32; Haußer 1983,285). "... Soziale Prozesse warten nicht hinter den Kulissen, bis ihr Auftritt durch die Ergebnisse der Verhaltenswissenschaften sanktioniert wird. Sie vollziehen sich in jedem Fall und ihre unbeabsichtigten Auswirkungen können oft schädlich sein" (Bronfenbrenner 1976,149). Es ist zu berücksichtigen, daß also nicht nur durch den Alpha-Fehler (vorschnelles Akzeptieren einer H_1), sondern auch durch den Beta-Fehler (vorschnelles Ablehnen einer H_0) Schaden entstehen kann. Für die praktische Nutzanwendung von Theorien sollte deshalb nicht der strenge "Wahrheitsbegriff" zugrundegelegt werden, sondern der Gewißheitsbegriff wie ihn Popper versteht: als hinreichend sicher für die jeweiligen praktischen Zwecke (Popper 1974,11,92,352).

2.12.1 GENERELLE ÜBERLEGUNGEN ZUR FRAGE DER VERALLGEMEINERBARKEIT

(1.) Verbreitungsausmaß von sich selbst erfüllenden Erwartungen

Eine Teilproblematik der Frage nach der externen Validität ist nicht nur, ob und wo, sondern auch wie oft SFPs auftreten. Die Frage der Frequenz von SFPs im Alltag kann nicht direkt empirisch beantwortet werden. Erhebungsmethoden wie Beobachtungen und Befragungen kann man grundsätzlich repräsentativ anlegen. Damit sind sie auf vorgegebene Populationen verallgemeinerbar. Hingegen können die bei Kausalanalysen notwendigen Experimente kaum mehr als exemplarisch an einer konkreten Situation aufzeigen, daß ein bestimmtes Phänomen grundsätzlich existiert und damit im Alltag auftreten *kann*. Ein Experiment ist nicht in der Lage, repräsentativ Erwartungen *im allgemeinen* bei Menschen per se zu induzieren, sondern nur eine ganz *bestimmte* Erwartung bei einem *konkreten* Menschen in einer ausgewählten *spezifischen* Situation. Häufigkeitsaussagen und Generalisierungen bleiben damit mehr oder weniger der subjektiven Interpretation überlassen.

Die Frage, wie häufig SFPs in der Wirklichkeit erscheinen, ist letztlich die Frage nach der praktischen Bedeutung dieses Konstruktes. Lohnt es sich überhaupt in der Praxis mit diesem Phänomen zu rechnen? Eine genaue, begründete Antwort darauf, ist nicht möglich (Rosenthal 1976,306). Die empirische Basis belegt, daß SFPs mit einer gewissen Wahrscheinlichkeit zu provozieren sind. Das läßt vermuten, daß sie zumindest so häufig auftreten, daß eine Beachtung in der Praxis lohnenswert erscheint (vgl. a.a.O.,310). Die Häufigkeit, mit der Erwartungen im Alltag anscheinend auftreten (vgl. Abschnitt 1.2.3.2), macht auch das Auftreten von SFPs sehr wahrscheinlich (Jussim 1986,431; Brophy/Good 1976,55).

Als ein indirekter Indikator für die Häufigkeit von SFPs im Alltag können die Studien über den Rosenthal-Effekt herangezogen werden. Zunächst liegt wohl eine Übertragung von der Laborsituation auf die Alltgssituation relativ fern, da Experimente häufig unter exzeptionellen und künstlich-alltagsfernen Bedingungen ablaufen. Man kann aber auch so argumentieren: Gerade wenn in einer hoch standardisierten und kontrollierten Situation, wie die in einem Forschungslabor, unbeabsichtigte Effekte auftreten können, dann ist das mit noch größerer Wahrscheinlichkeit für die freieren Alltagssituationen zu vermuten, in denen meist auch größere Zeitspannen für die Wirkmechanismen zur Verfügung stehen (vgl. Rosenthal/Jacobson 1971,36).

(2.) Singuläre Vorhersagbarkeit von SFPs

Die nachgewiesene Realität der SFPs sagt "nichts aus über die Zuverlässigkeit und Gültigkeit und damit auch die Nützlichkeit als theoretisches Konstrukt" (Barkey 1971,264). Barkey stellt fest, daß zunächst die Nützlichkeit der SFP als ideographisches Modell (vgl. Abschnitt 1.4.8) auffällt, also die Möglichkeit, damit "unerwartete Befunde interpretieren zu können; offen bleibt aber, wann eine so strukturierte Interpretation gerechtfertigt ist und wann nicht" (a.a.O., 264). Diese Frage ist im konkreten Einzelfall wohl selten eindeutig beantwortbar.

Für die praktische Anwendung genügt allerdings oft eine Wahrscheinlichkeitsaussage, die sich auf Gruppen bezieht (z.B. bestimmter Personenkreis bzw. bestimmte Klasse von gleichen oder ähnlichen Situationen). Weiß ein Lehrer beispielsweise, daß die Wahrscheinlichkeit sehr hoch ist, daß seine Erwartungen Lernerfolge mit steuern können, oder, daß er beim Korrigieren und Benoten einem Halo-Effekt unterliegen kann, so ist es für ihn lohnenswert, dieses Wissen in sein Handeln mit einzubeziehen und geeignete Maßnahmen zu ergreifen, die sich "sicherheitshalber" auf alle Schüler erstrecken können. Er muß dazu also keineswegs die Einzelfälle erkennen können (z.B. den Schüler Hans), in denen sich eine negative SFP ohne seine bewußte Gegensteuerung ausgewirkt hätte. Es reicht oft aus, unspezifische, allgemeine Vorsichtsmaßregeln aufgrund eines "horror utilitatis" zu beachten (Barkey 1971,264; Rosenthal 1976,306).

(3.) Relativierung der SFP-Generalisierung

Die Gefahr der extremen Auslegung des Selbsterfüllungsansatzes wurde vielleicht auch durch die Sekundärliteratur provoziert, die häufig unzulässig verallgemeinerte und vereinfachte - vor allem in der enthusiastischen ersten Reaktion auf die RJ-Studie (Hanke/Mandl 1975,726). So gab es nach Brophy und Good "Erzieher, die den Eindruck hatten, daß sich die Aussagen über die Auswirkungen von Lehrererwartungen auf ein 'Du brauchst nur einen Wunsch zu haben und er wird in Erfüllung gehen' vereinfachten und die die Absurdität dieser Behauptung verkannt hatten ..." (1976,63).

Auch die "therapeutisch"-weltanschauliche Lebensratgeber-Bewegung des sogenannten "Positiven Denkens", die als grobe Anlehnung an den Selbsterfüllungsansatz betrachtet werden könnte (allerdings in einer äußerst extrem verallgemeinerten Version), suggeriert, man könne >so ziemlich alles und jedes< Problem mit (ausschließlich) positiven Gedanken und Erwartungen beheben (z.B. Axt u.a. 1985; Freitag 1983; 1985; Leibold 1986; Murphy 1984; 1985; Carnegie 1975,122ff; Peale 1974). "Wenn Ihnen in Ihrem Alltag etwas nicht gefällt, müssen sie nur Ihr Denken ändern! So einfach ist es, glücklich zu sein" (Freitag 1983,26). "Außenwelt und vermeintliches Schicksal sind ausschließlich Spiegelbild unseres Denkens" (a.a.O.,27). Die positiven Denker berufen sich dabei gerne auf quellenlose Einzelfälle, apodiktische Interpretationen und naive, widersprüchliche >Theoriegebäude< (vgl. Kritik am Positiven Denken von Kirschner 1988; Warga 1988; Tönnies 1988; Lauster 1989,30-39; Samuel 1986,21ff; Peter 1988; Meyer 1965; 1980).
Unter dem Etikett "Positives Denken" sind allerdings auch "gemäßigtere Kräfte" zu finden, die sich auf den als eher wahrscheinlich anzunehmenden >wahren Kern< der Auswirkungen von Erwartungen im Alltag beschränken (z.B. Leibold 1986).

Solch extreme und naive Vorstellungen werden in der SFP-Forschung nicht vertreten, auch nicht in den Diskussionsteilen der einzelnen Arbeiten. Es wird eher ein moderater, relativierender Standpunkt eingenommen (z.B. Brophy

/Good 1976,51,62f,295,317; Weinert u.a. 1981,157; Hanke/Mandl 1975,728; Barkey 1971,272; Smale 1983,8,11f,24,109; Krug 1985,177; Rosenthal/Rubin 1978b,415). SFPs finden nur unter "ganz bestimmten situations-, interaktions-, und persönlichkeitsspezifischen Voraussetzungen statt; mit der sich selbst erfüllenden Erwartung ist kein Automatismus gemeint" (Ulich 1976,IX).

2.12.2 EXTERNE VALIDITÄT: VERALLGEMEINERUNG DURCH META-ANALYSEN

Rosenthal und Rubin entwickeln einige Überlegungen bezüglich der externen Validität von Experimenten zu den SFPs auf der Grundlage ihrer Meta-Analyse (1978a,383f). Diese Überlegungen sind als empirisch begründbare Interpretationen zur Verallgemeinerung der SFP-Studien einzustufen. Sie fassen dazu alle Basis-Studien (N=112) unter der Rubrik "Alltagssituationen" (everyday situations) zusammen, die mehr dem "realen Leben" entsprechen, z.B. Studien zu den Lebensbereichen Schule, Klinik, Arbeitsleben, Sozial-kontakt und Therapie, und stellen sie als einheitlichen Block den Arbeiten zu den Untersuchsleiter-Erwartungseffekten (N= 233) gegenüber. Letztere werden im folgenden *Labor-Studien* genannt. Aus dem Vergleich zwischen zwischen Labor- und Alltagsstudien gewinnen sie eine Einschätzung, in welche Richtung die statistischen Parameter der Labor-Studien tendieren, wenn sie auf Alltagssituationen verallgemeinert werden.

Dieser Vergleich ist deshalb für generalisierende Schlußfolgerungen geeignet, weil die Labor-Studien homogenere Situationen zum Gegenstand haben und den >Löwenanteil< der experimentellen Arbeiten zu den interpersonalen SFPs bilden. Deshalb dürfen SFPs im "Lebensbereich Labor" als relativ gut abgesichert gelten.
Alltagsstudien haben prozentual einen starken Zuwachs erfahren. Bis 1969 beschäf-tigten sich 11 Studien mit dem Alltag. Das sind 10% der damals bekannten Studien zu interpersonalen Erwartungen. Zwischen 1969 und 1978 wurden 101 weitere Studien dazu veröffentlicht. Das entspricht einem Anteil von 42% (a.a.O.,378).

Tabelle 5: Proportionen auf verschiedenen Niveaus

Signifikanz-Richtung	Niveau p	Typ der Studien total	Labor	Alltag
sign. Anti-SFP	0,001	0%	0%	0%
	0,01	1%	1%	0%
	0,05	3%	5%	1%
nicht sign.	0,90	60%	61%	59%
sign. SFP	0,05	36%	34%	40%
	0,01	19%	19%	21%
	0,001	12%	11%	15%
	0,0001	7%	5%	12%
	0,00001	5%	3%	10%
	0,000001	4%	3%	7%
	0,0000001	3%	2%	3%

Tabelle 5 (aus Rosenthal/Rubin 1978a,384) zeigt den (kumulierten) prozentualen Anteil der Studien, die ein bestimmtes Signifikanz-Niveau erreichen oder unterschreiten, ähnlich wie Tabelle 2, aber getrennt nach Alltags- und Labor-Studien aus der 1978er-Meta-Analyse. Die Tabelle 5 ist analog der Tabelle 2 zu interpretieren (vgl. Abschnitt 2.11.2).

Auf sämtlichen Signifikanzniveaus (als Irrtumswahrscheinlichkeit p ausgedrückt) gibt es prozentual mehr Alltags- als Labor-Studien, die das jeweilige Niveau erreichen. Das bedeutet, daß die SFP-These in den Alltagsstudien besser gegen den Zufallsirrtum abgesichert ist.

Die mittlere Effektstärke d_A = 0,88 bei Alltagsstudien ist größer als die der Labor-Studien (d_L = 0,62). Allerdings streut die ES im Alltag von Studie zu Studie auch stärker (SD_A = 1,90 bzw. SD_L = 1,52)(a.a.O.,383).

Tabelle 6 vergleicht Alltags- und Labor-Studien hinsichtlich der Anzahl der Personen, die mit Effekten in Verbindung stehen und hinsichtlich der Effektstärken, gemessen in σ-Einheiten. Die verwendeten Begriffe verstehen sich so, wie sie im Kontext der Tabelle 4 erklärt sind (vgl. Abschnitt 2.11.2). Die Angaben stammen aus der 1976er-Analyse (N= 311), da die von 1978 einen solchen Vergleich nicht mehr beinhaltet (Rosenthal 1976,464).

Tabelle 6: Prozentsatz der Vpn mit Erwartungseffekten

	Studienanzahl	Labor	Alltag
peVpn:			
Expecters	-	69%	70%
Expectees	-	64%	65%
Effektstärke (σ):			
ausgewählte Dissertationen	N=26	0,40	1,05
Speziell kontrollierte Diss.	N=18	0,54	1,08
geschätzte Effektstärke			
über alle Studien	N=311	0,72	1,44

Tabelle 6 zeigt, daß sich die Studien im Alltag und im Labor sehr ähneln in bezug auf den Prozentsatz der Vpn, die mit einem Effekt in Richtung SFP in Verbindung gebracht werden können. Die Effektstärke (in σ-Einheiten) ist im Alltag sowohl bei der speziellen Sub-Stichprobe der Dissertationen bzw. der besonders gut kontrollierten Dissertationen als auch bei allen Basis-Studien (geschätzte ES) größer als bei den Labor-Studien (Rosenthal 1976,464). Aufgrund dieser Analysen hält Rosenthal interpersonale SFPs im Alltag für mindestens so wahrscheinlich wie im Labor. Das Phänomen scheint also verallgemeinerbar auf viele Lebenssituationen und in seiner Effektstärke nicht unwesentlich zu sein (1976,465f).

Ein Moment, das für die Verallgemeinerbarkeit spricht, ist die Verschiedenheit der Studien. Rosenthal führt zwei Indizes zur Beurteilung der Basis-Studien innerhalb einer Meta-Analyse ein (1976,325-327). Diese Indizes sind allerdings eher als narrative Parameter, weniger als numerische gemeint:

- Der *Replikationsindex* gibt an, wie gut erforscht ein Untersuchungsgebiet ist. Er ist abhängig von der Anzahl der Replikationen, die durchgeführt wurden, und von der Qualität der Studien.
- Der *Allgemeingültigkeitsindex* (generality index) gibt an, inwieweit Aussagen über die generelle Natur des Untersuchungsbereichs möglich sind (externe Validität).
- Beide sind m.E. ergänzbar durch einen Hilfsindex, der *Konsensindex* genannt werden könnte. Dieser gibt an, wie stark die einzelnen Studien im Design, den Variablen und ihren Operationalisierungen, in den Erhebungs- und Auswertungsmethoden etc. übereinstimmen, dh. wie exakt sie tatsächlich Replikationen zueinander sind.

Der Allgemeingültigkeitsindex steigt mit der Zunahme des Replikationsindex und der Abnahme des Konsensindex. Das heißt: je höher der Grad der Übereinstimmung der Studien, um so höher die interne Gesamt-Validität über alle Studien hinweg; je geringer der Grad der Übereinstimmung der Studien, um so größer die externe Validität.

Bei der SFP-Forschung ist der Konsensindex relativ gering, da die Studien nicht gegenseitig exakte Replikationen darstellen (Elashoff/Snow 1972,187). Detaillierte Angaben zu der Ähnlichkeit bzw. Verschiedenheit der Vpn und der Situationen sind bei Rosenthal 1976 (306-310, 321ff) zu finden. Der Umstand der Verschiedenheit, der sich in bezug auf die Wiederholbarkeit der RJ-Studie als Nachteil erwiesen hat, kehrt sich hier zum Vorteil: Er bedeutet eine Verringerung des Konsensindex und damit eine Steigerung des Allgemeingültigkeitsindex.

2.12.3 VERALLGEMEINERNDE GESAMT-BEURTEILUNG

Jeder hinzukommende Lebensbereich, in dem das Phänomen der Selbsterfüllung empirisch belegt werden kann, kommt einer Erweiterung der externen Validität gleich (Rosenthal 1976,461). Da SFPs bereits in vielen unterschiedlichen Lebensbereichen und -situationen gefunden werden konnten, wäre es geradezu überraschend, wenn diese Art des Erwartungseffekts auf die bereits erforschten und bekannten Gebiete begrenzt sein würde (ders. 1968a,48). Wenn berücksichtigt wird, in wievielen Lebensbereichen und konkreten Situationen, wie oft und mit welcher persönlichen Involviertheit Menschen Erwartungen hegen, deren Erwartungsgegenstand von ihnen auch kontrollierbar ist (vgl. Abschnitt 1.4.4), drängt sich die Vermutung einer hohen Wahrscheinlichkeit für SFPs im Alltag als begründet auf.

"Wir wissen immer noch nicht genau, wie der ... (Erwartungs-, P.L.) Effekt zustandekommt. Aber wir wissen, daß es ihn gibt und daß er so mächtig ist, daß die Entwicklung von Menschen durch ihn gebremst oder gefördert wird" (Rosenthal 1975,79). "Wir besitzen vermutlich alle eine außerordentlich wirkungs-volle Gabe, Einfluß auf andere Menschen zu nehmen. ... Die Macht der Erwar-tungen, die wir an einen anderen Menschen stellen, ist so groß, daß durch sie alleine schon dessen Verhalten beeinflußt werden kann. ... Was wir einem Menschen zutrauen, entscheidet manchmal auch über seinen Werdegang" (a.a.O.,18). "Auf längere Sicht können ... (sich selbst erfüllende Erwartungen, P.L.) sich im Personkern festsetzen und als überdauerndes Merkmal das Lebensschicksal eines Menschen beeinflussen" (Schiefele 1974,365). Schulz von Thun hält es im Zusammenhang mit SFPs für "aufregend zu entdecken, in welch starkem Maße wir heimlicher Regisseur unseres Schicksals auch dort sind, wo wir ihm passiv zu erliegen scheinen" (1982,77). Das Wort "aufregend" kann hier mit seinen beiden Bedeutungen, "spannend" bzw. "bedrohlich", über-setzt werden.

2.13 SELF FULFILLING PROPHECIES IN DER LEBENSSTUFE DES ALTERS

Im folgenden soll exemplarisch dargestellt werden, welche Rolle SFPs im Alter möglicherweise spielen. Die Beispiele für typische Lebenssituationen, in denen sich im Alter SFPs ereignen, wurden in Anlehnung an die gerontologische Literatur ausgewählt.

Der dritte Lebensabschnitt ist nicht grundsätzlich als abgekoppelt von den vorausgehenden zu betrachten. Es kommen lediglich einige Momente hinzu, andere nehmen in ihrer Relevanz ab. Prinzipiell gelten allerdings dieselben oder ähnliche psychische Mechanismen wie in den >jüngeren Jahren<. Insofern ist zu unterstellen, daß die lebensbereichspezifischen SFPs, wie sie lebensaltersunabhängig in den Abschnitten 2.2. bis 2.10 beschrieben wurden, auch im Alter wirksam sind. Deshalb stellen die folgenden Überlegungen lediglich eine Spezifizierung und Ergänzung in bezug auf das Leben älterer Menschen dar.

2.13.1 VORBEMERKUNGEN

(1.) Zur Lage der empirischen Erforschung von SFPs im Alter

Einer manuellen Literatur-Suche, einer Computer-Datenbank-Recherche vom März 1989 und der Inanspruchnahme des "invisible college" zufolge, gibt es noch kaum experimentelle Studien zu SFPs in bezug auf spezifische Lebens-situationen älterer Menschen. Aufgrund des Mangels an Experimenten müssen als empirische Unterstützung der SFP-Hypothese im Alter Näherungsverfahren

176

herangezogen werden: interpretierende Verallgemeinerungen der vorhandenen lebensaltersunabhängigen Studien bzw. relationale Studien zu Erwartungen im Alter.

(2.) SFP und Lebensaltersstufen

Die SFP trug lange Zeit ein "for-kids-only"-Etikett, vermutlich weil die einschlägige Forschung hauptsächlich in ihrer > Schul-Variante < öffentlichkeitswirksam wurde (Eden/Shani 1982,195). Außerdem gelten Kinder als leichter suggestiv beeinflußbar. In der RJ-Studie wirkte sich der Effekt zwar in den unteren Jahrgangsstufen besonders deutlich aus (Rosenthal/Jacobson 1971,108). Eden interpretiert das allerdings als zusammenzuhängend mit der wachsenden Schulerfahrung der älterwerdenden Schüler (1984,71).

Der empirischen Basis sind keine Anzeichen für eine Altersstufenbeschränkung für SFPs zu entnehmen. Im Gegenteil: Es gibt etliche Hinweise darauf, daß das Phänomen altersunabhängig ist: etwa in der SFP-Forschung im Berufsleben mit erwachsenen Vpn (Überblick Eden 1988,244) oder in SFP-Studien mit Höchstbetagten als Erwartungsobjekte (Learman 1988; vgl. auch Rosenthal 1973b,59; 1975,21).

(3.) Allgemeine, theoretische Begründungen für SFPs im Alter

Die nicht-empirischen Begründungen dafür, warum SFPs im Alter als sehr wahrscheinlich gelten dürfen, sind den Bedingungen für SFPs entlehnt (vgl. Abschnitt 1.4.4).

Eine dieser Bedingungen ist die objektive Kontrollierbarkeit des Erwartungsobjekts durch den Erwartenden. Kehler schreibt alten Menschen eine überdurchschnittliche Chance zur Autonomie und Emanzipation zu, da sie nicht mehr im Produktionsprozeß mit seinen zeitlichen und sachlichen Zwängen stehen (Kehler 1974,237, zit. nach Fluck 1977,185). Ebenso schätzt Rosenmayr die Freiheit im Alter größer ein als in anderen Lebensphasen, zumindest in bezug auf die soziale Rollenausübung und die Möglichkeit, den psychischen Bereich vertieft zu erleben (1983). Auch nach Sitzmann verfügt der ältere Mensch über mehr Selbstbestimmungsmöglichkeiten als der jüngere (1981, 128).

Obwohl solche Pauschal-Aussagen, die ein eher zu positives Bild vom Alter zeichnen, nicht unkritisiert bleiben (z.B. Fluck 1977,185), läßt sich zusammenfassend doch zumindest konstatieren, daß im Alter Freiheit und Einschränkung anders verteilt sind und, wohl im Gegensatz zur landläufigen Ansicht in einigen Lebensbereichen durchaus eine Zunahme an Selbstbestimmung und damit an objektiver Kontrollierbarkeit der Umwelt und der eigenen Situation feststellbar ist. Zutreffend scheint das in vielen Fällen z.B. bei der Gestaltung von Sozialkontakten zu sein, die Pensionäre, welche objektiv über mehr freidisponible Zeit verfügen, stärker selbst bestimmen können als Berufstätige. Autonomie,

Freiheit und Emanzipation bedeuten, Kontrolle über die eigene Lebensführung zu besitzen. Das erhöht die Chancen der Selbsterfüllung von intrapersonalen Erwartungen.

Bei älteren Menschen besteht z.T. eine erhebliche Differenz zwischen Kompetenz und Performanz (Kruse 1987b,344,353-356,360,362; vgl. Abschnitt 1.4.4 (2.)). Die Kompetenz zur Erreichung eines erstrebenswerten Ziels zu besitzen, bedeutet, das eigene Verhalten, das zur Zielerreichung notwendig ist, objektiv kontrollieren zu können (vgl. Thomae/Kruse u.a.1987). Viele Einschränkungen im hohen und höchsten Alter sind kompetenzbedingt (z.B. körperliche Gebrechen). Viele Beschränkungen im Alter basieren allerdings auch auf Performanzvariablen (z.B. fehlendes Selbstbewußtsein, Zutrauen, Angst, Erwartungshaltungen gegenüber der eigenen Leistungsfähigkeit etc.), die neben der Kompetenz die Performanz bestimmen. Damit ist die Performanz im Alter möglichen Selbsterfüllungen ausgesetzt.

Erwartungen, die sich auf Entwicklungsaufgaben und voraussehbare Lebensereignisse im Alter beziehen, sind vermutlich besonders SFP-anfällig, weil die meist längere Zeitspanne, die zwischen der Entstehung der Erwartung und dem Eintritt des erwarteten Ereignisses verstreicht, den wirkmechanischen Verhaltensweisen viele Gelegenheiten zur Intervention in Richtung Selbsterfüllung zuspielt. Die persönliche Verbundenheit mit dem bzw. die Betroffenheit durch das erwartete Ereignis erhöht vermutlich auch die Chance einer Selbsterfüllung (vgl. Abschnitt 1.4.4 (3.)).

2.13.2 SELF FULFILLING PROPHECIES BEI KONTINUIERLICHEN ASPEKTEN DES LEBENS IM ALTER

Für die empirische und theoretische Basis der SFP im Lebenszusammenhang älterer Menschen ließ sich kein völlig überlappungsfreies Untergliederungsprinzip finden, welches auch das Kriterium 'Nähe zur Original-Zuordnung der jeweiligen Autoren' erfüllt. Die Beispiele wurden in SFPs bei potentiell ständig präsenten bzw. zeitlich nicht eingrenzbaren Aspekten des Lebens im Alter (Abschnitt 2.13.2) und in SFPs bei zeitlich eher punktuell auftretenden Lebensereignissen (2.13.3) eingeteilt.

2.13.2.1 Selbstkonzept

Auch speziell für das Alter wird vermutet, daß sich das Selbstkonzept als Auslöser von SFPs erweist. Dieser Zusammenhang wird in der Regel negative Folgen für den alten Menschen haben, da sein Selbstkonzept neben anderen Faktoren auch durch die meist negativen Altersstereotypen der Gesellschaft geprägt wird (vgl. Ulich/Saup 1984,701-705).

Petzold befürchtet etwa, daß das Festhalten an Altersstereotypen und Klischees dazu führt, "daß man im Alter zum Opfer des eigenen negativen Selbstkonzeptes wird" (1985,105). Dabei kann auch die subjektive Selbsterfüllung eine Rolle spielen. Bau und Mitarbeiter stellen eine Tendenz bei alten Menschen fest, ihre negativen Vorstellungen, Alterserwartungen und Selbstbilder "bei sich und anderen durch selektive Wahrnehmung bestätigt zu finden" (1986,80).

2.13.2.2 Altersstereotypen

Rennkamp vermutet, daß das "Kernproblem psychologischen Alterns ... in der Diskrepanz zwischen den tatsächlichen Möglichkeiten und Fähigkeiten" älterer Menschen und "einer zu niedrigen Erwartungshaltung von seiten der Umwelt" liegt (1976,50). Die tatsächlichen Möglichkeiten entsprechen den Kompetenzen, die durch Erwartungshaltungen des gesellschaftlichen Umfelds in ihren Auswirkungen behindert werden. "Die negativen Aspekte des Alters sind zum größten Teil >außenverursacht<. Sie liegen in ... negativen Einstellungen und Erwartungen eines gesellschaftlichen Kontexts, der das Altern ... mit Negativzuweisungen belegt" (Petzold 1985,7).

Die "Alten selbst sind ihrerseits häufig ... Opfer ... (von stereotypen Alters-, P.L.) Vorstellungen. Hier haben wir es vielleicht mit einem der gewichtigsten Probleme im Zusammenhang mit dem Alter überhaupt zu tun; es ist gewissermaßen ein sozialpsychologisches Diktum, wonach die Menschen sich gerade so verhalten, wie man es von ihnen erwartet" (Lowy 1981,28). Alte Menschen passen sich in diesem Sinn den Rollenerwartungen und Altersstereotypen an und erfüllen sie damit selbst (Ulich/Saup 1984,703).

"Die Verhaltenserwartungen an alte Leute erweisen sich als relativ gering, und wie durch psychologische Experimente nachgewiesen wurde, erzeugen negative Erwartungen vermehrt negative Verhaltensweisen (vgl. den sog. 'Rosenthal-Effekt')" (Bubolz-Lutz 1984,154). Damit werden Stereotypen über das Alter, unabhängig von ihrer Richtigkeit, zu realen, die Lebenssituation älterer Menschen mitbestimmenden Faktoren, da sie in Erwartungen umgesetzt werden (Hohmeier 1978,12). Als Wirkmechanismus derartiger gesellschaftlicher Erwartungen wird das Verhalten der Älteren selbst angenommen (Kruse/Lehr 1984,235). Lehr (1987c,29) weist darauf hin, daß solche den Altersstereotypen entsprechende Erwartungen nicht nur im unmittelbaren face-to-face-Kontakt eine Rolle spielen, sondern auch implizit in (kommunalen) Altenplänen ihren Niederschlag finden. Geradezu fatal wirkt sich dieses geschlossene System >Erwartungen und Verhalten< dann aus, wenn sich ein zirkulärer Prozeß einspielt. Negative Verhaltenserwartungen bewirken dann bei dem alten Menschen eine Reaktion, "die wiederum zu einer Verfestigung negativer Altersstereotype führt - ein circulus vitiosus" (Petzold/Bubolz 1976b, 136).

Als vertiefende theoretische Untermauerung solcher einzelner Einschätzungen über die Auswirkung von Altersstereotypen kann die *kognitive Alternstheorie* nach Thomae (1971) und ein *Labeling-Modell für das Alter* von Rodin und Langer (1980) herangezogen werden.

Thomae geht bei seiner Übertragung einer kognitiven Persönlichkeitstheorie auf die Theorie des Alterns davon aus, daß die kognitive Repräsentanz einer Situation das Verhalten einer Person weit stärker bestimmt, als die objektive Situation selbst. Da er diese kognitive Repräsentanz, also das subjektive Erleben, auch durch die Erwartungen, sowohl des Individuums selbst als auch der Gesellschaft, gelenkt sieht, und unter dem Verhalten auch den "psychischen Zustand" einer Person versteht, ist damit (nicht zuletzt in seinen Beispielen) auch der Selbsterfüllungsansatz mit impliziert: Der psychische Zustand alter Menschen in einer bestimmten Situation wird von den Erwartungen (mit-) gesteuert, die sie vorher dieser Situation gegenüber hatten, oder die ihnen von der Gesellschaft mittels negativ getönter sozialer Altersstereotypen >aufgedrängt< wurden.

Noch deutlicher geht ein Modell von Rodin und Langer auf die selbstverwirklichende Tendenz von Stereotypen im Alter ein. Rodin und Langer (1980, zit. nach Learman 1988) erklären mit Hilfe eines Modells, wie sich Altersstereotypen selbst bestätigen: Aufgrund von Altersstereotypen werden ältere Menschen negativ etikettiert, wodurch die Selbstwahrnehmung der Älteren sowie die Fremdwahrnehmung der anderen gegenüber den Älteren beeinflußt wird. Dies wiederum führt zu einer Abnahme des Selbstwertgefühls und zur Zunahme des Verhaltens in Richtung des Stereotyps. So wird die Zugehörigkeit zu einer Altersgruppe zum Auslöser für die Zuschreibung eines bestimmten, hier negativen Charakteristikums. Die Erfüllung solcher interpersonaler Erwartungen durch das Verhalten der Erwartungsobjekte ist bereits experimentell demonstriert worden (vgl. Abschnitt 2.8).

Konkret wird die Existenz der folgenden altersstereotypen Vorstellungen, teils empirisch eruiert, angenommen: Alter wird gleichgesetzt mit Passivität, Kraftlosigkeit, Eigensinn, Rigidität, Nutzlosigkeit, Desinteresse, Intoleranz, Übellaune, einem physischen und geistig-seelischen Abbau, der Abnahme sexueller Bedürfnisse sowie mit einer zunehmenden Beschränkung des Lebensraumes (Lowy 1981,28-30,32-37; Petzold/Bubolz 1976b,135; Rosenmayr 1987,62). Alte Menschen gelten als hilfsbedürftig, mitleiderregend, linkisch, vergeßlich (Ulich /Saup 1984,701-705), gebrechlich, anfällig, konservativ, verbittert und als isoliert (Lehr 1972,248ff). Ein generalisiertes Altersstereotyp geht davon aus, daß mit fortschreitendem Alter die Bilanz zwischen Entwicklungsgewinn und -verlust negativ wird (Baltes/Baltes 1989,93).

Zum Teil können solche Stereotypen, die sich in ihrer Absolutheit inzwischen als nicht haltbar erwiesen haben, nicht nur in impliziten Alltagstheorien, sondern auch in wissenschaftlichen Theorien wiedergefunden werden. Vom Selbsterfüllungsansatz aus ist zu befürchten, daß wissenschaftliche Alter(n)stheorien ihre eigene Realität erst schaffen, indem sie an Praktiker der Altenarbeit und -bildung weitergegeben werden: Besonders negative Folgen hätte

dies bei der *Defizit-, Disengagement- und Defekttheorie* (z.B. Herrmann 1981,29).
- Das Defizitmodell (z.B. Wechsler 1958) beschreibt Altern als einen Prozeß des Verlusts von psychischen und intellektuellen Kompetenzen, als irreversible Abwärtsentwicklung (Weakland/Herr 1984,66).
- Die Disengagementtheorie (Cumming/Henry 1961) bezeichnet es als einen "natürlichen" und gesellschaftlich notwendigen Prozeß, daß ältere Menschen sich aus den vorher eingenommenen sozialen Rollen und Positionen, aus ihren Kontakten und Verbindlichkeiten zurückziehen.
- Das Defektmodell (Olbrich 1987,60) geht davon aus, daß der alternde Organismus in seiner Funktionsfähigkeit mehr oder weniger zwangsläufig und nicht steuerbar nachläßt und dabei immer mehr >Defekte< aufweist (detailliertere Übersicht dieser Ansätze bei Weber 1988a; Kruse/Lehr 1989; Olbrich 1987; Keuchel 1984).

Die in der Disengagement-Theorie ausgedrückten gesellschaftlichen Rückzugserwartungen gegenüber älteren Menschen bewirken über das Selbsterleben und das Selbstkonzept der alten Menschen, daß tatsächlich Rückzugstendenzen sichtbar werden. Es entsteht ein "circulus vitiosus", da das Verhalten der älteren (z.B. sozial unverträgliche Verhaltensweisen, Querulantentum, abfällige Einschätzung der Jugend) "zur Verfestigung des negativen Altersstereotyps beiträgt" (Herrmann 1981,29).

Landläufige Vorstellungen, die zu "falschen" Erwartungen werden können, sind z.B. die Annahme der zwangsläufigen Verbindung von biologischem Alter mit erheblicher Beeinträchtigung der geistigen und physischen Kräfte, wie sie das Defizitmodell postuliert (z.B. Kruse 1987, 344f). Ein Hinweis in Richtung einer möglichen Selbsterfüllung bieten diejenigen Studien, die im Alter eine Korrelation zwischen Abbauphänomenen im Leistungs- und Persönlichkeitsbereich und einer negativen Zukunftseinstellung gefunden haben (vgl. Krohn 1978,70). Umgekehrt korreliert die geistige Leistungsfähigkeit positiv mit einer positiven Zukunftseinstellung (Breloer 1976,61).

Untersuchungen in Altenheimen zum Interaktionsmuster zwischen den Heimbewohnern und dem Pflegepersonal deuten an, welche Wirkmechanismen eine Selbsterfüllung von Defizit-Unterstellungen hervorbringen. Besteht die Erwartungshaltung des Personals, es mit unselbständigen Heimbewohnern (als Folge von Abbauprozessen) zu tun zu haben, so neigt das Personal zu einem Verhalten gegenüber den Bewohnern, das deren Altersabbau beschleunigt (Baltes 1987,358,367). Lehr (1987d,44-47) zeigt auf, wie sich das Altersbild des Krankenhauspersonals in dessen Verhalten ausdrückt und sich "häufig mehr zum Schaden als zum Nutzen des Älteren" auswirkt. Dadurch werden die den "Älteren a priori zugesprochenen (Attribute, P.L.) erst herbeigeführt" (a.a.O.).

Als *Wirkmechanismus* für sich selbst erfüllende Erwartungen, die aufgrund von Altersstereotypen gebildet werden, wird oft das Selbstkonzept angenommen. Demzufolge prägt ein gesellschaftliches Altersstereotyp (Fremdbild) das Selbstbild alter Menschen, wobei die individuellen Annahmen für die eigene

Zukunft, die daraus abgeleitet werden, die "Gefahr einer sich selbst erfüllenden Prophezeiung" in sich bergen (Ulich/Saup 1984,703; vgl. auch Petzold/Bubolz 1976b,135; Lehr 1981,87).

Die Altenrolle im Zusammenhang mit dem Selbstkonzept produziert "die eigene Bestätigung ständig selbst, indem sie gerade dasjenige Verhalten veranlaßt, das man für 'typisch' hält. Wenn z.B. alte Menschen entsprechend dem Altersstereotyp als unselbständig und hilfsbedürftig angesehen und behandelt werden, entzieht man ihnen die Möglichkeit zur Unabhängigkeit: sie werden mit der Zeit tatsächlich unselbständig. Wenn man ihnen in verschiedenen Lebensbereichen keine Kompetenz mehr zutraut, dürfte es ihnen schwerfallen, eben diese aufrechtzuerhalten" (Hohmeier 1978,21).

In Anlehnung an Kuypers und Bengtson (1973) beschreibt Hohmeier (1978,21) modellhaft diesen Selbsterfüllungsprozeß gesellschaftlicher Erwartungen in folgendem Kausalverlaufsschema, wobei jede Stufe als durch die vorausgehende verursacht gedacht wird:
- Die Umwelt etikettiert die älteren Menschen gemäß einem Altersstereotyp.
- Umweltdruck und Konditionierung führen zur Übernahme der Rolle und ihrer Integration in das Selbstkonzept der älteren Menschen.
- Rollen werden aufgegeben und frühere Fähigkeiten verlernt.
- Die Älteren verhalten sich schließlich altersrollenkonform.

Der dritten Stufe des Verlaufsschemas liegt das Disuse-Modell zugrunde, demzufolge durch Nicht-Gebrauch einer geistigen oder körperlichen Fähigkeit, sich diese zurückbildet oder ganz verloren geht (z.B. Olbrich 1987, 61).

Ein weiterer Wirkmechanismus der Selbsterfüllung stereotyper Vorstellungen ist der Versuch, im Sinne eines paradoxen "Lösungsversuchs erster Art" im Anschluß an Watzlawick (vgl. Abschnitt 1.6.3.5), Probleme für andere zu lösen, die für die Betroffenen selbst entweder gar nicht bestehen oder nicht in einem der Situation unangemessenen Ausmaß. Weakland und Herr nennen einige Beispiele für eine Unterstellung eines Problems durch die soziale Umwelt aufgrund von altersstereotypen Vorstellungen, durch die das Problem erst geschaffen wird (1984,115f). Dabei wird angenommen, der ältere Mensch käme allein mit seinen Schwierigkeiten nicht mehr zurecht. Er brauche Unterstützung und Hilfe. Indem versucht wird, diese Hilfe zu gewähren, entsteht erst eine schwierige Situation für den Älteren.

Bsp.I: Eine Mutter soll nach dem Willen ihrer Tochter zu ihr ziehen. Die Mutter kommt allerdings noch sehr gut allein zurecht. Es entsteht eine paradoxe, schwierige Situation: Die Mutter will einerseits das gutgemeinte Angebot nicht ablehnen, andererseits ihre Selbständigkeit (eigene Wohnung) nicht aufgeben (a.a.O.,151).

Bsp.II: Eine Tochter versucht nach dem Tod ihres Vaters ihre Mutter >aufzuheitern und abzulenken<. Daraufhin versucht die Mutter gegen das >Ausleben< ihrer völlig normalen Trauer willentlich anzukämpfen, um ihre Tochter in ihren Bemühungen nicht zu enttäuschen. Durch die permanente Erfahrung, willentlich nichts gegen das spontane Gefühl der Trauer ausrichten zu können, wird die

Mutter tatsächlich depressiv. Dies wollte die Tochter anfangs gerade verhindern (a.a.O.,151-154).

2.13.2.3 Leistungsfähigkeit

Die Leistungsabnahme im Alter ist vermutlich wenigstens teilweise auf SFPs zurückzuführen (z.B. Eden 1984,71). In mehreren Untersuchungen konnte bestätigt werden, daß sich Mißerfolgserwartungen bei älteren Personen deutlich in Testleistungen niederschlagen (Übersicht bei Kruse 1987b; vgl. Prohaska u.a. 1984; Denney 1980), und daß die Lernbereitschaft im Alter von der Erwartung gegenüber der eigenen Lernfähigkeit abhängt (Lehr u.a. 1979, 47). Auch hier wird als Wirkmechanismus das Selbstkonzept der Älteren vermutet (Kruse 1987b,383). Die Bedeutung des Leistungsselbstbildes für das Verhalten in neuartigen Situationen ist in vielen empirischen Studien nachgewiesen worden (vgl. a.a.O.).

Vorstellungen im Sinne von Stereotypen über die Kompetenz und Leistungsfähigkeit im Alter werden indirekt mitgeteilt und von den Betroffenen in das Leistungsselbstkonzept integriert, das sich sodann selbst erfüllt (Meyer 1983, 17f). Die negative Beeinflussung des Leistungsselbstkonzepts kann nach Meyer über durchaus förderlich gemeinte Verhaltensweisen anderer Menschen erfolgen (1983,17f): Lob beim erfolgreichen Bewältigen sehr einfacher Tätigkeiten, Mitleid, Gewährung nicht erbetener Hilfe, Betrauen mit sehr einfachen Aufgaben und Tätigkeiten (vgl. auch >paradoxe Effekte< von Lob und Tadel, z.B. Rheinberg 1989). In der Gerontologie werden besonders zwei (inhaltlich verbundene) Leistungsbereiche im Zusammenhang mit SFPs und Altersstereotypen behandelt: die kognitive und die berufliche Leistungsfähigkeit.

(1.) Kognitive Leistungsfähigkeit

Erwartungen gegenüber der eigenen (kognitiven) Leistungsfähigkeit im Alter können sich selbst erfüllen (Dittmann-Kohli 1983,3f; o.J.). Eirmbter beschreibt stereotype Einstellungen und Erwartungen des sozialen Bezugssystems im Alter als interpersonale SFP (Eirmbter 1979,67). "Für die Bildungsarbeit im höheren Lebensalter ist ein solcher circulus vitiosus gleichermaßen anwendbar und verhängnisvoll" (a.a.O.).

So kann sich beispielsweise die Erwartung, daß geistige Fähigkeiten und Gedächtnisleistungen im Alter nachlassen, als SFP erweisen: Mit zunehmendem Alter werden Gedächtnislücken dem >nicht aufhaltbaren Alterungsprozeß< zugeschrieben. Man registriert betont das, was zu dieser Vorstellung paßt und läßt dabei unberücksichtigt, daß auch in früheren Jahren gelegentlich (unter Umständen mit derselben Häufigkeit) Erinnerungslücken auftraten (subjektive SFP). Diese neue Attribuierung führt entweder zum angstvollen, paradoxen, willentlichen Druck auf das >Spontan-Organ 'Gedächtnis'< (Lösungsversuch erster Art!), wodurch das Erinnerungsvermögen erst recht blockiert wird, oder immer stärker zur Resignation und Vermeidung derartiger frustrierender Situationen. Durch den daraus resultierenden >disuse< der geistigen

Anlagen erfüllt sich die Erwartung schließlich auch objektiv (vgl. Haeberlin 1986, 145f).

Die "Verhaltenserwartung der Umwelt, die unter dem Stichwort 'Pygmalion-Effekt' oder 'self fulfilling prophecy' in der Fachliteratur diskutiert wird" fördert die Lernleistung bzw. die Intelligenz älterer Menschen (Lehr 1987d,42). "Die dem Betagten entgegengebrachte negative Verhaltenserwartung verstärkt in ihm das desinteressierte Verhalten" (a.a.O.,44), so daß er es unterläßt, seine Intelligenz zu trainieren.

(2.) Berufliche Leistungsfähigkeit

Die stereotypen, negativen Erwartungen der Umwelt bzgl. der beruflichen Leistungsfähigkeit älterer Arbeitnehmer wirken sich nach Ansicht vieler Autoren auch selbsterfüllend aus (Eden 1988,250; Lehr 1987b,135; 1988a,68; Friedmann /Weimer 1982,34; Pohl 1976,43,58,65ff). Pohl (1978,80) vermutet als Wirkmechanismus, das Verhalten der Vorgesetzten, etwa ältere Arbeitskräfte nicht mehr zu Fortbildungen zu schicken oder sie nicht mehr mit neuen Arbeitsgeräten vertraut zu machen.

2.13.3 SELF FULFILLING PROPHECIES BEI BEDEUTSAMEN LEBENSEREIGNISSEN IM ALTER

Von besonderer individueller Relevanz für den Lebensverlauf von Personen sind bedeutsame bzw. kritische Lebensereignisse, die mit subjektiv bedeutsamen Veränderungen der Lebenssituation einhergehen (Ulich 1987,79). Nach dem Selbsterfüllungsansatz können Erwartungen hier eine entscheidende Rolle spielen, indem sie sich günstig oder ungünstig auf den Verlauf solcher Ereignisse auswirken.

Obwohl gelegentlich auch auf positiv oder zumindest neutral erlebte Lebensereignisse hingewiesen wird (Lehr 1987a,243), werden die Begriffe "Lebensereignis" bzw. "Lebenssituation" in der Psychologie meist mit dem Attribut "kritisch" versehen, was eher an potentiell negative Ereignisse denken läßt (vgl. Schuster-Oeltzschner 1984,283; Ulich 1987,123). Neutraler im Sinne einer Wertung >positiv/negativ< erscheint mir die Bezeichnung "bedeutsame(s) Lebensereignis/Lebenssituation" (Lehr 1987a,243; Ulich 1987,81).

Bedeutsame Lebensereignisse im Alter sind z.B. der Übergang in den Ruhestand bzw. die empty-nest-Situation, Krankheit, Heimübersiedlung, Partnerverlust, beginnende Großelternschaft oder eine Wiederverheiratung (vgl. Ulich /Saup 1984,706-708; Lehr 1987a,155).

Die Lebensereignis-Forschung setzt typischerweise mit ihrer Betrachtung *nach* dem Eintreffen eines bestimmten Ereignisses an und untersucht das Erleben dieser Ereignisse, die Art der Auseinandersetzung mit ihm und die Bewältigung ihrer Folgen für die Persönlichkeitsentwicklung (z.B. Filipp 1981; 1982). Der

184

Selbsterfüllungsansatz setzt *vor* dem Eintreten der Ereignisse an und frägt nach den Bedingungen für die Entwicklung der Ereignisse selbst. Deshalb gilt den voraussehbaren Lebensereignissen im Selbsterfüllungsansatz besonderes Interesse. Denn es kann angenommen werden, daß ihnen gegenüber Erwartungen bestehen werden. Derartige Erwartungen sind vermutlich besonders anfällig, eine Selbsterfüllung zu erzeugen, da sie die Bedingung für SFPs "Involviertheit" und "Zeitdauer" erfüllen (vgl. Abschnitt 1.4.4). Zu diesen voraussehbaren Ereignissen gehören die sogenannten >normativen Lebensereignisse< (z.B. Faltermaier 1988,10). Sie können gedacht werden als hervorgebracht von ontogenetisch-lebensalterbedingten Entwicklungseinflüssen (vgl. Schema der Entwicklungseinflüsse nach Baltes/Eckensberger 1977,25, das Weber 1988a,43 für die Pädagogik und Gerontagogik weiterentwickelte).

2.13.3.1 Erkrankung

Ellison behauptet, daß die Erwartung, die den Ruhestand mit Kranksein gleichsetzt, zu einer wirklichen Verschlechterung des Gesundheitszustands nach der Pensionierung führen kann (1968, zit. nach Dreher 1970,35). Nach Petzold bewirkt die Selbst-Stigmatisierung des alternden Menschen eine SFP: Physische Leistungsfähigkeit und Vitalität nehmen dadurch mehr ab als eigentlich notwendig wäre. Der alternde Leib wird krank und gebrechlich, weil ihn ein "innerer Feind", ein negatives körperliches Selbstkonzept, schwächt (Petzold 1985,428). Diese Annahmen liegen sehr nahe, wenn man sich die Verbindung von Erwartung und Gesundheit vor Augen hält, wie sie die Placebo-Untersuchungen verdeutlichen.

Learman (1988) führte eine SFP-Studie durch, in der das körperliche und seelische Befinden alter Menschen als Erwartungsgegenstand von interpersonalen Erwartungen fungierte. Da diese Studie zu den wenigen SFP-Experimenten zu den Lebenszusammenhängen älterer Menschen zählt, soll sie etwas detaillierter betrachtet werden. Zweck des Experiments war es, Effekte der Erwartungen des Personals auf die "Fortschritte" (vgl. unten) von 63 älteren Bewohnern von 6 Pflegeheimen zu untersuchen. Das Alter der Bewohner betrug im Mittelwert 84,3 Jahre mit einer Standardabweichung von SD = 7,02.

Ausgangspunkt der Studie war die Alltagserfahrung von Gerontologen und Geriatrikern, daß ältere Menschen in Pflegeheimen eine größere Abnahme ihres Gesundheitszustands und ihrer funktionalen Fähigkeiten erleiden als ältere Menschen, die nicht institutionalisiert sind. Obwohl dieser Unterschied der systematischen Zuordnung von Personen zu diesen beiden Gruppen zugeschrieben werden kann, besteht der Verdacht, daß die Umwelt, die ein Pflegeheim bietet, im Sinne der "erlernten Hilflosgkeit" (Seligman 1975), ihren Teil zur negativen Beeinflussung beiträgt.

Die Bewohner wurden per Zufall in zwei gleich große Gruppen eingeteilt: in die Experimentalgruppe (EG) und in die Kontrollgruppe (KG). Die Erwartungen des Pflegepersonals bzgl. der Fortschritte der Bewohner, die sich in der EG befanden, versuchten die Forscher zu erhöhen. Bei der KG war das nicht der Fall. Den Krankenschwestern und den Hilfskräften wurde mitgeteilt, daß für die EG-Bewohner eine besonders günstige Rehabilitation aufgrund einer fachmännischen, medizinischen Beurteilung der Bewohner (Vortest) vorausgesagt werden kann. Das Pflegepersonal wurde angewiesen, diese Information nicht an die Patienten weiterzugeben. Um zu gewährleisten, daß das Personal diese Gruppenzuteilung nicht vergaß, wurde es unter einem Vorwand in einem mündlichen Gespräch wöchentlich daran erinnert und diese Zuteilung noch auffällig in der Krankenkartei vermerkt.

Weder das gesamte Pflegeheimpersonal (einschließlich der administrativen Ebene), noch die Untersuchungsassistenten, die als "blinde" Beobachter die "weichen" Daten erhoben und zusammenfaßten, waren über den eigentlichen Zweck der Untersuchung informiert, um Absichtlichkeit (vgl. Abschnitt 2.1.2 (2.)) und Rosenthal-Effekte einzugrenzen.

Ein manipulation check, in dem das Personal über seine Erwartungen befragt wurde, bestätigte den Erfolg der Erwartungsmanipulation. Allerdings waren nur die Erwartungen des Hilfspersonals bzgl. der EG im Vergleich zur KG signifikant höher (p = 0,012; bei den Krankenschwestern p = 0,166). Learman betrachtet den check allerdings als nur bedingt valide, da die mitgeteilten Erwartungen wohl um einen Anteil des Effekts der sozialen Erwünschtheit verzerrt waren. Deshalb wurden nicht die selbstberichteten Erwartungen nicht als unabhängige Variable betrachtet, sondern die induzierten latenten.

Die abhängigen Variablen (outcome measures), die einen eventuellen "Fortschritt" des psycho-physischen Zustands der Bewohner erfassen sollten, waren in zwei Hauptklassen eingeteilt.

1. Der *gesundheitliche* und der *psychosoziale Zustand* wurde den medizinischen Berichten, die pro Bewohner ohnehin geführt wurden, entnommen. Der gesundheitliche Zustand wurde über die Symptome und die Pflegestufe des Bewohners sowie über die Aufenthalte in der Notstation und im Krankenhaus erfaßt. Der psychosoziale Zustand wurde als die Besuchsfrequenz von Freunden und Verwandten und als Verhaltensprobleme des Bewohners (Aggressivität/Heim verlassen/in das Zimmer von anderen gehen) operationalisiert.

2. Der *emotionale, kognitive* und *funktionale Zustand* wurde über ein spezielles, umfangreiches, standardisiertes Meßinstrument erfaßt (NHAI), das in seiner Retest- und Inter-Rater-Reliabilität sowie in seiner Validität als vergleichsweise hoch einzustufen ist. Der emotionale Zustand wurde u.a. definiert als die selbstberichtete Ängstlichkeit, Neigung zu Depression, Lebenszufriedenheit, Schlafprobleme und die subjektive Einschätzung der eigenen Gesundheit.

Der funktionale Zustand wurde als die selbsteingeschätzte Selbständigkeit im Alltag operationalisiert. Der kognitive Zustand wurde als der von anderen beobachtete mentale Zustand, die Aufmerksamkeitsspanne und das Kurzzeitgedächtnis erhoben. Der Fortschritt ergab sich als Differenz zwischen den Vortestergebnissen, die bei den neu hinzugezogenen Bewohnern innerhalb

186

ihrer ersten zwei Wochen im Heim eruiert wurden und der Erhebungswieder-
holung nach drei Monaten.

Die Resultate ergaben folgendes Bild. Der emotionale, kognitive und funktio-
nale Zustand verbesserte sich in beiden Gruppen, was mit einem Hawthorne-
Effekt erklärbar wäre. Bei den Bewohnern in der EG (immer im Vergleich zur
KG) nahm der emotionale Stress stärker ab und das Kurzzeitgedächtnisses
stärker zu. In der EG war allerdings auch eine stärkere Abnahme der funktionalen Unabhängigkeit zu verzeichnen. Die EG wurde signifikant weniger in
Krankenhäuser eingewiesen (p = 0,007), trotz einer vergleichbaren Anzahl von
Aufenthalten in der Notstation, was von Learman als Indiz für "weniger ernsthaft krank" gedeutet wird. Die EG berichteten über weniger depressive
Symptome, hatten eine größere Zahl von monatlichen Besuchen, waren aber
abhängiger vom Personal bei der Verrichtung alltäglicher Tätigkeiten und
wiesen kürzere Aufmerksamkeitsspannen auf. Zwischen der EG und KG gab es
keinen Unterschied bei den Verhaltensproblemen und beim Ausbruch akuter
somatischer Erkrankungen.

Nach der Gesamteinschätzung Learmans gelingt es der Studie, die Auswirkung
von Erwartungen des Pflegepersonals auf die Fortschritte der Heimbewohner
zu belegen. Bei der Ergebnisbeurteilung ist zu bedenken, daß die Erwartungsinduktion anscheinend nur halbwegs erfolgreich war und der Nachtest schon
nach drei Monaten durchgeführt wurde. Die Langzeiteffekte, die in der Studie
erhoben wurden, waren bis zum Abschluß der vorliegenden Arbeit noch nicht
vollständig ausgewertet. Es traten weitere SFP-stützende Korrelationen
zwischen den von dem Personal selbstberichteten Erwartungen und den
abhängigen Variablen auf, die allerdings aufgrund der Fragwürdigkeit der
selbstberichteten Erwartungen von Learman als wenig zuverlässig eingeschätzt
werden. Die Unterschiede im Verhalten des Pflegepersonals gegenüber den
Bewohnern, das mit Videokameras aufgezeichnet wurde und als Wirkmechanismus interpretiert werden kann, ergibt einen zusätzlichen Plausibilitätsbeleg
für die vorgefundenen Zusammenhänge.

Learman beurteilt die Wirkung von hohen Fortschrittserwartungen insgesamt
als positiv: Die Vorteile der hohen Erwartungen (Wirkung in Richtung emotio-
nales Wohlbefinden und gutes Gedächtnis etc.) überwiegen die Nachteile
(Abnahme der Unabhängigkeit), deren Gründe er diskutiert.

2.13.3.2 Ruhestand

Auftretende psychische Probleme im Zusammenhang mit der Pensionierung
werden auch als verursacht betrachtet durch die negative Erwartungshaltung
gegenüber dem Ruhestand (Ash 1966; Davidson & Kunze 1965; Lehr & Dreher
1969). "Eine wichtige persönliche Voraussetzung zur Bewältigung der (mit dem
Ruhestand, P.L.) verbundenen Aufgaben ist eine positive Einstellung zum
Ruhestand" (Kallmeyer u.a. 1976,132). Mit "positiver Einstellung" ist hier

gemeint, Hoffnung auf eher angenehme Erlebnisse als angstvolle Befürchtungen und Widerstand gegenüber dem Ruhestand. Diese Äußerung Kallmeyers und Mitarbeiter ist typisch für die Beschreibung der Bedeutung von Erwartungen und Einstellungen gegenüber dem Ruhestand in einem Großteil der Gerontagogik und der Psycho-Gerontologie: Die Bedeutung von positiven Erwartungen wird zwar abstrakt unterstrichen, aber ohne anzugeben, worin sie besteht, also warum diese Erwartungen so wichtig sind. Diese klaffende Lücke kann der Selbsterfüllungsansatz schließen.

Die Erwartungshaltung gegenüber dem Ruhestand muß nach "den Ergebnissen einer Reihe von Untersuchungen als eine der wesentlichsten Determinanten" der Anpassung an den Ruhestand betrachtet werden (Dreher 1970,27).

Friedmann und Weimer stellten in einer Befragung fest, daß Pensionäre "die angaben, sich vor ihrer Pensionierung auf den Ruhestand gefreut zu haben, deutlich weniger Eingewöhnungsschwierigkeiten zu bewältigen hatten und insgesamt weniger Zeit benötigten, diese Eingewöhnungsschwierigkeiten zu überwinden. Eine positive Ruhestandserwartung wirkt sich auch auf die langfristige Ruhestandsbewältigung aus. So sind diese Befragungspersonen auch mit ihrer gegenwärtigen Situation im Ruhestand zufriedener" (1982,384). Die Autoren weisen darauf hin, daß auch schon andere Untersuchungen die Einstellung, mit der Arbeitnehmer dem Ruhestand kurz vor ihrer Pensionierung entgegensehen, als einen "wichtigen Einflußfaktor" auf die gelungene Anpassung an den Ruhestand identifizierten (Dreher 1970,156; Thompson 1968,295).

Thompson stellt die Hypothese auf, "daß die Anpassung an den Ruhestand durch die Antizipation des Ruhestandes vor Eintritt in denselben bedingt ist" (1968,284). Er befragte Personen vor der Pensionierung und einige Zeit danach und gewann Daten, die in Richtung der Bestätigung seiner Hypothese deuten.

Dreher versucht die Bedeutung der Erwartungshaltung gegenüber der Berufsaufgabe für den späteren Ruhestand zu demonstrieren, in dem er sie mit dem Verlauf des Anpassungsprozesses an die Pensionierung korrelierte (1970,156). Dazu wurden in seiner Studie zwei Variablen bei 70-75jährigen Pensionisten (N = 131) zum *selben* Zeitpunkt erhoben.
I. Einstellung gegenüber der Pensionierung *vor* der Pensionierung (allerdings *danach* erhoben; "Einstellung" hier identisch mit "Erwartung")
II. Subjektive Beurteilung der Pensionierung
Es ergab sich ein hoch signifikanter tau-Korrelationskoeffizient von $\tau = 0{,}458$.
Die Studie bestätigt nach Dreher die These, daß "Probanden, die der Aufgabe der Berufstätigkeit zuvor eher positiv gegenüberstanden, diese weniger 'krisenhaft' (erleben) als die Befragten, für die mit dem Ausscheiden aus dem Berufsleben ausschließlich oder überwiegend negativ akzentuierte Erwartungen und Vorstellungen verbunden waren" (Dreher 1970,157).

Ähnlich wie bei Thompson (1968) zeigt sich bei Dreher (1970,157,170), daß die Antizipation (hier: intensive, gedankliche Beschäftigung mit der Zukunft) und konkrete Planung des Ruhestands noch während des Berufslebens wenig bedeutsam ist für das spätere tatsächliche Erleben des Ausscheidens aus dem Beruf. Dieses Ergebnis spricht nicht gegen eine SFP-Annahme in diesem Bereich, da hier nicht die Antizipationsrichtung (positiv/negativ; vgl. Abschnitt 1.2.5 (1.)), sondern lediglich das Vorhandensein von antizipativem Denken, unabhängig von dessen Inhalt, berücksichtigt wurde. Aufgrund dieses Befunds stellt Dreher die Wirkung von Vorbereitungsprogrammen in Frage (1970,33, 158). Dreher geht hier anscheinend pauschal davon aus, daß solche Programme ausschließlich Antizipation (in seinem Sinne) und konkrete Planungschritte zum Inhalt haben. Das ist jedoch keineswegs der Fall. Dreher verglich noch die Variable I >Einstellung gegenüber der Pensionierung< mit der zeitlichen Dauer der Eingewöhnung. Er erhielt eine Korrelation von τ = -0,286 (p < 0,01; N = 98). Der Koeffizient ist negativ, weil die Eingewöhnungzeit mit positiverer Einstellung (numerischer Zunahme der Einstellung) numerisch abnimmt. Ein Schwachpunkt dieser Untersuchung ist die aus dem Gedächtnis retrospektiv erfaßte Variable I. Eine Studie von Schneider (1981,40) belegte einen Zusammenhang zwischen konkreten, realistischen Plänen für die Zeit nach dem Ruhestand und der späteren Anpassung an den Ruhestand. Diese Untersuchung ist für den Selbsterfüllungsansatz insofern von Bedeutung, als positive Erwartungen die Motivation erhöhen dürften, sich konkrete Gedanken über das Leben im Ruhestand zu machen.

Insgesamt resümiert Schönholzer mehrere Studien zu diesen Zusammenhängen dahingehend, daß eine "positive Erwartungshaltung den Anpassungsprozeß an den Ruhestand im allgemeinen erleichtert, besonders wenn sie dazu beiträgt, daß der zu Pensionierende sich gedanklich mit der auf ihn zukommenden Situation auseinanderzusetzen beginnt" (1979,78f). Nach Kuhne haben Forschungsergebnisse gezeigt, daß "die Erwartungshaltung gegenüber einer neuen Situation das Erleben in dieser Situation selbst bestimmt und demzufolge eine negative Einstellung zum Ruhestand beeinflußt bzw. geändert werden muß" (1978,1; vgl. auch Lehr 1974,112f). Zunächst einmal ist Vorsicht geboten bei derartig eindeutigen Interpretationen der Ergebnisse der oben genannten Studien. In der Sekundärliteratur, aber auch in den primären Untersuchungsberichten, wird die Evidenz dieser Studien oft überbewertet. Diese Studien und noch weitere belegen den Zusammenhang von Erwartung und späterem Ruhestandsverlauf und sind insoweit als Hinweise für SFPs deutbar, als sie nicht das Gegenteil, die H_0 belegen. Da es sich um relationale Untersuchungen handelt, kann keineswegs eindeutig ein Kausalverhältnis unterstellt werden. Die Ergebnisse stützen genauso die These, der faktische Verlauf des Ruhestands beeinflusse die Errinnerung an die früheren Erwartungen, oder eine nicht erfaßte dritte Variable (z.B. Berufserfolg, allgemeine Zufriedenheit mit dem Leben an sich, Schichtenzugehörigkeit) steuere beides, Erwartung und Ruhestandsverlauf.

2.13.3.3 Altenheim-Übersiedlung, Klimakterium, Empty-Nest-Situation

Mehrfach konnte bestätigt werden, daß die erfolgreiche Anpassung an die Situation im Altenheim mit der zuvor gehegten Erwartungshaltung gegenüber der späteren Situation im Heim korreliert, was als Hinweis in Richtung Selbsterfüllung interpretiert werden kann (vgl. Lehr 1972,270; Lieberman/Prock u.a. 1968; Lehr 1969; Thomae 1971,11).

Dooghe (1980, zit. nach Ulich/Saup 1984,710) zeigte, daß ältere Menschen, die der Übersiedlung ins Altenheim positiv gegenüberstanden, sich später in dieser Einrichtung besser zurechtfanden als Personen mit vorausgegangenen negativen Erwartungen.

Auch klimakterische Schwierigkeiten scheinen möglicherweise als SFP eintreten zu können. Neugarten und Mitarbeiter (1963) sowie Lehr (1966) stellten fest, daß angeblich "klimakterische" psychische Beschwerden subjektiver Art lange vor dem Klimakterium und seinen biologischen Veränderungen eintreten, wenn Erwartungen auf Klimateriumsbeschwerden bestehen (zit. nach Thomae 1971,11; vgl. auch Stafford 1979).

In einer Untersuchung konnte festgestellt werden, daß die Bewältigung des Lebensereignisses "Auszug der Kinder aus dem Elternhaus" (empty-nest-Situation) von Müttern dann gut gelingt, wenn es gedanklich antizipiert wurde (was wahrscheinlich eher geschieht, wenn keine negativen Erwartungen bestehen) und wenn die Überzeugung besteht, daß das Leben auch "weiterhin Möglichkeiten der aktiven Gestaltung bietet und neue Aufgaben bereit hält", wenn letztlich also eine allgemeine, relativ positive Erwartungshaltung hinsichtlich zukünftiger Betätigungsmöglichkeiten besteht (Kruse 1987a,91-93).

3. TEIL: KONSEQUENZEN UND ANWENDUNG DES SELBSTERFÜLLUNGSANSATZES IM PÄDAGOGISCHEN KONTEXT

3.1 VORBEMERKUNGEN

Wissenschaft verfolgt vier Ziele: Beschreibung, Erklärung, Voraussage und Kontrolle (Anwendung/Technologie) der Wirklichkeit (Zimbardo/Ruch 1978, 27-30). Während die bisherigen Ausführungen stark mit beschreibenden, erklärenden und z.T. auch mit voraussagenden Aussagen befaßt waren, soll es in dem letzten Teil dieser Arbeit um den Aspekt der Kontrolle der Wirklichkeit gehen, den der Selbsterfüllungsansatz eröffnet. Summa summarum kann die grundsätzliche Existenz, die Bedeutung und das Vorkommen der SFPs als soweit belegt gelten, daß die Frage nach Interventionsmöglichkeiten, insbesondere im Bereich der Erziehung und Bildung, lohnenswert erscheint.

Der Interventionsbegriff wird hier in Anlehnung an Kruse und Lehr (1984,235) als Oberbegriff aller Anwendungsansätze verwandt: In diesem Sinne unterscheidet man die präventive von der korrektiven Intervention (z.B. Brandtstädter 1982,41; Krapp 1979,194). Daneben gibt es noch eine andere Auffassung, welche "Intervention" auf die korrektiv begleitenden Maßnahmen als Gegenpol zur Prävention begrenzt (z.B. Kaiser 1983,130; Huber/Schlottke 1986,669f).

(1.) Ausgangspunkt des Anwendungsgedankens

Überlegungen zur Anwendung des Konstrukts "SFP" basieren auf folgendem Grundansatz: Wenn die verhaltensbeeinflussende Wirkung von Erwartungen unabsichlich per Zufall >in natura< auftritt , so wird diese Wirkung auch intentional hervorgebracht bzw. verhindert werden können. Diese Absicht kann von Pädagogen selbst ausgehen bzw. Pädagogen können Vorgehensweisen vermitteln, die ihre Klientel dazu in die Lage versetzt, absichtlich in bezug auf SFPs zu handeln.

Die in der experimentellen Forschung demonstrierte Sensibilität, mit der Menschen anscheinend auf die subtilsten Mitteilungen von Erwartungen reagieren, deutet an, daß in den der Selbsterfüllung zugrundeliegenden Mechanismen ein hohes Veränderungspotential steckt. So gesehen käme es geradezu einer Verschwendung von effektiven Mitteln gleich, bei der Veränderung von menschlichen Dispositionen und Verhaltensweisen zur Entfaltung von Lebensmöglichkeiten bzw. zur Verhinderung von menschlichem Leid dieses Potential unberücksichtigt zu lassen.

Selbst die Entscheidung, dieses Veränderungspotential bei der Wahl der eigenen Handlungsmöglichkeiten nicht zu berücksichtigen, verhindert nicht das Auftreten von SFPs. Unter Umständen nimmt man durch eine solche ignorierende Haltung verstärkt das Risiko auf sich, daß die eigenen (pädagogischen) Bemühungen, Einfluß auf die >Geschehnisse in der Welt< zu nehmen, von sich negativ auswirkenden SFPs durchkreuzt werden (vgl. Eden 1986,2,5).

(2.) Interventionsstrategien und Opportunismus

Grundsätzlich kann man Probleme, unter denen Menschen leiden, auf zweierlei Weise angehen:

Ansatz I: Veränderung der Psyche der Person, die ein Problem hat (typischerweise vertreten von der Pädagogik und der angewandten Psychologie)

Ansatz II: Veränderung der Umwelt, der Außenwelt, der Rahmenbedingungen, der Gesellschaft oder der Kultur, die ein Problem mit bedingen (typischerweise vertreten von der Politik oder der Soziologie)

Der erste Ansatz wird bisweilen, vor allem in seiner kognitivistischen Variante, als opportunistisch bzw. konformistisch kritisiert. Das Individuum wird den gegebenen äußeren Verhältnissen angepaßt. Der Umwelteinfluß wird geleugnet. Welche der beiden Ansätze der adäquatere ist, läßt sich wohl nicht prinzipiell, sondern nur auf den Einzelfall bezogen, entscheiden. Auch ein Vorgehen, welches beide gleichzeitig berücksichtigt, ist möglich.

Bei manchen Problemen, ist es konsensfähig einen der beiden Ansätze zu präferieren. So würde die Reaktion des Arztes auf einen Patienten mit gebrochenem Arm, das Problem "positiv umdeuten zu wollen" (Ansatz I) statt eine Schiene anzulegen, sich höchst merkwürdig ausnehmen; genauso wie das Vorhaben, den Agoraphobikern zuliebe, alle großen Plätze abzuschaffen (Ansatz II). Der Graubereich der Dissens-Fälle dürfte jedoch den der eindeutigen Fälle weit übersteigen.

Die aus dem Selbsterfüllungsansatz abgeleiteten Interventionen setzen zwar unmittelbar beim Individuum an (Ansatz I), wobei aber aus der Veränderung des Menschen im allgemeinen durchaus auch eine Veränderung der Rahmenbedingungen resultieren kann. Das Problem der richtigen Wahl eines Ansatzes tritt in der angewandten SFP-Forschung auch auf, gerade wenn es z.B. um so extreme Anwendungsbereiche geht wie den Versuch, Armut über die Änderung von Mißerfolgserwartungen zu beseitigen (Gurin u.a. 1970). Gurin und Gurin diskutieren dabei durchaus die Gefahr, die es in sich birgt, Armut auf einen "psychologischen Ansatz" zu reduzieren und den Umweltbezug zu leugnen. Sie bezeichnen es aber auch als genauso gefährlich, nur situationale Interventionen vorzunehmen und bei langanhaltender Armut keine psychischen "Folgeschäden" anzunehmen (1970,98).

(3.) Zum Stand der angewandten SFP-Forschung

Trotz der gelegentlichen Forderungen der Grundlagenforscher, aus dem Selbsterfüllungsansatz systematisch Konsequenzen für die betroffenen Lebensbereiche (Schule, Therapie etc.) zu ziehen, ist wohl der Anwendungsaspekt der bisher >unterentwickeltste< dieses Forschungsgebiets (Rosenthal 1976,466;

ders./Rubin 1978a,385; 1978b,411; 1980b,475; Dworkin 1974). Barkey bezweifelt sogar die Möglichkeit, aus dem Selbsterfüllungsansatz umfassendere "pädagogische Konsequenzen" ziehen zu können (1971,271).

In der Pädagogik und der Sozialpsychologie wurde der Selbsterfüllungsansatz bisher kaum angewandt (Eden 1984,64). In der SFP-Forschung beschränken sich die Schlußfolgerungen für die Praxis meist auf kurze hochabstrakte Hinweise. Typisch hierfür sind jene Autoren, die zwar auf >optimale< Erwartungen hinweisen bzw. darauf, daß andere Erwartungen in die positivere Richtung verändert werden sollten, ohne aber konkrete Vorschläge zu machen, wie man das bewerkstelligen könnte, wenn man nicht schon von vornherein mit positiven Erwartungen >gesegnet< ist (z.B. Smale 1983,111,119; Brophy/Good 1976,323f). Auch die Gerontologie und speziell die Gerontagogik, soweit sie sich implizit oder explizit mit SFPs im Leben älterer Menschen auseinandersetzen, machen kaum elaborierte Veränderungsvorschläge.

Komplexere, systematische Aussagen zu Interventionsmöglichkeiten wurden hauptsächlich für die folgenden drei Lebensbereiche entwickelt: für die *Forschung* hinsichtlich der Verhinderung des Rosenthal-Effekts (Bortz 1984,62; Rosenthal 1976,331-414, bes. 402-404; ders./Rosnow 1984,113), für die *Schule* (Brophy/Good 1976) und die Organisations-/*Personalentwicklung* bzw. Managementtrainings ("manager expectation-trainings")(Eden 1984,69-71; 1986,9-11; 1988,244-256, 261-264; im Druck).

Vor allem die Anwendung des Selbsterfüllungsansatzes im Bereich "Labor" und "Schule" wurde relativ breit behandelt. Allerdings sind die vorgeschlagenen Maßnahmen sehr spezifisch auf diese Bereiche zugeschnitten und erlauben nur sehr begrenzt Verallgemeinerungen. Solche Abstraktionen werden im Abschnitt 3.3 soweit wie möglich vorgenommen, um die hinter solchen bereichsspezifischen Anwendungsstrategien stehenden allgemeinen Anwendungsprinzipien für weitere Lebensbereiche zu erschließen.

(4.) Die Abgesichertheit der Aussagen zur Intervention

Die im folgenden dargestellten Interventionsstrategien dienen in erster Linie als exemplarische Illustration dafür, wie etwa die Realisation des Erwartungsansatzes im Bildungsbereich vorstellbar wäre. Diese Beispielsammlung hat quasi noch "Werkstattcharakter" und will Diskussionsgrundlage sein. Um mit Brophy und Good zu sprechen, begeben sich Überlegungen zur Anwendung von SFPs noch "auf dünnes Eis" (Brophy/Good 1976,294). Viele praktische Empfehlungen, die diese beiden Autoren geben (und das gilt gleichermaßen für die folgenden Ausführungen der vorliegenden Arbeit), beruhen nach ihrer eigenen Darstellung auf Interpretationen von Untersuchungen oder werden von solchen nahegelegt. Die meisten der vorgeschlagenen Maßnahmen sind jedoch nicht als (im engeren Sinn) empirisch abgesichert zu betrachten (a.a.O.).

Die Abgesichertheit der Interventionsstrategien unterscheidet sich allerdings kaum von vielen anderen Strategien, die zur Veränderung kognitiver Größen dienen. Beispielsweise stuft Krug die Strategien zur Veränderung der Motivation als "spekulativ" und nur "teilweise empirisch abgestützt" ein (1983,330). Schneider bezeichnet die Maßnahmen der Altersvorbereitung in Bildungsprogrammen als eher "vorwissenschaftlich" (1981,58).

Die Erstellung eines "Fundus" von *denkbaren* Interventionsmöglichkeiten im Zusammenhang mit SFPs erscheint trotzdem wichtig, da das Formulieren von Hypothesen eine Voraussetzung ist, um zu gesicherten Erkenntnissen zu kommen. Könnte keinerlei Vorstellung darüber entwickelt werden, wie der Selbsterfüllungsansatz in Lern- und Bildungsprozessen umsetzbar wäre, so würde sich eine pädagogische Auseinandersetzung mit den SFPs erübrigen.

3.2 GRUNDSÄTZLICHE ÜBERLEGUNGEN

Die Anwendung des Selbsterfüllungsansatzes folgt drei möglichen Prinzipien:
- *Generierung*: Konstruktive SFPs, die sich stützend und günstig hinsichtlich der Wünsche der Betroffenen auswirken, werden erzeugt.
- *Verhinderung*: Destruktive SFPs, die sich ungünstig auswirken, werden verunmöglicht. Die Selbsterfüllung wird hier also unterbunden.
- *Austausch*: Destruktive SFPs werden in konstruktive verwandelt.

Im folgenden werden diese drei Prinzipien des Eingriffs, die Generierung, die Verhinderung und der Austausch, unter den Begriff **Modifikation** subsumiert.

3.2.1 DIE DREI INTERVENTIONSANSATZPUNKTE IM PROZESSMODELL

Es gibt drei grundsätzliche Interventionsansatzpunkte, um SFPs zu verändern. Die ersten beiden sind aus dem 3-Stufen-Prozeßmodell (vgl. Abschnitt 1.4.2) ableitbar. Diesen drei Ansatzpunkten können einzelne Strategien zugeordnet werden. Sie bilden die Gliederungspunkte von Abschnitt 3.3.

1. **Erwartungsmodifikation** (Ansatzpunkt bei der ersten Stufe des Prozeßmodells): Kann die Erwartung geändert werden, so ändert sich auch das wirkmechanische Verhalten automatisch mit und verändert damit auch das (erwartete oder eben nicht mehr erwartete) Ereignis (Abschnitt 3.3.1).
   Zu diesem Ansatzpunkt gehört auch die Modifikation der Bedingungen der Erwartungen, die wiederum die Erwartung modifiziert (z.B. die Erfahrung, die eine Erwartung bedingt).

2. **Modifikation des Wirkmechanismus** (Ansatzpunkt bei der zweiten Stufe des Prozeßmodells): Die Erwartung bleibt hier unberührt. Indem das wirkmechanische Verhalten verändert und damit von dem Einfluß der Erwartung abgekoppelt wird, wird eine Selbsterfüllung verhindert (Abschnitt 3.3.2).

3. **Aufklärung über die Selbsterfüllung.** Das Informieren und Bewußtmachen der Möglichkeit von SFPs ist eigentlich kein eigenständiger Ansatzpunkt, sondern eine Vorstufe zu den Ansatzpunkten 1 und 2 (Abschnitt 3.3.3), die es dem > Aufgeklärten< selbst überläßt, wie er mit dem Wissen um SFPs umgeht. Man könnte diesen Ansatzpunkt auch Modifikation des Wissens oder der Aufmerksamkeit nennen.

Der Vorteil des Ansetzens bei der ersten Stufe ist, daß man durch eine Erwartungsmodifikation eine veränderte Selbsterfüllung erreicht, ohne dazu die genauen Wirkmechanismen kennen zu müssen. Man wendet die > black-box< als ganzes an. Die Schwierigkeit liegt allerdings darin, daß eine Erwartung als Spontan-Phänomen nicht einmal von dem Erwartungssubjekt ohne weiteres geändert werden kann.

Das Ansetzen bei der zweiten Stufe erscheint zunächst näherzuliegen, da das wirkmechanische Verhalten, das die Selbsterfüllung hervorbringt, meist willentlich gesteuert werden kann. Außerdem muß dabei nicht etwas verändert werden, was nur indirekt beobachtbar ist wie die kognitive Variable "Erwartung". Eine Voraussetzung dafür ist allerdings, daß der Wirkmechanismus relativ detailliert bekannt ist, was zumindest wissenschaftlich abgesichert bisher auf sehr wenige Lebensbereiche zutrifft (vgl. Brophy/Good 1976,307). Außerdem verlangt dieser Ansatzpunkt von den Betroffenen, daß sie ihr Verhalten diesbezüglich ständig unter bewußter Kontrolle halten und unter Umständen auch kontraintuitiv reagieren, wenn ihre Erwartungen eigentlich ein anderes Verhalten als > natürlich< nahelegen würden (vgl. Eden 1984,69).

3.2.2 SPEZIFISCHE PROBLEME BEI DER ANWENDUNG
      DES SELBSTERFÜLLUNGSANSATZES

3.2.2.1 Zur Veränderbarkeit von Self Fulfilling Prophecies

(1.) Veränderbarkeit von Erwartungen

Im Alltagsdenken wird im Zusammenhang mit Erwartungen meist die Frage nach der Richtigkeit bzw. Falschheit oder moderater ausgedrückt, nach der Angemessenheit bzw. Unangemessenheit von Erwartungen gestellt (vgl. Abschnitt 1.2.3.3). Im Unterschied dazu stellt der Selbsterfüllungsansatz im Zusammenhang mit Interventionsüberlegungen lediglich die Frage, ob sich Erwartungen konstruktiv (günstig, hilfreich) oder destruktiv (ungünstig, störend) auswirken, zunächst unabhängig von ihrer "Richtigkeit". Trotzdem kann das subjektive Gefühl der Angemessenheit und "Richtigkeit" nicht unberücksichtigt bleiben, wenn es darum geht, Erwartungen zu verändern. Niemand ist in der Lage, eine neue Erwartung zu übernehmen, die er für "unrichtig" hält und die seiner eigenen Überzeugung zuwiderläuft, selbst wenn er aufgrund des Wissens um SFPs diese Erwartung für günstiger halten sollte als jene, die er tatsächlich hat. Das läßt Erwartungen zunächst als relativ unveränderbar erscheinen.

Bei der Veränderung von Erwartungen hilft jedoch die Tatsache, daß es für viele die Privatsphäre betreffenden Erwartungen keinen objektiven Beurteilungsmaßstab ihrer "Richtigkeit" gibt. In einfachen, alle Ereignismöglichkeiten quantitativ überschaubaren Situationen, wie etwa beim Glücksspiel, läßt sich die Wahrscheinlichkeit des Eintretens eines bestimmten Ereignisses sogar berechnen. In den meisten Alltagssituationen, die für Menschen bedeutsam sind, ist das nicht möglich, weil sie zu komplex und unüberschaubar sind. Es bleibt in solchen Situationen weitgehend der individuellen, biographischen Erfahrung und Zufälligkeit überlassen, ob man optimistisch oder pessimistisch in die Zukunft sieht. Man geht gewöhnlich im Alltagsdenken von der Vorstellung aus, es gebe Optimisten, die die Welt *zu* positiv sehen und Pessimisten, die sie *zu* negativ sehen. Der in der Mitte stehende Realist sieht sie "normal". "Sowohl der Pessimist als auch der Optimist sehen die Welt ... nicht real. ... Realist sollte man sein, also den Tatsachen ohne Schleier von Vorurteilen direkt ins Auge schauen" (Lauster 1989,30).

Bei den meisten Zukunftsfragen existiert keine rational begründbare Skala mit einem feststellbaren Mittelpunkt, an dem abzulesen wäre, was realistisch ist und was nicht. "Wir haben es nie mit der Wirklichkeit schlechthin zu tun, sondern immer nur mit Bildern der Wirklichkeit, also mit Deutungen. Die Zahl der jeweils möglichen Deutungen ist groß, subjektiv aber ... meist nur auf eine scheinbar mögliche, vernünftige und erlaubte begrenzt" (Watzlawick 1986,91). Diese Begrenzung führt oft dazu, nur eine einzige konstruierte Ereignisentwicklung für möglich zu halten und damit zu erwarten. Die Perspektivenerweiterung auf weitere Möglichkeiten, die objektiv zumindest genauso wahrscheinlich sind, eröffnet einen gewissen Spielraum zur Veränderung von Erwartungen.

(2.) Veränderbarkeit von zirkulären SFPs

Ist erst ein Kreislauf bzw. eine Spirale in der Kausalabfolge >Erfahrung-Erwartung-Wirkmechanismus-selbsterfülltes Ereignis< (wobei das Ereignis wieder zur Erfahrung wird) in Gang gebracht worden (vgl. Abschnitt 1.4.6.), so scheint ein solches ineinander verzahntes, stabiles System, bei dem die Begriffe >Ursache< und >Wirkung< beliebig zugeordnet werden können, nahezu unmodifizierbar zu sein (Watzlawick u.a. 1985,48).

Ein >hoffnungsvoller< Gedanke angesichts derartiger Teufelskreise bleibt. Man könnte ihn den >Relais-Effekt< nennen: Wenn es gelingt, an einer Stelle des Teufelskreises zumindest eine kleine Veränderung vorzunehmen, so trägt das System gerade aufgrund seiner Zirkularität zur eigenen, fortschreitenden Veränderung bei. Ein minimaler Auslöser (und sei es auch nur die leichte Erschütterung der Erwartungssicherheit) kann auf lange Sicht dem ganzen eine

196

entscheidend andere Richtung geben (vgl. Watzlawick 1986,101,108; ders. u.a. 1984,159). Das dem Relais-Effekt übergeordnete Prinzip nennt Watzlawick "pars pro toto" (1986, 60f; ders. u.a. 1985, 222f; 1984,7): Demnach genüge es zur Veränderung eines komplexen Systems oft, nur mit einem stellvertretenden Teil zu operieren. Unter Umständen kann also auch eine kurzzeitige Bildungs- maßnahme, die es erreicht, daß die Erwartung nur geringfügig verändert wird, in der Folge tiefgreifende Veränderungen auslösen. Das ist gerade für pädago- gische Interventionsmaßnahmen ermutigend, da der Pädagoge meist nicht der einzige erwartungsbeeinflussende Faktor im Leben seiner Klienten ist und somit seine Veränderungsversuche, zunächst einer Sisyphusarbeit gleichzu- kommen scheinen (vgl. Smale 1983,95).

3.2.2.2 Zur Täuschung als einem vermeintlich konstitutiven Merkmal

Führt man sich die empirische SFP-Forschung vor Augen, so mag sich der Verdacht aufdrängen, Erwartungen seien nur durch Täuschung des Erwarten- den zu verändern. Degen stellt beispielsweise fest, daß den Placebos aufgrund der Täuschung, die sie vornehmen, das "Odium der Scharlatanerie" anhaftet (1988,57). Außerdem wurden die aus forschungstechnischen Gründen notwen- digen Erwartungsmanipulationen in der Pygmalion-Forschung z.T. falsch ausgelegt; nämlich als die angebliche Empfehlung der Forscher, die Erwartun- gen der 'Lehrer auch im täglichen Schulbetrieb mit Hilfe von unwahren Informationen zu verändern (z.B. Barkey 1971,272). In diesem "Nur-mit- Täuschung"-Verdacht ist wohl auch ein Grund zu sehen, weswegen bisher selten versucht wurde, praktische Konsequenzen aus dem Selbsterfül- lungsansatz abzuleiten. Bestimmte Erwartungen durch eine Täuschung der Erwartungssubjekte hervorzurufen, mag in Ausnahmefällen vertretbar sein. Der Einsatz solcher Mittel als generelles Manöver, vor allem in der pädago- gischen Praxis, ist ethisch, rechtlich und auch pragmatisch - das Bekanntwerden des Zwecks der Maßnahme macht sie wirkungslos - äußerst fragwürdig (vgl. Eden 1984,69,71; 1988).

Das Problem, eine durch Täuschung erzeugte SFP durch Aufklärung der wirkli- chen Kausalkette aufrechterhalten zu wollen, scheint den Erwartenden zunächst mit einem Dilemma zu konfrontieren, das als "**Münchhausen- Dilemma**" bezeichnet werden kann.

Bsp: Der Patient, dem ein Placebo P verabreicht wird, erwartet (E): "Ich werde gesund, weil ich P nehme." Zeigt sich in der Folgezeit das Placebo als wirksam, so hat sich diese Erwartung selbst erfüllt. Die angenommene Ursache der Gesundung (P) ist aber falsch. Verrät der Arzt dem Patienten allerdings die wahre Ursache, nämlich die Erwartung des Patienten (E), so wird das Placebo wirkungslos. Er könnte aber seinen Patienten, um den heilenden Effekt trotz Aufklärung aufrecht- zuerhalten, um folgendes bitten: "Bleibe bei Deiner Erwartung und tausche lediglich die Kausalattribuierung aus. Ersetze also die falsche Ursachenannahme deiner Erwartung (P) durch die richtige (E), und glaube daran!" Das ist eine Aufforderung an den Patienten, folgende Erwartung zu haben: "Ich werde gesund, weil ich es erwarte." Das kann er aber paradoxerweise nur erwarten, *wenn* er es erwartet. Eine Aufforderung dazu ist also logisch sinnlos. Ihr nachkommen zu wollen, entspricht dem Münchhausen'schen Versuch, sich an den eigenen Haaren aus dem Sumpf zu ziehen.

Dieses Münchhausen-Dilemma, den Glauben an die Wirksamkeit eines an sich unwirksamen Mittels durch den Glauben an die Kraft des Glaubens zu ersetzen, wird sehr prägnant in einer Anekdote über den dänischen Physiker Niels Bohr (1885-1962) auf den Punkt gebracht: Er wurde eines Tages von einem Besucher gefragt, wieso er als Naturwissenschaftler ein Hufeisen über der Tür seines Hauses angebracht hatte, wo er doch von berufswegen nicht an dessen glückbringende Kraft glauben könne. Seine Antwort: "Ich glaube selbstverständlich nicht daran. Aber mir wurde glaubhaft versichert, daß es auch hilft, wenn man nicht daran glaubt!"

Ein solches scheinbares Dilemma kann folgendermaßen aufgelöst werden: Indem der Patient über den Placebo-Effekt aufgeklärt wird, erfährt er auch, welches Ausmaß an Kontrolle er über seine Gesundheit hat. Der (falsche) Glaube an das Placebo kann also beispielsweise ersetzt werden durch den (richtigen) Glauben an die Anpassungsfähigkeit und die inneren Heilkräfte des Körpers. Dadurch wird "dem Patienten die Macht des Placebos zurückgegeben" (Jaffe 1983,98f). "An Stelle des Vertrauens in Tabletten ... kann das Vertrauen zu sich selbst treten" (a.a.O.). So könnten die Wirkmechanismen, die dem Placebo-Effekt zugrundeliegen, auch ohne Täuschung genutzt werden. Dieser Weg stellt sicher größere Ansprüche an den Patienten und an die ärztliche Bereitschaft des Umdenkens als der bequeme Weg über die Täuschung. Vielen Menschen dürfte es wohl gewohnheitsmäßig leichter fallen, an "Placebos" (Aberglaube, Experten, Gurus, Wunderheiler, Wahrsager, Astrologen, Erleuchtete, Bhagwans etc.) zu glauben als an >sich selbst<.

Viele der Möglichkeiten, Erwartungen zu verändern, haben allerdings weder mit dem Münchhausen-Dilemma noch mit Täuschungsmanövern zu tun. Solche Interventionsmaßnahmen wirken direkt auf Erwartungen ein, ohne daß sie selbst der Grund der Erwartung sind. Ihre Wirkung beruht also nicht darauf, daß an die Maßnahme selbst >geglaubt< wird (analog der Wirkung von Psychotherapie als SFP-verändernde Maßnahme; vgl. Abschnitt 2.5.2 (2b)).

3.2.2.3 Explizites und implizites Intervenieren

Die nicht-täuschenden Maßnahmen lassen sich in *explizites* und *implizites* Vorgehen einteilen. Explizit vorgehen heißt, den Klienten ausdrücklich über die Ziele der pädagogischen Mittel zu informieren. Implizit vorgehen heißt, pädagogische Mittel anzuwenden, die der Klient zwar beobachten kann, deren Ziel ihm aber nicht detailliert von vorn herein mitgeteilt wurde (was natürlich auf Anfrage des Klienten nachgeholt werden kann). (Der Begriff Klient steht hier als Ersatz für eine fehlende Sammelbezeichnung aller Personen, die Adressaten von Veränderungsbemühungen sind, z.B. die Lernenden, Zu-Erziehenden, die Zu-Bildenden, die Zu-Beratenden, die Patienten etc..)

198

Da täuschende Interventionen den obersten Erziehungs- und Bildungszielen >Emanzipation< und >Mündigkeit< (vgl. Weber 1977,89ff) widersprechen, sind sie mit Bildungsmaßnahmen insbesondere für Erwachsene nicht vereinbar. Das gleiche gilt für implizite Maßnahmen, die der Klient auch bei größter Aufmerksamkeit nicht mehr beobachten und deshalb nicht kontrollieren kann. Dazu zählen etwa sogenannte "Subliminal-Verfahren" (vgl. Samuel 1986), wie sie selbst in der kommerziellen Werbung verboten wurden. Dabei werden suggestive Bilder in Filmszenen so kurz eingeblendet, daß sie (vermeintlich) suggestiv wirksam sind ohne bewußt wahrgenommen werden zu können. Implizites Vorgehen, das prinzipiell beobachtbar ist (wie oben definiert), zählt nicht zu solchen unlauteren "Manipulationen".

Die grundsätzliche Möglichkeit für die Klienten, Interventionen prinzipiell wahrnehmen zu können, ist m.E. das geeignete Diskriminationskriterium, das zulässige und unzulässige Vorgehensweisen trennt. Insofern ist implizites Vorgehen als "pädagogisch legitim" zu betrachten. Wollte man die Grenzen enger ziehen und auch implizites Vorgehen ausschließen, müßte etwa auch jeder Schul-Unterricht von einem ständigen Offenlegen der Absichten aller pädagogischen Handlungsweisen begleitet werden. Jede einzelne Veränderungsabsicht kann nicht explizit aufgedeckt werden. Das würde wohl bald auf Praktikabilitätsprobleme zeitlicher Art und schließlich auf mangelndes Interesse der Klienten stoßen, die zumindest nach dem Schulpflichtalter ohnehin durch ihre Bereitschaft zur freiwilligen Teilnahme an einer Bildungsveranstaltung ihr grundsätzliches Einverständnis geben, zu lernen, Lernhilfen anzunehmen, also verändert zu werden.

3.2.2.4 Diskussion zur Problematisierung von positiven Erwartungen

Der Selbsterfüllungsansatz geht grundsätzlich davon aus, daß Erwartungen um so konstruktiver und günstiger sind, je positiver (höher) sie sind. Hierzu wurden Bedenken dahingehend angemeldet, ob nicht hohe Erwartungen auch Risiken in sich bergen (Brophy/Good 1976,55; Eden 1986,9; 1988,256; Jones 1977,179; Hall/Merkel 1985,76; Kruse 1987b,385; Smale 1983,113; Weakland/Herr 1984, 96,186f). Es wird befürchtet, daß unangemessen hohe Erwartungen, die sich später nicht erfüllen, schlimmere Frustrationen auslösen als wenn zuvor weniger erwartet worden wäre. Das ist ein Argument, die Erwartung nicht allzu hoch zu schrauben (Brophy/Good 1976,317f).

Man muß bei dieser Befürchtung beachten, daß sie sich zunächst außerhalb des Selbsterfüllungsansatzes bewegt, da sie von der Wirkung nicht in Erfüllung gehender Erwartungen ausgeht. Insofern berührt sie den SFP-Ansatz nicht unmittelbar. Bezogen auf die *Anwendung* des Selbsterfüllungsansatzes muß diese Befürchtung allerdings sehr wohl diskutiert werden.
- Denn es kann nicht davon ausgegangen werden, daß sich alle Erwartungen, die in die positive Richtung verändert wurden, mit der Absicht eine Selbster-

füllung auszulösen, diese Absicht auch erreichen. Insofern muß auch für die Fälle Sorge getragen werden, in denen sich die Voraussage weder *selbst* noch überhaupt erfüllt.

- Wird eine Erwartung enttäuscht, indem sich das erwartete Ereignis nicht in die vorausgesagte Richtung entwickelt, so senkt das vermutlich die Erwartung in nachfolgenden ähnlichen Situationen. Diese negative, neue Erwartung kann sich bei nächster Gelegenheit als destruktive SFP erweisen.

- Wie in der empirischen Forschung beobachtet wurde, scheinen extrem positive Voraussagen entweder nichts oder ihr Gegenteil zu bewirken (Smale 1983, 95f; Rosenthal/Jacobson 1971,42). Vermutlich erscheinen sie den Empfängern der Voraussage nicht mehr glaubwürdig oder lösen Trotzreaktionen aus.

Auch bei Berücksichtigung der berechtigten Einwände gegen eine überzogene Steigerung von Erwartungen, erscheint es dennoch gerechtfertigt, das Augenmerk eher auf die Reduktion der negativen Erwartungen zu lenken als auf die Reduktion der positiven Erwartungen. Denn das weitaus häufiger auftretende Problem dürfte aus intrapersonalen Erwartungen bestehen, die gemessen an den tatsächlichen Kompetenzen der jeweiligen Individuen eher zu negativ als zu positiv sind. Der Versuch extrem hohe Erwartungen zu vermitteln, wird wohl ohnehin nivelliert durch die mangelnde Bereitschaft auf seiten des potentiellen Erwartungssubjekts, diese zu übernehmen (eine Art ceiling-effect). Insofern ist die Gefahr, die von zu hohen Erwartungen ausgeht, eher als gering einzuschätzen.

3.3 ALLGEMEINE INTERVENTIONSSTRATEGIEN IM PÄDAGOGISCHEN FELD

Interventionsstrategien im Zusammenhang mit dem Selbsterfüllungsansatz, wie sie im pädagogischen Kontext als prinzipiell einsetzbar erscheinen, sollen hier zunächst als alters- und lebensbereichunspezifische Abstraktionen vorgestellt werden. Dies geschieht in allgemeiner, die einzelnen pädagogischen Arbeitsfelder wie Schule, außerschulische Jugendbildung, Erwachsenenbildung (inklus. Altenbildung), Beratung, Sozialpädagogik etc. übergreifender Weise.

Anschließend (Abschnitt 3.4) wird anhand der institutionellen Altenbildung exemplarisch verdeutlicht, wie man sich die Anwendung des Selbsterfüllungsansatzes konkret in einem bestimmten pädagogischen Arbeitsfeld vorstellen kann.

Die einzelnen vorgeschlagenen Maßnahmen sind zum Teil Fremdhilfemethoden, die eines außenstehenden change agent (z.B. eines Pädagogen) bedürfen, bzw. Selbsthilfemaßnahmen, die von den Klienten selbst durchgeführt werden können. Auch Selbsthilfemaßnahmen haben insofern pädagogische Relevanz, als sie von Pädagogen vermittelt und gelehrt werden können. Dort, wo der Mensch in der

200

Pädagogik, Andragogik (mit Gerontagogik) als Subjekt ernstgenommen wird, wird man bei den Lern- und Bildungshilfen auf das Mündigwerden und -bleiben des Subjekts abzielen. Dabei sind die pädagogischen Hilfen letztlich immer als Hilfe zur Selbsthilfe zu verstehen, die sich selbst überflüssig machen. Insofern beinhalten auch die Fremdhilfemethoden immer einen gewissen Eigenanteil des Klienten.

Einige Maßnahmen sind vielfach anwendbar, andere scheinen nur für spezifische Situationen geeignet. Auch unterscheiden sich die Maßnahmen sehr in bezug auf ihre Herkunft, ihr dahinterstehendes Menschenbild und Paradigma etc.. Solche Fragen nach der Indikation u.ä. können im folgenden nicht detailliert diskutiert werden.

3.3.1 MODIFIKATION DER ERWARTUNGEN

Da Erwartungen Spontan-Phänomene sind, lassen sie sich von dem Erwartenden nicht direkt willentlich verändern. Niemand ist also in der Lage, einer Aufforderung zur Erwartungsänderung direkt willentlich nachzukommen, selbst wenn er das selbst wollte (z.B. aufgrund der Kenntnis des SFP-Phänomens). Die Aufforderung "Sei doch etwas optimistischer" ist deshalb ein Spontan-Paradoxon (Weakland/Herr 1984,94). Es ist auch nicht möglich, willentlich Erwartungen zu vermeiden (Brophy/Good 1976,56), was Lehrern zur Verhinderung des Pygmalion-Effekts gelegentlich empfohlen wurde. Allerdings gibt es indirekte Verfahrensweisen, mit denen Individuen sowohl ihre eigenen Erwartung als auch die von anderen verändern können. Menschen sind also nicht >wehrlose Opfer< ihrer Erwartungen.

Wie in empirischen Studien nahegelegt wird, hängt der Grad der Änderbarkeit von Erwartungen auch davon ab, wie sicher der Erwartende ist, daß sich seine Erwartungen auch erfüllen werden (Wollert 1979; Mielke 1984,88f).

Eden (1988,253f) übernimmt zur Beschreibung des Erwartungsveränderungsprozesses ein Modell, das für die Gruppendynamik entwickelt worden war. Dieses Abfolge-Modell der Verhaltensänderung in Gruppenprozessen "unfreezing - moving - refreezing" nach Lewin beschreibt eine vorausgehende Phase der Verunsicherung, des In-Frage-Stellens von alten Verhaltensweisen (unfreezing), die für die darauffolgende Phase, in der das Verhalten verändert wird (moving/changing), bedeutsam ist. Danach erfolgt in der Abschlußphase das Stabilisieren des neu erworbenen Verhaltens (refreezing)(vgl. Fengler 1975,19,26-30; Fritz 1975,15-17).

Eden präferiert unfreeezing-Situationen für die Erwartungsänderung (z.B. die Einführung neuer Situationen oder die Veränderung alter, in denen eine Erwartungs-unsicherheit ausgelöst wird). Solche Situationen sind entweder absichtlich herzustellen oder es sind bereits vorhandene, "natürliche" Veränderungssituationen zu nutzen, um z.B. erwartungssteuernde Informationen zu geben (Eden 1988,253). Besitzt jemand beispielsweise eine generelle Mißerfolgerwartung, so wird es schwierig sein, diese zu ändern, wenn man das in Situationen versucht, in denen er immer wieder Mißerfolgserlebnisse gehabt hat. Führt man ihn jedoch in eine Leistungssituation ein, die ihm noch relativ fremd ist und der er deshalb erwartungs-offener gegenübersteht, wird es eher gelingen, seine Erwartung dort zu ändern, mit der Hoffnung, damit langfristig auch auf seine generalisierte Mißerfolgserwartung einwirken zu können.

3.3.1.1 Ermöglichung von Erfahrungen

Die Erfahrung einer bestimmten Ereignisentwicklung verdichtet sich tenden-
ziell zu der Erwartung, daß sich ähnliche zukünftige Situationen wieder ähnlich
entwickeln werden (Tausch u.a. 1979,57). Das kann zur Veränderung von
Erwartungen genutzt werden, indem man Situationen herstellt, die bestimmte
Erfahrungen ermöglichen (Gurin u.a. 1970). Mit Erfahrung ist hier in erster
Linie das unmittelbare Wahrnehmen und Erleben eines Ereignisses gemeint,
welches in einer nachfolgenden Erwartung zum Erwartungsgegenstand wird.
Wird ein Schüler vom Lehrer gelobt und erlebt er dadurch Erfolg in einem
bestimmten Unterrichtsfach, so kann eine SFP dazu beitragen, daß er auch die
zukünftigen Tests gut bewältigt. In diesem Fall ist die hier gemeinte Erfahrung
nicht die Wahrnehmung des Lobs, sondern die Wahrnehmung der eigenen
Kompetenz (die über das Lob vermittelt wurde). Auch das Fernhalten oder
Ausschalten von negativen Erfahrungsmöglichkeiten ist eine erwartungsändernde Strategie im dargelegten Sinn.

Bsp: Macht ein Kind die Erfahrung, daß es sich auf die Hilfe von anderen verlassen
kann, entwickelt es Vertrauen zu seinen Mitmenschen. Dieses interpersonale Vertrauen ist im Grunde eine Erwartung (z.B. "Andere werden mich i.d.R. nicht enttäuschen." So zeigten mehrere Studien den Zusammenhang zwischen Mutter-Kind-
Bindung und Selbstvertrauen des Kindes auf (vgl. Einsiedler 1989,104).

Aufgrund von Erfahrungen werden auch Erwartungen aufgebaut, die über die
spezifisch erfahrene Situation hinausgehen und auf andere mehr oder weniger
ähnliche Situationen übertragen werden. Entwisle und Webster (1978) konnten
in einem Schul-Experiment zeigen, daß positive Leistungserfahrungen der
Schüler in einem Sachgebiet (durch feed back über die Bewältigung von
Aufgaben) nicht nur die Leistungserwartungen gegenüber diesem Sachgebiet
erhöhen, sondern auch die Erwartungen gegenüber anderen, nicht verwandten
Gebieten, die im Grunde völlig andere Fähigkeiten von den Schülern
verlangen. Die positiven Erfahrungen wurden anscheinend zu der generalisierten Erwartung: "Ich werde an mich gestellte Aufgaben bewältigen können!"

Jones (1977,168f) unterscheidet bei intrapersonalen Leistungserwartungen
generelle Erfolgserwartungen, die auf Erfahrungen mit ähnlichen Aufgaben
fußen, und spezifische Erfolgserwartungen, die auf Erfahrungen mit gleichen
Aufgaben beruhen. Jones vertritt die These, daß sich eine Erfolgserwartung aus
einer generellen und einer spezifischen zusammensetzt (a.a.O.). Bei der Lösung
unvertrauter Aufgaben sei zuerst die generelle Erwartung einflußreich. Später
gewinne die spezifischere Erwartung an Bedeutung, nämlich dann, wenn man
bereits über entsprechende Erfahrung mit dem neuen Aufgabentypus verfügt.

Je ungewohnter eine Situation nach Fibel und Hale ist (1978,925), um so mehr
ist die Erfolgserwartung vor einer konkreten, zu lösenden Aufgabe von einer
allgemeinen Erfolgserwartung bestimmt. Mit Hilfe eines Tests zur Messung der
generalisierten Erfolgserwartung, der GESS, von Fibel und Hale (1978,931)
wurde diese These empirisch belegt: Spezifische Erwartungen gegenüber neuen

Aufgaben korrelieren mit der GESS positiv. Diese Korrelation nimmt ab, wenn spezifische, situationale Information über die Aufgabe verfügbar ist (a.a.O., 929).

Jessor ging in einer Studie der Frage nach, unter welchen Bedingungen Erwartungen übertragen werden (1954,196). Er konnte dabei die Hypothese signifikant bestätigen, daß die Generalisation von Erwartungen von dem Verwandtschaftsgrad der erlebten Situation mit der bevorstehenden Situation abhängt. Je größer die Gemeinsamkeit einer erlebten Situation mit einer zukünftigen ist, desto stärker wird die Erfahrung in der alten Situation auf die neue übertragen. Seine Vpn hatten vier Aufgaben zu erfüllen:

1. die Berechnung einer arithmetischen Aufgabe.
2. ein Vokabel-Test
3. ein Test zur körperlichen Fähigkeit
4. die eigene soziale Attraktivität durch eine andere Person beurteilen lassen

Die thematische Verwandtschaft der Aufgaben 2 bis 4 zur ersten Aufgabe, nahm also ab. Die Aufgaben wurden der Reihe nach von 1 bis 4 bearbeitet. Die Vpn äußerten dabei ihre Erfolgserwartung vor jeder neuen Aufgabe. Das Resultat der ersten Aufgabe (Erfolgserfahrung) wurde vom Vl manipuliert. Es zeigte sich, daß die Manipulation der Erwartung gegenüber der ersten Aufgabe nicht ohne Auswirkung auf die Erwartung gegenüber den anderen Aufgaben blieb. Der Zusammenhang zwischen den Erwartungen der 1. und 2. Aufgabe war am stärksten, zwischen der 1. und 3. mittelstark und zwischen der 1. und 4. noch, wenn auch schwach vorhanden (Jessor 1954,196-198).

Solche Generalisierungsprozesse kommen der Erwartungsmodifikation durch Erfahrung entgegen. Soll die Erwartung, die sich auf eine ganz bestimmte Situation bezieht, gesteigert werden, so ist es demnach nicht unbedingt notwendig, positive Erfahrungsmöglichkeiten exakt in dieser Situation herzustellen. Man kann dafür auch relativ unähnliche Situationen benützen, die den Vorteil haben, von der zu ändernden Erwartung noch nicht belastet zu sein (keine SFP) und auf den Effekt der Generalisierung hoffen.

Bsp I: Hat ein Schüler niedrige Leistungserwartungen im Fach Mathematik, die sich immer wieder selbst erfüllen und zu einem Teufelskreis geführt haben, so wird es schwer sein, ihn die Erfahrung machen zu lassen, daß er für das Umgehen mit Zahlen begabt sei. Wird ihm jedoch die Möglichkeit geboten, seine Qualitäten in Chemie oder Deutsch unter Beweis zu stellen und dafür Anerkennung zu finden, so kann das auch den Mathematik-Teufelskreis auflösen bzw. >erschüttern< (Entwisle/Webster 1978,262f).

Bsp II: Glaubt eine Person aufgrund ihres Alters >im Grunde nichts Neues< mehr lernen zu können und erfüllt sich die daraus resultierende Erwartung auch bei dem Versuch, die Grundzüge einer fremden Sprache in einem Kurs zu lernen, so kann es sich erwartungsverändernd auswirken, ihr eine Kompetenzerfahrung zu vermitteln, etwa dadurch, daß sie eine sozial wichtige Position im Kurs übertragen bekommt.

Erfahrung kann auch über ein Modell gewonnen werden. Auch solche >stellvertretenden Erfahrungen< können Erwartungen modifizieren. Wird eine (Modell-)Person beobachtet, die Erfolg bei einer Handlung erfährt, so beeinflußt das die eigenen Erwartung gegenüber dem eigenen Erfolg bei derselben Handlung. Die Ähnlichkeit der Modellperson mit dem Beobachter scheint dabei eine gewisse Rolle zu spielen (sozialer Vergleich) (Mielke 1984,94; Westhoff 1985,124). In einer Studie wurde den Vpn ein Film zeigt, in dem ein Modell problemlos und angstfrei mit Ratten umgeht. Diese Beobachtung änderte die Erwartung der Vpn hinsichtlich der eigenen Fähigkeit, mit solchen Tieren umgehen zu können (Westhoff 1985,124).

Allerdings führt nicht jede Erfahrung unmittelbar zu einer Erwartungsänderung. Jussim beschreibt Mechanismen, welche eine Erwartung aufrechterhalten, trotz erwartungswidriger Erfahrung (1986,432-435). Im Anschluß an Rothbart (1981,176f) kann die Entstehung und Beibehaltung von Erwartungen bei erwartungskonformer bzw. -widriger Erfahrung durch zwei Modelle beschrieben werden:
- Nach dem >Buchführungsmodell< (bookkeeping model) vergleicht der Erwartende ständig erwartungskonforme und -widrige Erfahrungen und entscheidet sich aufgrund des Verhältnisses beider Erfahrungsarten, ob er die Erwartung beibehält oder abändert.
- Nach dem Konversionsmodell entscheidet keine sachliche Aufrechnung. Die ursprüngliche Erwartung wird nur dann aufgegeben, wenn besondere, hervorstechende, erwartungswidrige Erfahrungen gesammelt werden.
Die Ermöglichung neuer Erfahrung birgt allerdings auch immer das Risiko in sich, unbeabsichtigte negative Erfahrungen zu sammeln, die dann die negativen, vorhandenen Erwartungen noch bestätigen und verstärken. Dieses Risiko kann allerdings durch folgende Taktiken verringert werden.

(1.) Erfahrung in Spielsituationen

In der Regel ist es wahrscheinlicher, gute Leistungen in solchen Situationen zu erbringen und in der Folge positive Erwartungen bzgl. der eigenen Kompetenz auszubilden, in denen kein Leistungsdruck besteht. Behindernder Stress (z.B. "Lampenfieber") entsteht erst, wenn durch äußeren Druck oder durch eigenen Ehrgeiz die Vorstellung des Mißlingens zu einer angstbesetzten Bedrohung wird. Die in spielerischen, >harmlosen< Situationen aufgebaute positive Erwartung gegenüber der eigenen Kompetenz erhöht dann als SFP die Wahrscheinlichkeit, dieselben oder ähnliche Leistungen auch im >Ernstfall< erbringen zu können. Deshalb ist es von Vorteil, in relativ >angstfreier Atmosphäre< (z.B. schon in der Kindheit oder z.B. durch Vorprüfungen vor den eigentlichen Hauptprüfungen) sich in den unterschiedlichsten Situationen selbst noch mit weniger ernsten Konsequenzen erproben zu können und dabei zu erfahren: "Das kann ich!" (vgl. Krug 1983,326).

(2.) Methode der kleinen Schritte

Positive Erfahrungen werden auch wahrscheinlicher, wenn umfangreiche und komplexe Aufgaben strukturiert, in kleine Einheiten mit Kurzzeitzielen portioniert und mit reduzierter Komplexität angegangen werden, wobei diese Einheiten noch mit ständigen Feedback-Schleifen zu versehen sind. Die kleinen Schritte, die zur Bewältigung der Einheiten nötig sind, ermöglichen eher Erfolg, da der Schwierigkeitsgrad und die Belastung vermindert wurde. Vom Gelingen bzw. Mißlingen solcher Teilaufgaben hängt längst nicht so viel ab wie von dem Gelingen bzw. Mißlingen der gesamten Aufgabe (vgl. Brophy/Good 1976,340). Deshalb ist dabei mit einer Reduktion der Versagensangst zu rechnen, wodurch wiederum die Konzentration und damit die Leistung erhöht wird. Eine zeitliche und örtliche Variante der Methode der kleinen Schritte ist das Hier-und-Jetzt-Prinzip (z.B. Fritz 1975,12; Fengler 1975,20f).

Die Methode der kleinen Schritte entspricht der Formel "Strategie der kleinen Erfolge" (strategy of small wins) von Weick (1984). Die "small wins" sind eine Serie von konkreten, ermutigenden Ergebnissen von einfacher, bescheidener Bedeutung, die in der Summe aber trotzdem Durchschlagskraft besitzen (a.a.O.,43). Weick hält diese Strategie auch für anwendbar auf größere soziale Probleme (a.a.O.,40). Er sieht die SFPs als zentrale Mechanismen für den Erfolg dieser Strategie an (a.a.O.,47f). Die kleine-Schritte-Technik kann zwar den kleinen Erfolg auch nicht garantieren. Mißerfolge (small flops) sind hier aber mit weniger dramatischen Folgen verbunden.

Die durch die Individualpsychologie beeinflußte Pädagogik schlägt vor, diese Vorgehensweise speziell in der Erziehung zu berücksichtigen. Um negative SFPs im Lernprozeß zu vermeiden, kommt es darauf an, die ersten Lernschritte in bezug auf einen neuen Lerngegenstand möglichst klein zu halten. Damit wird das Erreichen der ersten Etappen-Ziele >erfolgssicherer<. Damit wird eine für den weiteren Lernverlauf wichtige "Erfolgsantizipation" bei dem Lernenden ausgelöst (Birnbaum 1950,156; Henz 1964,122). Es kommt zu einer "Ermutigungsspirale" (a.a.O.). Die Reaktionen des Erziehers auf eine Anfangsleistung sollten deshalb im besonderen ermutigend und selbstvertrauensbildend sein. "Es gilt ... den Prozeß der 'S e l b s t induktion' einzuleiten" (Birnbaum 1950,278). Selbstinduktion bezeichnet hier die erwartungsausbildende Wirkung der eigenen Leistungen, die in einen >Engelskreis< einmündet. Damit bewirken gute Lernergebnisse über SFPs wiederum gute Lernergebnisse.

3.3.1.2 Erwartungsändernde Mitteilungen

Auch durch Kommunikationsprozesse können Erwartungen verändert werden. Zweierlei Umgangsweisen mit solchen erwartungsverändernden Mitteilungen sind vom angewandten Selbsterfüllungsansatz aus möglich:

- Solche Mitteilungen können vom Pädagogen absichtlich geäußert werden, um die Erwartungen seines Klienten zu verändern.
- Der Pädagoge kann das eigene Kommunikationsverhalten auf solche unbeabsichtigten Mitteilungen hin überprüfen und korrigieren.
- Solche Mitteilungen im Kommunikationsverhalten anderer gehen oft unbemerkt bzw. unkontrolliert in die eigenen Erwartungen ein. Das wird verhindert, indem der Klient veranlaßt wird, bewußt auf solche Anteile in den Äußerungen von Kommunikationspartnern zu achten.

Folgende Typen von Mitteilungen können Erwartungen verändern.

(1.) Informationen zum Erwartungsgegenstand

Informationen zu einem bestimmten Gegenstand, einem Ereignis oder einer Entwicklung können die Erwartung gegenüber dem Eintritt des Ereignisses bzw. der Entwicklung verändern. Solche Information kann etwa die sachliche Aufklärung zu einem bestimmten Thema sein oder die Verbreitung von Stereotypen (myth making) (Eden 1986,10; 1988,255f). Als Gegenmaßnahme können solche Informationsquellen auch absichtlich gemieden werden. So wird etwa Lehrern empfohlen, Klassenarbeiten "blind" zu korrigieren oder sich bei Übernahme einer neuen Klasse nicht in der Schülerkartei über die ihnen unbekannten Schüler vorzuinformieren (vgl. Eden 1988,251-253).

Bsp.: Die auf einem allgemeinen Stereotyp beruhende Erwartung, im Alter stark krankheitsanfällig zu werden, kann durch die Information verändert werden, daß - wie nachgewiesen - nur ein geringer Prozentsatz der älteren Menschen an ernsthaften chronischen Gebrechen leidet.

Mündliche Mitteilungen, Tonbandaufzeichnungen, Filme und Lesematerial erwiesen sich als erfolgreiche Informationsträger zur Änderung von Erwartungen (Tinsley u.a. 1988; Olasov u.a. 1987). Die erwartungsmodifizierende Information kann auch darin bestehen, bestimmte Aspekte einer Sache besonders in das Bewußtsein zu heben und zu verdeutlichen, die bisher übersehen oder unterschätzt wurden (Eden 1986,9). Ob eine Information bei den Empfängern die Erwartungen ändert, hängt von der Glaubwürdigkeit und der Attraktivität (Sympathie, Vertrautheit und Ähnlichkeit mit dem Empfänger) des Informanten ab (Westhoff 1985,114f). Neue Informationen scheinen besonders intensiv verarbeitet zu werden, wenn sie im Rahmen von Interaktionsprozessen indirekt erschlossen werden (Dworkin 1974). Informationen scheinen am ehesten Erwartung gegenüber solchen Ereignissen verändern zu können, über die der Erwartende noch kaum Vorinformation besitzt oder über deren Erwartungsausgang der Erwartende sich noch relativ unsicher ist (Learman 1988). Weinert und Mitarbeiter (1981,183) referieren weitere Bedingungen, unter denen eine neue Information eine Erwartung zu ändern vermag.

Es scheint eine Beziehung zu geben zwischen der "kognitiven Komplexität" und der Fähigkeit zu differenziertem Beurteilen. Je differenzierter der Vorrat einer Person an gedanklichen Möglichkeiten ist, desto weniger scheint eine Tendenz zu Vorurteilen und Schwarz-Weiß-Malerei zu bestehen (Ulich/Mertens 1973, 72). Übertragen auf die Erwartungsänderung bedeutet das: Je intensiver und differenzierter jemand über einen Sachverhalt informiert ist, um so weniger wird er Erwartungen aufgrund von simplen Denkschemata und Vorurteilen entwickeln. Einen Sachverhalt relativ komplex kognitiv zu repäsentieren, schafft die Freiheit, sich überhaupt mehrere Zukunftsmöglichkeiten vorstellen zu können. Eine Maßnahme der Pädagogik zur Veränderung von Erwartungen ist deshalb das Informieren über solche Themenbereiche, die sehr häufig mit negativen Vorurteilen besetzt werden.

> Bsp.: Jemand, der relativ differenziert informiert ist über die Intelligenzentwicklung im Alter und ihre Bedingungen, wie sie sich in der neueren psychologischen Forschung darstellt, wird weniger leicht vorurteilsabhängige, negative Erwartungen gegenüber seiner eigenen kognitiven Leistungsfähigkeit im Alter entwickeln als jemand, dessen einzige Informationsquelle die (diesbezüglich etwas einseitige) und inzwischen überholte Volksmeinung ist: "Was Hänschen nicht lernt, lernt Hans nimmer mehr."

(2.) (Sprachliche) Äußerungen von Voraussagen

Auch die ausgesprochenen Erwartungen und Voraussagen einer Person können die Erwartungen einer anderen beeinflussen (Tausch u.a. 1979,64,67). Voraussagen wirken sozusagen modellhaft >ansteckend<. Auch "implizite Botschaften" können in verbalen Mitteilungen stecken; beabsichtigt oder unbeabsichtigt (Schulz v. Thun 1982,33).

> Bsp.: Der Satz eines Elternteils zum Kind "Ich mach' das schon" drückt explizit eine Bereitschaft zur Übernahme einer Tätigkeit aus. Er könnte aber, je nach Kontext, vom Kind auch als implizites "Ich glaube nicht, daß Du das kannst" interpretiert werden bzw. tatsächlich so gemeint sein.

Erwartungen können sogar nonverbal geäußert werden. Stellt ein Lehrer einem bestimmten Schüler immer nur die einfachen Aufgaben, so kann dieser dies als die Erwartung seines Lehrers auffassen: "Ich glaube nicht, daß Du mehr kannst." Ähnlich kann die Aufnahme von Blickkontakt wirken. Ein Lehrer, der bei anspruchsvollen Aufgaben immer nur bestimmte Schüler erwartungsvoll ansieht, wird dadurch bedingt eher von diesen eine Antwort erhalten.

Die impliziten bzw. nonverbal mitgeteilten Erwartungen dürften positiv wie negativ häufiger erwartungsverändernd auf den Empfänger der Mitteilung wirken als die explizit mitgeteilten, da sie vom Empfänger zum Teil nicht als "Ansicht" des Senders erkannt werden, die als richtig angenommen oder als falsch abgelehnt werden kann. Damit unterlaufen sie die Bewußtseinsschwelle und die bewußte Kontrollierbarkeit des Empfängers und sind damit auch nicht zurückweisbar. Implizite Information gilt in der Hypnose (dort "verbale Vorannahme" genannt) wegen ihres Unterlaufens der rationalen Kontrolle als effektives Suggestionsmittel (Bandler/Grinder 1981,118-120; Grinder/Bandler 1984,321).

Zur Vermeidung von destruktiven SFPs können explizite Erwartungen oder Voraussagen zurückgehalten werden (Honolka 1976,80f). Umgekehrt können sogenannte "Zweckprognosen" ausgesprochen werden, die bewußt mit der Absicht geäußert werden, eine Selbsterfüllung auszulösen (a.a.O.,94). Solche Zweckprognosen wurden bereits für spezifische agogische Situationen empfohlen. Brophy und Good beispielsweise raten dem Lehrer, seine positiven Erwartungen dem Schüler gegenüber zu verbalisieren, um SFPs beim Schüler auszulösen (1976,334). Weakland und Herr (1984,94) schätzen im Zusammenhang mit der Beratungstätigkeit für ältere Menschen die optimistische Grundhaltung und optimistische Äußerungen des Beraters als wichtig ein. Jedoch müsse darauf geachtet werden, daß der Klient nicht mit Optimismus "überfordert" wird, und zwar unabhängig davon, inwieweit realiter Optimismus angebracht ist. Sonst wird der Klient diese optimistische Haltung nicht übernehmen können oder sogar seinen Pessimismus verstärken. Überschwenglich geäußerter Optimismus ("Das ist überhaupt kein Problem. Das haben wir gleich.") entwertet die Gefühle des Klienten und verhindert eher den Aufbau eines Vertrauensverhältnisses zum Berater. Der Klient fühlt sich in seinen Sorgen dadurch weder verstanden noch ernstgenommen (Weakland/Herr 1984, 94f; vgl. gesprächstherapeutische Forderung nach Akzeptanz).

(3.) Äußerungen von Kausalattributionen

Die Erwartungen einer Person werden auch über Äußerungen einer anderen Person verändert, wenn diese Äußerungen ein Geschehnis einer bestimmten Ursache zuschreiben (vgl. Abschnitt 1.6.1.2). Es ist ein Unterschied, ob der Erzieher die Lernergebnisse des Zu-Erziehenden stabil oder variabel attribuiert. Die stabile Attribution "Dieser Aufsatz war schlecht, weil du zu dumm bist!" drückt implizit die Erwartung des Lehrers aus, daß der Schüler auch in weiteren Aufsätzen nicht gut sein wird, da Klugheit/Dummheit im common sense als relativ stabile Persönlichkeitseigenschaft gilt. Hingegen drückt die variable Attribution "Dieser Aufsatz war schlecht, weil du Dich diesmal nicht genug angestrengt hast/einen schlechten Tag hattest" implizit die Erwartung aus, daß die ungenügende Leistung nur eine Ausnahme war (vgl. Trotter 1987,38f).

Kraeft und Krug (1979) trainierten in einer Studie Lehrer, motivierungsangemessenere Attribuierungen vorzunehmen; d.h. Leistungserfolge in Äußerungen den Schülern gegenüber auf Begabung und Anstrengung, Mißerfolge auf mangelnde Anstrengung und Pech zurückzuführen. Im Vergleich zu den Kontrollgruppen, die zur Erfassung von Rosenthal-, Hawthorne- und Retest-Effekten dienten, stieg bei den Schülern in der Experimentalgruppe unter anderem das Meldeverhalten an ($p < .01$). Da aber weitere unabhängige Variablen manipuliert wurden, lassen sich diese (und andere gemessene) Veränderungen nicht nur auf die Attribuierungen zurückführen. Andere Studien konnten den Unterschied der Auswirkung von verschiedenen

Ursachenzuschreibungen auf die Erwartung durch manipulation checks eindeutiger bestätigen (vgl. Abschnitt 2.1.2 (1.)).

(4.) Äußerungen von Labels

Auch Etikettierungen geben Erwartungen weiter, die der Etikettierte unter bestimmten Voraussetzungen übernimmt und unbeabsichtigt in Selbsterfüllung gehen läßt. Der Selbsterfüllungsansatz zeigt hier die potentielle Gefährlichkeit auf, die oft gedankenlos dahingesagte elterliche Äußerungen gegenüber ihren Kindern in sich bergen ("Bist Du dumm!"). Hier können als förderliche Maßnahme positive Labels ausgesprochen und negative vermieden werden (vgl. Einsiedler 1989,105f; Hofer/Dobrick 1981,152; Schulz v. Thun 1982,188ff; Smale 1983,92,115). Etikettierungen vermeiden, bedeutet Generalisierungen vermeiden. Wenn ein negatives Verhalten schon angesprochen werden muß, ist es vorteilhafter, dies als Einzelfall zu deklarieren ("Heute hast Du ...") und nicht als verallgemeinerndes Label ("Immer machst Du ..."). Nach der Einschätzung von Brophy und Good kann eine einzige etikettierende Äußerung des Erziehers ("Du kannst aber auch gar nichts!") mehr Schaden anrichten als so manche andere, systematisch dargebotene, den Lernprozeß verzögernde oder behindernde Variable (1976,298).

3.3.1.3 Kognitive Selbst-Steuerung:
Reflexion und Überprüfung von Erwartungen

Kognitive Interventionsstrategien verändern Erwartungen, indem sie anregen, die bestehenden Erwartungen rational zu kontrollieren; d.h. zu reflektieren, zu überprüfen und gegebenenfalls zu korrigieren. Die kognitiven Strategien können von einem Pädagogen in einer Bildungsmaßnahme angeleitet werden. Sie können aber auch in den Maßnahmen vermittelt, eingeübt und damit vom Klienten gelernt werden, so daß er sie später selbständig durchführen kann. Die dazu geeigneten Strategien sind weitgehend mit den Methoden der kognitiven Psychotherapien verwandt.

(1.) Reflexion der eigenen Erwartungen

Diese Strategie zur Erwartungsänderung baut auf der Erkenntnis auf, daß Änderung eine Reflexion des Bestehenden voraussetzt (vgl. Karmann 1987, 154), was auch die Volksweisheit ausdrückt, wonach Einsicht der erste Schritt zur Besserung sei. Sich der eigenen Erwartungen bewußt werden, ist entweder die erste Stufe in einer erwartungsändernden Vorgehenssequenz, oder impliziert bereits die Veränderung selbst (Brophy/Good 1976,327; Simonton u.a. 1982,112; Smale 1983,27,95; Weinert u.a. 1981,187; Hanke/Mandl 1975,737f). Wird nach Rothbart das Bewußtsein einer Erwartung erhöht, so wird dadurch auch die Sensibilität dafür gesteigert, bewußt die nachfolgenden Ereignisse als erwartungsbestätigend oder nicht bestätigend zu erkennen. Damit steigt die

Chance, daß die Erwartung verändert und den realen Gegebenheiten angepaßt wird (Rothbart 1981,176f). Das Bewußtwerden der eigenen Erwartungen kann in der Pädagogik durch spielerische Formen angeleitet werden, z.B. durch die Aufforderung, sich die eigene Zukunft in der Phantasie vorzustellen und in Bildern, Erzählungen oder Rollenspielen zum Ausdruck zu bringen. Damit werden auch zwangsläufig die eigenen Erwartungen transparent und erkennbar. Bei solchen Erkennungsprozessen kann auch der Pädagoge (behutsam) Interpretationshilfen anbieten.

(2.) Reflexion der erwartungsgenerierenden Quellen

Oft führt eine voreilige Schlußfolgerung, eine oberflächliche Kurz-Information oder eine gewagte Verallgemeinerung bereits zu einer Erwartung. Hinterfrägt man diesen Hintergrund der Erwartung, also die erwartungsbildenden Variablen, kann der Erwartende daraus die Einsicht gewinnen, daß die Erwartung im Grunde auf sehr ungesichertem Boden steht. Das kann zu ihrer Veränderung in einer Art "unfreezing-Phase" (vgl. Abschnitt 3.3.1) beitragen, wenn bewußt wird, wie wenig substanziell begründbar eine derartige Erwartung ist. Das kann z.B. durch Fragen erreicht werden wie: Warum erwarten Sie das? Von wem stammt die Information und für wie zuverlässig schätzen Sie sie ein? (Rosnow 1989,24).

Bsp.: Das Verfahren kann auch vom Pädagogen selbst angewandt werden, um seine eigenen Erwartungen zu kontrollieren. Nimmt er aufgrund eines kurzen Erst-Eindrucks an, daß sich der Umgang mit einem bestimmten Teilnehmer eines Kurses in der Erwachsenenbildung als schwierig erweisen wird, so kann er sich fragen, weshalb er das glaubt, und ob er nicht z.B. aufgrund der äußeren Ähnlichkeit mit einer Person aus einem früheren Kurs Erfahrungen voreilig "überträgt".

Eine zu reflektierende erwartungsgenerierende Quelle sind die Kausalattribuierungen. Zur Beeinflussung von Erwartungen über die Veränderung von Ursachenzuschreibungen wurde bereits eine spezielle "Attributionstherapie" entwickelt (vgl. Zimbardo/Ruch 1983,511).

Bsp.: Brophy und Good schlagen zur Verhinderung von Pygmalion-Effekten vor, daß Lehrer bewußt auf Information, welche eine Erwartungshaltung provozieren kann, achten (1976,325,352): z.B. auf persönliche Vorurteile gegenüber einzelnen Schülern und auf Stereotypen z.B. in bezug auf die Rasse oder die sozioökonomische Herkunft der Schüler.

Ähnliches versucht das sogenannte "Disputationsverfahren" zur Veränderung "irrationaler" Kognitionen in der Rational-Emotiven Therapie (z.B. Keßler 1988; Keßler/Hoellen 1982; Warga 1988), nämlich die den Klienten behindernden eigenen Überzeugungen, Glaubensvorstellungen und Erwartungssysteme auf ihre "Vernünftigkeit" hin zu überprüfen.

Derartige erwartungsverändernde Strategien versuchen das naive Vertrauen in die eigene Intuition zu erschüttern, die oft ungerechtfertigt von starken Evidenzgefühlen begleitet ist (Ulich/Mertens 1973,98). Die vermeintliche Stichhaltigkeit dieses Vertrauens kann in Zweifel gezogen werden durch:

- das Erlebnis, daß andere Menschen in vergleichbaren Situationen aufgrund von anderen Erfahrungen zu ganz unterschiedlichen Erwartungen kommen (Das demonstriert dem Klienten die Zufälligkeit der eigenen Erfahrung und Erwartung und wirft die Frage auf, warum er sich durch zufällig entstandene Erfahrungen in seinen persönlichen Erwartungen so festlegen lassen soll.),
- das Abschätzen der Wahrscheinlichkeit, das "Richtige" zu erwarten (rationale Erfüllungsabschätzung),
- das Bewußtsein darüber, daß durch die Verlängerung von vorausgegangenen Erfahrungen die Zukunft nicht unbedingt vorhergesagt werden kann (Idee der Einmaligkeit des Einzelfalls),
- das Erinnern an frühere negative Erwartungen, die bedrohlich und beängstigend waren und die damalige Gegenwart belastet haben, am Ende aber gar nicht in Erfüllung gegangen waren,
- die Konfrontation der eigenen impliziten Alltagstheorien mit expliziten, wissenschaftlichen (Gegen-)Theorien (Bender 1985; Jaffe 1983,94).

Effektiv scheinen diese Vorgehensweisen vor allem dann zu sein, wenn es gelingt, typische Erwartungsmuster und ihre für eine bestimmte Person charakteristischen, routinisierten Grundtendenzen ausfindig und bewußt zu machen. Erkennt der Klient in einer dadurch ausgelösten >Selbsterfahrung<, daß er im Grunde transsituational immer wieder die gleichen oder ähnliche Attributionsstile und Erwartungsautomatismen anwendet, so werden ihm selbst Zweifel kommen, ob er damit die komplexen und vielgestaltigen Lebenszusammenhänge realitätsadäquat zu erfassen vermag.

(3.) Entwicklung von Ereignis-Alternativen

Sind auf Nachfrage in der Phantasie neben dem erwarteten Ereignis auch noch andere Ereignis-Alternativen vorstellbar, so kann kritisch erwogen werden, ob nicht auch der spätere Eintritt der Alternativen als realistisch oder hoch wahrscheinlich betrachtet werden könnte. Sobald die ernsthafte Möglichkeit einer anderen Zukunftsauffassung erwogen wurde, fällt es schwerer, mit gleicher Sicherheit an der ursprünglichen festzuhalten (vgl. Watzlawick u.a. 1984,123). Das Entwickeln von Ereignis-Alternativen scheint dann sinnvoll zu sein, wenn an einer Erwartung festgehalten wird, weil anscheinend andere Möglichkeiten der Ereignisentwicklung noch gar nicht bewußt geworden sind.

(4.) Positives Umdeuten

Die Methode des positiven Umdeutens (z.B. Watzlawick u.a. 1984,116ff; Lehr 1985,155; Thomae 1983,129) schlägt dem Klienten vor, den Gegenstand seiner Erwartung in einem >anderen Licht< zu sehen. Damit wird die Erwartung nicht vollkommen geändert, sondern lediglich ihr Strukturmerkmal "Bewertung" (vgl. Abschnitt 1.2.5). Damit ändert sich aber häufig das schwerwiegendste Merkmal einer Erwartung. Sie erhält damit eine andere affektive Qualität. Eine eventuelle Bedrohung oder Befürchtung kann in eine spannende Herausforderung verwandelt werden. Positives Umdeuten meint den Versuch, aus einer zunächst negativen Bewertung eines erwarteten Ereignisses eine positivere zu machen.

In Anlehnung an Schwäbisch und Siems (1984,83ff) lassen sich bei Problemen bzw. problemhaften Befürchtungen zwei Dimensionen unterscheiden, die im Alltagsdenken und -bewußtsein allerdings oft als miteinander konfundiert repräsentiert sind und als untrennbar miteinander verwoben erlebt werden:
- Der "Tatsachenanteil" bezieht sich auf das erwartete Faktum.
- Der "Gefühlsanteil" bezieht sich auf die kognitive Repräsentation der emotionalen Bewertung einer solchen Tatsache im Bewußtsein des Betroffenen.

Steht der Auszug des letzten Kindes aus dem Elternhaus bevor (Tatsachenanteil), so kann das für die Mutter zu einer bedrohlichen Zukunftsperspektive werden (Gefühlsanteil). Sie setzt dabei in ihrem Erleben den Auszug mit ihren Gefühlen dazu gleich. Von der Position eines Außenstehenden betrachtet handelt es sich aber um zwei durchaus unterscheidbare Dimensionen. Denn nicht jede Mutter empfindet in dieser Situation, trotz des identischen Faktums, gleich. Wenn auch z.T. das bevorstehende Faktum unabänderbar ist, so kann bereits eine Veränderung der Bewertung dieses Faktums die emotionale Situation radikal verändern ("aus der Not eine Tugend machen"). Im Hinblick auf den Selbsterfüllungsansatz ist das insofern von Bedeutung, als sich die Erwartungen, die aus solchen Bewertungen resultieren ("Die Zeit ohne Kinder wird unangenehmen werden"), auch selbst erfüllen können.

Eine derartige, rein kognitive Veränderung durch Umdeuten mag wie >Augenwischerei< aussehen, wenn man den Standpunkt bezieht, daß die ursprüngliche, negative Bewertung "richtig" und die positive "falsch" ist. Diese Realitätseinschätzung liegt vor allem den jeweiligen Betroffenen nahe, die zunächst ihre spontane, ursprüngliche Bewertung subjektiv für die "zutreffende" und einzig mögliche Sicht der Situation halten. Intersubjektiv betrachtet ist allerdings meist die positive Bewertung zumindest genauso "richtig" wie die negative.

Das "positive Umdeuten" gilt auch als wichtige >natürliche< (pädagogisch unbeeinflußte) Coping-Strategie in der Auseinandersetzung mit kritischen Lebensereignissen (z.B. Kruse 1987a,82f; 1987b,370). Zum Beispiel registrierte Dreher diese Strategie in einer Befragung über den Ruhestand (1970,202f). Er betrachtet sie als wesentliche Voraussetzung für eine gelungene Anpassung an den Ruhestand. In dieser Befragung wurde speziell das Faktum fokussiert, daß im Ruhestand keine festumrissene Tagesstruktur mit festgelegten Aufgaben und Pflichten vorhanden ist (Tatsachenanteil). Das kann die Befürchtung des Unausgefülltseins auslösen, aber auch positiv gedeutet werden, als zeitliche Ungebundenheit und Befreitsein von äußerem Zwang (Gefühlsanteil). Analog kann die Pensionierung als solche als eine chancenreiche Zeit des Neubeginns oder als eine bedrückende Lebensphase erwartet werden. Die jeweilige Bewertung bestimmt nach Dreher den Erfolg bzw. Mißerfolg der Anpassung an den

Ruhestand im Sinne einer SFP (1970,44). Spezielle Strategien des Umdeutens ("reframing") wurden von Bandler und Grinder (1985) entwickelt.

3.3.1.4 Emotionsveränderungen

Die Einstellungsforschung deckte auf, daß die Veränderung einer affektiven Komponente die kognitive mitverändert (Mann 1974,166f). Dieses Prinzip kann auch zur Erwartungsveränderung benützt werden. Emotionen und Erwartungen sind miteinander eng verbunden. Erwartungen lösen Emotionen aus. Aber auch umgekehrt gilt: Verändert man die "akute Gefühlsregung" oder eine "dauerhafte Gefühlsstimmung" (Ulich 1982,48ff) einer Person, so bleibt das nicht ohne Auswirkung auf ihre Erwartungen. Vorgehensweisen, die eine Verringerung oder Überwindung negativer Gefühle hervorbringen, tendieren dazu, positive Kognitionen im allgemeinen und damit auch positive Erwartungen zu fördern. Schwartz und Mitarbeiter (1986) belegten in einer Studie, daß die Erfolgserwartung von Personen von ihrer (manipulierten) momentanen Stimmung abhängt. Im Unterschied zum positiven Umdeuten, bei dem das Gefühl bzgl. des erwarteten Ereignisses verändert wird, geht es hier um die Wirkung der unspezifischen emotionalen Grundstimmung, die sich weder unbedingt noch ausschließlich auf den Erwartungsgegenstand bezieht.

Emotionen sind als Spontan-Phänomene genauso wie Erwartungen nicht dem direkten Willen unterworfen. Aber sie können indirekt beeinflußt werden (Schönpflug u.a. 1983,413), indem beispielsweise die kognitive Repräsentation der Realität durch Wahrnehmung (etwa durch Wahl des Aufenthaltsortes und der Umgebung), sowie durch Vorstellungen und Erinnerungen verändert wird (a.a.O.,412). Emotionen können auch über den körperlichen Spannungszustand und über psychotherapeutische Maßnahmen verändert werden.

(1.) Entspannungstechniken

Gefühle sind vom geistigen und körperlichen Spannungszustand abhängig. Entspannungsübungen führen zu einer ausgeglichenen Stimmungslage (Samuel 1986,36). Wird jemand durch Entspannungstechniken in eine emotional ausgeglichene Lage versetzt, so kann sich das auch positiv auf seine Einstellungen (Simonton u.a. 1982,133) und Erwartungen auswirken.

Diagramm: Entspannung und Erwartung

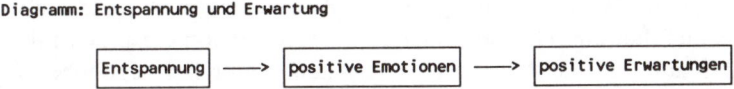

Die Wirkung von körperlich-seelischen Entspannungstechniken wie z.B. dem "Autogenen Training", der "Progressiven Muskelentspannung", verschiedener Meditationsformen und körperlicher Bewegungstrainings in Richtung eines positiveren Selbstkonzepts wurden empirisch bestätigt (vgl. Tausch 1989,262).

Durch das Autogene Training (z.B. Gawlik 1988; Samuel 1986,36-38; Schultz 1983) werden zwei Arten von Entspannung ausgelöst: eine körperlich-physiologische und eine geistige Entspannung (durch die Lenkung des Bewußtseins auf körperliche Empfindungen). Dieses Training bewirkt eine ruhige gelassene Haltung und eine Minderung negativer Gefühle (Schultz 1983,7,31). Lebensprobleme können aus einer anderen Perspektive gesehen werden, was Verhaltensänderungen hervorbringt (Gawlik 1988,72). Deswegen wird das Autogene Training auch in verhaltenstherapeutischen Maßnahmen verwendet. Auch meditative Techniken zur Entspannung (Pfeiffer 1988) bewirken Veränderungen der Wahrnehmung und des Bewußtseinszustands: Vorstellungen werden dadurch neu bewertet und erlebt (a.a.O.,433f), Optimismus und positive Einstellungen gefördert (Carrington 1988,59,61).

Bewegungstrainings wirken spannungslösend und beeinflussen den Gemütszustand positiv, festigen das Selbstbild, erhöhen die Selbstakzeptanz und mindern die Neigung zur Depression (Simonton u.a. 1982,136; Leibold 1982). "Bewegungstherapie" wirkt sich wie ein "Anti-Depressivum" aus und stärkt das Selbstvertrauen. Besonders Lauftrainings wurden empirisch untersucht. Dabei konnte ihre positive Wirkung auf die Grundstimmung, das Selbstkonzept und das seelische Wohlbefinden festgestellt werden (Weber 1986,15f;47; Tausch /Tausch 1979,66). Der Zusammenhang von Entspannung und Erwartung wird auch systematisch in der Erziehung und Bildung ausgenützt. Eine Unterrichtsmethode, die unter anderem versucht, Erfolgszuversicht bei den Schülern durch Entspannungsübungen zu erzeugen, ist das "Superlearning" (Suggestopädie). Diese Methode wurde von Edelmann (1988) einer wissenschaftlichen Begutachtung und konstruktiven Kritik unterzogen.

(2.) Klientenzentrierte Gesprächsführung:

Exemplarisch für die Therapieansätze, die versuchen, direkt bei den Emotionen der Klienten anzusetzen, sei hier die Technik der klientenzentrierten Gesprächsführung aus der Gesprächspsychotherapie herausgegriffen. Sie strebt in ihrem theoretischen Konzept eine Veränderung der Einstellungen und des Erwartungssystems (Selbstkonzept) an (Smale 1983,81,85; Tausch u.a. 1979, 66f;99,111,114,153; Minsel 1974,46). Ihre tatsächliche Wirkung auf das Selbstkonzept des Klienten wurde vielfach empirisch belegt. Das Einnehmen einer klientenzentrierten Haltung ist vom äußeren "setting" relativ unabhängig. Das prädestiniert diese Gesprächshaltung für die Anwendung auch außerhalb der therapeutischen Situation. Die Brauchbarkeit dieser Art von Gesprächsführung wurde speziell auch für die Altenarbeit und Altenbildung hervorgehoben (z.B. Kunz/Lehnig 1979; Weakland/Herr 1984,24-43,107-109,298-307).

3.3.1.5 Angeleitete Imaginationen als erwartungsändernde Technik

Vorstellungen und Erwartungen sind begrifflich zu unterscheidende Konstrukte (vgl. Abschnitt 1.1.2). Als reale Phänomene jedoch sind sie eng miteinander verbunden. Diese Verwandtschaft kann man sich bei der Veränderung von Erwartungen zunutzemachen. Im Unterschied zu Erwartungen sind Vorstellungen keine Spontan-Phänomene. Sie lassen sich deshalb auch willentlich erzeugen. Der Aufforderung, sich etwas vorzustellen, kann man nachkommen, der Bitte, etwas zu erwarten, jedoch nicht.

Es besteht die Tendenz, Vorstellungen in Erwartungen überzuführen. Diese Tendenz läßt sich folgendermaßen erklären: Erfahrungen können Erwartungen ändern. Erfahrungen sind kognitive Repräsentationen, die aus dem gegenwärtig Wahrnehmbaren bzw. aus Erinnerungsvorstellungen bestehen. Phantasievorstellungen werden in der Erinnerung ebenfalls zu kognitiven Repräsentationen. Der Unterschied zwischen Erinnerungs- und Phantasievorstellungen scheint für die kognitiven Verarbeitungsprozesse, die für die Erwartungsbildung zuständig sind, relativ klein zu sein. Beide, die Erinnerung an real Erlebtes und die an nur phantasiehaft Vorgestelltes kann in Erwartungen manifest werden (vgl. Schweighardt 1986,55). Das geht bereits aus Alltagserfahrungen hervor. Denn bisweilen fällt es in der Erinnerung schwer, frühere antizipative Phantasievorstellungen und tatsächlich erlebte Realität auseinanderzuhalten: Man ist sich nicht sicher, ob man etwas tatsächlich gesagt hat oder ob man es nur sagen wollte, es aber zu der Mitteilung doch nicht gekommen ist (Adler 1971,55; Jaffe 1983,292).

Die Tendenz, Vorstellungen in Erwartungen überzuführen, kann zur Erwartungsveränderung benutzt werden. Die zur Ausbildung einer bestimmten Erwartung fehlende Erfahrung wird dann durch eine entsprechende Phantasievorstellung, die sich willkürlich hervorbringen läßt, ersetzt.

Diese Methode der Erwartungsinduktion wird durch Studien von Tversky und Kahneman (1982) gestützt. Sie zeigen, daß die "mentale Verfügbarkeit" (kognitive Repräsentation durch Wahrnehmung oder Vorstellung) eines Ereignisses, die Einschätzung prägt, für wie wahrscheinlich der Eintritt des Ereignisses gehalten wird. Das tatsächliche Eintreten eines Ereignisses, das durch Bilder oder Phantasie kognitiv präsent ist, erscheint wahrscheinlicher als das eines nicht repräsentierten. Auch Carroll (1978) konnte in zwei Experimenten zeigen, daß die Wahrscheinlichkeit, mit der ein bestimmtes Ereignis eintritt, von Vpn um so höher eingeschätzt wird, je besser sie sich das Ereignis vorstellen können und je häufiger sie es sich vorgestellt haben.

Auch der Erfolg der verhaltenstherapeutischen Methode "Systematische Desensibilisierung" ist so erklärbar. Der Klient wird aufgefordert, sich im entspannten Zustand auf den symptomatischen angstauslösenden Stimulus (Gegenstand, Situation) zu konzentrieren. Im Moment wird es ihm aufgrund des entspannten Zustands schwerer fallen, seine üblichen neurotischen Ängste zu entwickeln. D.h. er macht die Erfahrung, den bedrohlichen Zustand vor sich zu haben ohne dabei ängstlich zu reagieren. Das führt zur Ausbildung von sich selbst erfüllenden Erwartungen.

(1.) Das Verfahren der angeleiteten Imagination

Die grundlegende Überlegung beim Verfahren der angeleiteten Imagination ist folgende: Wenn spontane, gehäuft auftretende Vorstellungen zur sich selbst erfüllenden Erwartung werden können, dann ist das bei willentlich gesteuerten auch möglich (Madelung 1988,52).

Die entsprechenden Verfahren werden mit verschiedenen Begriffen belegt. So wird die angeleitete Imagination auch als "gesteuerte Vorstellung" bezeichnet (Madelung 1988,54). Man kann eine Differenzierung hinsichtlich des in der Vorstellung benützten Sinneskanals treffen. Dementsprechend sind visuelle, auditive (z.B. vorgestellte sprachliche Formeln) und kinästhetische Vorstellungen (z.B. Autogenes Training) zu unterscheiden (vgl. Watzlawick 1986,53). Visuelle Vorstellungen werden auch als "Visualisierung", "Visualisation" (Nitzschmann 1988), "bildhafte Vorstellung", als "mental imagery" oder "guided imagery" bezeichnet (Locke/Colligan 1986,178,215).

Es wird meist in zwei Schritten vorgegangen: Zunächst soll der Klient sich mit Hilfe der bekannten Methoden in einen entspannten Zustand versetzen. Dann wird er aufgefordert, sich entweder das gewünschte Ziel als bereits erreicht vorzustellen oder sich die Prozesse möglichst plastisch vorzustellen, die nach seinem subjektiven Empfinden zur Zielerreichung notwendig sind (a.a.O.,294). Dieses Vorgehen dient dem ausdrücklichen Zweck, die Erwartungen hinsichtlich des Therapie-Ziels zu verändern (Simonton u.a. 1982,133,177). Die Vorstellungskraft kann von außen über die Wahrnehmung unterstützt werden, indem, z.B. im Fall einer somatischen Störung, der Arzt dem Patienten genau erklärt, wie der Heilungsvorgang abläuft oder ihm Dias vom Heilungsprozeß vorführt (Jaffe 1983,98f,310).

Solche oder ähnliche Techniken der angeleiteten Vorstellungen haben bereits in die verschiedensten Ansätze der Verhaltensänderung Eingang gefunden. Mentaltrainings wie sie etwa im Sport eingesetzt werden, zeigen, daß die Vorstellung des Übungsprozesses genauso einen Übungsgewinn erbringt wie die wirklichen Übungen selbst (Schönpflug u.a. 1983,359-361; Hug 1983; Ziegler 1987; Tepperwein 1986). Auch die Rational-emotive Therapie verwendet in ihren "emotiven Verfahren" Imaginationstechniken (Keßler u.a. 1982,116f).

Bildhafte Vorstellungen des Heilungsvorgangs werden zur Unterstützung der medikamentösen Therapie von somatischen Erkrankungen angewendet (Simonton u.a. 1982,184ff,269ff; Pfeiffer 1988,429), aber auch zur Schmerzbekämpfung (Jaffe 1983,317; Simonton u.a. 1982,271), zur Behandlung von Verhaltensproblemen (Watzlawick 1986,51), in Kursen zur "Persönlichkeitsentwicklung" (Esalen Institute 1988,28,33) und beim sogenannten "Feuerlaufen", einem durch bildhafte Vorstellung vorbereiteten Laufen über glühendes Material, das keine Verbrennungen hinterlassen soll (Schweighardt 1986).

Bekannt geworden ist das Verfahren der bildhaften Vorstellung insbesondere als Unterstützungsmaßnahme bei der Behandlung von Krebserkrankungen (z.B. Locke/Colligan 1986,189; Simonton 1982). Empirisch belegt ist die schmerzlindernde Wirkung von Imaginationen (z.B. Chaves u.a. 1974) und ihre Auswirkung auf den psychischen Zustand (Pfeiffer 1988, 429). Einige Untersuchungen belegen, daß Visualisierungstechniken, vor allem in Verbindung mit Entspannungstrainings, das Immunsystem stärken (Ornstein/Sobell 1987,23f; Hannah 1985). Die Wirkung solcher Vorstellungsübungen auf das Immunsystem ist nach Locke und Colligan (1986) unzweifelhaft. Kritiker halten zwar die Auswirkung dieses Verfahrens auf die Rückbildung von Krebszellen für eine "legitime Hypothese", machen aber darauf aufmerksam, daß die Effizienzuntersuchungen von Simonton aus methodischen Gründen noch nicht als ausreichende Belege gelten können (a.a.O.,190; Pfeiffer 1988,429).

(2.) Verhaltensunterstützte Vorstellung

Vorstellungen können nicht nur durch die Aufforderung an den Klienten, sich etwas vorzustellen, induziert werden, sondern auch durch die Aufforderung, sich in bestimmter Weise zu verhalten. Denn bewußtes Verhalten impliziert Vorstellung. Eine solche Form der verhaltensunterstützten, angeleiteten Vorstellung entspricht den üblichen Veranstaltungsformen der Erwachsenenbildung eher als die weniger >lebendige< Aufforderung zur bloßen, inneren Imagination. Denkbar ist der Einsatz von zukunftsprojektiven Szenarien im Rollenspiel, das allerdings im Unterschied zur Verwendung innerhalb der kognitiven Selbststeuerung (vgl. Abschnitt 3.3.1.3) nicht die tatsächlichen Erwartungen spiegeln, sondern die Phantasie auf einen positiven, wünschbaren, aber realistischen Zukunftsentwurf lenken soll.

Bsp.: In einem Kurs zur Vorbereitung auf den Ruhestand kann das als Aufforderung geschehen, sich das eigene Verhalten in typischen >Lebensszenen< auszumalen, die ablaufen würden, wenn sich >die Dinge im Ruhestand zur Zufriedenheit entwickeln<. Diese potentiellen Vorgriffe auf das eigene "life script" (Schönpflug u.a. 1983,140; Piontkowski 1988,23-27; Jaffe 1983,293) können in der Gruppe beschrieben und mit den anderen Teilnehmern diskutiert werden, bildnerisch ausgedrückt (Simonton u.a. 1982,202ff) oder in Szene gesetzt werden.

Zwei Ziele werden dabei verfolgt: Erstens, das erlebnismäßige Aufbereiten der eigenen realistischen Wunsch-Vorstellung im Handeln verankert diese im Gedächtnis und verstärkt deren Wirkung auf die Erwartung. Zweitens, äußeres Verhalten und Erwartung bilden normalerweise eine Einheit. Jemand, der ein freudiges Ereignis erwartet, verhält sich in Gestik und Mimik anders, als wenn er ein unangenehmes voraussieht. Durch die Diskrepanz zwischen dem im Rollenspiel vorgeschriebenen Verhalten und der Erwartung entsteht kognitive Dissonanz. Es besteht die Chance, daß diese Dissonanz aufgelöst wird, indem die Erwartung dem Verhalten angepaßt wird. Ein ähnlicher Ansatz wird neuerdings bei der Erforschung von Einstellungsänderungen verfolgt (vgl. Zimbardo /Ruch 1983,617; vgl. Mann 1974,166,188).

Rollenspiele können nach Gerge intensiv das Selbstkonzept beeinflussenn (1985,142). Gergen und Taylor konnten das in einem Experiment bestätigen (1966, zit. nach Gergen 1985,142). Vpn wurden angehalten, sich in einem Rollenspiel möglichst viel Positives über sich selbst vorzustellen und auch auszusprechen. Die Differenz des Selbstwertgefühls zwischen Pre- und Posttest ergab einen signifikanten Anstieg positiver, authentischer (nicht gespielter) Selbstäußerungen, der in einer Kontrollgruppe ohne Rollenspiel ausblieb.

(3.) Sprache als Vorstellung

Sprechen impliziert immer auch Vorstellungen und zwar sowohl bei dem Sprecher selbst, indem er Sprache formuliert und sich selbst zuhört, als auch bei dem Zuhörer. Es existiert sogar in gewissem Umfang ein sprachlicher >Vorstellungszwang<. Liest man eine Buchstabenfolge, die mit einem bestimmten Vorstellungsinhalt verbunden ist (z.B. B/A/U/M), so kann man sich nur schwer der Vorstellung des bezeichneten Gegenstands entziehen.

Nach der Ansicht von Grinder und Bandler (1984,10,94ff) wird der Vorstellungsaspekt der Sprache bei Handlungsanweisungen zu wenig beachtet. Das gilt insbesondere für sprachliche Negationen. Vorstellungen können keine Negationen beinhalten. Man kann sich auf Anweisung >Blumen< vorstellen, aber nicht der Anweisung nachkommen, sich >keine Blumen< vorzustellen. Denn der Versuch, nicht an Blumen zu denken, setzt voraus, sich Blumen vorzustellen. Demnach müssen negierende Anweisungen wie "Klekse nicht!", "Paß' auf, daß Du das Geschirr nicht fallen läßt!", suggestiv Vorstellungen bewirken, die das Ereignis, vor dem man warnen will, wahrscheinlicher machen als wenn die Anweisung positiv formuliert wird (z.B. "Stelle das Geschirr sicher an seinen Platz!").

Sprechen ist nach Neuberger immer auch Autokommunikation und Autosuggestion. Personen reden also beim Sprechen auch zu sich selbst (Wahren 1987, 41f). Um das zu betonen möchte Neuberger (1985) die fünf Kommunikationsaxiome Watzlawicks und Mitarbeiter (1985) um ein sechstes erweitern: "Jede *Aus*sage ist auch eine *Ein*sage." Der autosuggestive Aspekt von Sprache bewirkt Erwartungsänderungen durch das, was Personen sich selbst einreden (Tausch u.a. 1979,57,64).Das Prinzip, demzufolge die eigene Sprache Vorstellungen fördert und damit auch Erwartungen steuert, wird in der vorstellungsauslösenden Formulierung von autosuggestiven Sprachformeln genutzt, wie sie etwa Bestandteil der sogenannten "Oberstufe" des Autogenen Trainings sind (Korn 1985; Gawlik 1988; Schultz 1983,33,36). Der Wunsch oder das Zielverhalten wird dabei möglichst anschaulich in einer entsprechenden Formel innerlich repetiert (z.B. "Ich schaffe es!").

3.3.1.6 Konditionierung von Erwartungen ("Anker")

In der Lehre des Neurolinguistischen Programmierens (NLP) wird der Prozeß des sogenannten Ankerns beschrieben, der dem Klassischen Konditionieren ähnlich ist. Erwartungen können zu konditionierten Reaktionen werden, die durch das Erscheinen eines "Ankers" (konditionierter Reiz) ausgelöst werden. Solche konditionierten Erwartungen können nach Dilts u.a. (1985,172) zu einer SFP werden.

Bsp.: Ein Schüler kann durch Ängste bei den Schultests so behindert sein, daß sich seine Befürchtung, die Tests nicht zu bestehen, selbst erfüllt. Die Angst kann durch bestimmte negative Anker ausgelöst werden (z.B. durch das Austeilen der Test-bögen, der Anblick der Schultafel), die die Erinnerung an frühere Versagenssitua-tionen wecken (a.a.O.,172). In der NLP-Therapie wird versucht, solche negativen unbeabsichtigten Anker mit absichtlich gesetzten positiven zu überlagern (Made-lung 1988,53).

Ähnlich läßt sich auch die Wirkung des verhaltenstherapeutischen Vorgehens des "Systematischen Desensibilisierens" erklären: Vorgestellte oder "in vivo" dargebotene angstauslösende Stimuli werden in einem entspannten Zustand weniger angstauslösend empfunden. Damit kann der Klient erfahren, daß der Stimulus nicht unbedingt Befürchtungen auslöst. Diese Erfahrung wird zu einer neuen Erwartung.

Bsp.: Gerontagogen vermuten, daß die Lernsituation in Kursen der Altenbildung die Teilnehmer an bestimmte unangenehme Schulerfahrungen und an die damit verbundenen alten Ängste denken läßt, die Lernhemmungen auslösen. Zur Verhinderung solcher Befürchtungen und Erwartungen könnte die Lernsituation so gestaltet werden, daß sie möglichst wenig >alte< Schulassoziationen weckt (Sitzordnung, Raumausstattung, kein unfreiwilliges Aufgerufenwerden etc.).

3.3.1.7 Präsentation von Placebos

Das Auftreten von Placebo-Effekten, also von an sich wirkungslosen Situatio-nen, Maßnahmen oder sonstigen Hilfsmitteln, die sich selbst erfüllende Erwar-tungen wecken (Kirsch 1985,1192f), sind in Erziehungs- und Bildungsprozessen nicht auszuschließen. Auch die absichtlich gewährten Lernhilfen des Pädago-gen können unbeabsichtigt zu einem Placebo werden. Der absichtliche Einsatz von täuschenden Placebos wurde aus den Erziehungs- und Bildungsmaß-nahmen im engeren Sinne ausgegrenzt (vgl. Abschnitt 3.2.2.2 und 3.2.2.3). Sie werden hier trotzdem erwähnt, weil für den Pädagogen im Umgang mit Menschen, vor allem mit solchen in krisenhaften, extremen Lebenslagen, Ausnahmesituationen entstehen können, in denen eine Trennung der Mittel in ethisch vertretbare und nicht vertretbare problematisch ist. In manchen akuten Fällen, z.B. bei ernstzunehmenden Suiziddrohungen, ist es geradezu ethisch geboten, zu jedem wirksamen Mittel zu greifen.

3.3.2 MODIFIKATION DER WIRKMECHANISMEN

Eine Intervention im Sinne der Modifikation des Wirkmechanismus verfolgt das Ziel, die Selbsterfüllung zu verhindern. Die wirkmechanischen, unabsichtlichen Variablen sollen dabei absichtlich hervorgebracht (bei zuvor konstruktiven SFPs) oder absichtlich unterlassen werden (bei zuvor destruktiven SFPs; z.B. Brophy/Good 1976, 298-302,328; Smale 1983,119). Eine besondere Variante dieses Interventionstyps stoppt den Wirkmechanismus bei spontanem Verhalten als Erwartungsgegenstand dadurch, daß ihm seine Spontaneität entzogen wird (Abschnitt 3.3.2.3). Der Erfolg von Interventionen, die bei den Wirkmechanismen ansetzen, wird jedoch z.T. auch sehr kritisch eingeschätzt (z.B. Eden 1984,69).

3.3.2.1 Modifikation des Wirkmechanismus bei objektiver Selbsterfüllung

Die Verhinderung einer objektiven Selbsterfüllung von Erwartungen über das absichtliche Verändern ihres Wirkmechanismus setzt voraus, daß die einzelnen wirkmechanischen Verhaltensweisen bekannt sind. Experimente zeigen, daß zur Verhinderung der Selbsterfüllung eine bloße, unspezifische >Warnung<, die eigenen Erwartungen nicht im Verhalten auszudrücken, keinen Erfolg hat, wenn dabei die konkreten, wirkmechanischen Verhaltensweisen nicht angegeben werden (können)(Rosenthal/Jacobson 1971,37). Da für die einzelnen bereichsspezifischen SFPs die Wirkmechanismen sehr unterschiedlich sind, können für diesen Interventionsansatzpunkt keine allgemeinen Strategien entworfen werden.

Bisher wurden die Wirkmechanismen am genauesten beim Pygmalion-Effekt (SFPs in der Schule) untersucht. Aber selbst in diesem Lebensbereich schätzen Harris und Rosenthal das gesicherte Wissen um die Wirkmechanismen noch nicht als ausreichend ein, um schon ein "breites Interventionsprogramm" für Lehrer gerechtfertigt erscheinen zu lassen (1985,376f,380).

Brophy und Good (1976,295-298) stellen diejenigen Lehrer-Verhaltensvariablen im Unterricht zusammen, die aller Wahrscheinlichkeit nach als Wirkmechanismen fungieren (vgl. auch Hanke/Mandl 1975,737). Sie wollen diese den Lehrern durch Aufklärung und eine Art "Bewußtheitstraining" vergegenwärtigen (Brophy/Good 1970,374). Dadurch sollen die Lehrer in die Lage versetzt werden, die entsprechenden Verhaltensausschnitte zu kontrollieren. Dazu stellen sie einen Fragenkatalog zusammen, der es den Lehrern erleichtern soll, sich Klarheit über das eigene Verhalten in Abhängigkeit von ihren Erwartungen zu verschaffen (a.a.O.,328). Andere Interventionsvorschläge laufen darauf hinaus, durch Feedback-Techniken, micro-teaching-Verfahren und Rollenspiele das wirkmechanische Verhalten der Lehrer zu kontrollieren und korrigieren (Erlemeier 1973,550; Hanke/Mandl 1975,738). Es gibt bereits Trainingsprogramme, in denen Lehrer geschult werden, alle ihre Schüler so zu behandeln wie diejenigen, von denen sie überdurchschnittliche Leistungen erwarten (vgl. Eden 1988,263f). Die von Brophy und Good zusammengestellten Wirkmechanismen für die Wissensvermittlung im primären und sekundären Bildungsbereich könnten in gleicher oder ähnlicher Form auch auf andere pädagogische Handlungsfelder, z.B. außerschulische Jugend-und Erwachsenen-bildung, zutreffen.

Die Information über solche Wirkmechanismen und ihre Bewußtmachung verhindert zwar nicht sicher, daß in Zukunft ein erwartungsabhängiges Verhalten wieder gezeigt wird. (Denn eine Information kann zeitweise oder völlig in Vergessenheit geraten. Bewußtheit muß immer wieder von neuem hergestellt werden.) Aber es kann erreicht werden, daß ein unabsichtliches Verhalten unwahrscheinlicher bzw. seltener wird. Tritt ein Verhalten in das Bewußtsein, so kann es nur noch schwer unabsichtlich gezeigt werden. Bewußtheit über ein Verhalten zu erlangen, kommt einer "Vertreibung aus dem Paradies der Naivität" gleich (Schulz v. Thun 1982,264).

3.3.2.2 Modifikation des Wirkmechanismus bei subjektiver Selbsterfüllung

Das wirkmechanische Verhalten bei subjektiver Selbsterfüllung besteht größtenteils aus Wahrnehmungsverzerrungen. Solche erwartungsbedingten Wahrnehmungsfehler können durch bestimmte Verfahren verringert werden.

Wahrnehmungsübungen und Interaktionsspiele, wie sie etwa in der Gruppendynamik, beim Neurolinguistischen Programmieren oder in der Gesprächstherapie Verwendung finden, können eingesetzt werden, um die Trennung von Sinneseindrücken (Beobachten, Hören) und der Interpretation dieser Eindrücke zu erleichtern (z.B. Grinder/Bandler 1984; Bandler/Grinder 1984; Schulz v. Thun 1982,72-74).

Im besonderen in bezug auf das erwartungsgesteuerte Wahrnehmen und Verstehen von Kommunikation können Kommunikationsmodelle hilfreich sein, wie das durch Schulz von Thun (1982) vertretene. Es unterstützt das Identifizieren der typischen Wahrnehmungsmuster und -filter des Kommunikationsempfängers wie z.B. das einseitig überbetonte "Heraushören" des Sach-, Beziehungs-, Selbstoffenbarungs- oder des Appellaspekts. Sind solche stereotypen Muster im Kommunikationsempfang aufgedeckt, so kann bewußt darauf geachtet werden, daß das, was ein anderer sagt oder macht, nicht erwartungsbedingt einseitig interpretiert wird. Glaubt beispielsweise ein älterer Mensch, daß ihm seine soziale Umwelt nichts mehr zutraut, so kann er dazu neigen, jede ihm entgegengebrachte, wohlwollende Kritik oder Hilfe als Mitteilung "Du kannst das nicht mehr!" (Du-Anteil im Beziehungsaspekt) oder noch schlimmer, als Aufforderung, eine Aktivität aufzugeben (Appellaspekt), deuten. Speziell das erwartungsunbeeinflußte Verstehen von sprachlicher Kommunikation kann mit Übungen zum "aktiven Zuhören" gefördert werden (vgl. Wahren 1987,17; Gordon 1979; Schwäbisch/Siems 1984,106ff).

3.3.2.3 Paradoxe Interventionen zur Symptombehandlung

Paradoxe Interventionen dienen der Behandlung symptomatischen Spontan-Verhaltens, das durch eine zirkuläre SFP im Watzlawickschen Sinne der "Lösungsversuche erster Art" aufrechterhalten wird (vgl. Abschnitt 1.6.3.5).

Das paradoxe Intervenieren setzt zunächst bei dem wirkmechanischen Verhalten an und versucht es zu stoppen. Dadurch wird der zirkuläre Prozeß unterbrochen. Der Klient macht die Erfahrung, daß das Symptom nicht mehr auftritt, was langfristig auch seine symptomerhaltende Erwartung auflöst. Unter Umständen bringt die dadurch erzeugte positive Erwartung sogar einen neuen, positiven Selbsterfüllungsprozeß in Gang. Dieser Interventionsansatz arbeitet mit kleinen, aber >strategisch< wichtigen Eingriffen, deren Wirkung "sodann durch die Wechselwirkung innerhalb des Systems verstärkt wird: der Teufelskreis, der das Problem aufrechterhält, kann durch einen positiven Kreislauf ersetzt werden" (Weakland/Herr 1984,65,81). Deshalb genüge eine vorgenommene, geringfügige Veränderung, die von selbst eine fortschreitende Verbesserung spiralförmig nach sich ziehe(vgl. Relais-Effekt; Abschnitt 3.2.2.1.2.).

Die Basis-Idee des paradoxen Intervenierens entspricht dem Grundsatz, etwas mit Ähnlichem zu heilen: "similia similibus curantur". Eine Störung, die durch das paradoxe Bemühen des Klienten, sie zu beseitigen, aufrechterhalten wird, wird durch eine weitere, ebenfalls paradoxe Intervention des Therapeuten beseitigt. Diese **"Lösungsversuche zweiter Art"** des Therapeuten richten sich nicht gegen das Symptom selbst, sondern gegen die Lösungsversuche erster Art, die es am Leben erhalten. Dadurch wird der Lösungsversuch erster Art blockiert und als Folge davon auch das Symptom (Watzlawick 1986,78). Diese therapeutisch induzierten Paradoxien werden auch als "Gegenparadoxa" bezeichnet (Selvini u.a. 1977).

Bsp.: Ein Schlafloser wird durch sein verzweifeltes Bemühen einzuschlafen immer wacher (Lösungsversuch erster Art). Er wird nur dann einschlafen können, wenn er diese Willensanstrengung einstellt. Das zu tun, wird ihm schwerfallen. Im Sinne einer Lösung zweiter Art erhält er vom Therapeuten eine "Symptomverschreibung" (Watzlawick 1986,77ff): Er wird gebeten, zu versuchen, sein Symptom absichtlich hervorzubringen, also statt einschlafen zu wollen, unbedingt wachzubleiben (die Situation also umzudeuten, z.B. die wache Zeit zum Lesen zu benutzen). Dadurch wird der sich selbst erfüllenden Befürchtung , weiterhin nicht einschlafen zu können, der Boden entzogen. Das wirkmechanische Verhalten, z.B. die zunehmende Nervosität und Erregung, die das unliebsame Wachbleiben verursacht, fällt weg. Auf diese Weise wird er schneller einschlafen können, als durch seine willentlichen Einschlafversuche.

Bei der Symptomverschreibung geht man davon aus, daß es leichter fällt, eine vorhandene, intensive Willenskraft ("Ich will endlich einschlafen!") umzupolen ("Ich will wachbleiben!") als einzustellen ("Mir ist es egal, ob ich bald einschlafe oder nicht!"). Hier wird die Tatsache genutzt, daß man willentlich kein Spontan-Verhalten erzwingen kann. Das trifft auf beide willentliche Lösungsversuche zu; auf die Symptomerhaltung (erster Art) und die Symptombeseitigung (zweiter Art): Denn nicht nur das >Einschlafen<, sondern auch das >Frisch-und-munter-bleiben< ist an sich ein Spontan-Verhalten, das nicht willentlich erreichbar ist. Der Wille scheint bei Spontan-Phänomenen immer das Gegenteil seines Ziels zu erreichen. Der auf die unmittelbare und direkte Symptomverhinderung ausgerichtete Wille (Lösungsversuch erster Art) bedingt das Auftreten des Symptoms. Der auf die Symptomerzeugung ausgerichtete Wille verhindert es.

Bsp.: Eine Theorie des Stotterns besagt, daß die antizipatorischen Ängste vor dem Stottern das Stottern bewirken. Auch hier kann dem Stotterer sein Symptom verschrieben werden, indem ihm der Auftrag erteilt wird, absichtlich zu stottern, was ihm entweder überhaupt nicht gelingen wird oder nichts mit dem >echten< Stottern zu tun hat (Bindel 1987,30,83-85). In beiden Fällen macht der Sprachgestörte die positive Erfahrung des normalen Sprechens.
Dem Über-Perfektionisten wird angeraten, absichtlich kleine Fehler zu begehen, um seiner Fehlerangst zu begegnen. Einem streitsüchtigen Ehepaar wird aufgetragen, um eine ganz bestimmte Uhrzeit zu streiten, was kaum gelingen dürfte (Watzlawick u.a. 1986,146f).

Paradoxe Interventionen wurden bereits in der Logotherapie Frankls als "paradoxe Intention" zur Behandlung von "*Erwartungs*ängsten" und in der verhaltenstherapeutischen Technik der "negativen Übung" eingesetzt (vgl. Dorsch 1987, 469). Selvini und Mitarbeiter (1977,7) weisen auf ihre Erfolge in der Behandlung der Pubertätsmagersucht und der Schizophrenie durch Gegenparadoxa hin. Die Wirksamkeit paradoxer Interventionen in der psychotherapeutischen Arbeit konnte durch mehrere Einzelstudien, die metaanalytisch zusammengefaßt wurden, bestätigt werden (Shoham u.a. 1987).

Im folgenden soll die Verbindung des Watzlawickschen Interventionsansatzes mit dem Selbsterfüllungsansatz kurz zusammenfassend aufgezeigt werden. Zunächst überlagert die Symptomverschreibung den Wirkmechanismus der ursprünglichen SFP und setzt sie damit außer Kraft. Langfristig macht der Klient durch die erfolglosen Versuche, das Symptom zu zeigen, die Erfahrung, symptomfrei zu sein. Das ändert seine Erwartung. Er wird das Auftreten des Symptoms nicht mehr erwarten. Das löst eine neue positive SFP aus. Die Annahme der sich selbst erfüllenden Erwartung der Symptomfreiheit ist dabei wichtig. Ohne sie müßte der Klient sonst für den Rest seines Lebens Lösungsversuche zweiter Art anstreben. Es genügt, wenn er das nur einige Male durchführt, da das Fernbleiben des Symptoms durch eine zirkuläre SFP >eingefroren< wird, genauso wie das >zufällige< Auftreten des Symptoms erst durch die destruktive SFP im Zusammenhang mit den Lösungsversuchen erster Art stabilisiert wurde.

Die Paradoxien erzeugen also zunächst lediglich Einzel-Erfahrungen (Symptom-Auftritt bzw. Symptom-Freiheit), welche in einen zirkulären Selbsterfüllungsprozeß eintreten und somit dauerhaft werden. Das gilt in gleichem Maße für >gestörtes< Verhalten (Lösung erster Art) und für >normales< Verhalten (Lösung zweiter Art).

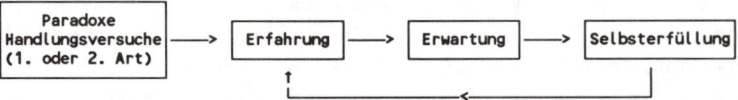

Für die pädagogische Arbeit (vor allem in der Erwachsenenbildung) scheinen Symptomverschreibungen wegen ihrer Ungewöhnlichkeit weniger oft einsetzbar zu sein als im therapeutischen Kontext. Denn sie setzen z.T. eine starke Vertrauensbasis voraus. Das Verhalten, das der change agent von dem Klienten verlangt, sieht aus der Perspektive des Klienten zunächst sehr >verrückt< aus. Er soll genau das tun, für dessen Vermeidung er um Hilfe und Rat ersucht.

Allerdings ist die Kenntnis und das Berücksichtigen (Vermeiden) des paradoxen Intervenierens auch in der Pädagogik ein Gewinn. Der Pädagoge, etwa als Kursleiter in der Erwachsenenbildung, sollte darauf achten, daß er nicht selbst zu paradoxen Handlungsversuchen auffordert. Spontanes Verhalten der Kursteilnehmer, wie etwa Spontaneität, kreative Beteiligung an der Veranstaltung, Interesse an den Inhalten, werden durch Aufforderungen des Kursleiters zu diesem Verhalten eher blockiert als gefördert. Auch Anspannung oder die typische, anfängliche Unsicherheit der Teilnehmer ist nicht durch eine entsprechende Anweisung des Leiters dazu ("Seien Sie doch einfach etwas lockerer!") zu beseitigen. Die Verschlossenheit eines Teilnehmers mit der Bemerkung verändern zu wollen "Gehen Sie doch etwas aus sich heraus!" bewirkt eher das Gegenteil (vgl. Watzlawick u.a. 1984,55). Offenheit und ein gewisses Maß an Vertrauen der Teilnehmer untereinander (z.B. in lebensproblemorientierten Kursen) kann eher durch die paradoxe Aufforderung zu einem gewissen Maß an Mißtrauen erzeugt werden; etwa durch den Hinweis, daß eine gewisse Zurückhaltung und Vorsicht ganz normal sei. Watzlawick weist darauf hin, daß die paradoxe Aufforderung "Vertraue mir nicht!" eher vertrauensbildend wirkt als die Aufforderung "Vertraue mir!" (Watzlawick 1986,79; ders. u.a. 1984,112). Im allgemeinen wird in Bildungsmaßnahmen das gewünschte Spontan-Verhalten dadurch indirekt zu erreichen sein, daß der Pädagoge eine dieses Verhalten ermöglichende Situation und Atmosphäre schafft, worauf insbesondere am Anfang einer Bildungsmaßnahme zu achten ist (vgl. Geißler 1983).

Der Watzlawicksche Interventionsansatz wird auch in der Altenarbeit und der Gerontagogik diskutiert (z.B. Rosenmayr 1981,26,35f; Weakland/Herr 1984). Es kann für die Altenbildungsteilnehmer eine Hilfe sein, dabei unterstützt zu werden, auf (vermeintliche) Altersschwierigkeiten, wie Erinnerungs-, Lern- oder Einschlafprobleme, nicht mit Lösungsversuchen erster Art zu reagieren. Auch der Altenbildner selbst sollte sich vor paradoxen >Allerweltsfloskeln< hüten ("Freuen Sie sich doch auf Ihren wohlverdienten Ruhestand!", "Ich möchte, daß sie heute Abend recht viel Spaß haben!"). Auch kann es von Gewinn sein, die Teilnehmer darauf aufmerksam zu machen, sich nicht durch paradoxe Aufforderungen dritter, in Handlungs- und Lösungsversuche erster Art verstricken zu lassen. In Kursen zur Thematik "Loslassen und Abschiednehmen" kann darauf hingewiesen werden, daß das Traurigsein in bedeutsamen Situationen des Abschiednehmens im Leben durchaus >erlaubt<, angemessen und notwendig ist, und daß Versuche, dies zu unterbinden (z.B. "Lach' doch wieder wie früher!"), die depressive Phase lediglich verlängern (vgl. Watzlawick 1986,76).

3.3.3 AUFKLÄRUNG ÜBER DIE SELBSTERFÜLLUNG

Die Interventionsstrategie der "Aufklärung" geht davon aus, daß Personen, die über die Möglichkeit von SFPs aufgeklärt wurden, diese seltener unabsichtlich auslösen und als Erwartungsobjekte seltener ihre Opfer werden ("Immunisierungstrainings", Eden 1988,249) bzw. in die Lage versetzt werden, absichtlich um der Selbsterfüllung willen Voraussagen zu treffen. Eine absichtliche Voraussage könnte beispielsweise aus der ermutigenden Nebenbemerkung einer SFP-aufgeklärten Mutter zu ihrem Kind bestehen: "Ich denke, daß Du das Radfahren sehr schnell lernen wirst." Im Grunde handelt es sich bei der Aufklärung nicht um eine bestimmte Strategie, sondern um das Schaffen einer Voraussetzung zum Intervenieren. Es bleibt den aufgeklärten Personen selbst überlassen, ob und wie sie mit dem Wissen um SFPs und den dadurch eröffneten Handlungsmöglichkeiten umgehen. Im Anschluß an eine Aufklärung könnten die Aufgeklärten auch instruiert werden, wie sie sich verhalten sollen, um bei anderen Personen auf sie selbst bezogene, positive interpersonale Erwartungen auszulösen (Eden 1988,249f).

Die Meinungen über den Erfolg einer Aufklärung zur Verhinderung von SFPs sind widersprüchlich. Das gilt auch für ihre empirische Basis (Erlemeier 1973,550). Experimente zur objektiven SFP bei Untersuchungsleitern mahnen eher zur Vorsicht gegenüber der Annahme, daß durch das Wissen um SFPs bzw. durch die pauschale Aufforderung, keine SFPs zu produzieren, sich tatsächlich schon weniger Selbsterfüllungen ereignen würden (Rosenthal 1976,363; ders./Jacobson 1971,51,35f). Subjektive SFPs hingegen scheinen sich eher durch eine Aufklärung verhindern zu lassen (Bortz 1984,127). Rosenthal und Jacobson erhoffen sich von einer Aufklärung über den Pygmalion-Effekt zumindest, daß es Lehrern "schwerer fallen" dürfte, abschätzig über benachteiligte Schüler zu denken (1971,224). Wurde jemand über SFPs aufgeklärt, so hat er die Möglichkeit, nachträglich zu erwägen, ob nicht am Eintritt eines Ereignisses auch eine SFP beteiligt gewesen sein könnte.

3.4 EXEMPLARISCHE ERÖRTERUNG DER KONSEQUENZEN DES SELBSTERFÜLLUNGSANSATZES FÜR DIE GERONTAGOGIK UND ALTENBILDUNG

In diesem letzten Abschnitt wird der Versuch unternommen, die Konsequenzen bzw. die Anwendungsmöglichkeiten des Selbsterfüllungsansatzes exemplarisch an einem bestimmten pädagogischen Arbeitsfeld, dem der Altenbildung, noch etwas detaillierter zu demonstrieren.

Unter Altenbildung ist hier die institutionalisierte, *praktische* Bildungsarbeit zu verstehen, die sich mit dem Alter auseinandersetzt. Altenbildung kann altersvorbereitend (sich also an Klienten vor der dritten Lebensphase wenden) oder altersbegleitend sein (also den bereits alten Menschen Bildungshilfen anbieten). Mit Gerontagogik wird die *theoretische* Reflexion der Altenbildung bezeichnet, also die Wissenschaft von der und für die Altenbildung (Fülgraff 1985,260,262; Weber 1988a,40). In den folgenden Ausführung liegt der Akzent auf der altersvorbereitenden Altenbildung, da diese dem Selbsterfüllungsansatz durch ihren antizipativen Charakter nahesteht.

3.4.1 ALLGEMEINE VORÜBERLEGUNGEN

3.4.1.1 Ansätze in der Altenbildung

Hier sollen die Ansätze und Konzepte der Altenbildung nicht in ihrer Gesamtheit vorgestellt werden (vgl. Fülgraff 1985; Bubolz-Lutz 1984; Weber 1988a,49ff). Die Darstellung beschränkt sich auf ein grobes Einteilungsraster für die Altenbildung, soweit dies zur begrifflichen Unterscheidung für die folgenden Ausführungen notwendig ist.

Die Altenbildung läßt sich nach zwei Haupt-Aufgaben einteilen: in Bildungsbemühungen, die sich mit Lebensproblemen und ihrer Bewältigung im Alter auseinandersetzen, und solchen, die an der Lebensbereicherung im Alter interessiert sind. Der lebensproblemorientierte Ansatz (vgl. Weber 1988a,51) möchte "Lebenshilfe" (Rosenmayr 1981,30,37; Breloer 1974,107) geben und damit zur "Lebensbewältigung" beitragen. Lebensprobleme werden dabei als individuell erfahrbare Belastungssituationen kleinerer oder größerer Art verstanden (vgl. Breloer 1974,108-111). Behandelt werden bei diesem Ansatz z.B. rechtliche, medizinische, gesundheitliche, psychische oder soziale Probleme des Alters. Altenbildung in diesem Sinn bietet Lern- und Bildungshilfe für die Bewältigung von alterstypischen Belastungen und Entwicklungsaufgaben sowie für die Vorbereitung auf das Alter(n) an (Breloer 1981,166). Der darüber hinausgehende auf "Lebensbereicherung" (vgl. Fluck 1977,56-80) abzielende Ansatz bietet gesellige, musisch-kreative und freizeitkulturelle Angebote im Sinne der traditionellen bzw. zeitgemäßen >Allgemeinbildung< (vgl. DeCrow 1976,224-228).

Die entsprechende Begiffswahl bei Breloer (1974,107-111; 1981,165) für diese beiden Haupt-Aufgaben scheint ungünstig zu sein. Er trennt den "lebensproblematischen Ansatz" von den "Lern- und Weiterbildungsansätzen". In beiden Fällen handelt es sich jedoch um Lern- und Bildungsansätze. Unausgesprochen haben viele Autoren, wenn

226

sie sich über Altenbildung äußern, im Grunde den lebensproblemorientierten Ansatz im Fokus (z.B. Schuster-Oeltzschner 1984,281-283; Ulich/Saup 1984,712). Auch die Aufgabenbereiche der Altenbildung, die Weber aus den Einfluß-Faktoren, welche die seelische Entwicklung des Menschen bestimmen, abgeleitet hat, lassen sich auch diesem Ansatz zuordnen (Weber 1988a,43; vgl. Kruse/Lehr 1989,325f).

Die Zuordnung konkreter Altenbildungsveranstaltungen zu den beiden Hauptaufgaben gelingt noch relativ eindeutig, wenn das Trennungskriterium >Absicht der Veranstaltungsplaner und -durchführer< herangezogen wird. In bezug auf die Wirkung der Veranstaltungen auf die Teilnehmer ist keine eindeutige, scharfe Unterscheidung möglich (Fluck 1977,202). Bubolz-Lutz (1984,73) weist darauf hin, daß selbst die "viel geschmähten Hobbykurse" für verhaltensunsichere alte Menschen die Möglichkeit bieten, Anerkennung und Selbstbestätigung zu finden, und damit auch als Lebenshilfe fungieren.

Quantitativ überwiegen in der Realität diejenigen Veranstaltungen in der Altenbildung, die eher der Lebensbereicherung dienen (Fluck 1977,1,187; Kallmeyer u.a. 1976,19). Der lebensproblemorientierte Ansatz wird hingegen in der theoretischen Diskussion der Gerontagogik stärker propagiert und gefordert (z.B. Fluck 1977,183; 1979,264; Kunz/Lehnig 1979,20; Knopf 1987, 177; Kallmeyer u.a. 1976; Ritter-Vosen 1977,294). Bubolz-Lutz verweist aber auch auf die Gefahr einer einseitigen Betonung des lebensproblemorientierten Ansatzes. Negative Altersstereotypen könnten dadurch in der Öffentlichkeit gefestigt und erneuert werden, denen zufolge das "Alter als eine vorwiegend und unausweichlich problemhafte Phase aufgefaßt wird" (1984,72). Damit bekäme die dritte Lebensphase ein Problem- und Randgruppenprofil.

Lebensbereicherungsanstrebende Veranstaltungen der Altenbildung unterscheiden sich inhaltlich meist nicht stark von Bildungsangeboten für andere Altersgruppen. Kurse wie "Tennis für Senioren" oder "Geselliger Seniorentanz" werden im wesentlichen dem Sport- oder Tanzunterricht für andere Altersgruppen ähnlich sein, bis auf die Berücksichtigung der körperlichen Kondition bzw. alters- und kohortenspezifischer geschmacklicher Präferenzen. Die typisch unverwechselbaren, nicht ohne weiteres auf andere Altersgruppen übertragbaren Charakteristika der Altenbildung werden eher im lebensproblemorientierten Ansatz manifest: z.B. in Kursen wie "Probleme und Chancen des Alters", "Wie man im Alter geistig fit bleibt", "Älterwerden - ohne alt zu werden" (entnommen den Programmen der Augsburger und Ulmer Volkshochschulen). Aus den genannten Gründen wird der lebensproblemorientierte Ansatz in den folgenden Ausführungen besonders berücksichtigt.

Bildungsangebote des lebensproblemorientierten Ansatzes lassen sich im Anschluß an Pedler (1974, zit. nach Eck 1981,143f) zwei verschiedenen didaktischen Orientierungen zuteilen, denen jeweils bestimmte Veranstaltungsformen entsprechen: entweder dem erlebnis- und erfahrungsorientierten Lernen oder dem kenntnisorientierten Lernen. Marggraf und Mitarbeiter (1986,99-104) sprechen teilweise analog von teilnehmer- und themenorientierten Veranstaltungen in der Altenbildung.

Das erlebnis- und erfahrungsorientierte Lernen ist personorientiert. "Erfahrung" kann hier in zweifacher Weise verstanden werden. Die Teilnehmer bringen ihre Lebenserfahrungen explizit mit ein, und sie können in der Veranstaltung neue, persönlich individuelle (Selbst-) Erfahrungen sammeln. Das kenntnisorientierte Lernen hingegen ist primär gegenstands- und sachorientiert. Hier steht der Informationsaustausch und die "Wissensvermittlung" (vgl. Kruse/Lehr 1989,326) mehr als die Teilnehmer mit ihren individuellen Erfahrungen im Vordergrund. Die gebräuchlichste Veranstaltungsform dazu ist der Vortrag mit anschließender sachbezogener Diskussion. Typische Themen sind spezielle Probleme im Alter, wie z.B. rechtliche, rentechnische Fragen. Der Trend scheint in Richtung der erlebnis- und erfahrungsorientierten Altenbildung bzw. zur Kombination beider Formen zu gehen, obwohl in der Realität einseitig kenntnisorientierte Veranstaltungen noch überwiegen (Conradi 1983, 136; Kuhne 1979,2,6; Marggraf u.a. 1986,107). Auch die Gerontagogik scheint eher erfahrungsorientiertes Lernen zu präferieren (z.B. Schneider 1981,57), da dieses Lernen bei dem einzelnen Menschen, seiner Biographie und seiner gegenwärtigen Situation ansetzt und damit eine stärkere persönliche >Betroffenheit< auslöst. Dieser Ansatzpunkt gilt als Leitlinie der praktischen Altenbildung (Kruse/Lehr 1989,327; Kuhne 1978,93; Kallmeyer u.a. 1976,142), da nach einem allgemeinen didaktischen Prinzip Lernen dann effektiv ist, wenn es gelingt, im Lernprozeß die gesamte Person (kognitiv, motorisch, affektiv und sozial) anzusprechen (Kuhne 1978,64).

3.4.1.2 Die Eignung des Selbsterfüllungsansatzes für den lebensproblemorientierten Ansatz der Altenbildung

Der Selbsterfüllungsansatz innerhalb des lebensproblemorientierten Ansatzes der Altenbildung geht von der Annahme aus, daß die Unterbindung destruktiver bzw. die Förderung konstruktiver SFPs eine effektive Hilfe bei der Bewältigung von (potentiellen) Lebensproblemen im Alter, insbesondere bei bedeutsamen Lebensereignissen, sein kann. Die Anwendung von Interventionsstrategien gemäß dem Selbsterfüllungsansatz erscheint vielversprechend, da vieles dafür spricht, daß Probleme im Alter häufig, zumindest teilweise, auf SFPs zurückgehen (vgl. Abschnitt 2.13).

Der Selbsterfüllungsansatz läßt sich mit generellen Zielvorstellungen von Erziehungs- und Bildungsbemühungen in Einklang bringen. So entspricht es der bei Erwachsenen zu unterstellenden Mündigkeit, auch ältere Menschen durch Interventionsmaßnahmen nicht >rezeptologisch< heteronom zu bevormunden (vgl. Kaiser 1983,131f; Weber 1988a,54). Dies wäre bei Personen, die im Laufe ihrer langen Coping-Sozialisation bereits ein individuelles Problemlösungs-Repertoire erworben haben, auch ein schwieriges oder nutzloses Unterfangen (vgl. Kruse 1987b,394). Die Interventionen im Sinne des Selbsterfüllungsansatzes sind lösungsoffen: Sie versuchen also nicht, bestimmte Problemlösungen oder Umgangsweisen mit Problemen vorzuschreiben,

228

sondern unterstützen vielmehr dispositionell die Entwicklung eigener Lösungs-strategien als Hilfe zur Selbsthilfe (z.B. Kunz/Lehnig 1979,22).

Für die Veränderbarkeit der Alterserwartungen von noch nicht in die dritte Le-bensphase eingetretenen Menschen spricht, daß diese Erwartungen heute kaum auf realen Erfahrungen mit bereits alten Menschen in vergleichbaren Lebensumständen beruhen. Solche Erwartungen sind im Grunde sehr irratio-nal, denn "durch die allgemeine Zersplitterung der Familie ist ... das Alter heute generell unsichtbarer geworden, d.h. die unmittelbaren Anschauungs-möglichkeiten innerhalb der früheren Großfamilie über das, was einen im Alter erwartet, fehlen weithin und sind durch diffuse Angstvorstellungen ersetzt worden ..."(Fluck 1979,260). Die Eignung eines Ansatzes hängt auch davon ab, ob die Defizite, zu deren Beseitigung er beitragen kann, überhaupt vorhanden sind. Der Selbsterfüllungsansatz ist als Interventionsansatz dort sinnvoll anzuwenden, wo davon ausgegangen werden kann, daß (sich selbst erfüllende) negative Erwartungen bestehen. Die Art der bestehenden Erwartungen ist besonders bei Erwartungen gegenüber dem Ruhestand untersucht worden (Übersicht Lehr 1984,321). Beispielsweise berichtet Conradi als Ergebnis einer Studie in der BRD, daß sich die Einstellung zum Ruhestand mit dem zeitlichen Heranrücken dieses Ereignisses verändert (1983,135). Während 60,8% der 50-55jährigen eine positive Einstellung dazu haben, behaupten das nur noch 35,3% der 60-65jährigen. Sieht man von Kohorten- und Zeitaltereffekten ab, so läßt sich feststellen, daß die positiven Erwartungen gegenüber dem Ruhestand mit dem Älterwerden und Näherrücken dieses Ereignisses abnehmen und kurz vor dem Eintreten dieses Ereignisses bei vielen Menschen eher negativ sind.

3.4.1.3 Zur Integrierbarkeit des Selbsterfüllungsansatzes in die vorliegenden Konzepte der Altenbildung, Gerontagogik und Psycho-Gerontologie

Um abschätzen zu können, welche Chancen der Selbsterfüllungsansatz besitzt, von der Altenbildung einbezogen zu werden, soll der Frage nachgegangen werden, inwieweit der Selbsterfüllungsansatz mit den bereits vorliegenden Konzepten der Altenbildung vereinbar ist. Dieser Frage kann man anhand zweier Teilfragen nachgehen. Erstens: Sind die formulierten Ziele und Auf-gaben der bisherigen Altenbildungskonzepte mit dem Selbsterfüllungsansatz vereinbar? Die Ziele sagen etwas über die Absicht der Altenbildner aus, jedoch nur begrenzt etwas darüber, was in der Altenbildung tatsächlich erreicht wird (vgl. Brezinka 1981). Deshalb muß zweitens gefragt werden: Welche Wirkung erzielt die Altenbildung tatsächlich?

(1.) Selbsterfüllungsansatzkonforme Ziele und Aufgaben der Altenbildung und der Interventionsgerontologie

Als generelle Vorbereitung auf das Alter (Geroprophylaxe) wird u.a. die Kom-pensation und Überwindung der negativen Verhaltenserwartungen gegenüber dem Alter durch Programme der Altenbildung gefordert (Petzold/Bubolz 1976b,137; Lehr 1974). Man will dabei den Menschen die Angst vor dem Alter nehmen, die oft auf falschen Vorstellungen, unreflektierten Vorurteilen und Unwissenheit beruht (Rennkamp 1976,128). Tews formuliert als Ziel der Altenbildung die "Vermittlung einer dem Alter gegenüber positiven Grundeinstellung" (Tews 1978,232). Es soll die Erwartung und (Kontroll-) Überzeugung "Ich kann etwas verändern" gestützt werden, indem >lediglich< eine Hilfe zur Selbsthilfe geboten wird (Kunz/Lehnig 1979,22). Eine rational und kritisch-distanzierte Überprüfung der alterstypischen "Rollenerwartung" fordert Kehler (1974,238). Vorurteile und negative Rollenerwartungen sollen bei älteren Menschen im Rahmen der Altenbildung korrigiert werden (Ulich/Saup 1984, 712).

Ein Ziel der Interventionsgerontologie muß es nach Kruse und Lehr sein, das gesellschaftlich geprägte, negative Altersbild zu korrigieren, was sie ausdrücklich mit dem Selbsterfüllungsansatz begründen (1984,235; auch Bau u.a. 1986, 81). Auch Bubolz-Lutz möchte in der Altenbildung zur Verhinderung des "Rosenthal-Effekts" eine Revision der Verhaltensnormen für alte Menschen sowie der negativen Altersstereotypen anstreben (1984,155). Ulich und Saup sehen in der Verhinderung von destruktiven sich selbst erfüllenden Altersstereotypen, indem man sie als falsch entlarvt, "eine sehr wichtige Aufgabe auch der praktischen Erwachsenen- und Altenbildung" (1984,703; vgl. auch Petzold/Bubolz 1976b,137). Auch im Rahmen der Fortbildung der Mitarbeiter, welche in der Altenarbeit tätig sind, sollten die bei ihnen vorhandenen negativen Einstellungen, Stereotypen und Erwartungen gegenüber dem Alter bearbeitet werden (Kallmeyer u.a. 1976,178; Petzold 1985,58f; Schönholzer 1979; Conradi 1983,137,139; Fluck 1977,175).

Der Europa-Rat empfahl 1977 als Ziel von Altersvorbereitungsprogrammen die Entwicklung positiver Einstellungen gegenüber dem Ruhestand (zit. nach Schneider 1981,53). Die gerontologische Vereinigung "Pro Senectute" formuliert für Altersvorbereitungsmaßnahmen die Ziele "positive Einstellung zum Ruhestand" und die Einschätzung, noch eine lebenswerte Zukunft vor sich zu haben (zit. nach Winter 1976,85). Die Bedeutung positiver Erwartungen gegenüber dem Ruhestand betonen auch Kuhne (1978,65f) und Schmitz-Scherzer (1984,538f). In einer Befragung gaben Mitarbeiter von Volkshochschulen als Lernziele der Altersvorbereitung für ihre Institutionen die "Einstellungsänderung" und den "Abbau von Vorurteilen" an (Kuhne 1978,66f). Andere Gerontagogen fordern, das Selbstwertgefühl, das Selbstbewußtsein und das Selbstvertrauen sollte gestärkt werden (Breloer 1981,166; vgl. Ritter-Vosen 1977,75; Lehr 1985,168; Filipp/Gräser 1982,189).

Derartige Zielvorstellungen sprechen nicht nur für eine Integrierbarkeit des Selbsterfüllungsansatzes in die Altenbildung, sie implizieren den Selbsterfüllungsansatz geradezu, wenngleich meist unausgesprochen. Denn bisher stellen nur einige Autoren die genannten Ziele explizit in einen Zusammenhang mit den SFPs. Größtenteils bleibt die Bedeutung der postulierten Ziele unbegründet. Zu fragen wäre hier, warum die Autoren dem Vorhandensein eines positiven Selbstkonzepts, positiver Erwartungen und Einstellungen etc. so hohe Bedeutung beimessen. Der Selbsterfüllungsansatz stellt eine Möglichkeit dar, diese Frage zu beantworten (vgl. Abschnitt 2.13.3.2).

In der Gerontologie, besonders in der Interventionsgerontologie, werden auch einige Begriffe verwendet, die >äußerlich< mit dem Selbsterfüllungsansatz eng verbunden erscheinen. Bei näherer Betrachtung erweist sich jedoch die zunächst naheliegende Annahme einer Begriffsverwandtschaft als fragwürdig bzw. unhaltbar.

So wird etwa in der Psycho-Gerontologie betont, daß es im Alter wichtig sei, eine "Korrektur von Erwartungen" oder eine "Revision inadäquater Erwartungen" vorzunehmen (z.B. Lehr 1985a,155,167f; Schmitz-Scherzer u.a. 1988, 458). Gemeint ist damit, zu hochgesteckte Erwartungen abzubauen. Diese Formel "Korrektur von Erwartungen" verwendet offenbar einen normativen Erwartungsbegriff (vgl. Abschnitt 1.1.4). Denn es geht hier darum, unrealistische Wünsche auf ein realistisches Maß zurückzuschrauben, da sich sonst unvermeidbar Enttäuschungen einstellen. Dies hat mit SFPs nichts zu tun, da man hier offensichtlich davon ausgeht, daß sich die Wünsche nicht erfüllen werden. Eine Nichterfüllung schließt auch eine Selbsterfüllung aus.

Man nimmt an, daß die *Antizipation* künftiger Lebensereignisse eine positive Wirkung auf die spätere Bewältigung dieser Ereignisse hat. Deshalb will man in der Altenbildung oder der >Entwicklungsberatung< solche Antizipationen als prophylaktische Intervention anregen (z.B. Nies/Munnichs 1986,55f; Kruse /Lehr 1989,333; Sitzmann 1981,127; Petzold 1985,101f; Lehr 1985a,155,159; 1987a,231; 1987c,22; Kruse 1987a,91-93; 1987b,368). Mehrfach bestätigten empirische Untersuchungen eine positive Korrelation zwischen der Antizipation des Ruhestands und der späteren "Anpassung an den Ruhestand" (Thompson 1968,284; Dreher 1970,157,170; vgl. Lehr 1985a,164; Kruse 1987a, 91-93). Aus der Sicht des Selbsterfüllungsansatzes ist diese grobe empirische Variable "Antizipation" als Coping-Stategie genauer zu differenzieren.

- Versteht man unter Antizipation in Anlehnung an Lehr eine sehr konkrete, detaillierte, gedankliche Vorwegnahme einer zukünftigen Situation (1985a,164,168), so ist aus dem Blickwinkel des Selbsterfüllungsansatzes festzustellen, daß für die Auswirkung der Antizipation nicht nur maßgebend ist, *ob* überhaupt etwas antizipiert wird, sondern auch *wie* etwas antizipiert wird. Stellt sich jemand seinen Ruhestand in allen Details unangenehm und schrecklich vor, so wird sich die pauschale Aufforderung an einen von solchen Erwartungen geplagten älteren Berufstätigen, sich seinen Ruhestand so oft wie möglich vorzustellen, als schädlich erweisen.

- Versteht man unter Antizipation das aktive >Pläneschmieden< und das äußere und innere Vorbereiten auf eine zukünftige Situation, so stellt die Erwartung vermutlich eine bisher ungenügend berücksichtigte Moderatorvariable für die Antizipation dar. Jemand, der Negatives von seinem

Ruhestand erwartet, wird wohl dazu tendieren, sich weniger mit dieser ihm unangenehm erscheinenden Zukunft zu beschäftigen.

In vielen Studien wurde ein Zusammenhang zwischen der positiven Einstellung zum Berufsende und der Zukunftsorientierung, der gedanklichen Antizipation mit der Ruhestandssituation, dem Vorhandensein von konkreten Plänen für diese Zeit und einer generell höheren Informiertheit über finanzielle, rechtliche und andere lebenspraktische Fragen zum Ruhestand festgestellt (vgl. Lehr 1984,322). Die Kausalbeziehung dieser relationalen Studien wurde öfters vorschnell in Richtung Erwartung und Einstellung als abhängige Variable interpretiert. Auch hat man daraus für die Intervention den Schluß gezogen, daß die Antizipation des Ruhestands anzuregen sei, weil sie eine positive Erwartungshaltung bedinge. Allerdings erscheint die Interpretationsrichtung der Erwartung als unabhängige Variable mindestens genauso plausibel: Wenn jemand einen negativen Ruhestand erwartet, wird er weniger bereit sein, sich mit ihm vorwegnehmend auseinanderzusetzen.

(2.) Empirische Wirkungskontrolle von Altenbildungskursen

Effizienzstudien zu den Bildungsbemühungen in der Altenbildung sind bisher kaum vorhanden (Schmitz-Scherzer 1984,536,539; vgl. Schuster-Oeltzschner 1984,279; Schmitz-Scherzer 1984,539f; Schneider 1981,58f; Kuhne 1978,81-85). Die bereits durchgeführten Wirkungsanalysen sind noch nicht allzu aussagekräftig (Lehr 1984,322). Beispielsweise ist die Befragung der Teilnehmer, wie sie die Effektivität ihres Kurses nachträglich einschätzen, oder ob sie zufrieden mit ihm sind, keine valide Beurteilung des Kurs-Erfolgs hinsichtlich seines tatsächlichen Gewinns (Kuhne 1978,81).

In Effizienzuntersuchungen von Vorbereitungskursen auf den Ruhestand wurden auch die Veränderungen von Einstellungen und Bedenken gegenüber der Zukunft einbezogen (z.B. Schneider 1975; 1977). Im allgemeinen sind die bisher gewonnenen Ergebnisse hinsichtlich des "Abbaus von negativen Erwartungen" nicht eindeutig (Tews 1978,234). Einige dieser Studien weisen darauf hin, daß in den analysierten Kursen die Einstellungen und Gefühle gegenüber der Pensionierung positiver wurden (Schneider 1975b,76; Tews 1978,232).

3.4.2 INTERVENTIONSMÖGLICHKEITEN IN DER ALTENBILDUNG

Für institutionalisierte Bildungsmaßnahmen lassen sich aus dem Selbsterfüllungsansatz zwei Hauptkategorien ableiten. Dies gilt auch für die veranstaltete Altenbildung. Sie bilden das Untergliederungsraster für die folgenden Ausführungen.

1. Der Selbsterfüllungsansatz als Bewältigungsversuch von **veranstaltungsexternen** Problemen, die mit dem Thema bzw. dem *Lerninhalt* der Altenbildungsveranstaltung in Verbindung stehen. Diese Probleme bringen die Teilnehmer von außen zur Bearbeitung in die Veranstaltung mit (z.B. SFPs, die durch Altersstereotypen ausgelöst werden, oder Erwartungen gegenüber be-

deutsamen Lebensereignissen, die konzeptionell im Mittelpunkt einer Veranstaltung stehen).

2. Der Selbsterfüllungsansatz als Bewältigungsversuch von **veranstaltungsinternen** Problemen, die in den *Lern- und Kommunikationsprozessen* innerhalb der Altenbildungsveranstaltung auftreten und vom Kursthema unabhängig sind. Diese Probleme werden nicht zur Bearbeitung von außen mitgebracht, sondern entstehen erst in der Veranstaltung selbst (z.B. SFPs des Kursleiters oder der Teilnehmer in bezug auf ihre Lernleistung).

Die erste Kategorie spielt insbesondere in lebensproblemorientierten Veranstaltungen eine Rolle, während die zweite Kategorie prinzipiell in jedem Veranstaltungstyp, auch in Veranstaltungen zur Lebensbereicherung relevant wird.

Die folgende Zusammenstellung der Interventionsstrategien ist keine systematische und vollständige Übertragung der allgemeinen, pädagogischen Strategien (Abschnitt 3.3) auf die Altenbildung, sondern stellt eine Auswahl ihrer Verfahren dar, die im Bereich der Altenbildung besonders geeignet und realisierbar erscheint. Die Anwendung des Selbsterfüllungsansatzes in der Altenbildung kann das zentrale Konzept einer Veranstaltung darstellen. Dieser Ansatz kann aber auch als konzeptionell verankerter Teilaspekt oder sogar als ad hoc zu berücksichtigender Teilaspekt betrachtet werden. Die folgenden Interventionsvorschläge sind also durchaus nicht unbedingt als einzige Intention und Maßnahme eines Gerontagogen in bezug auf eine bestimmte Veranstaltung aufzufassen.

3.4.2.1 Bewältigung veranstaltungsexterner Probleme

Versuche, veranstaltungsexterne Probleme mit dem Selbsterfüllungsansatz anzugehen, können implizit oder explizit unternommen werden (vgl. Abschnitt 3.2.2.3).

3.4.2.1.1 Implizites Intervenieren

Bei impliziten Interventionen sind die (sich selbst erfüllenden) Erwartungen und ihre Veränderung zwar das Ziel der pädagogischen Absicht; sie müssen als solche aber nicht unbedingt explizit als zu behandelnder Gegenstand in Erscheinung treten. Damit ist die Zielrichtung der Maßnahmen dem Teilnehmer nicht zwangsläufig transparent.

(1.) Erwartungsändernde Sachinformation

Informationen über bestimmte Erwartungsgegenstände sind dann angezeigt, wenn negative Erwartungen das Produkt gänzlich oder partiell unrichtiger Annahmen über die betreffenden Sachverhalte sind. Dadurch, daß dem Altenbildungsteilnehmer die zutreffende Sachinformation präsentiert wird, welche kontraintuitiv ist, soll es ihm ermöglicht werden, seine Erwartungen zu korrigieren, ohne daß diese Erwartungen selbst in der Veranstaltung thematisiert werden. Solche Informationen können in kenntnisorientierten Lehrformen publikumsgerecht vermittelt werden (z.B. in einem Vortrag mit anschließender

Diskussion). Insbesondere ist dabei der simplifizierenden, populären Auffassung entgegenzuwirken, einen bestehenden, jedoch schwachen Zusammenhang zwischen zwei Variablen (z.B. Lebensalter und Krankheit) pauschal als perfekte Korrelation (r = 1) mißzuverstehen und als monokausal zu interpretieren (vgl. Jussim 1986,432).

Sachlich zu informieren, ist dann sinnvoll, wenn unterstellt werden kann, daß bestimmte auf falschen Vorinformationen beruhende Erwartungen von vielen Menschen geteilt werden (z.B. Stereotypen, typische Vorurteile). Voraussetzung für dieses Vorgehen sind zweierlei Erkenntnisse: Erstens, typische, allgemeinverbreitete, unzutreffende, erwartungsgenerierende Annahmen müssen bekannt sein; und zweitens, es muß bekannt sein, wie die jeweiligen Sachverhalte zutreffend beschrieben werden können. Die zu vermittelnde Information sollte also weitgehend abgesichert und belegbar sein. Eine hinsichtlich der Erwartungsbildung günstige, aber zweifelhafte Information könnte sich zwar, wie Experimente zeigen, kurzfristig durchaus als erfolgreich auswirken (z.B. "Prognosen zeigen, daß Ihre Generation bei bester Gesundheit sehr alt werden wird!"). Aus ethischen und praktischen Gründen (langfristiger Vertrauensschwund gegenüber Maßnahmen der Altenbildung) ist dies jedoch abzulehnen.

Solche unzutreffenden Informationen sind oft der Grund für soziale Stereotypen. Die einzelnen Stereotypen selbst brauchen bei dem Vorgehen "erwartungsändernde Sachinformation" nicht angesprochen zu werden. Zum Teil werden solche Altersstereotypen auch durch die Forschung selbst hervorgerufen bzw. bereits vorhandene bestätigt. So wurde z.B. bei der Interpretation von Daten, die aus Untersuchungen zu Veränderungen im Alter stammen, nicht beachtet, daß die Lebensaltereinflüsse mit den epochalen und kohortenspezifischen Einflüssen konfundiert sind (z.B. Baltes 1984). Erwartungsändernde Informationen können sich beispielsweise auf folgende Sachverhalte beziehen.

Das Defizitmodell des Alterns gilt inzwischen in seiner Pauschalität als widerlegt (vgl. Thomae/Kruse u.a. 1987,29ff; Fülgraff 1985,266; Lehr 1985,167). In diesem Zusammenhang ist in der Altenbildung darauf aufmerksam zu machen, daß die große interindividuelle Varianz von Altersveränderungen auf die Abhängigkeit der Alternsprozesse von kulturellen, gesellschaftlichen und biographischen Bedingungen hinweist (Ulich/Saup 1984,712). Insbesondere bei den Variablen Lebenserwartung, körperliche Abbauerscheinungen, Erhaltung der Selbständigkeit und der intellektuellen Leistungsfähigkeit wird häufig, auch empirisch gestützt, der Einfluß des (prinzipiell steuerbaren) Umwelteinflusses auf die Alternsprozesse zuungunsten der Erbanlage betont (Baltes 1987,354ff).

Ein allgemeinverbreitetes Stereotyp ist das rigide, universelle Gleichsetzen von Alter mit Krankheit. Tatsächlich leiden nur ca. 10% der über 65jährigen älteren Menschen an pflegebedürftigen Behinderungen (Lehr 1977a,346; vgl. Kruse 1987b,363; Ulich/Saup 1984,702). Von den 60-70jährigen sind weniger als 1% pflegebedürftig. Von den 70-80jährigen sind es 8% und selbst bei den 80-90jährigen sind es noch unter 20% (vgl. Kruse 1987b,365; Lehr 1987c,13).

Auch im Alter ist es, entgegen den weitverbreiteten Vorurteilen, durchaus noch möglich, Fähigkeiten, Fertigkeiten und neues Wissen hinzuzugewinnen und die eigene Kompetenz noch zu steigern, z.B. im Bereich des Lernens, der Intelligenz, der Bewältigung von Lebensaufgaben und Belastungssituationen (Kruse 1987b,343; Rosenmayr 1987,60ff; Ulich/Saup 1984,703; Baltes 1984; Lowy 1976,172). Die großen interindividuellen Unterschiede, welche die Lern- und Gedächtnisforschung entdeckte, verbieten es, generell von schlechteren Leistungen im Alter zu sprechen (Kruse 1987b,356f). Altersvergleichende Studien erbrachten, daß z.B. das Kurzzeitgedächtnis im Alter überhaupt nicht abnimmt (Kruse 1987b,358). Auch die berufliche Leistungsfähigkeit wird nur geringfügig vom Lebensalter bestimmt (Lehr 1984,318). Folgende Feststellungen richten sich gegen typische negative Altersstereotypen:

- Der überwiegende Anteil der über 70jährigen ist in der Lage, ein selbstverantwortliches und unabhängiges Leben zu führen (Kruse 1987b,364f). Lediglich knapp 3% der über 65jährigen leben in Heimen (Lehr 1987c,18).
- Das Leben vieler alter Menschen ist nicht durch Isolation und Vereinsamung zu kennzeichnen (Lehr 1981,93; 1987c,17,21,23; 1988b; 1988c).
- Es wurde nur ein geringer Zusammenhang von sexueller Aktivität und Lebensalter gefunden (Rosenmayr 1987,55f; Ulich/Saup 1984,704).
- Auch die Disengagement-Hypothese ist als deskriptive Global-Behauptung zurückzuweisen. Viele ältere Menschen sind noch hoch aktiv und sehr zufrieden damit (Lehr 1987c,18; Ulich/Saup 1984,705).

Derartige Informationen müssen sich nicht auf die Fest- und Richtigstellung von Sachverhalten beschränken, sondern können auch Mitteilung und Vorschläge von Möglichkeiten beinhalten, wie angeblich altersabhängige Variablen zu kontrollieren sind. Innerhalb des Selbsterfüllungsansatzes kommt es dabei weniger darauf an, daß die Teilnehmer diese Vorschläge tatsächlich annehmen und realisieren. Von Bedeutung ist vielmehr, daß dadurch eine Erwartung der Veränderbarkeit und Kontrollierbarkeit einer Situation erzeugt wird (Thomae 1981; vgl. Abschnitt 1.6.1.3). Beispielsweise kann vorgeschlagen werden, wie die kognitive Leistungsfähigkeit (z.B. Dittmann-Kohli 1983; 1986; o.J.) oder die körperliche Leistungsfähigkeit (Kruse 1987b,377ff) zu fördern bzw. zu erhalten ist. Abgestimmt auf die Persönlichkeit und den Bildungsstatus der Teilnehmer können auch Hinweise auf örtliche Möglichkeiten der sinnvollen Freizeitbeschäftigung und des Sozialkontakts für ältere Menschen gegeben werden.

(2.) Kennenlernen von alternativen Erwartungen in Diskussionsveranstaltungen

Das rigide Festhalten an bestimmten Erwartungen kann auf Unkenntnis alternativer, möglicher Ereignisentwicklungen beruhen. Das Kennenlernen von alternativen Erwartungen kann innerhalb einer Diskussionsgruppe der Teilnehmerschaft erfahrungs- und erlebnisorientiert vor sich gehen, wofür ein Austausch der allgemeinen Zukunftssichtweisen anzuregen ist. Dabei wird auf die Pluralität der Meinungen und Ansichten innerhalb der Teilnehmerschaft gesetzt. Das Kennenlernen anderer Vorstellungen und Erwartungen erweitert den eigenen Horizont und führt zur Überprüfung der Richtigkeit der eigenen Ansichten und Erwartungen. Alternative Denk- und Handlungsmöglichkeiten werden eröffnet, Relativierungen ermöglicht und die Erwartung, grundsätzlich etwas tun und verändern zu können, wird unterstützt. Der Pädagoge tritt dabei als Diskussionsleiter auf und nicht als Informationslieferant.

Bsp.: Die Erwartung der sozialen Isolierung in der "empty-nest-Situation" kann durch die Anschauung von anderen Teilnehmern relativiert werden, welche mit dieser Situation eher eine erwartungsvolle Freude assoziieren im Hinblick auf die zusätzlichen Freiräume, die dadurch im sozialen Bereich entstehen.

Nach sozialpsychologischen Befunden sind (Klein-) Gruppen-Diskussionsveranstaltungen besser geeignet als Vorträge (mit Plenumsdiskussion), wenn dauerhafte und verhaltenswirksame Einstellungsänderungen angestrebt werden (Hess-Kohler 1982,45f). Dies konnte auch speziell in Kursen zur Altersvorbereitung bestätigt werden (Schneider 1975; 1981,58; Kuhne 1978,95).

Derartige Diskussionen über die Zukunft können auch durch künstlerische Produkte zum jeweiligen Thema als Diskussionsanreger eingeleitet werden. Eine solche Impulsgeberfunktion wird in der Regel am ehesten durch das Darbieten von provokativ überzeichnenden Alternativen erreicht. Zu denken ist dabei etwa an Liedtexte, in denen es heißt, daß das "Leben mit 66 Jahren erst anfängt" (U. Jürgens) oder wonach das "Alter kein bißchen weise macht" (C. Jürgens). Auch provokante, gegenkulturelle Filme mit "sozialromantischen Zügen" (Fluck 1979,264) wie Fassbinders "Angst essen Seele auf", Sinkels "Lina Braake", "Harold & Maude" (Ashby 1971) oder "Miss Marple" von Agatha Christie, in denen ältere Menschen sich z.T. als "unwürdige Greise" benehmen, typische Verhaltensweisen von Jugendlichen annehmen (Motorradfahren) oder erstaunliche Aktivitäten entwickeln (Kriminalfälle schneller als Scotland Yard lösen), sind als Diskussionsimpuls ebenfalls einsetzbar. Über die Verwendung von Filmen in der Altersvorbereitung berichtet Stalder (1981).

(3.) Vermittlung von (praktischer Lebens-) Erfahrung innerhalb der Altenbildungsveranstaltungen

Neue, erwartungswidrige positive Erfahrung zu ermöglichen, ist besonders angezeigt, wenn sich negative Erfahrungen und negative Erwartungen in einem zirkulären Kausal-Prozeß bewegen. In der Altenbildung sind dafür exemplarische Situationen so zu gestalten, daß abweichende Erfahrungen wahrscheinlich werden, die wiederum die Erwartungen günstig beeinflussen. Dabei ist auf einen Transfer-Effekt zu hoffen, der die Erwartung über die erfahrene Situation hinaus verallgemeinert.

Die Gelegenheiten, innerhalb der Altenbildung praktische Lebenserfahrung gewinnen zu lassen, scheinen auf den ersten Blick gering zu sein. Jedoch bieten Veranstaltungen nicht nur die Chance der Reflexion über das "Leben", sondern stellen durchaus selbst einen, wenn auch exzeptionellen Lebensraum dar. Diese Ausnahme-Situation bringt einerseits Transfer-Probleme mit sich (Übertragung

auf das >wirkliche< Leben), bietet andererseits aber auch den Vorteil, daß die gewohnte erwartungsstabilisierende Umwelt weitgehend fehlt, so daß sich dadurch auch zusätzliche Chancen auf eine Veränderung eröffnen. Beispiele solcher Erfahrungsmöglichkeiten im Rahmen von Veranstaltungen der Altenbildung sind:
- Erfahrung der eigenen Leistungsfähigkeit (je nach Kursthematik), welche das Selbstvertrauen in die eigenen Kompetenzen stärkt;
- positive soziale Erfahrungen in der Gruppenarbeit (z.B. Erlebnis des Akzeptiertwerdens im Kreis der Teilnehmer)(Kuhne 1978,77,94,98);
- Lösen von Alltagsproblemen, die mit der Durchführung der Veranstaltung gekoppelt sind (z.B. Auftrag an einen Teilnehmer, den Bus für einen geplanten, gemeinsamen Ausflug zu bestellen);
- "exchange-learning", bei dem sich alte und junge Menschen gegenseitig etwas beibringen, als Möglichkeit, ein positives Selbstkonzept aufzubauen (Petzold 1985,75ff).

3.4.2.1.2 Explizites Intervenieren

Erwartungen bzw. der Selbsterfüllungsansatz werden bei den folgenden Interventionsstrategien explizit in der Veranstaltung angesprochen.

(1.) Aufklärung über die Selbsterfüllung

Die Vermittlung des Gedankens der SFP, der situativen Erscheinungsformen von SFPs im Alltag oder der typischen, potentiellen Wirkmechanismen kann bereits als eigenständige Intervention gelten, wobei es dem Teilnehmer selbst überlassen bleibt, welche Konsequenzen er daraus zieht. Die aufklärende Vermittlung kann aber auch in Verbindung mit den folgenden Maßnahmen eingesetzt werden.

(2.) Reflexion der gesellschaftlichen Erwartungen gegenüber dem Alter

Viele individuelle Erwartungen gegenüber dem eigenen Lebensverlauf werden unreflektiert von allgemeinen, gesellschaftlichen Erwartungen übernommen (z.B. Entwicklungsaufgaben, soziale Rollen, Stereotypen). In der Bildungsveranstaltung können typische gesellschaftliche Alterserwartungen als solche diskutiert und bewußt gemacht werden. Denn Zusammenhänge, die nicht bewußt sind, können nicht kritisch hinterfragt werden. Erst durch ihr Aufdecken wird es möglich, dazu Stellung zu beziehen und gegebenenfalls die Annahme solcher vorgefertigter >Muster< abzulehnen. Im Unterschied zum Vorgehen "erwartungsändernde Sachinformation" geht es hier nicht um die >objektive< Richtigstellung der Stereotypen, sondern um eine persönliche Meinungsbildung der Teilnehmer zu diesen Annahmen.

Eine Reflexion gesellschaftlicher Erwartungen ist sowohl kenntnisorientiert als auch erlebnisorientiert anzuregen. Bei letzterem wird bei den Erfahrungen der

Teilnehmer selbst angesetzt. Sie können etwa gefragt werden, welche Altersbilder nach ihrer Meinung existieren, mit welchen sie selbst konfrontiert wurden oder werden, inwieweit diese Bilder zutreffend sind und wie sie sich damit auseinandersetzen. Die Verbreitung von Altersstereotypen läßt sich in den Veranstaltungen besonders deutlich an den Massenmedien demonstrieren. Vorstellungen über typische Altersschicksale und das altersgemäße Verhalten werden in der Massen-Unterhaltung mitkonsumiert. Eine Sensibilisierung gegenüber diesen feinen Manipulationsmechanismen und ihren Quellen soll gegen die naive Übernahme solcher Stereotypen immunisieren (Bosch 1981,468f). Das Fernsehen (a.a.O.,462,464,467-469), die Tageszeitungen und Schullesebücher wurden als Vermittler von Altersstereotypen bereits identifiziert (vgl. Ulich /Saup 1984,702).

(3.) Reflexion und Veränderung von persönlichen Erwartungen mit Hilfe von erlebnisaktivierenden Methoden

Nicht nur die gesellschaftlichen Erwartungen, sondern auch die persönlichen Erwartungen gegenüber dem eigenen Lebensverlauf sind oft nicht voll bewußt. Es ist deshalb sinnvoll, die Teilnehmer dazu anzuregen, diese Erwartungen zu reflektieren und gegebenenfalls zu ändern. Dazu kann auf bestimmte erlebnisorientierte Methoden zurückgegriffen werden, die nur in länger andauernden Altenbildungsmaßnahmen durchführbar sind, da sie eine gewisse Vertrautheit der Teilnehmer untereinander voraussetzen. Folgende Leitfragen dienen der Reflexion der eigenen Erwartungen (vgl. Radebold/Bechtler 1984,25; Kruse 1987b,391): Welche Erwartungen bestehen hinsichtlich bedeutsamer Altersthematiken? Wie ist die affektive Wertung der Erwartungen (Zukunft als freundlich/bedrohlich/angstbesetzt etc.)? Wie sind diese Erwartungen entstanden? Sind sie in ihrer Prognose tatsächlich realistisch? Welche Verhaltenskonsequenzen ziehen sie nach sich?

Petzold schlägt einige methodische Hilfsmittel, sogenannte "erlebnisaktivierende Methoden", für die Altenbildung vor, die auch für die Reflexion und Veränderung von Einstellungen und Erwartungen verwendbar sind: z.B. das Rollenspiel, die Technik der Zukunftsprojektion und die Panorama-Technik. Über den Einsatz des Rollenspiels in der Altenbildung berichten auch Kuhne (1978,77,94,98) und Kallmeyer mit Mitarbeitern (1976,74,76).

Mit psychodramatischen Rollenspielen sind nicht nur vergangene Situationen aus der Erinnerungsvorstellung darstellbar, sondern auch zukunftsbezogene Phantasievorstellungen und Erwartungen (Petzold 1985,104-108). Indem die Teilnehmer ihre Zukunft szenisch darstellen, wird ihr Erleben der eigenen Zukunft intensiviert und mit größerer innerer Beteiligung vergegenwärtigt, als dies auf der rein verbalen Ebene gelingt. Je stärker das affektive Erleben in der Gegenwart des Rollenspiels ist, desto genauer wird die Zukunft antizipiert (a.a.O.,104). Die Spielhandlung ermöglicht es, Details von Erwartungen sichtbar zu machen, die auf bloßes Nachfragen hin meist nicht in gleichem Umfang bewußt werden würden. Im Anschluß an das Rollenspiel können die aufgedeckten Erwartungen in einer Nachbesprechung von den Teilnehmern, sei es als Mitspieler oder als Zuschauer, zusammengetragen und reflektiert werden. Es ist dazu nicht notwendig, dramatische >Schlüsselszenen< zu spielen. Auch anhand von scheinbar alltäglichen Routinehandlungen werden die Erwartungen sichtbar (z.B. vorgestellte Frühstücksgespräche oder ein Besuch der Kinder nach der Pensionierung). Es ist weniger von Bedeutung, ob die Teilnehmer in der Spielanleitung durch den Gerontagogen darum gebeten werden, typische persönlich erwartete Situationen zu spielen oder sich verallgemeinernd vorzustellen, was "ein" typischer älterer Mensch in einer bestimmten Situation erlebt und wie er handelt. >Eigenanteile< werden auf jeden Fall in die Spielhandlung mit eingearbeitet werden, wobei in der Nachbesprechung ein behutsames Umgehen mit diesen Eigenanteilen anzuraten ist. Je nach dem Grad der Bereitschaft der Teilnehmer, ihre Privatsphäre mit den anderen Teilnehmern zu teilen, können diese Eigenanteile mehr abstrakt oder konkret individuell besprochen werden.

In psychodramatischen Rollenspielen ist nicht nur erwartete Zukunft transparent zu machen. Es ist dabei auch möglich, Alternativen zu den erwarteten Situationen und Ereignissen zu entwickeln und einzuüben. Die alternativen Vorstellungen, die dabei entstehen, regen Erwartungsänderungen an. Beispielsweise können die Spieler dazu aufgefordert werden, realistische Wunschvorstellungen szenisch auszudrücken.

Eine weitere Möglichkeit, Erwartungen plastisch werden zu lassen, ist in der Technik der "Zukunftsprojektion" gegeben (Petzold 1985,103-108). Ähnlich dem katathymen Bilderleben (z.B. Pfeiffer 1988,428f) wird ein Teilnehmer aufgefordert, mit seiner Phantasie in die Zukunft zu reisen und dabei jeweils die erkennbaren Stationen dieser Gedanken-Reise zu beschreiben, die dann wiederum in der Gruppe der Teilnehmer psychodramatisch konkretisiert werden können. Auch dabei werden Wünsche, Hoffnungen und Befürchtungen deutlich.

Eine dritte Möglichkeit bietet die "Panorama-Technik" (Petzold 1985,112ff), in der die Zukunft symbolhaft in Zeichnungen und Bildern gestaltet und ausgedrückt wird.

Eine Methode, im Gespräch eine Reflexion der Erwartungen zu erleichtern, ist die person- oder klientenzentrierte Gesprächsführung durch den Gerontagogen. Diese >Gesprächshaltung< einzunehmen, kann in Verbindung mit den bereits dargestellten erlebnisaktivierenden Methoden hilfreich sein. Diese Gesprächsführung erleichtert es den Teilnehmern, auch über für sie bedrohliche, angstbesetzte Aspekte ihrer Zukunft zu reflektieren. Kunz und Lehnig (1979) sowie Weakland und Herr (1984,24-43,107f,124f,298-307) verweisen auf die Möglichkeiten des Einsatzes gesprächstherapeutischer Elemente in der Altenarbeit. Nicht nur zur Reflexion, sondern auch zur Veränderung intrapersonaler Erwartungen (Selbstkonzept) in eine positive Richtung kann die personzentrierte Haltung verwendet werden. Speziell für die Altenbildung zeigen dies Wass und West (1977,414) auf. Die Wirksamkeit der klientenzentrierten Gesprächshaltung in bezug auf die Verbesserung des Selbstkonzepts älterer Menschen wurde vielfach empirisch bestätigt (z.B. Tausch 1981,55-57; Tausch u.a. 1979,67). Eine Untersuchung von Bergeest und Mitarbeitern (1977) ergab, daß gesprächstherapeutisch orientierte Gruppen bei älteren Menschen im Vergleich zu einer Kontrollgruppe das Selbstbild, das Bild vom Altern allgemein und altersstereotype Vorstellungen in positive Richtung verändern. Gerade auch die Effektivität der kurzzeitigen Anwendung in sogenannten "Minutengesprächen" macht das Einnehmen der gesprächstherapeutischen Haltung in der Altenbildung sinnvoll (vgl. Tausch u.a. 1979,66f).

(4.) Anbahnung von Selbsthilfemaßnahmen zur Erwartungsänderung

Auf der Grundlage der Erläuterung der Selbsterfüllung von Erwartungen und ihrer Bedeutung für den Alltag können in der Altenbildung Verfahren vermittelt und Verhaltensweisen empfohlen werden, mit deren Hilfe die Teilnehmer selbständig negative Erwartungen ändern oder vermeiden können. Dazu gehören z.B. Entspannungstechniken wie das Autogene Training (vgl. Abschnitt 3.3.1.4 -5; Rosenmayr 1981,28f). Ebenfalls hilfreich kann es sein, die eigenen Erfahrungsmöglichkeiten bei der Gestaltung des Alltags mit zu bedenken, die zur Erwartungsbildung beitragen. Dazu gehört es etwa,
- nach Möglichkeit Situationen zu vermeiden, die ungünstige Erwartungen erzeugen oder bestätigen. Beispielsweise sollte es vermieden werden, sich an den oft zu beobachtenden >Wettstreitgesprächen< im Wartezimmer des Arztes zu beteiligen, in denen man sich gegenseitig mit der Schwere der eigenen Krankheit >übertrumpfen< möchte.
- nach Möglichkeit solche Situationen aufzusuchen, in denen positive Erfahrungen gemacht werden können und das Selbstvertrauen gestärkt wird, oder Situationen so zu gestalten, daß positive Erfahrungen wahrscheinlicher werden (z.B. Kleine-Schritte-Technik beim Lernen; vgl. Abschnitt 3.3.1.1). Die angstvolle Erwartung sozialer Isolation bei der bevorstehenden emty-nest-Situation kann abgebaut werden durch das rechtzeitige (Wieder-) Einüben von sozialkontaktförderndem Verhalten.

3.4.2.1.3 Fortbildung der Mitarbeiter in der Altenarbeit

Auch die Mitarbeiter im Bereich der Altenarbeit bewirken SFPs in bezug auf ihre Klienten. Das ist im Kontext der Altenbildung insofern von Bedeutung, als Gerontagogen auch mit der Aus- und Weiterbildung solcher Mitarbeiter betraut werden. (Auch Personen, die sich privat um alte Menschen bemühen und in speziellen Kursen Hilfen dazu erhalten, sind in einer ähnlichen Situation wie die genannten Mitarbeiter. Auch sie können deshalb ähnlich unterwiesen werden , z.B. in Kursen wie "Hilfen für Angehörige älterer Menschen".) Fortbildungsmaßnahmen scheinen bei diesen Mitarbeitern besonders nötig zu sein, da nach Petzold in keinem Gebiet der sozialen Arbeit so viele unausgebildete Kräfte tätig sind wie in der Altenarbeit (1985,9). Die Existenz von Alltagstheorien über alte Menschen und von negativen Altersstereotypen, die zu SFPs werden, läßt sich auch in der Praxis der geschlossenen Altenhilfe aufzeigen (Strauch 1978,114; Zimmermann 1976,205). Strauch weist solche vereinfachten Vorstellungen vom Alter in der Fachliteratur für Praktiker der Altenhilfe nach (1978,115-118). Menschen, die beruflich hauptsächlich mit Klienten in der dritten Lebensphase zu tun haben, scheinen eine negativere Einstellung gegenüber den alten Menschen zu haben als die allgemeine Bevölkerung (Zimmermann 1976,204). In Forbildungsmaßnahmen für Mitarbeiter der Altenarbeit kann und sollte die Chance ergriffen werden, durch eine Aufklärung über das Phänomen der Selbsterfüllung, negative SFPs zu vermeiden. Dabei sind typische, potentielle Anwendungsfälle für die jeweiligen Arbeitsbereiche zu nennen.

- Durch die Erwartung, daß alte Menschen selbst nicht mehr im Alltag zurechtkommen, wird ihnen oft mehr an täglichen Verrichtungen als nötig abgenommen. Damit werden sie in eine Hilfeempfänger-Rolle gedrängt. Durch diese Rolle und dem damit verbundenen "disuse" von Fähigkeiten verlieren sie ihr Selbstvertrauen und die entsprechenden Kompetenzen, so daß sie schließlich tatsächlich hilfsbedürftig werden (vgl. Kruse/Lehr 1984,235).
  Auch durch gutgemeinte, übermäßige Schonung und Rücksichtnahme werden die "Selbständigkeits- und Aktivitätsbemühungen des älteren Menschen, vor allem des genesenden Patienten, im Keime erstickt" (Lehr 1985,167).
- Die z.T. auch in Institutionen wie Pflege- und Altenheimen übliche, respektlose Anrede der alten Menschen mit "Opa", "Oma" oder das unangebrachte "Du" (Lehr 1983,154) trägt zur Depersonalisation und zur Erzeugung eines negativen Selbstbilds bei ("Ich bin jemand, mit dem so umgegangen werden darf!") mit den entsprechenden Konsequenzen für die intrapersonalen Erwartungen. Gleiche Folgen haben auch durch die Alltagsroutine und Vereinheitlichung der Arbeitsabläufe eingeschliffene Verhaltensweisen des Personals von Heimen, die oft den noch verbliebenen Rest von Privatsphäre mißachten und verletzen (z.B. das Betreten eines Privatraumes prinzipiell ohne anzuklopfen).

3.4.2.2 Bewältigung veranstaltungsinterner Probleme

SFPs sind nicht nur Thema und expliziter oder impliziter Inhalt von Bildungsveranstaltungen für alte Menschen. Sie erscheinen auch selbst als hinderliche oder förderliche Faktoren im Verlauf solcher Bildungsbemühungen und beeinträchtigen deren Erfolg. Es können SFPs also auch im >Lebensbereich Altenbildung< selbst vorkommen.

Die Erwartungen der Teilnehmer und der Gerontagogen sind eine Art intervenierende Variable, die das Lehren und Lernen mitsteuert. Der Gerontagoge sollte möglichst vermeiden, die Teilnehmer zu über- oder zu unterfordern (Kruse 1987b,387; Fülgraff 1985,273). Überforderung erzeugt Angst, Unsicherheit oder die Befürchtung der Teilnehmer, daß sie den Aufgaben und Inhalten der Veranstaltungen nicht gewachsen sind. Die damit verbundenen Erwartungen, gerade am Anfang einer Bildungsveranstaltung, können das Lernen blockieren und sich selbst erfüllen. Fülgraff schlägt vor, daß die Gerontagogen die Teilnehmer möglichst ermutigen und diese, ohne bedrohlich zu wirken, herausfordern sollten (1985,273). Eine extreme Unterforderung im Sinne einer kindlichen Vereinfachung der Sachverhalte oder der Sprache im Lehrgespräch ist genauso schädlich. Sie signalisiert dem Teilnehmer, daß ihm nicht mehr zugetraut wird. Es kommt nicht nur darauf an, verbal zu lehren, sondern dem alten Menschen auch im Umgang zu vermitteln, daß er noch durchaus in der Lage ist, Neues zu lernen (Kruse 1987b,387f). An die Veranstaltung selbst werden von seiten des Teilnehmers bestimmte Erwartungen geknüpft (z.B. "Der Kurs wird mir nützen"). Es sollte deshalb nicht nur darauf geachtet werden, daß die Veranstaltung objektiv >gut< ist, sondern auch, daß sie von den Teilnehmern subjektiv als >gut< erlebt wird (Lehr 1987d,49).

Der Lehrende ist sich nicht immer bewußt, daß er sein eigenes "Werkzeug" ist und bereits z.B. durch Gestik und Mimik eine Wirkung ausübt (Fülgraff 1985, 273). In diesem Zusammenhang können seine Erwartungen zum >heimlichen Lehrplan< werden. Deshalb sollte auch der Gerontagoge seine eigenen Alters-stereotypen und Einstellungen gegenüber dem Alter "durcharbeiten" (Petzold /Bubolz 1976b,137; Fülgraff 1985,273). Auch die Erwartungen des Gerontagogen gegenüber dem Interesse, dem inhaltlichen Verstehen oder der Bereitschaft zur aktiven Beteiligung am Veranstaltungsgeschehen können sich selbst erfüllen. Die gewählten Veranstaltungsformen können als implizite Botschaften von den Teilnehmern aufgefaßt werden. Bubolz-Lutz (1984,137) weist darauf hin, daß das Selbstbild in Richtung Passivität, Hilflosigkeit und Trägheit durch Veranstaltungsformen, die ihn in die Konsumentenhaltung drängen (Dia-Vorführungen, Vorträge), gefördert wird.

Auch der institutionelle Rahmen der Altenbildung kann SFPs auslösen. Bereits die Veranstaltungsprogramme und -angebote eines Altenbildungsträgers enthalten die unausgesprochenen Erwartungen der Planer über den >durchschnittlichen< Teilnehmer. Werden nur Kurse zur leichten, beschaulichen Unterhaltung angeboten, so signalisiert das dem potentiellen Besucher dieser Veranstaltungen: "Mehr willst Du, oder kannst Du nicht!" (vgl. Kallmeyer u.a. 1976,16). Es ist deshalb auch von Bedeutung, Bildungssysteme auf ihre impliziten Erwartungen hin zu hinterfragen (vgl. Hanke/Mandl 1975,738).

NACHWORT

Mit den kognitiven Konstrukten, wie den Erwartungen und ihren Effekten, hat sich die Verhaltenswissenschaft keinem einfach zu untersuchenden Feld zugewandt. Durch das Studium wissenschaftlicher Literatur stellt sich bisweilen der Eindruck ein, als ob eine gewisse Beziehung zwischen den Hindernissen, die bei der Erforschung eines Untersuchungsgegenstands zu überwinden sind, und der praktischen Signifikanz eines solchen Gegenstands bestünde: Je bequemer ein Thema methodisch bearbeitbar ist, um so fragwürdiger scheint seine lebenspraktische Relevanz zu sein. Teilt man diesen Eindruck, so mag das Vorgehen, als Auswahlkriterium für Forschungsfelder die Einfachheit ihrer methodischen Zugänge heranzuziehen, an einen Witz von Paul Watzlawick (u. a. 1984,79) erinnern, wonach ein Angetrunkener seinen Schlüssel nachts unter einer Laterne sucht - im Wissen darum, daß er ihn dort nicht verloren haben kann -, weil es unter der Laterne "*heller*" ist.

Als eines der lebensbedeutsamen Resultate des vorsichtigen Vorantastens der SFP-Forschung im "*Halbdunkeln*" kann die Empfehlung gesehen werden, behutsam auf die eigenen Erwartungen und die der Mitmenschen zu achten. Wenn man will, ließen sich wohl spielend von jeder Lebenssituation aus genügend "rationale" Gründe finden, ständig eine bedrohliche Zukunft vor sich zu erblicken. Woody Allen läßt eine solche Lebensanschauung eine seiner Filmfiguren - karikaturistisch auf die Spitze getrieben - so formulieren: "Ich glaube, das Leben besteht aus zwei Teilen; dem Schrecklichen und dem Unglücklichen" (1988,45). Das Streben, trotz der uns umgebenden Lebensrisiken die >Daseinsfreude< zu erhalten bzw. negative Ereignis-Möglichkeiten nicht vorwegnehmend zu >erleben< oder sogar tatsächlich >*herbei zu erwarten*<, könnte man als eine universale, altersunabhängige "Entwicklungsaufgabe" bezeichnen.

Eine weitere aus der Betrachtung der self fulfilling prophecies ableitbare Erkenntnis betrifft unser Menschenbild. Mit Blick auf diesen Forschungszweig läßt sich erahnen, welche immensen Konsequenzen bereits von oft unbeachteten, minimalen Kommunikationsäußerungen ausgehen können, oder - mit einer Formel von Robert Rosenthal (1968a,51) ausdrückt - wie stark die "Wirkung eines Lächelns" sein kann.

LITERATUR

Adler A. (1971): Menschenkenntnis. Frankfurt a.M.

Adorno Th.W. (1969): Protokoll der Diskussion zum Referat von E. Scheuch auf dem 16. Dt. Soziologentag. In: ders. (Hg): Spätkapitalismus oder Industriegesellschaft? Stuttgart, 183-193

Allen W. (1988): Annie Hall (United Artists). In: ders.: Four films of Woody Allen. London, 2-109

Allport G.W. (1950): The role of expectancy. In: Cantril H. (ed): Tensions that cause wars. Urbana, IL, 43-78

Anderson S.M./Bem S.L. (1981): Sextyping and androgyny in dyadic interaction: Individual differences in responsiveness to physical attractiveness. J. of Pers. and Soc. Psych., 41, 74-86

Andersson B.-E. (1984): Wie Jugendliche die erwachsene Generation und die Erwachsenenrolle wahrnehmen. In: Olbrich E./Todt E. (Hg): Probleme des Jugendalters. Berlin, 297-315

Archibald W.P. (1974): Alternative explanations for self-fulfilling prophecy. Psychological Bulletin, 81, 74-84

Arnold W./Eysenck H.-J. (1980/2) (Hg): Lexikon der Psychologie. Basel

Aronson E./Carlsmith J.M. (1962): Performance expectancy as a determinant of actual performance. Journal of Abnormal and Social Psychology, 65, No 3, 178-182

Aronson E./Carlsmith J.M./Darley J.M. (1963): The effects of expectancy on volunteering for an unpleasant experience. Journal of Abnormal and Social Psychology, 66, No 3, 220-224

Asanger R./Wenninger G. (1988/4) (Hg): Handwörterbuch Psychologie. München

Ash P. (1966): Pre-retirement counseling. Gerontologist, 6, 61-64

Ashby H. (1971): Harold and Maude. USA: Paramount

Axt P./Fuchs H. (1985): Die Wandlungskraft des positiven Denkens. Freiburg

Babad E.Y./Inbar J./Rosenthal R. (1982): Pygmalion, Galatea, and the Golem: Investigations of biased and unbiased teachers. Journal of Educational Psychology, 74, 459-474

Baeyer C.L. von/Sherk D.L./Zanna M.P. (1978): Impression management in the job interview: When the female applicant meets the male (chauvinist) interviewer. (Unpubl. manusc.)

Bailey R.C./Helm B. et al. (1975): The effects of success and failure in a real-life setting: Performance, attribution, affect, and expectancy. The Journal of Psychology, 89, 137-147

Baker J.P./Crist J. (1972): Lehrererwartungen. In: Elashoff/Snow, 66-84

Baltes M. (1987): Erfolgreiches Altern als Ausdruck von Verhaltenskompetenz und Umweltqualität. In: Niemitz C. (Hg): Erbe und Umwelt. Frankfurt, 353-376

Baltes P.B. (1984): Intelligenz im Alter. Spektrum der Wissenschaft, H. 5, Jg. 1984, 46-60

Baltes P.B./Baltes M.M. (1989): Optimierung durch Selektion und Kompensation. Ein psychologisches Modell erfolgreichen Alterns. Zeitschr. f. Päd., 35. Jg., Nr 1, 85-105

Baltes P.B./Dittmann-Kohli F. (1982): Einige einführende Überlegungen zur Intelligenz im Erwachsenenalter. Neue Sammlung, 261-278

Baltes P.B./Eckensberger L. (1977) (Hg): Entwicklungspsychologie der Lebensspanne. Stuttgart

Bandler R. (1987): Veränderung des subjektiven Erlebens. Paderborn

Bandler R./Grinder J. (1981): Metasprache und Psychotherapie. Paderborn

Bandler R./Grinder J. (1984/2): Neue Wege der Kurzzeittherapie, Neurolinguistische Programme. Paderborn

Bandler R./Grinder J. (1985): Reframing. Paderborn

Bandler R./Grinder J./Satir V. (1976): Mit Familien reden. München

Barkey P. (1971): Self-fulfilling prophecy als Phänomen sozialer Interaktion der Erziehungsprozesse. Schule und Psychologie, 18. Jg., 264-274

Barns J. (1974): Effects of reality orientation. erontologist, 14, 138-144

Barns E./Sack A./Shore H.(1973): Guidelines to treatment approaches. The Gerontologist, Winter, 513-516

Bartenwerfer H./Raatz U. (1979): Methoden der Psychologie. Wiesbaden

244

Bau M. u.a. (1986): Einführung für Mitarbeiter in der Altenbildung. Frankfurt

Bauer E./Lucadou W.v. (1988): Parapsychologie. In: Asanger/Wenninger, 517-52G4

Bavelas A. (1965): Personal communication. Zit. nach Rosenthal/Jacobson (1971), 16 & 258

Becker P./Minsel B. (1982): Primäre Prävention schizophrener, neurotischer und psychosomatischer Störungen. In: Brandtstädter/Eye, 119-154

Beckmann J. (1984): Kognitive Dissonanz. Berlin

Behr M. u.a. (1989) (Hg): Jahrbuch für personzentrierte Psych. und Psychother. Bd. 1. Salzburg

Bender H. (1985): Persönlichkeitstheorien von Grundschullehrern. Weinheim

Bender H./Bauer E. (1977): Parapsychologie. In: Herrmann Th. (Hg): Handbuch psychologischer Grundbegriffe. München, 335-341

Bergeest H.-G./Steinbach J./Tausch A.-M. (1977): Psychische Hilfe für Besucher von Altentagesstätten durch Teilnahme an pers.zentr. Encountergruppen. Akt. Geront., 7, 305-313

Bergler R. (1968): Selbstbild und Alter. Darmstadt

Berka H.-H./Westhoff K. (1981): Lehrererwartungen und Schülerverhalten. Zeitschrift für Sozialpsychologie. 12, 1-23

Berman J.S. (1979): Social bases of psychotherapy: Expectancy attraction and the outcome of treatment. Harvard University (Diss.)

Bertaux P. (1963): Mutation der Menschheit. Frankfurt a.M.

Biberman G. et al. (1986): Comparison of return-on-effort and conventional expectancy theory predictions of work effort and job performance. Journal of Psychology, Vol 120 (3), 229-237

Bierbrauer G./Gottwald W. (1988): Mit Zins und Zinseszinsen. Psychologie heute, 32-35

Bierhoff H.W. (1988): Attribution. In: Asanger/Wenninger, 60-66

Biermann-Ratjen E./Eckert J./Schwartz H.J. (1983/3): Gesprächspsychotherapie. Stuttgart

Bindel R. (1987): Stottern als dialogische Fehlentwicklung. Göttingen

Birnbaum F. (1950): Versuch einer Systematisierung der Erziehungsmittel. Wien

Blanck P.D./Buck R./Rosenthal R. (1986) (eds): Nonverbal Communication in the clinical context. University Park, London

Blühm A. (1988): Pygmalion. Die Ikonogr. eines Künstlermythos zw. 1500 und 1900. Frankfurt

Bock J. (1978): Kommunikation und Erziehung. Darmstadt

Bortz J. (1984): Lehrbuch der empirischen Forschung. Berlin

Bortz J. (1985/2): Lehrbuch der Statistik. Berlin

Bosch E.-M. (1981): Ältere Menschen vor dem und im Fernsehen. Media Perspektiven 6/81, 461-470

Brandtstädter J. (1982): Methodologische Grundfragen psychologischer Prävention. In: Brandtstädter/Eye, 37-79

Brandstädter J./Eye A.v. (1982) (Hg): Psychologische Prävention. Bern

Brandstädter J./Gräser H. (1985) (Hg): Entwicklungsberatung unter dem Aspekt der Lebensspanne. Göttingen

Braukmann W./Filipp S.-H. (1984): Strategien und Techniken der Lebensbewältigung. In: Baumann U./Berbalk H. u.a. (Hg): Klinische Psychologie. Bd. 6. Bern, 52-82

Braun W. (1981) (Hg): Die ältere Generation. Bad Heilbrunn

Breloer G. (1974): Lebensproblematik als Organisationsprinzip der Altenbildung. Erwachsenenbildung, Bd. 20, 104-111

Breloer G. (1976): Bildungsarbeit mit alten Menschen aus gesellschaftspolitischer Sicht. In: Petzold/Bubolz (1976a), 61-88

Breloer G. (1981): Bildungsarbeit mit alten Menschen als Vorbereitung auf das Alter. In: Pro Senectute, 161-170

Breslauer K. (1989): Der Aufbau von Vertrauen und Verantwortungsbereitschaft in Erziehung und Unterricht. Pädagogische Welt, März, 108-112

Brezinka W. (1975/2): Grundbegriffe der pädagogischen Fachsprache. München

Brezinka W. (1976): Präzisierung des Begriffs "Erziehung". In: Weber, 152-171

Brezinka W. (1978): Metatheorie der Erziehung. München

Brezinka W. (1981/2): Erziehungsziele, Erziehungsmittel, Erziehungserfolg. München

Bronfenbrenner U. (1976/2): Erziehungssysteme. München

Brophy J.E. (1982): Research on the self-fulfilling prophecy and teacher expectations. East Lansing: Michigan State University

Brophy J.E. (1983): Research on the self-fulfilling prophecy and teacher expectations. Journal of Educational Psychology, 75, 631-661

Brophy J.E./Good T.L. (1970): Teachers communication of differential expectations for children's classroom performance: some behav. data. J. of Educ. Psych., No 5, Vol 61, 365-374

Brophy J.E./Good T.L. (1976): Die Lehrer-Schüler-Interaktion. München (dt. Hg: Ulich D.)

Bruner J.S. (1951): Personality dynamics and the process of perceiving. In: Blake R.R./Ramsey G.V. (eds): Perception - an approach to personality. New York

Brusten M./Hohmeier J. (1975) (Hg): Stigmatisierung. Neuwied

Brusten M./Hurrelmann K. (1976): Abweichendes Verhalten in der Schule. Eine Untersuchung zu Prozessen der Stigmatisierung. München

Bubolz-Lutz E. (1983): Bildung im Alter. Freiburg

Bugental D.B./Shennum W.A. (1984): Difficult children as elicitors and targets of adult communication patterns: an attrib.-behav. transactional analysis. Univ. of Chicago Press

Bühler Ch. (1962): Psychologie im Leben unserer Zeit. München, Zürich

Bungard W. (1984): Sozialpsychologische Forschung im Labor. Göttingen

Bungard W./Lück H.E. (1974): Forschungsartefakte und nicht-reaktive Meßverfahren. Stuttgart

Caplan G. (1963): Emotional Crisis. In: Deutsch A./Fishbein H. (Hg): The Encyclopedia of mental health. New York, 521-532

Carlsmith J.M./Aronson E. (1961): Affectual consequences of the disconfirmation of expectancies. Americ. Psychologist, 16, 437

Carlsmith J.M./Aronson E. (1963): Some hedonic consequences of the confirmation and disconfirmation of expectancies. J. abnorm. Soc. Psychology, 66, No 2, 151-156

Carnegie D. (1975): Sorge dich nicht - lebe. Stuttgart

Carrington P. (1988): Meditation: Innere Ruhe, die befreit. Psychologie heute, Nov., 58-63

Carroll J.S. (1978): The effect of imagining an event on expectations for the event. J. of Experimental Social Psychology, 14 (1), 88-96

Casady M. (1973): Authors. Psychology Today, Sept. 1973, 28

Casparis C. (1980): Eine theoretische Analyse von >Pygmalioneffekten< und >sich selbst erfüllenden Voraussagen<. Zeitschr. f. Sozialpsychologie, 11(2), 124-128

Chaikin A.L./Derlega V.J. (1978): Nonverbal mediators of expectancy effects in black and white children. Journal of Applied Social Psychology, 8, 117-125

Chaves J.F./Barber Th. (1974): Cognitive strategies, experimenter modeling and expectation in the attenuation of pain. Journal of Abnormal Psychology, Vol 83(4) Aug, 356-363

Chiang A.C. (1963): Economic forecasting, when the subject of the forecast is influenced by the forecast: Comment. The American Economic Review, 53

Chow S.L. (1987): Some reflections on Harris and Rosenthals 31 meta-analyses. Journal of Psychology, Vol 121(1), 95-100

Claiborn W. (1969): Expectancy effects in the classroom: A failure to replicate. Journal of Educational Psychology, 60, 377-383

Clarke A.M./Michie P.T. et al. (1976): Expectancy effects in a psychophysiological experiment. Physiological Psychology, 4, 137-144

Coleman J.S. et al. (1966): Equality of educational opportunity. Washington

Coles R. (1972): Was kann man erwarten? In: Elashoff/Snow, 94-103

Comer R./Laird J.D. (1975): Choosing to suffer as a consequence of expecting to suffer: Why do people do it? Journal of Personality and Social Psychology, 32, 92-101

Conradi W. (1983): Personalentwicklung. Stuttgart

Cooper H.M. (1984): The Integrative Research Review. A systematic approach. Beverly Hills

Cooper H.M. (1985): Models of teacher expectation communication. In: Dusek (1985a), 135-158

Cooper H.M./Good T. (1983): Pygmalion grows up: Studies in the expectation communication process. New York, NY

Crawford K.S./Thomas E.D./Fink J. (1980): Pygmalion at sea: Improving the work effectiveness of low performers. Journal of Applied Behavioral Science, 16, 482-505

Critelli J.W./Neumann K.F. (1984): The Placebo: Conceptual analysis of a construct in transition. American Psychologist, 39, 32-39

Cube F.v. (1977): Erziehungswissenschaft. Stuttgart

Cumming E./Henry W. (1961): Growing old, the process of disengagement. New York

Cutter H. et al. (1986): Pain changes among men from before to after drinking: Effects of expectancy set and close manipulations with alcohol and tonic as mediated by prior experience with alcohol. International Journal of the Addictions, Vol 21 (2), 937-945

Dahlke R. (1987): Das positive Denken und sein dunkler Bruder. BIO, 4, 68-70 & 75

Darley J.M./Fazio R. (1980): Expectancy confirmation processes arising in the social interaction sequence. American Psychologist, 35, No 10, 867-881

Darley J.M./Gross P.H. (1983): A hypothesis-confirming bias in labeling effects. Journal of Personality and Social Psychology, 44, 20-33

Davidson W.R./Kunze K.R. (1965): Psychological, social and economic meanings of work in modern society: their effects on the worker facing retirement. Gerontologist, 5, 129-133

DeCrow R. (1976): Altenbildung in den Vereinigten Staaten. In: Petzold/Bubolz (1976a), 222-240

Degen R. (1986): Der Glaube versetzt Seelen. Psychologie heute, H. 2, 12f & 16

Degen R. (1988): Placebo: Glaube als Medizin. Psychologie heute, H. 7, 54-59

Denney N.W. (1980): The effect of manipulating of peripheral, noncognitive variables on the problem-solving performance of the elderly. Human Development, Vol 23(4), 268-277

Deusinger I.M. (1986): Die Frankfurter Selbstkonzeptskalen (FSKN). Handanweisung. Göttingen

Dickstein L.S./Kephart J.L. (1972): Effect of explicit examiner expectancy upon WAIS performance. Psychological Reports, 30, 207-212

Dieck M./Naegele G. (1978) (Hg): Sozialpolitik für ältere Menschen. Heidelberg

Dilts R./Bandler R./Grinder J. u.a. (1985): Strukturen subjektiver Erfahrung. Paderborn

Dittmann-Kohli F. (1983): Die Veränderung leistungsbezogener Aspekte des Selbstbildes durch kognitives Training im höheren Alter. (Unveröffentl. Manuskr. eines Vortrags d. Tagung "Entwicklungspsychologie" in Regensburg)

Dittmann-Kohli F. (1986): Intelligenzförderung im höheren Erwachsenenalter. In: Nolda S. (Hg): Denken - Handeln - Verstehen. Bad Heilbrunn, 144-155

Dittmann-Kohli F. (o.J.): Die Veränderung leistungsbezogener Aspekte des Selbstbildes durch kognitives Training im höheren Alter. In: Grossmann K.E./Lütkenhaus P. (Hg): Bericht über die 6. Tagung Entwicklungspsychologie 1983 in Regensburg. Universität Regensburg

Dollase R. (1973): Soziometrische Techniken. Weinheim

Dollase R. (1984): Grenzen der Erziehung. Düsseldorf

Dooghe G./Vanderleyden L. et al. (1980): Social adjustment of the elderly residing in institutional homes. A multivariate analysis. Journal of Aging and Human Development, 11, 163-176

Dorsch F. (1987/11) (Hg): Dorsch psychologisches Wörterbuch. Bern

Dreher G. (1970): Die Anpassung an die Pensionierung als psychologisches Problem. Universität Bonn (Diss.)

Dumke D. (1977): Die Auswirkungen von Lehrererwartungen auf Intelligenz und Schulleistungen. Psychologie in Erziehung und Unterricht, 24, 1977, 93-108

Dumke D. (1980): Lehrererwartungen als sich selbst erfüllende Prophezeiungen. In: Hinsch R. u.a.: Der Lehrer in Erziehung und Unterricht. Hannover

Dusek J.B. (1975): Do teachers bias children's learning? Review of Educ. Res., 45, 661-684

Dusek J.B. (1985a) (ed): Teacher expectancies. Hillsdale, NJ

Dusek J.B. (1985b): Introduction to teacher expectancy research. In: Dusek (1985a), 1-6

Dusek J.B./Joseph G. (1985): The bases of teacher expectancies. In: Dusek (1985a), 229-250

Dworkin N.E. (1974): Changing teachers' negative expectations towards educationally vulnerable children through the use of a brief interactive process. Hofstra University (Diss.)

Eccles J./Wigfield A. (1985): Teacher expectations and student motivation. In: Dusek (1985a), 185-226

Eck C.D. (1981): Die Vorbereitung auf das Alter im Schnittpunkt betrieblicher und freier Erwachsenenbildung. In: Pro Senectute, 137-148

Edelmann W. (1988): Suggestopädie/Superlearning. Heidelberg

Eden D. (1984): Self-fulfilling prophecy as a management tool: Harnessing Pygmalion. Academy of Management Review, Vol 9(1), 64-73

Eden D. (1986): Organizational development and self-fulfilling prophecy: Boosting productivity by raising expectations. Journal of Applied Behavioral Science, Vol 22(1), 1-13

Eden D. (1988): Creating expectation effects in OD: Applying self-fulfilling prophecy. Research in Organizational Change & Development, Vol 2, 235-267

Eden D. (in Press): Pygmalion in Management:
Productivity as a self-fulfilling prophecy. Lexington

Eden D./Ravid G. (1982): Pygmalion vs. Self-expectancy: Effects of instructor- and self-expectancy on trainee performance. Organizational Behavior & Hum. Perform., 30, 351-364

Eden D./Shani A.B. (1982): Pygmalion goes to boot camp: Expectancy, leadership, and trainee performance. Journal of Applied Psychology, Vol 67, No 2, 194-199

Einsiedler W. (1989): Entwicklung des Selbstvertrauens und der Selbstkonzepte im Grundschulalter. Pädagogische Welt, H. 3, 43. Jg., 103-107

Eirmbter E. (1979): Altenbildung. Paderborn

Elashoff J.D./Snow R.E. (1970): A Case Study in Statistical Inference: Reconsideration of the Rosenthal-Jacobson Data on Teacher-Expectancy. Technical Report No 15. Stanford

Elashoff J.D./Snow R.E. (1972): Pygmalion auf dem Prüfstand. München

Elhardt S. (1978/6): Tiefenpsychologie. Eine Einführung. Stuttgart

Ellison E.L. (1968): Work, retirement and the sick role. The Gerontologist, 8, 189-192

Entwisle D.R. (1961): Attensity. Harvard Educational Review, Vol 31, 84-101

Entwisle D.R./Webster M. (1970): Raising children's expectations for their own performances. Report No 87. The Johns Hopkins University

Entwisle D.R./Webster M. (1972): Raising children's performance expectations. Social Science Research, 1, 147-158

Entwisle D.R./Webster M. (1973): Research Notes: Status factors in expectation raising. Sociology of Education, 46, 115-126

Entwisle D.R./Webster M. (1978): Raising expectations indirectly. Social Forces, Vol 57, 257-264

Epstein S. (1979): Entwurf einer integrativen Persönlichkeitstheorie. In: Filipp, 15-45

Erlemeier N. (1973): Zur Frage der Wirkungen von Lehrererwartungen auf das Schülerverhalten. Zeitschrift für Pädagogik, 19. Jg., H. 4, 537-552

Erlemeier N./Tismer K.G. (1973): Einstellungen und Erwartungen bei Lehrern und ihre Auswirkungen auf die Beurteilung und das Verhalten von Schülern. In: Nickel H./Langhorst E. (Hg): Brennpunkte der päd. Psychologie. Stuttgart, 134-148

Esalen Institute (1988) (ed): The Esalen Catalogue. Big Sur, CA

Ewert O. (1986): Selbstkonzept. In: Sarges/Fricke, 477-482

Eysenck H.J. (1987): Does planetary position influence personality? Some new evidence. ASPR Newsletter (American Society for Psych. Research) 13, 1 ff

Eysenck H.J./Nias D. (1984): Astrologie - Wissenschaft oder Aberglaube. München

Faltermaier T. (1987): Lebensereignisse und Alltag. München

Faltermaier T. (1988): Lebensereignisse im Erwachsenenalter. Erwachsenenbildung, 1, 7-13

Faraday A. (1988): Deine Träume - Schlüssel zur Selbsterkenntnis. Frankfurt a.M.

Farina A./Allen J.G./Saul B.B. (1968): The role of the stigmatized person in affecting social relationships. Journal of Personality, 36, 169-182

Farina A./Ring K. (1965): The influence of perceived mental illness on interpersonal relations. Journal of Abnormal Psychology, 70, 47-51

Farrell C. (1986): Pygmalion in the prison classroom. Internat. Journal of Offender Therapy & Comparative Criminology. Vol 30(2), 151-162

Feather N. (1966): Effects of prior success and failure on expectations of success and subsequent performance. J. of Personality & Social Psychology, 3, 287-298

Feather N. (1982): Expectations and actions. Expectancy-value models in Psychology. Hillsdale

Feather N./Saville M.R. (1967): Effects of amount of prior success and failure on expectations of success and subsequent task performance. J. of Personality & Social Psychology, 5, 226-232

Feldhusen J./Thurston J.R./Benning J.J. (1970): Longitudinal analysis of classroom behavior and school achievement. J. exper. Educ. 38, 4-10

Feldman R.S./Donohoe L.F. (1982): Nonverbal communication of affect in interracial dyads. Journal of Educational Psychology, 74, 217-223

Feldman R.S./Prohaska T. (1979): The Student as Pygmalion: Effect of student expectation on the teacher. Journal of Educational Psychology, 71, 485-493

Fengler J. (1975): Verhaltensänderung in Gruppenprozessen. Heidelberg

Festinger L. (1957): A theory of Cognitive Dissonance. Evanston, IL (dt. Irle M./Möntmann V. (Hg): Theorie der kognitiven Dissonanz. Bern 1978).

Festinger L./Rieden H./Schachter S. (1956): When Prophecy Fails. Minneapolis, MN

Fetzer G. (1988) (Hg): Das Heyne-Jubiläumslesebuch. München

Fibel B./Hale W.D. (1978): The generalized expectancy for success scale - A new measure. Journal of Consulting and Clinical Psychology, 46, 924-931

Fichten C./Sunerton B. (1983): Popular horoscopes and the "Barnum Effect". Psychology, 114, 123-134

Fiedler P./Standop R. (1986/2): Stottern. München/Weinheim

Filipp S.-H. (1979) (Hg): Selbstkonzept-Forschung. Stuttgart

Filipp S.-H. (1981) (Hg): Kritische Lebensereignisse. München

Filipp S.-H. (1982): Kritische Lebensereignisse als Brennpunkte einer Angewandten Entwicklungspsychologie des mittleren und höheren Erwachsenenalters. In: Oerter/Montada u.a., 769-788

Filipp S.-H. (1983): Die Rolle von Selbstkonzepten im Prozeß der Auseinandersetzung mit der Bewältigung von krit. Lebensereignissen. Z. f. personzentr. Psych. und Psychother. 2, 39-47

Filipp S.-H./Gräser H. (1982): Psychologische Prävention im Umfeld kritischer Lebensereignisse. In: Brandstädter/Eye, 154-195

Finke J. (1989): Das Konzept "unbewußt" und die klientenzentrierte Psychotherapie. In: Behr M. u.a., 120-130

Finn J.D. (1972): Expectations and the educat. environment. Review of Educ. Res. 42, 387-410

Flechtheim O.K. (1986): Futurologie. In: Mickel W. (Hg): Handlexikon zur Politikwissenschaft. München, 166-169

Fluck B. (1977): Weiterbildung im Alter. Konzeptionen und Praxisbsp. in den USA. Weinheim

Fluck B. (1979): Alterssozialisation und Altenbildung. In: Griese H.M. (Hg): Sozialisation im Erwachsenenalter. Weinheim, 252-266

Freitag E.F. (1983/1): Kraftzentrale Unterbewußtsein. München

Freitag E.F. (1985/1): Hilfe aus dem Unbewußten. München

Frey D./Greif S. (1983): Sozialpsychologie. München/Wien

Fricke R./Treinies G. (1985): Einführung in die Metaanalyse. Bern

Friedmann P./Weimer S. (1982): Arbeitnehmer zwischen Erwerbstätigkeit und Ruhestand. Frankfurt/New York

Frisch M. (1973): Andorra. In: ders.: "Stücke 2". Frankfurt, 185-285

Fritz J. (1975): Gruppendynamisches Training in der Schule. Heidelberg

Fülgraff B. (1985): Altenbildung. In: Raapke H.D./Schulenberg W. (Hg): Handbuch der Erwachsenenbildung. Bd. 7: Didaktik der Erwachsenenbildung. Stuttgart, 260-277

Funt A./Zimbardo P.G. (1985): Sprechende Briefkästen, Autos ohne Motor, Affen auf dem Kopf. Psychologie heute, H. 12, 61-65

Gallo D.D. (1986): Expectancy theory as a predictor of individual response to computer technology. Computers in Human Behavior, Vol 2 (1), 31-41

Garland J.A. u.a. (1976/5): Ein Modell für Entwicklungsstufen in der Sozialarbeit-Gruppe. In: Bernstein S./Lowy L. (Hg): Untersuchungen zur sozialen Gruppenarbeit. Freiburg, 43-102

Gawlik R. (1988): Autogenes Training. In: Asanger/Wenninger, 71-73

Geißler K.A. (1983): Über soziale Probleme zu Beginn von Veranstaltungen. In: Müller K.R. (Hg): Kurs- und Seminargestaltung. München, 14-23

Gergen K.J. (1977): The social construction of self-knowledge. In: Mischel T. (ed): The self in psychology. Oxford

Gergen K.J. (1985): Selbstkonzepte und Sozialisation des aleatorischen Menschen. In: Dollase R.: Entwicklung und Erziehung. Stuttgart, 138-152

Gergen K.J./Taylor M.G. (1966): Role-playing and modifying the self concept. Presented at the Eastern Psychological Association Meeting. New York

Gheorghiu V.A. (1985): Beziehungen zwischen Suggestion und Hypnose. Experimentelle und klinische Hypnose. 1 (2), 167-179

Giesecke H. (1987): Pädagogik als Beruf. Weinheim/München

Glass G.V. (1978): In defense of generalization. In: Rosenthal/Rubin (1978c), 374f

Glötzl H. (1979): Das habe ich mir gleich gedacht! Weinheim

Goldstein A.P. (1962): Therapist-patient expectancies in psychotherapy. New York

Gordon Th. (1979): Familienkonferenz. Hamburg

Grabitz H.J. (1981): Zur Extinktionsresistenz von Erwartungen nach kontinuierlicher und partieller Verstärkung. Psychologische Beiträge, 23 (3-4), 379-391

Gregory W./Burroughs W. et al. (1985): Self-relevant scenarios as an indirect means of attitude change. Personality & Social Psychology Bulletin, Vol 11 (4), 435-444

Grinder J./Bandler R. (1982): Kommunikation und Veränderung. Paderborn

Grinder J./Bandler R. (1984): Therapie in Trance. Stuttgart

Groeben N. (1981): Die Handlungsperspektive als Theorierahmen für Forschung im pädagogischen Feld. In: Hofer, 17-48

Groeben N. (1986): Handeln, Tun, Verhalten als Einheiten einer verstehend-erklärenden Psychologie. Tübingen

Groeben N./Scheele B. (1977): Argumente für eine Psychologie des reflexiven Subjekts. Darmstadt

Grosser Brockhaus (1977/18). Wiesbaden

Gurin G./Gurin P. (1970): Expectancy theory in the study of poverty. Journal of Social Issues. Vol 26, Spring No 2, 83-104

Habermas J. (1968): Technik und Wissenschaft als "Ideologie". Frankfurt

Haeberlin F./Sarges W. (1980): Images als Einstellungen. In: Sarges W./Haeberlin F. (Hg): Marketing für die Erwachsenenbildung. Hannover, 136-150

Haeberlin P./Linneweh K./Haeberlin F. (1986): Ruhestand als Herausforderung. Stuttgart

Hall V.C./Merkel S.P. (1985): Teacher expectancy effects and Educational Psychology. In: Dusek (1985a), 67-92

Hamilton D.L. (1981) (ed): Cognitive Processes in Stereotyping and Intergroup Behavior. Hillsdale

Hamlish E./Gaier E.L. (1954): Teacher-student personality similarities and marks. The School Review, 62, 265-273

Hanke B. (1980): Lehrererwartungen und Lehrerverhalten. In: Spiel W. (Hg): Konsequenzen für die Pädagogik (1). Bd. XI der Reihe: Die Psychol. des 20.Jhds. Zürich, 714-748

Hanke B./Mandl H. (1975): Erwartungseffekte in der Schule. Päd. Welt, 29. Jg., 726-739

Hannah B. (1985): Begegnungen mit der Seele. Aktive Imagination. München

Harris M.J./Rosenthal R. (1985): Mediation of Interpersonal Expectancy Effects: 31 Meta-Analyses. Psychological Bulletin, Vol 97, No 3, 363-386

Harris M.J./Rosenthal R./Snodgrass S.E. (1986): The effects of teacher expectations, gender, and behavior on pupil acad. perform. and self-concept. J. of Educ. Research, Vol 79, 173-179

Harvey O.J./Clapp W.F. (1965): Hope, expectancy, and reactions to the unexpected. Journal of Personality & Social Psychology, 2, 45-52

Haußer K. (1983): Identitätsentwicklung. New York

Hautzinger M. (1983): Kognitive Veränderungen als Folge, nicht als Ursache von Depression. Zeitschr. f. personenzentr. Psych. u. Psychotherapie, 2, 377-387

Havighurst R.J. (1972/3): Developmental tasks and education. New York

Heath D. (1961): Instructional Sets of Determinants of Expectancy Generalization. Journal of General Psychology, Vol 64, 285-295

Heath D. (1962): Reinforcement and drive level determinants of expectancy generalization. Journal of General Psychology, 67, 69-82

Heckhausen H. (1973): Wie Lehrer und Schüler interagieren. In: Funkkolleg Pädagogische Psychologie. Studienbegleitheft 7. Weinheim

Heckhausen H. (1976): Lehrer-Schüler-Interaktion. In: Weinert F.E. u.a. (Hg): Pädagogische Psychologie, Teil IV. Weinheim, 85-124

Heckhausen H. (1981): Ein kognitives Motivationsmodell und die Verankerung von Motiv-konstrukten. In: Lenk H. (Hg): Handlungstheorien - interdisziplinär. Bd. 3(1). München, 283-352

Heckhausen H./Gollwitzer P. u.a. (1987) (Hg): Jenseits des Rubikon. Berlin

Hediger H.K. (1981): The Clever Hans Phenomenon from an animal psychologist's point of view. In: Sebeok/Rosenthal, 1-17

Hehlmann W. (1974/11): Wörterbuch der Psychologie. Stuttgart

Heine R.W./Trosman H. (1960): Initial expectations of the doctor-patient interaction as a factor in continuance in psychotherapy. Psychiatry, 23, 275-278

Heller K./Goldstein A.P. (1961): Client dependency and therapist expectancy as relationship maintaining variables in psychotherapy. J. consult. Psychol., 25, 371-375

Heller K./Rosemann B. (1981/2): Planung und Auswertung empirischer Untersuchungen. Stuttgart

Helmke A./Schrader F. (1989): Sind Mütter gute Diagnostiker ihrer Kinder? Ztschr. f. Ent-wickl.psych. und Pädag. Psych., 21(3), 223-247

Henz H. (1964): Ermutigung. Ein Prinzip der Erziehung. Freiburg i.Br.

Herkner W. (1980): Attribution. Psychologie der Kausalität. Bern

Herkner W. (1986): Attribution. In: Sarges/Fricke, 68-74

Hermann U. (1981): Pygmalion-Effekt. In: Petzold/Speichert, 364-366

Herrmann H. (1981): Lernziel Ruhestand. Köln

Hersh J.B. (1971): Effects of referral information on testers. J. Consulting and Clinical Psychology, 37, 116-122

Hess-Kohler E. (1982): Einstellungsbeeinflussung in Weiterbildungskursen für Autofahrer. Universität Zürich (Diss.)

Heymans P./Cruts A. et al. (1989): Everyday theories of early child development as self-fulfilling prophecies. (Unveröff. P. der Arb.gr. "Subj. Theorien" der Tag. "Entwickl.psych." München)

Höhn E. (1967): Der schlechte Schüler. München

Hofer M. (1981) (Hg): Informationsverarbeitung und Entscheidungsverhalten von Lehrern. München

Hofer M. (1986): Sozialpsychologie erzieherischen Handelns. Göttingen

Hofer M./Dobrick M. (1981): Naive Ursachenzuschreibung und Lehrerverhalten. In: Hofer, 109-156

Hogan E.A. (1987): Effects of prior expectations on performance ratings. Academy of Mana-gement Journal, Vol 30(2), 354-368

Hohmeier J. (1978): Alter als Stigma. In: Hohmeier/Pohl, 10-30

Hohmeier J./Pohl H.-J. (1978) (Hg): Alter als Stigma. Frankfurt a.M.

Honolka H. (1976): Die Eigendynamik sozialwissenschaftlicher Aussagen: Zur Theorie der self-fulfilling prophecy. Frankfurt/New York

Hoppe F. (1986): Direkte und indirekte Suggestionen in der hypnotischen Beeinflussung chronischer Schmerzen. Frankfurt

Huber G.L./Schlottke P.F. (1986): Prävention und Intervention. In: Weidenmann/Krapp, 667-702

Hug O. (1983): Bericht über ein inneres Training im Stabhochsprung. Leistungssport 13 (5), 43-50

Jaffe D.T. (1983): Kräfte der Selbstheilung. Stuttgart

Jamieson D.W./Zanna M. et al. (1987): Pygmalion revisited: New evidence for student ex-pectancy effects in the classroom. Journal of Educational Psychology, Vol 79 (4), 461-466

Janssen J.P. u.a. (1980): Kluge Ratten - dumme Ratten? Ein Replikationsversuch zum Versuchsleiter-Erwartungseffekt. Psychologische Beiträge, 22 (2), 293-303

Jastrow J. (1900): Fact and fable in psychology. Boston

Jessor R. (1954): The generalization of expectancies. Journal of Abnormal and Social Psychology, 49, 196-200

Johnson H.H./Foley J.M. (1969): Some effects of placebo and experiment conditions in research on methods of teaching. Journal of Educational Psychology, 60, 6-10

Johnson R.W./Adair J.G. (1970): The effects of systematic recording error vs. experimenter bias on latency of word association. J. of experimental Research in Personality, 4, 270-275

Johnson R.W./Adair J.G. (1972): Experimenter expectancy vs. systematic recording error under automated and nonautomated stimulus presentation. J. of experimental research in Personality, 6, 88-94

Jones E./Goethals G. (1971): Order effects in impression formation. In: Jones E. et al. (eds): Attribution perceiving the causes of behavior. New York

Jones R.A. (1977): Self-fulfilling prophecies: Social, psychological, and physiological effects of expectancies. Hillsdale, NJ

Jones S.C./Panitch D. (1971): The self-fulfilling prophecy and interpersonal attraction. Journal of Experimental Social Psychology, 7, 356-366

Jussim L. (1986): Self-fulfilling prophecies: A theoretical and integrative review. Psychological Review, Vol 93(4), 429-445

Jüttemann G./Thomae H. (1987) (Hg): Biographie und Psychologie. Berlin

Kaiser H.J. (1983): Intervention im höheren Lebensalter. In: Oswald u.a., 129-144

Kallmeyer G./Breloer G. u.a. (1976): Lernen im Alter. Grafenau

Kameda T. (1985): Stereotype-based expectancy and academic evaluation. Japanese Psychological Research, Vol 27(3), 163-172

Katz J. (1967): The socialization of academic motivation in minority group children. In: Levine D. (ed): Nebraska symposium on motivation. Lincoln, 133-191

Keeves J.P. (1988): Educational Research, Methodology and Measurement. Oxford

Kehler I. (1974): Wozu Weiterbildung für Ältere und über das Älterwerden? Hessische Blätter für Volksbildung, 24 (3), 233-241

Kelley H.H. (1949): The effects of expectations upon first impressions of persons. Amer. Psychologist (4), 252 (abstract)

Kelley H.H./Stahelski A.J. (1970): The social interaction basis of cooperators and competitors believe about others. Journal of Personality & Social Psychology, 16, 66-91

Kelly G.A. (1955): The Psychology of personal constructs. New York

Kerlinger F.N. (1979): Grundlagen der Sozialwissenschaften. Bd. 2. Weinheim

Kervin J.B. (1972): An information processing model for the formation of expectations in small groups. Johns Hopkins University (Diss.)

Keßler B.H. (1988/4): Rational-emotive Therapie. In: Asanger/Wenninger, 640-644

Keßler B.H./Hoellen B. (1982): Rational-emotive Therapie in der klinischen Praxis. Weinheim

Keuchel J. (1984): Psychologische Alternstheorien. In: Oswald/Kanowski u.a., 350-354

King A.S. (1971): Self-fulfilling prophecies in training the hard core: Supervisor's expectations and the underprivileged workers performance. Social Scientist Quarterly, 52, 369-378

King A.S. (1974): Expectation effects in organizational change. Administrative Science Quarterly, 19, 221-230

Kirsch I. (1985): Response expectancy as a determinant of experience and behavior. American Psychologist, 40, 1189-1202

Kirsch I./Council J.R. (1987): Imagery and expectancy: A response to Gibson and Lynn. British Journal of Experimental and Clinical Hypnosis, 1, Vol 4, 38-39

Kirsch I./Council J.R./Mobayed C. (1987): Imagery and response expectancy as determinants of hypnotic behavior. British Journal of Experimental and Clinical Hypnosis, Vol 4, 25-31

Kirsch I./Weixel L.J. (1988): Double-blind versus deceptive administration of a placebo. Behavioral Neuroscience, Vol 102, 319-323

Kirschner Th. (1988): Positiv denken - kräftig zahlen. Psychologie heute., H. 11, 33-36

Klauer K.J. (1973): Das Experiment in der pädagogischen Forschung. Düsseldorf

Knopf D. (1987): Über den Lernbedarf der Altenbildung, der Alterspsychologie Fragen zu stellen. In: Dietrich R. u.a.: Psychologische Perspektiven der Erwachsenenbildung. Bad Heilbrunn, 169-184

Koe G./Oldridge O. (1987): An experimental investigation of the interaction between hypnotic responsiveness and type of esteem suggestion on self-concept. American Journal of Clinical Hypnosis, Vol 30(1), 44-50

Kopp M. (1980): Die Auffassung von Unterrichtssituationen aus Schüler- und Lehrerperspektive. Universität Tübingen (Dipl.-Arb.)

Korn F. (1985): Grenzen, Bedingungen und Möglichkeiten der Anwendung der Oberstufe des autogenen Trainings in der Luftfahrtmedizin. Psychiatrie, Neurologie und medizinische Psychologie, 37 (12), 727-733

Kraeft U./Krug S. (1979): Beeinflussung von Lehrerverhalten und seine Auswirkung. In: Eckensberger L.H. (Hg): Bericht über den 31. Kongreß der Dt. Gesellschaft für Psychologie in Mannheim 1978, Bd. 2, Göttingen, 56-59

Krapp A. (1979): Prognose und Entscheidung: Zur theoretischen Begründung und Differenzierung der päd.-psych. Prognose. Weinheim/Basel

Krapp A./Prell S. (1975): Empirische Forschungsmethoden. Einführung. München

Kratochwil L. (1988): Der Erziehungsbegriff aus handlungstheoretischer Perspektive. Pädagogische Rundschau, 42, 165-185

Krauss H.H. (1968): Schizophrenia: A self-fulfilling, labeling process. In: Psychotherapy. Theory, research, and practice, 5, 240-245

Kraut R.E. (1973): Effects of social labeling on giving to charity. J. of Exp. Soc. Psych., 9, 551-562

Krech D./Crutchfield R.S./Ballachey E.L. (1962): Individual in Society. New York

Krishna D. (1971): The self-fulfilling prophecy and the nature of society. American Sociological Review, 36, 1104-1107

Krohn M. (1978): Theorien des Alterns. In: Hohmeier/Pohl, 54-75

Krug S. (1983): Motivförderungsprogramme: Möglichkeiten und Grenzen. Ztschr. f. Entwickl.psych. u. Pädag. Psychologie, Bd.XV, H.4, 317-346

Krug S. (1985): Aspekte der Lehrer-Schüler-Interaktion: motivations- und attributionstheoretische Analysen zum Erwartungseffekt. Psychol. Institut der Universität Bochum (Diss.)

Kruse A. (1987a): Belastungssituationen im Alter und Möglichkeiten ihrer Bewältigung. In: Kruse/Lehr u.a., 77-112

Kruse A. (1987b): Kompetenzerhaltung, Kompetenzsteigerung und Kompetenzwiedergewinnung im Alter. In: Kruse/Lehr u.a., 343-412

Kruse A./Lehr U. (1984): Interventionsgerontologie. In: Oswald u.a., 234-242

Kruse A./Lehr U. (1989): Altenbildung - theoretische und empirische Beiträge der Gerontologie und pädagogische Verständigung. In: Röhrs H./Scheuerl H. (Hg): Richtungsstreit in der Erziehungswissenschaft und Pädagogische Verständigung. Frankfurt, 317-338

Kruse A./Lehr U. u.a. (1987) (Hg): Gerontologie - eine interdisziplinäre Wissenschaft. München

Künkel F. (1942): Charakter, Wachstum und Erziehung. Leipzig

Kugelmann L. (1986): Antizipation. Eine begriffsgeschichtliche Untersuchung. Göttingen

Kuhne B. (1978): Bestandsaufnahme von Maßnahmen zur Vorbereitung auf das Alter. Berlin

Kuhne B. (1979): Vorbereitung auf das Alter. Soziale Arbeit, 28. Jg., H.1, Jan., 1-11

Kunz E./Lehnig W. (1979): Seniorenarbeit alternativ. Heidelberg

Kuypers J.A./Bengtson V.L. (1973): Social breakdown and competence. A model of normal aging. Human development, 16, 181-201

Lang E./Arnold K. (1986) (Hg): Vorbereitung auf das aktive Alter. Stuttgart

Lauster P. (1989): Der Sinn des Lebens. Düsseldorf

Learman L.A. (1988): Pygmalion in the Nursing home: The effects of Caregiver Expectations on Resident Progress. Harvard University (Diss.)

Le Boeuf M. (1980): Imagineering. How to profit from your creative powers. New York

Legewie H./Ehlers W. (1972): Knaurs moderne Psychologie. München, Zürich

Lehmann A. (1969): Aberglaube und Zauberei. Aalen (1.Aufl. 1893)

Lehmann R. (1977): Modell und Methode in der empirischen Erziehungsforschung. München

Lehr U. (1966): Zur Problematik des Menschen im reiferen Erwachsenenalter. Eine sozialpsych. Interpretation der "Wechseljahre". Psychiat. Neurol. Med. Psychol., 18, 59-62

Lehr U. (1968): Positive und negative Einstellung zu einzelnen Lebensaltern. In: Thomae/Lehr, 72-97

Lehr U. (1969): Psychologische Probleme der Institutionalisierung. Verh. Dtsch. Ges. Geron-
tologie, Bd. 3, Darmstadt
Lehr U. (1970): Die Problematik des älteren Menschen - psychologisch gesehen.
In: Sitzmann, 22-40
Lehr U. (1971): Psychologische Aspekte einer Psychotherapie im Alter. In: Böhlau V. (Hg): Alter
und Psychotherapie. Stuttgart, 65-77
Lehr U. (1972): Psychologie des Alterns. Heidelberg
Lehr U. (1974): Grundlagen, Aufgaben und Methoden der Vorbereitung auf die Pensionierung.
In: Schubert R./Störmer A. (Hg): Vorbereitung auf das Alter. München-Gräfelfing
Lehr U. (1977): Die Thematik der Bildung in der Gerontologie.
Aktuelle Gerontologie, 7, 343-361
Lehr U. (1978): Das mittlere Erwachsenenalter. In: Oerter R. (Hg): Entwicklung als lebenslanger
Prozeß. Hamburg, 147-177
Lehr U. (1981): Zur Psychologie des Alterns - Stereotypien und Erkenntnisse. In: Braun, 85-95
Lehr U. (1983): Psychologische Aspekte des Alterns. In: Reimann/Reimann, 40-163
Lehr U. (1984): Pensionierung. In: Oswald/Kanowski u.a., 318-329
Lehr U. (1985): Erfolgreiches Altwerden als Thema von Entwicklungsberatung. In:
Brandtstädter/Gräser, 150-173
Lehr U. (1987a): Erträgnisse biographischer Forschung in der Entwicklungspsychologie. In:
Jüttemann/Thomae, 217-248
Lehr U. (1987b): Der ältere Arbeitnehmer. In: Kruse/Lehr u.a., 135-163
Lehr U. (1987c): Von der neuen Kunst des Älterwerdens. In: Aktion Gemeinsinn e.V. (Hg): Das
neue Alter. Wie wollen wir morgen älter werden? Bonn, 9-33
Lehr U. (1987d): Ergebnisse gerontologischer Grundlagenforschung.
In: Kruse /Lehr/Rott, 33-53
Lehr U. (1988a): Ältere Arbeitnehmer heute und morgen. In: Staatsministerium Baden
Württemberg (Hg): Altern als Chance und Herausforderung. Stuttgart, 67-76
Lehr U. (1988b): Isolation und Einsamkeit im Alter. In: Hoffmann H. (Hg): Jugendwahn und
Altersangst. Königstein/Ts.
Lehr U. (1988c): So einsam sind sie gar nicht. Psychologie heute. H7, 36-41
Lehr U./Dreher G. (1968): Psychologische Probleme der Pensionierung.
In: Thomae/Lehr, 345-369
Lehr U./Dreher G. (1969): Determinants of attitudes toward retirement. In: Havighurst
R./Munnichs J. et al.: Adjustment to retirement. A cross-national study. Assen, 116-137
Lehr U./Schmitz-Scherzer R. u.a. (1979): Weiterbildung im höheren Erwachsenenalter. Stuttgart
Leibold G. (1982): Depression - vorbeugen, lindern, heilen. München
Leibold G. (1986): Glücklicher leben durch positives Denken. Wiesbaden
Levitt E.E./Brady J.P. (1964): Expectation and performance in hypnotic phenomena. Journal of
Abnormal and Social Psychology, 69, 572-574
Lieberman M./Prock V./Tobin S. (1968): Psychological effects of institutionalization. Journal of
Gerontology, 23, 343-353
Liebrand-Bachmann M. (1981): Zum Stand der Ausbildungsforschung in der Lehrerausbildung.
Hamburg
Lynn S.J. (1987): Imagery and response expectancy as determinants of hypnotic behavior:
Comment. British Journal of Experimental and Clinical Hypnosis, Vol 4, 32-34
Locke S./Colligan D. (1986): The healer within: The new medicine of mind and body. New York
Lowy L. (1976): Lernen und Lehren bei älteren Menschen: Psychologische Implikationen. In:
Petzold/Bubolz (1976a), 170-197
Lowy L. (1981): Soziale Arbeit mit älteren Menschen. Freiburg
Ludwig P.H. (1981): Rhythmik und Metrik. Systematische Überlegungen zum Faktor "Zeit" in
der Musik. Universität Augsburg (Unveröffentl. Manuskript)
Ludwig P.H. (1983): Vorstudie zu einer Lebensweltanalyse Studierender. Ein Interview-Projekt.
Universität Augsburg
Ludwig P.H. (1986): Das Studium an der Hochschule im Spannungsfeld von Aktivitäten der
Lehrenden und Lernenden. Universität Augsburg (unveröffentl. Dipl.-Arb.)

Madelung E. (1988): Botschaften des Unbewußten. Psychologie heute, H. 1, 52-55

Mann L. (1974/3): Sozialpsychologie. Weinheim,

Marggraf J. u.a. (1986): Weiterbildung zur Vorbereitung auf Alter und Ruhestand. Heidelberg

McLean J.P./Shulman G.L. (1978): On the construction and maintenance of expectations. Quarterly Journal of Experimental Psychology, 30, 441-454

Meehan A. et al. (1986): Gender differences in expectancies for success and performance on Piagetian spatial tasks. Merrill-Palmer Quarterly, Oct, Vol 32 (4), 427-441

Meichenbaum D. (1977): Cognitive behavior modification: An integrative approach. New York

Mendels G.E./Flanders J.P. (1973): Teacher's Expectations and pupil performance. Americ. educ. res. J., 10, 203-212

Merton R.K. (1948): The self-fulfilling prophecy. Antioch Review, 8, 193-210

Merton R.K. (1957): Social theory and social structure. Glencoe, IL

Merton R.K. (1968): The self-fulfilling prophecy. In: ders.: Social Theory and Social Structure. New York/London, 475-490

Merton R.K. (1971/7): Die Eigendynamik gesellschaftlicher Voraussagen. In: Topitsch E. (Hg): Logik der Sozialwissenschaften. Köln, 144-161

Meyer D.B. (1965): The positive thinkers. A study of the American quest for health, wealth and personal power from Mary Baker Eddy to Norman Vincent Peale. Garden City, NY

Meyer D.B. (1980): The positive thinkers. New York

Meyer W.J. (1985): Summary, integration, and prospective. In: Dusek (1985a), 353-370

Meyer W.U. (1983): Prozesse der Selbstbeurteilung: das Konzept von der eigenen Begabung. Ztschr. für Entwickl.psychol. u. Pädagog. Psychologie, Bd. XV, H. 1, 1-25

Meyers Enzyklopädisches Lexikon (1971) Mannheim: Bibliographisches Institut

Mielke R. (1984): Lernen und Erwartung. Zur Selbst-Wirksamk.th. von A. Bandura. Bern

Miller D.T./Holmes J.G. (1975): The role of situational restrictiveness on self-fulfilling prophecies. Journal of Personality and Social Psychology, 31, 661-673

Miller L.E./Grush J.E. (1988): Improving predictions in expectancy theory research: Effects of personality, expectancies, and norms. Academy of Management Journal. Vol 31(1), 107-122

Milmoe S./Novey M./Kagan J./Rosenthal R. (1968): The mother's voice: Postdictor of aspects of her baby's behavior. Proceedings of the 76th Ann. Conv. of the Am. Psych. Assoc., 463f

Milmoe S./Rosenthal R. et al. (1967): The doctor's voice: postdictor of successful referral of alcoholic patients. J. of abnormal Psychology, 72, 78-84

Minsel W.-R. (1974): Praxis der Gesprächspsychotherapie. Wien

Mitman A.L./Snow R.E. (1985): Logical and methodological problems in teacher expectancy research. In: Dusek (1985a), 93-131

Moerman D.E. (1981): Edible Symbols: The Effectiv. of Placebos. In: Sebeok/Rosenthal, 256-268

Mondol M.M. (1973): The paramorphic representation of teacher decision making as a predictor of inquiry performance. Michigan State University (Diss.)

Mullen B./Rosenthal R. (1985): Basic Meta-Analysis. Procedures and Programs. Hillsdale/London

Murphy J. (1984/2): Das Wunder Ihres Geistes. München

Murphy J. (1985/7): Die menschliche Quelle Ihrer Kraft. München

Neisser U. (1979): Kognition und Wirklichkeit. Stuttgart

Neuberger O. (1985): Im Reden verzaubern wir uns selbst. Psychologie heute, 11, 32-35

Neugarten B.L./Woop V. et al. (1963): Women's attitudes toward the menopause. Vita humana, 6, 140-151

Niederfranke A. (1986): Das Ausscheiden aus dem Erwerbsleben bei männlichen Arbeitern und Angestellten. Universität Bonn (Diss.)

Nies H./Munnichs J. (1986): Sinngebung und Alter. Berlin

Nitzschmann K. (1988): Psychologische Erkenntnis durch Visualisation. Regensburg

Oerter R./Montada L. u.a. (1982): Entwicklungspsychologie. Ein Lehrbuch. München

Olasov B./Jackson J. (1987): Effects of expectancies on women's reports of moods during the menstrual cycle. Pschosomatic Medicine, Vol 49 (1), 65-78

Olbrich E. (1982): Die Entwicklung der Persönlichkeit im menschlichen Lebenslauf. In: Oerter/Montada u.a., 91-123

Olbrich E. (1987): Kompetenz im Alter. In: Kruse/Lehr u.a., 54-76

Ornstein R./Sobell D. (1987): Krankheit: Eine a-soziale Reaktion. Psychologie heute, H.5, 22-25

Oswald W.D./Fleischmann U.H. (1983): Gerontopsychologie. Stuttgart

Oswald W.D./Kanowski S./Lehr U./Thomae H. (1984) (Hg): Gerontologie. Stuttgart

Palardy J.M. (1969): What teachers believe - what children achieve.
Elementary School Journal. 69, 370-374

Parth P. (1983): Schmerzhemmung durch Placebo. Therapeutische Umschau, 40 (8), 713-715

Pavel F.-G. (1989): Integrative klientenzentrierte Therapie von Systemen. In: Behr u.a., 229-256

Peale N.V. (1974): Die Kraft positiven Denkens. Thalwil-Zürich

Pedler M. (1974): Lernen in Management Education. European training, 3, 182ff

Perrez M./Huber G.L./Geißler K.A. (1986): Psychologie der pädagogischen Interaktion. In:
Weidenmann/Krapp u.a., 361-445

Peter B. (1984): Bibliographie zum Leitthema: Hypnotherapie bei Krebserkrankungen. Hypnose
und Kognition. Einführungsheft, 73-82

Peter B. (1986): Hypnose. Psychologie heute., H. 4, 38f

Peter B. (1988): Hypnose. In: Asanger/Wenninger, 307-310

Petermann F. (1986): Wie Kinder Vertrauen lernen. Psychologie heute, H. 11, 64-69

Peterson P.L./Barger S.A. (1985): Attribution theory and teacher expectancy.
In: Dusek (1985a), 159-184

Petzold H. (1985): Mit alten Menschen arbeiten. München

Petzold H./Bubolz E. (1976a) (Hg): Bildungsarbeit mit alten Menschen. Stuttgart

Petzold H./Bubolz E. (1976b): Theorien zum Prozeß des Alterns und ihre Relevanz für
geragogische Fragestellungen. In: Petzold/Bubolz (1976a), 116-144

Petzold H.-J./Speichert H. (1981) (Hg): Handbuch pädagogischer und sozialpädagogischer
Praxisbegriffe. Reinbek

Pfeiffer W.M. (1988): Meditation und Trance. In: Asanger/Wenninger, 428-435

Pfungst O. (1911): Clever Hans: A contrib. to experimental, animal and human psych.. New York

Phares E.J./Davis W.L. (1966): Breadth of categorization and the generalization of expectancies.
J. of Personality and Social Psychology, 4, 461-464

Piontkowski U. (1988): Interaktionskonflikte. Münster

Plattner I. (1987): Hoffnung - ein pädagogisch und psychologisch relevantes Phänomen? Augsb.
Berichte zur Entwickl.psych. und Pädag. Psych., Nr 23, Universität Augsburg

Pohl H.J. (1976): Ältere Arbeitnehmer. Ursachen und Folgen ihrer berufl. Abwertung. Frankfurt

Pohl H.J. (1978): Zur Ausgliederung älterer Arbeitnehmer aus dem Berufsleben. In:
Hohmeier/Pohl, 76-101

Pommer W. et al. (1985): Patient's expectations from renal grafting and transplantation outcome.
Psychotherapy and Psychosomatics, 44 (2), 95-102

Popper K.R. (1974/2): Objektive Erkenntnis. Hamburg

Pro Senectute (1972): Dokumentation 1. Vorbereitung auf die dritte Lebensphase. Zürich

Pro Senectute (1981) (Hg): Vorbereitung auf das Alter im Lebenslauf. Paderborn

Prohaska Th.R./Parham J./Teitelman J. (1984): Age differences in attributions to causality:
Implications for intellectual assessment. Experimental Aging Research, Vol 10(2), 111-117

Quasthoff U. (1973): Soziales Vorurteil und Kommunikation. Eine sprachwissenschaftliche
Analyse des Stereotyps. Frankfurt

Radebold H. (1976): Vorbereitung auf das Altern und Hilfe im Alter. Das Berliner Modell
>Informationen für Senioren<. Zeitschr. f. Gerontologie 9, 73-80

Radebold H./Bechtler H./Pina I. (1984/2): Therapeutische Arbeit mit älteren Menschen.
Freiburg

Raudenbush S.W. (1984): Magnitude of teacher expectancy effects on pupil IQ as a function of
the credibility of expectancy induction: A synthesis of findings from 18 experiments. Journal of
Educational Psychology, 7, 85-97

Regan D.T./Straus E./Fazio R. (1974): Liking and the Attribution Process. Journal of Experim.
Soc. Psych., 10, 385-397

Reimann H./Giesen B. u.a. (1979a/2): Basale Soziologie: Theoretische Modelle. Opladen

Reimann H./Giesen B. u.a. (1979b/2): Basale Soziologie: Hauptprobleme. Opladen

Reimann H./Reimann H. (1983/2) (Hg): Das Alter. Stuttgart
Rennkamp M. (1976): Weiterbildung im Alter. Paderborn
Rheinberg F. (1989): "Paradoxe Effekte" von Lob und Tadel. Themenheft der "Zeitschrift für Pädagogische Psychologie". Bern
Rheinberg F./Minsel B. (1986): Psychologie des Erziehers. In: Weidenmann/Krapp u.a., 277-360
Richter H.-E. (1963): Eltern, Kind und Neurose. Stuttgart
Riskind J.H. et al. (1987): Attributions and expectations: A confluence of vulnerabilities in mild depression in a college stud. pop.. J. of Personality and Soc. Psych., Vol 53 (2), 349-354
Ritter-Vosen X. (1977): Der ältere Mensch als Adressat agogischer Zuwendung. Universität Köln (Diss.)
Rodin J./Langer E. (1980): Aging labels. Journal of Social Issues, 3, 12-29
Roethlisberger F.J./Dickson W.J. (1939): Management and the worker. Cambridge, MA
Rogers C.R. (1972): Die nicht-direktive Beratung. München
Rogers C.R. (1983): Klientenzentrierte Psychotherapie. In: Corsini R.J. (Hg): Handbuch der Psychotherapie. Weinheim/Basel, 471-512
Rosenhan D.L. (1973): On being sane in insane places. Science, 179, 250-258
Rosenhan D.L. (1979): Die Kontextabhängigkeit psychiatrischer Diagnosen. In: Keupp H. (Hg): Normalität und Abweichung. München, 115-135
Rosenmayr L. (1981): Altersvorbereitung - ein Weg zu sich selbst? In: Pro Senectute, 17-38
Rosenmayr L. (1983): Die späte Freiheit. Berlin
Rosenmayr L. (1987): Über das vielschichtige spätere Leben. In: Aktion Gemeinsinn (Hg): Das neue Alter. Wie wollen wir morgen älter werden? Bonn, 49-91
Rosenmayr L./Rosenmayr H. (1978): Der alte Mensch in der Gesellschaft. Reinbek
Rosenthal D. (1955): Changes in some moral values following psychotherapy. Journal of Consulting Psychology, Vol 19, 6, 431-436
Rosenthal D./Frank J.D. (1956): Psychotherapy and the placebo effect. Psychological Bulletin, 53, 4, 294-302
Rosenthal R. (1956): An attempt at the experimental induction of the defense mechanism of projection. University of California at Los Angeles (Diss.)
Rosenthal R. (1965): Clever Hans: a case study of sc. method. In: Pfungst O.: Clever Hans. New York
Rosenthal R. (1968a): Self-fulfilling prophecy. Psychology Today 2, 46-51
Rosenthal R. (1968b): Self-fulfilling prophecies in behavioral research and everyday life. In: Douglass M.P. (ed): Claremont Reading Conference. 32nd yearbook. Claremont, CA,15-33
Rosenthal R. (1969): Interpersonal expectations: Effects of the experimenter's hypothesis. In: Rosenthal/Rosnow, 181-277
Rosenthal R. (1970): The social psychology of the behavioral scientist: on self-fulfilling prophecies in behavioral research and everyday life. In: Tufte E.R. (ed): The quantitative analysis of social problems. Reading, MA, 153-167
Rosenthal R. (1973a): On the social psychology of the self-fulfilling prophecy: Further evidence for Pygmalion effects and their mediating mechanisms. New York: MSS Modular Publications, Module 53, 1-28
Rosenthal R. (1973b): The Pygmalion effect lives. Psychology today, Vol 7, 56-63
Rosenthal R. (1975): Der Pygmalion-Effekt lebt. Psychologie heute, H. 6, 18-21 & 76-79
Rosenthal R. (1976): Experimenter Effects in Behavioral Research. New York, NY
Rosenthal R. (1979): The >file drawer problem< and tolerance for null results. Psychological Bulletin, 86, 638-641
Rosenthal R. (1981): Pavlov's Mice, Pfungst's Horse, and Pygmalion's PONS: Some Models for the Study of Interpersonal Expectancy Effects. In: Sebeok/Rosenthal, 182-198
Rosenthal R. (1983): Meta-Analysis: Toward a more cumulative social science. In: Bickman L. (ed): Applied Social Psychology Annual (Vol 4). Beverly Hills
Rosenthal R. (1984): Meta-analytic Procedures for Social Research. Beverly Hills
Rosenthal R. (1985): From unconscious experimenter bias to teacher expectancy effects. In: Dusek (1985a), 37-65
Rosenthal R. (1987): Judgment Studies. Design, analysis, and meta-analysis. Cambridge, MA

Rosenthal R./Fode K. (1963a): The effect of experimenter bias on the performance of the albino rat. Behav. Science, 8, 183-189

Rosenthal R./Fode K. (1963b): The experiments in experimenter bias. Psych. Rep., 12, 491-511

Rosenthal R./Jacobson L. (1966): Teacher's expectancies. Psychological Reports, 19, 115-118

Rosenthal R./Jacobson L. (1968): Teacher expectations for the disadvantaged. Scientific American, 218, 19-23

Rosenthal R./Jacobson L. (1971): Pygmalion im Unterricht. Weinheim

Rosenthal R./Jacobson L. (1984): Pygmalion in the classroom: teacher expectation and pupil's intellectual development. Bridgeport, CT

Rosenthal R./Rosnow R.L. (1969) (eds): Artifact in behavioral research. New York, NY

Rosenthal R./Rosnow R.L. (1984): Essentials of behavioral research. New York

Rosenthal R./Rosnow R.L. (1985): Contrast analysis. Cambridge, MA

Rosenthal R./Rubin D.B. (1972): Pygmalion - doch bestätigt. In: Elashoff/Snow, 166-183

Rosenthal R./Rubin D.B. (1978a): Interpersonal expectancy effects: The first 345 studies (target article). The Behavioral and Brain Sciences, 3, 377-386

Rosenthal R./Rubin D.B. (1978b): Issues in summarizing the first 345 studies of interpersonal expectancy effects. The Behavioral and Brain Sciences, 3, 410-415

Rosenthal R./Rubin D.B. et al. (1978c): Open Peer Commentary (Kommentatoren zu Rosenthal/Rubin 1978a).The Behavioral and Brain Sciences, 3, 386-410

Rosenthal R./Rubin D.B. (1980a): Commentary (zu 1978a) The Behavioral and Brain Sciences, H. 3, 469-474

Rosenthal R./Rubin D.B. (1980b): Further issues in summarizing 345 studies of interpersonal expectancy effects (Authors' Response). The Behavioral and Brain Sciences, 3, 475-476

Rosenthal R./Rubin D.B. (1980c): Summarizing 345 studies of interpersonal expectancy effects. In: Rosenthal R. (ed): New directions of methodology of social and behavioral science: Quantitative assessment of research domains. San Francisco, 79-95

Rosnow R.L. (1989): Die Macht des Gerüchts. Psychologie heute, H. 5, 20-27

Ross L./Lepper et al. (1977): Social explanation and social expectation. Journal of Personality and Soc. Psychology, 35, 817-829

Rothbart M. (1981): Memory Processes and Social Beliefs. In: Hamilton, 145-181

Rubovitz P.C./Maehr M.L. (1973): Pygmalion black and white. J. Pers. & Soc. Psych., 25, 210-218

Russell B. (1927): Philosophy. New York

Sader M. (1969): Rollentheorie. In: Graumann C.F (Hg): Sozialpsychologie. Bd. 7 (1) der Reihe: Hdb. der Psych. Göttingen, 204-231

Sader M. (1976): Psychologie der Gruppe. München

Salomon G. (1981): Self-fulfilling and self-sustaining prophecies and the behaviors that realize them. American Psychologist, Vol 36, 1452-1453

Sampson E.E./Sibley L.B. (1965): A further examination of the confirmation or nonconfirmation of expectancies and desires. J. pers. soc. Psychol., 2, 133-137

Samuel L. (1986): Psychologische Selbstbehandlung. Wien

Sarges W./Fricke R. (1986): Psychologie für die Erwachsenenbildung/Weiterbildung. Göttingen

Scheff T.J. (1972): Die Rolle des psychisch Kranken und die Dynamik psychischer Störung. In: Keupp H. (Hg): Der Krankheitsmythos in der Psychopathologie. München, 136-156

Scheff Th. (1983): Explosion der Gefühle. Über die kulturelle und therapeutische Bedeutung kathartischen Erlebens. München

Schiefele H. (1974): Lernmotivation und Motivlernen. München

Schiefele H./Prenzel M. (1983): Interessengeleitetes Handeln - emotionale Präferenz und kognit. Unterscheidg. In: Huber G./Mandl H. (Hg): Emotion und Kognition. München, 217ff

Schirm R./Schoemen J. u.a. (1983/2): Führungserfolg durch Selbsterkenntnis. Köln

Schmidbauer W. (1986): Die subjektive Krankheit. Kritik der Psychosomatik. Reinbek

Schmitz-Scherzer R. (1984): Vorbereitung auf das Alter. In: Oswald u.a., 536-540

Schmitz-Scherzer R./Tokarski W. (1988): Altern. In: Frey D. u.a. (Hg): Angewandte Psychologie. München, 448-462

Schneider H.-D. (1975): Wie wirksam sind Vorbereitungskurse auf den Ruhestand? Zeitschr. f. Gerontologie, Bd. 8, H. 4, 288-294

Schneider H.-D. (1977): Zur Erfolgskontrolle von Vorbereitungsmaßnahmen auf das Alter. Actuelle Gerontologie, 7, 385-396

Schneider H.-D. (1980): Theorie der Entwicklungsaufgaben. Aktuelle Gerontologie, 10, 535-542

Schneider H.-D. (1981): Selbstverständnis, Ziele, Inhalte und Formen der Vorbereitung auf das Alter. In: Pro Senectute, 39-61

Schneider H.-D. (1984): Die Bewältigung von Veränderungen im Alter. Ztschr. f. personzentrierte Psychologie und Psychotherapie, 451-463

Schneider H.-D. (1985/2): Kleingruppenforschung. Stuttgart

Schneider H.-D. (1986): Altern und Sexualität. In: Lang/Arnold, 128-137

Schönholzer G. (1979): Der Übergang vom Erwerbsleben in den Ruhestand. Diessenhofen

Schönpflug W./Schönpflug U. (1983): Psychologie. München

Schubert R./Störmer A. (1974) (Hg): Vorbereitung auf das Alter. München

Schultz H. (1983/20): Übungsheft für das autogene Training. Stuttgart

Schulz von Thun F. (1982/2): Miteinander reden. Störungen und Klärungen. Reinbek

Schusser G. (1972a): Lehrererwartungen. München

Schusser G. (1972b): Lehrererwartung und Schülerleistung. Ztschr. f. Päd., 18, 127-134

Schuster-Oeltzschner M. (1984): Lernen und Weiterbildung. In: Oswald/Kanowski u.a.,276-285

Schwäbisch L./Siems M. (1984): Anleitung zum sozialen Lernen für Paare, Gruppen und Erzieher. Kommunikations- und Verhaltenstraining. Reinbek

Schwartz H. et al. (1986): Mood-dependent learning II.. Psychopathology, Vol 19(3), 111-115

Schweighardt K. (1986): Feuerlaufen. München

Seaver W.B. (1973): Effect of naturally induced teacher expectancies. J. of Personality and Social Psychology, 28, 333-342

Sebeok T.A./Rosenthal R. (1981) (eds): The Clever Hans Phenomenon. New York, NY

Seligman M.E. (1975): Helplessness: On depression, development, and death. San Francisco.

Seltzer M. et al. (1986): Expected life history. American Behavioral Scientist, Vol 29(6), 746-764

Selvini Palazzoli M./Boscolo L. u.a. (1977): Paradoxon und Gegenparadoxon. Stuttgart

Shoham-Salomon V./Rosenthal R. (1987): Paradoxical interventions: A meta-analysis. J. of Consulting & Clinical Psychology, Vol 55 (1), 22-28

Shor R.E. (1964): Shared patterns of nonverbal normative expectations in automobile driving. J. soc. Psychol., 62, 155-163

Simonton O.C./Matthews-Simonton S./Creighton J. (1982): Wieder gesund werden. Eine Anleitung zur Aktivierung der Selbstheilungskräfte für Krebspat. und ihre Angehör. Reinbek

Sitzmann G.-H. (1970) (Hg): Lernen für das Alter. Diessen

Sitzmann G.-H. (1981): Die Organisation der Vorbereitung auf das Alter. In: Braun, 113-136

Six B. (1986): Einstellung. In: Sarges/Fricke, 183-188

Six B./Schäfer B. (1985): Einstellungsänderung. Stuttgart

Skrypnek B.J./Snyder M. (1980): On the self-perpetuating nature of stereotypes about women and men. University of Minnesota (Unveröffentl. Manuskript; zit. nach Snyder 1981, 197)

Smale G.G. (1983/2): Die sich selbst erfüllende Prophezeiung. Freiburg i.Br.

Smith M.L. (1980): Teacher expectations. Evaluation in Education, 4, 53-55

Snyder M. (1981): On the self-perpetuating nature of social stereotypes. In: Hamilton, 183-212

Snyder M. (1984): When Belief Creates Reality. In: Berkowitz L. (ed): Advances in Experimental Social Psychology, Vol 18, 247-305

Snyder M.L./Swann W.B. (1978a): Behavioral confirmation in social interaction: From social perception to social reality. Journal of Experimental Social Psychology, 14, 148-162

Snyder M.L./Swann W.B. (1978b): Hypothesis-testing processes in social interaction. Journal of Personality and Social Psychology, 36, 1202-1212

Snyder M.L./Tanke E.D./Berscheid E. (1977): Social Perception and interpersonal behavior: On the self-fulfilling nature of social stereotypes. J. of Personality and Soc. Psych., 35, 656-666

Snyder M.L./Thomsen C.J. (1988): Interactions between therapists and clients: Hypothesis testing and behavioral confirmation. In: Türk D.C./Salovey P. (eds): Reasoning, Inference, and Judgment in Clinical Psychology. New York, 124-152

Southworth S./Kirsch I. (1988): The role of expectancy in exposure-generated fear reduction in agoraphobia. Behaviour Research and Therapy, Vol 26 (2), 113-120

259

Srivastava D.K. (1986): Effect of the mode of presentation and expectancy on comprehension. In: Psycho-Lingua, Vol 16, 27-30

Stafford L.J. (1979): A descriptive explorative study of some variables influencing psychological symptoms in climacteric women. Dissertation Abstr. Internat., Vol 39(11-B), 5590-5591

Stalder H. (1981): Filme in der Altersvorbereitung. Pro Senectute, 193-199

Stern M./Hildebrandt K. (1986): Prematurity stereotyping: Effects on mother-infant interaction. Child Development, Vol 57(2), 308-315

Stewart D. W. (1984): Secondary Research. (Appl. Soc. Res. Meth. Series, Vol 4). Beverly Hills

Strauch B. (1978): Altenheim und Altenrolle. In: Hohmeier/Pohl, 102-123

Strunk G. (1979): Konzeption einer situations- u. handlungsorient. Eltern- u. Fam.bildung. In: Exner H. u.a. (Hg): Eltern- u. Familienbildung in evang. Trägerschaft. Karlsruhe, 16-35

Sutton C. (1986): Pygmalion goes to work. Texas A & M University (Diss.)

Swann W.B./Snyder M. (1980): On translating beliefs into action: Theories of ability and their application in an instructional setting. J. of Pers. and Soc. Psych., 6, 879-888

Tanke E.D. (1976): Anticipated future interaction and the self-fulfilling prophecy effects of the physical attractiveness stereotype. University of Minnesota (Diss.)

Tausch A. (1981): Die Wirkung allgemeiner Sozialkontakte sowie gezielter Kontakte in Form psychologisch-hilfreicher Gespräche mit alten Menschen. In: Braun, 55-57

Tausch R. (1989): Die Ergänzung der klientenzentrierten Gesprächspsychotherapie durch andere psychotherapeutische Methoden: Eine klient.zentr. Notwendigkeit. In: Behr u.a., 257-269

Tausch R./Tausch A.-M. (1979/9): Erziehungspsychologie. Göttingen

Temerlin M.K./Trousdale W.W. (1969): The social psychology of clinical diagnosis. Psychotherapy: Theory, Research and Practice, 6, 24-29

Tepperwein K. (1986): Kraftquelle Mentaltraining. Genf

Tews H.P. (1978): Weiterbildung oder Lebenshilfe? In: Dieck M./Naegele G. (Hg): Sozialpolitik für ältere Menschen. Heidelberg, 221-243

Thomae H. (1959) (Hg): Handb. der Psych., 2. Bd.: Allgem. Psych.: II. Motivation. Göttingen

Thomae H. (1968): Das Individuum und seine Welt. Göttingen

Thomae H. (1971): Die Bedeutung einer kognitiven Persönlichkeitstheorie für die Theorie des Alterns. Ztschr. f. Gerontologie, Bd. 4, H. 1, 8-18

Thomae H. (1981): Expected Unchangeability of Life Stress in Old Age. A Contribution to a Cognitive Theory in Aging. Human Development, 24(4), 229-239

Thomae H. (1983): Alternsstile und Altersschicksale. Bern

Thomae H./Kruse A./Wilbers J. (1987): Kompetenz und soziale Beziehungen im Alter. Weinheim

Thomae H./Lehr U. (1968) (Hg): Altern. Probleme und Tatsachen. Frankfurt

Thomas K. (1984): Praxis der Selbsthypnose des Autogenen Trainings. Stuttgart

Thompson W.E. (1968): Die Antizipation des Ruhestandes und die Anpassung an diesen Zustand. In: Thomae/Lehr, 284-298

Thorndike E.L. (1920): A constant error in psychological rating. J. of applied psych., 4, 25-29

Thorndike R.L. (1972): Rezension von "Pygmalion im Unterricht".In: Elashoff/Snow, 85-88

Tinsley H.E. et al. (1988): Manipulation of expectancies about counseling and psychotherapy. J. of Counseling Psychology, Vol 35(1), 99-108

Tönnies S. (1988): Positives Denken: Wo bleibt das negative? Psychologie heute, H. 11, 22-28

Tollison P. et al. (1987): Mother's expectations, interactions, and achievement attributions for their learning disabled or normally achieving sons. Journal of Special Education, 1987, Vol 21(3), 83-93

Tolman E.C. (1932): Purposive behavior in animals and men. New York

Tom D./Cooper H. (1986): The effect of student background on teacher performance attributions: Evidence for counter defensive patterns and low expectancy cycles. Basic & Applied Social Psychology, Vol 7(1), 53-62

Tracey T.J./Dundon M. (1988): Role Anticipations and Preferences over the course of counseling. Journal of Counseling Psychology, Vol 35, No 1, 3-14

Trotter R.J. (1987): Hilflosigkeit kann man verlernen. Psychologie heute, H. 4, 33-39

Tversky A./Kahneman D. (1982): Availability. In: Kahneman D./Slovic P./Tversky A. (eds): Judgment under uncertainty. Cambridge, MA, 163-178

Tyler B.B. (1958): Expectancy for eventual success as a factor in problem solving behavior. Journal of Educational Psychology, 49, 166-172

Ulich D. (1976): Vorwort zur deutschen Ausgabe. In: Brophy/Good, V-XIV

Ulich D. (1980): Wissenschaftstheorie und Psychologie. In: Asanger R./Wenninger G. (Hg): Handwörterbuch der Psychologie. München, 550-562

Ulich D. (1982): Das Gefühl. München

Ulich D. (1987): Krise und Entwicklung. Zur Psychologie der seelischen Gesundheit. München

Ulich D. (1989): Ein kontextualistisch-feldtheoretisches Modell der Aktual- und Ontogenese von Emotionen. Bd. 37 der Augsb. Berichte zur Entwickl.psych. und Päd. Psych., Univ. Augsburg

Ulich D./Haußer K./Mayring Ph. (1985): Psychologie der Krisenbewältigung. Weinheim

Ulich D./Haußer K./Mayring Ph. u.a. (1981): Kognitive Kontrolle in Krisensituationen: Arbeitslosigkeit bei Lehrern. TU Berlin/Univ. München (unveröff. Antrag an die DFG)

Ulich D./Mertens W. (1973): Urteile über Schüler. Weinheim

Ulich D./Saup W. (1984): Psychologische Lebenslaufforschung unter besonderer Berücksichtigung von Krisenbewältigung im Alter. Zeitschr. f. Pädagogik, 699-714

Wagner J. (o.J.): Fragebogen zum Selbstkonzept für 4.-6. Klassen. (o.O.)

Wahl D. (1981): Methoden zur Erfassung handlungssteuernder Kognitionen von Lehrern. In: Hofer, 49-77

Wahren H.-K. (1987): Zwischenmenschliche Kommunikation und Interaktion in Unternehmen. Berlin

Warga C. (1988): Wir sind, was wir denken. Psychologie heute, H. 11, 29-32

Wass H./West C.A. (1977): A humanistic approach to education of older persons. Educational Gerontology, No 2, 407-416

Watzlawick P. (1977): Wie wirklich ist die Wirklichkeit? München

Watzlawick P. (1983): Anleitung zum Unglücklichsein. München

Watzlawick P. (1986/3): Die Möglichkeit des Andersseins. Bern

Watzlawick P. (1988): Münchhausens Zopf oder: Psychotherapie und >Wirklichkeit<. Bern

Watzlawick P./Beavin J.H./Jackson D.D. (1985/7): Menschliche Kommunikation. Bern

Watzlawick P. /Weakland J.H. (1980) (Hg): Interaktion. Bern

Watzlawick P./Weakland J.H./Fisch R. (1984/3): Lösungen. Bern

Weakland J.H./Herr J.J. (1984): Beratung älterer Menschen und ihrer Familien. Bern

Weber A. (1986): Fit für das Leben. Seelisches Wohlbefinden durch Laufen. Oberhaching

Weber E. (1976/3) (Hg): Der Erziehungs- und Bildungsbegriff im 20. Jahrh. Bad Heilbrunn

Weber E. (1977/7): Pädagogik. Eine Einführung. Bd. 1: Grundfragen und Grundbegriffe. Donauwörth

Weber E. (1978a): Erziehungsprobleme in der modernen Gesellschaft. (Bd. 4, Teil 1 der Reihe: Pädagogik - eine Einführung). Donauwörth

Weber E. (1978b/7): Erziehungsstile. Donauwörth

Weber E. (1988a): Altenbildung? Prinzipielle Überlegungen zu ihrer Begründung. In: Knoll J. (Hg): Lernen, Wissen, Handeln. Sonderausgabe von "Arbeit mit Erwachsenen", Nr 1, 39-58

Weber E. (1988b): Kritische Auseinandersetzung mit der These, daß es für Lehrer unmöglich sei, zu erziehen. In: Röbe E. (Hg): Schule in der Verantwortung für Kinder. Langenau, 15-96

Wechsler D. (1958): The measurement and appraisal of adult intelligence. Baltimore

Weick K. (1984): Small wins: Redefining the scale of soc. probl.. American Psychologist, 39, 40-49

Weidenmann B./Krapp A. u.a. (1986) (Hg): Pädagogische Psychologie. München/Weinheim

Weiner B./Heckhausen H. et al. (1972): Causal ascriptions and achievement behavior. Journal of Personality and Social Psych., 21, 239-248

Weinert F.E./Knopf M./Storch Ch. (1981): Erwartungsbildung bei Lehrern. In: Hofer, 157-191

Weinstein R.S. et al. (1987): Pygmalion and the student: Age and classroom differences in children's awareness of teacher expectations. Child Development, 58, 1079-1093

Wellenreuther M. (1982): Empirische Forschungsmethoden. Königstein

Wellons K.W. (1973): The expectancy component in mental retardation. University of California at Berkeley (Diss.)

West C.K./Anderson T.H. (1976): The question of preponderant causation in teacher expectancy research. Review of Educational Research, 46, 613-630

Westhoff K. (1985): Erwartungen und Entscheidungen. Berlin

Westhoff K./Berka H.-H. (1980): Pygmalions neue Kleider. Ein Diskuss.beitrag zur theor. Analyse von "Pygmalioneffekten" und "sich selbst erfüllenden Vorauss.". Zeitschrift f. Sozialpsychologie, 11 (2), 129f

Wiesendanger H. (1988): Warum die Sterne nie lügen. Psychologie heute, 15. Jg., H. 8, 36-45

Wilke H.A. et al. (1986): Conservative coalitions. European J. of Soc. Psych., Vol 16(1), 51-63

Wilkins W. (1977): Self-fulfilling prophecy: Is there a phenomenon to explain? Psychological Bulletin, 84, 55-56

Wilkins W. (1979): Expectancies in therapy research. Journal of Consulting & Clinical Psych., Vol 47 (5), 837-845

Wilkins W. (1984): Empirically equating psychotherapy and placebos: Critique and alternatives. Journal of Social and Clinical Psychology, 2, 289-309

Wilson T.P. (1981/5): Theorien der Interaktion und Modelle soziolog. Erklärung. In: Arbeitsgruppe Bielefelder Soziol. (Hg): Alltagswissen, Interaktion und gesellsch. Wirklichkeit, 54-79

Wiltschko J. (1987): Sind Einzeltechniken und Übungen wirklich verboten? Überlegungen zur Paradoxie der therapeut. Sit. in der Gespr.psychoth. GwG-Zeitschrift, 18. Jg., 48-52

Winnefeld F. (1972): Erziehungswissenschaft - Utopie oder Wirklichkeit? In: D. Ulich (Hg): Theorie und Methode der Erziehungswissenschaft. Weinheim, 123-162

Winter J. (1971): Starthilfe für die dritte Lebensphase. Zürich

Winter J. (1976): Vorbereitung auf Ruhestand und Alter in der Schweiz. Z. f. Geront., 9, 81-90

Word C.O./Zanna M.P./Cooper J. (1974): The nonverbal mediation of self-fulfilling prophecies in interracial interaction. J. of Experim. Social Psychology, 10, 109-120

Yee A.H. (1968): Source and direction of causal influence in teacher-pupil-relationship. J. educ. Psychol. 60, 327-332

Zajonc R.B./Brickman P. (1969): Expectancy and feedback as independent factors in task performance. Journal of Personality & Social Psych., 11, 148-156

Zanna M.P./Pack S.J. (1975): On the self-fulfilling nature of apparent sex differences in behavior. J. of Experimental Social Psychology, 11, 583-591

Zanna M.P./Sheras P./Cooper J./Shaw C. (1975): Pygmalion and Galatea: The interactive effect of teacher and student expectancies. J. of Exp. Social Psychology, 11, 279-287

Ziegler S.G. (1987): Comparison of imagery styles and past experiences in skills performance. Perceptual & Motor Skills, Vol 64(2) April, 579-586

Zimbardo P.G./Ruch F.L. (1983/4): >Lehrbuch der Psycholgogie<. Berlin

Zimmer D.E. (1988): Für alle ein Preis und ein Dämpfer. Psychotherapie ist wirksam, aber warum eigentlich? Die Zeit, Nr 30, 22. Juli, 32

Zimmermann R.E. (1976): Sozialisationstheoretische Implikationen für die Bildungsarbeit mit alten Menschen. In: Petzold/Bubolz (1976a), 198-210

Zuroff D.C./Rotter J.B.: A history of the expectancy construct in Psychology. In: Dusek (1985a), 9-36

REGISTER